21世纪高等院校会计学专业精品系列（案例）教材

税务筹划

SHUIWU CHOUHUA

（第九版）

理论·实务·案例·习题

盖地　丁芸　编著

首都经济贸易大学出版社
Capital University of Economics and Business Press
·北 京·

图书在版编目（CIP）数据

税务筹划 / 盖地，丁芸编著. -- 9 版. -- 北京 : 首都经济贸易大学出版社，2024. 8. -- ISBN 978-7-5638-3744-1

Ⅰ. F810.42

中国国家版本馆 CIP 数据核字第 2024F5F919 号

税务筹划（第九版）

盖 地 丁 芸 编著

责任编辑 王 猛
封面设计 小 尘
出版发行 首都经济贸易大学出版社
地　　址 北京市朝阳区红庙（邮编 100026）
电　　话 （010）65976483　65065761　65071505（传真）
网　　址 http://www.sjmcb.com
E－mail publish@cueb.edu.cn
经　　销 全国新华书店
照　　排 北京砚祥志远激光照排技术有限公司
印　　刷 北京建宏印刷有限公司
成品尺寸 185 毫米×235 毫米　1/16
字　　数 428 千字
印　　张 21.25
版　　次 2006 年 5 月第 1 版　**2024 年 8 月第 9 版**　2024 年 8 月总第 12 次印刷
书　　号 ISBN 978-7-5638-3744-1
定　　价 48.00 元

丛书总序

新世纪的会计教学面临着新的挑战，特别是我国加入世界贸易组织（WTO）以后，情况更加严峻。我国普通高校本科会计学专业肩负着为各条战线输送会计专业人才的重要任务，在新的形势下，只有不断地进行教学改革，用最新的专业知识武装学生，努力从各个方面提高教学水平，才能培养出符合时代需要的会计人才。在教学改革中，教学内容的改革是关键，而教学内容的改革又主要体现在教材的改革和建设上。我国目前各高等院校会计学专业所使用的教材，尽管存在着版本众多、内容和结构有所差别、各校可选择的空间较大等特点，但仍有继续进一步改革之必要。这是因为：第一，目前各校所使用的教材，大都编写于20世纪末期，而这几年会计所处的环境发生了很大变化，新的会计理念和新的会计处理方法不断出现，再加上电子计算机、网络技术和电子商务的不断发展，原有的会计教材内容需要不断更新。第二，随着会计理论与会计实践的发展，人们对会计的认识也在不断深化，对于原有教材的某些内容也需要在新的认识基础上重新解读，使学生能够在更宽广的视野和更高的层次上掌握会计这门专业知识。第三，原有各种版本的会计专业教材虽然在内容上略有不同，但总体而言小异大同，各种版本存在着雷同化倾向。其实，具有创新性、突破性、与我国实际情况结合紧密的可选的素材很多，但从目前看来版本不同的教材却难以起到相互补充的作用。第四，现有教材在体系结构上大多采取教材、案例、习题相分离的编排形式，而且有的教材根本没有案例，这给教学工作带来诸多不便，需要加以改进。

基于上述情况，由首都经济贸易大学出版社牵头，我们共同组织策划、出版了这套定名为21世纪高等院校会计学专业精品系列（案例）教材的丛书，邀请在相关领域的教学、科研方面有突出成果的国内知名高等院校和研究机构的学者、教授参与编写。这套丛书基本上涵盖了大学本科会计学专业的核心课程。我们在策划这套教材时，从新世纪面临剧烈竞争的客观环境出发，本着"不断改革、与时俱进"的精神，经过深入研究、多方研讨，确立了这套教材的总体设计方案。其基本思路是：在充分继承我国原有教材良好的编写风格（包括内容、结构、体例以及行文）的基础上，尽可能吸收近年来国内外会计研究的新成果和实践中的新创造，力争处理好会计国际化与国家化的关系，努力编写出一套既体现国际会计通行惯例又符合中国国情的理论性、操作性并重的新教材。在内容编写上，我们要求作者应根据各门课程发展的新动向，尽可能吸取最新研究和实践成果，努力扩大信息量，强化可读性，使教材内容具有较强的科学性、先进性和适用性。在案例的选材上，作者力争采用第一线的调查材料，追踪实践中出现的新问题，使案例真正成为联系理论与实践的纽带。在结构安排上，本书各章均采取了内容提示、专业知识论述、案例展示和思考题、习题并列的方式，以方便教、学双方的使用。据我们了解，目前国内所使用的会计本科专业教材将专业知识讲述和案例展示结合在一起进行编排的情况尚不多见，这种安排可以说是本套教材的一大特点。

本套丛书的编写，我们邀请了中国人民大学、复旦大学、厦门大学、南京大学、中南财经政法大学、上海财经大学、东北财经大学、西南财经大学、天津财经学院、首都经济贸易大学、国家会计学院等著名院校以及财政部财政科学研究所的学者、教授参与，对他们的热情支持表示深切的谢意。首都经济贸易大学出版社为我们编写这套丛书提供了良好的条件，我代表全体作者向他们表示衷心的感谢！

阎达五

2002年8月8日

于中国人民大学

第九版前言

随着我国税收制度、征收管理制度不断地改革完善，税收法治化进程持续推进，人们越来越认识到税收和每个企业、每个人之间的紧密关系。熟悉税收法律、税收政策并运用它们进行事前的税收策划，已经成为每个管理者关注的问题。回想当年，为适应社会主义市场经济发展的需要，教育部于 2002 年首次将税务筹划（或税收筹划）纳入普通高等教育“十五”国家级教材规划选题。从此，我国普通高校财务管理专业、会计专业、审计专业将“税务筹划”正式列入专业课或专业选修课之中。近些年，《税务筹划》教材在工商管理、财务管理等专业人才培养过程中发挥了越来越重要的作用。

企业要实现自己的财务目标，除了致力于财务活动本身外，进行税务筹划也是一项重要内容。税务筹划就是在国家有关法律（主要是税法）和国际公认准则（惯例）的框架下，为实现企业财务目标而进行的税务谋划或安排，它是企业的一项重要财务行为，旨在减轻、减缓企业税收负担。本书将税务筹划界定为符合税法和不违反税法的税务筹划，即广义的税务筹划。根据现代企业制度的权利义务观，税务筹划是纳税人的一项基本权利。税务筹划是在依法治税（依法征收、依法监管）环境下企业的必然选择，是智者的文明行为，讨论的是法律范畴而非道德范畴的问题。本书的指导思想，首先是树立税收法治观念，旨在培养依法纳税意识，因为只有懂法、知法、守法的人，才能有效地进行税务筹划；其次才是如何进行税务筹划，使学生掌握税务筹划的基本理论、基本方法、基本规律和技能。

为了培养应用型、复合型的税务筹划专业人才，本书尽可能地将理论与实务紧密结合，分税种、分行业地系统阐述税务筹划方法，并在最后一章分析典型的税务筹划案例，突出实用性，使学生在学习税务筹划理论的同时还具备税务筹划的实践能力。

本书适用于高校财务管理、会计、审计、财税等专业，也可作为广大在职财务与会计人员、注册会计师、注册税务师、律师，以及 CFO（首席财务官）、CEO（首席执行官）的业务学习用书。本课程的前导课是财务会计、税务会计（或税法）、财务管理等。学习税务筹划，关键是树立税务筹划的基本理念，掌握税务筹划的精髓和要领，切忌生搬硬套，本书所依据的是我国现行税收法规，若将来税法有变，应以新法规为准。

本书第一、二章是第一部分，介绍税务筹划的基本理论和实际工作程序，使学生在学到基础理论的同时，感受现实中的税务筹划过程。第三章到第九章是本书的第二部分,分别介绍了增值税、消费税、关税、企业所得税、个人所得税、其他 9 个小税种、国际税收的筹划方法,并且列举了每个税种下各个行业的特定筹划方法,每种筹划方法后都有案例及解析。第十章在前面分税种、分行业介绍的基础上,选取了两个综合筹划的案例,对不同的筹划方案进行分析比较,综合考虑税务筹划的效果。

与同类教材相比,本书有以下特色:

(1)本书系统介绍各个税种的筹划方法,分别从纳税人、税率、计税依据以及税收优惠的角度,使学生可以从整体上把握税务筹划的思路,夯实学生宏观基础以把握大局,以不变税务筹划思路应对万变税制改革。

(2)本书专门介绍了有关税务筹划工作程序的内容,同时配有案例,为学生展现现实中的筹划。其他各章利用案例让学生掌握税务筹划方法的具体应用,使学生熟悉微观操作以提高技能,掌握现行税制下进行筹划的方法。

(3)为了更加立体、全面地介绍各个税种的税务筹划,本书有针对性地在各个税种下又划分行业,介绍每个行业各具特色的筹划方法。

(4)本书运用"知识链接""阅读资料"等帮助学生了解相关实践知识、关联知识,强化知识体系的联系性。

(5)本书每章后附有思考题等,方便读者学习。

本书由天津财经大学盖地教授和首都经济贸易大学丁芸教授担任主编。各章编写分工如下:第一章由盖地编写;第二章由丁芸、秦仪编写;第三、四、五章由何辉、赵佳宁、赵晶晶编写;第六章由王震、岳亚洲、杨雪慧编写;第七、八章由王震、赵冬玲、杨雪慧编写;第九章由丁芸、张岩、赵晶晶编写;第十章由蔡昌编写。编者在写作过程中搜集了大量资料,参考了首都经济贸易大学财税学院税务系老师编写的案例库,并在此次修订过程中补充了相关内容。全书由盖地、丁芸总纂定稿。这次修订结合我国近年来税制改革和征管改革新的变化,何辉、王震、吴亚楠、赵晶晶、杨雪慧对本书进行了审核修改。本书参阅并引用了相关教材和文章,在此一并向各位学者致谢!

作为本书的主编,已故天津财经大学会计学科首席教授盖地先生为这本教材付出大量心血,在此向盖地教授表示深深的敬意!

由于编者水平有限,真诚希望广大读者提出宝贵意见,我们将在今后的修订中予以改进和完善。

目　录

第一章　税务筹划理论

第二章　税务筹划的基本方法

第三章　增值税的税务筹划

第四章　消费税的税务筹划

第五章　关税的税务筹划

第六章　企业所得税的税务筹划

第七章　个人所得税的税务筹划

第八章　其他税种的税务筹划

第九章　国际税务筹划

第十章　综合税务筹划案例

第一章

税务筹划理论

本章要点

只因增值税是价外计税，就认为纳税人是“代政府征收税款，代消费者缴纳税款”。若是，纳税人还有必要进行增值税的税务筹划吗？本章首先从理论上简述税收与价格的关系，说明纳税人是否承担税负与税收的价内、价外计税方法无关。只因纳税人承担税收负担，纳税人才有税务筹划的动因。在此前提下，简要阐述税务筹划的基础理论与应用理论。

正确理论指导下的税务筹划实务才有可能是正确、有效的税务筹划，而正确、有效的税务筹划，才是我们所推崇的税务筹划。

一切经济活动（行为）都应遵循成本效益原则和风险收益均衡原则，税务筹划当然也不例外。

第一节　价格、税收与税收负担

一、价格与税收

（一）价格与税收的调节作用

价格与税收同样都具有调节作用。一般而言，价格对商品供求、资源配置、国民收入分配具有一定的调节作用；税收对资源配置效率（经济效率）、国民收入分配、经济结构调整、促进经济稳定（通过税制安排，使税收自动产生抵消经济波动的作用，即自动稳定器的作用）和国际经济秩序等具有一定的调节作用。由此可见，两者在调节作用上有"公约数"，而从两者发挥调节作用的"公约数"可知其互动关系。此外，不少企业的财会部门都设置税务价格或价格税务工作岗位，这也充分了说明价格与税收的关系。

知识链接

自动稳定器，亦称内在稳定器，是指经济系统本身存在的一种减少对国民收入冲击的机制。它能够在经济繁荣时期自动抑制膨胀，在经济衰退时期自动减轻萧条，无须政府采取任何行动。它包括个人和公司所得税支付、失业补助和其他福利转移支付、农产品价格维持机制，以及公司储蓄和家庭储蓄等。

（二）价格与税收的关系

一般而言，商品、服务价格由成本、利润和税收三部分构成。基于会计的视角，税收本来也是企业（纳税人）的一项成本费用——税收成本。其实，不论是间接税还是直接税，归根结底都内嵌于商品和服务的价格之中，即在商品、服务价格中隐含税收，其差异仅是计税依据不同、计算方法不同而已。随着价格（物价）的提高（上涨），应交税款也会相应增加，而税负的增长也会推高价格。在以间接税（流转税）为主的情况下，税收与物价的联动效应更为明显。

1. 价格对税收的影响

价格直接影响两大主体税种——增值税为主的流转税和所得税。众所周知，流转税是以销售商品或提供服务为前提的。在不考虑供求变化①的前提下，销售商品、提供服务的价格升高，税基增大，课税增加；反之，则会减少。价格与税收呈同方向变化，并不会因流转税有“价内计税”与“价外计税”之别而改变其与价格的这种关系。对所得税来说，商品、服务价格的变化，必然会引起企业应税所得的变动。所得税是直接税，是对企业利润（所得）的征税。在假定成本、费用（不包括所得税费用）不受所得税税率影响的前提下，企业利润（所得）的有无、利润（所得）的多少与价格直接相关。根据需求量与价格的负相关关系，价格变动对所得税的影响可分三种情况：

(1) 当需求价格弹性等于1，即需求量变动与价格变动的百分比相同时，价格的变动不会影响利润（所得）总额，从而也不会影响所得税。

(2) 当需求价格弹性大于1，即需求量变动的百分比大于价格变动的百分比时，表现为需求富有弹性。在所得税税率不变的情况下，如果价格上升，利润（所得）总额减少，征税减少；如果价格下降，利润（所得）总额增加，征税增加。

(3) 当需求价格弹性小于1，即需求量变动的百分比小于价格变动的百分比时，表现为需求缺乏弹性。在所得税税率不变的情况下，如果价格上升，利润（所得）总额增加，征税增加；如果价格下降，利润（所得）总额减少，征税减少。

2. 税收对价格的影响

在市场经济环境下，税收以货币形式计算缴纳，税收对商品、服务价格有明显的影响。在一般情况下，如果提高税率，商品、服务的价格也会相应提高；反之，则价格可能降低。如果免减税，商品、服务的价格则可能会更低一些。对消费税、关税等价内流转税来说，其对价格的影响比较直接、明显；但对企业所得税等直接税和价外计税的间接税（如增值税），其影响则比较隐晦，具有一定的迷惑性。纳税人缴纳的各种税款都是企业的现金流出，而流出的现金均源于企业销售商品、提供服务而获得的现金流入（销售价款、销售收入）。即使是直接税和价外计税的间接税，也会对价格产生明显的影响。

二、税收负担

（一）税收负担

税收负担是纳税人为履行纳税义务而承担的一种经济责任②，它是国家参与国民收

① 供求关系（弹性）变化对流转税的影响，后述。

② 对纳税人来说，税收负担是经济负担，但经济负担不限于税收负担。

入分配所形成的分配关系的具体数量体现。税收负担的轻重,不可避免地会对经济活动和社会生产活动产生积极的或消极的影响。因此,税收负担是国家税收政策的核心,也是税收理论体系的一个重要组成部分。

税收负担可以分为宏观税收负担和微观税收负担,即可以从宏观和微观两方面分析、计算,属于经济学的研究范围。本书是财务学、会计学的研究领域,即从微观个体的角度研究税收负担及其降低问题,旨在实现企业税后利润(或企业价值)最大化。基于此的税收负担有广义和狭义之分,广义的税收负担包括企业上缴国家的各种税、费、基金以及因此而发生的相关费用(实为税费负担),狭义的税收负担仅指企业缴纳的各种税款。一般情况下,税收负担是指狭义的税收负担。

税收负担有两种表示方法:一种是绝对数,即纳税人实际支付给国家的税款金额;另一种是相对数,它是纳税人的应纳税额与纳税调整前的相应金额(即财务会计的收入额、利润额等)的比率,即实际负担率(实际税率)①。用相对数反映税收负担,便于对不同期间(年度、月份)、不同税种乃至整体的税收负担进行分析比较,更具说服力和相关性。因此,税收负担通常用税收负担率计算分析。

作为税务筹划主体的纳税人,关注的是自己实际的税收负担。通过税务筹划降低其实际税收负担率,尽可能使实际税收负担率低于名义税收负担率,这是税务筹划的核心理念。

(二)增值税的税收负担

对纳税人来说,对于作为直接税的所得税和财产税的每一次、每一点变化都会感觉明显和直观,由此可能产生厌税心理。但作为价外税的增值税,从表面上看,似乎游离于商品、服务的价格之外,很难确定谁是其税负者。其实,增值税的价外计税仅仅是一种计税方法,并不会改变其流转税性质,即不论是价外计税的增值税,还是价内计税的消费税、关税等,均属流转税,纳税人都要承担其税负。因为我国增值税不含税价格并非由市场形成,而是在税制中设定的,因此,所谓不含税销售额,实际上不过是含税销售收入的换算结果而已。对作为纳税人的企业来说,为了开具发票和计税,不得不将本应是含税的价格换算为不含税的“销售额”;而对最终消费者来说,其购买的商品、服务就是含税价款,这既是决定其是否购买的依据,也是判断物价升降的依据,并不会、实际上也不可能准确计算出其中负担了多少税款,这就是增值税的令人迷惘之处——商品、服务的销售方与承受方“均无税感”。

但在不少论文和著作中,却以价内、价外为划分标准,或将流转税的转嫁性绝对化,

① 与实际税率相对应的是名义负担税率,即法定税率,它是应纳税额与计税依据之比。

认为“增值税本身并不构成各中间环节纳税人成本的组成部分,在其财务报表中也不表现为支出项目。这是因为,尽管每个纳税人都必须就其应税交易缴纳增值税,但实际上只是代政府征收税款,代消费者缴纳税款,纳税人在生产经营的每一环节所征的税款都全部包含在消费者所支付的价格中,纳税人已经缴纳的税款在每次销售时都将从消费者那里得到补偿,最终消费者才是增值税的最终负担者、实际负担者”①。

1.“增值税本身并不构成各中间环节纳税人成本的组成部分”

劳动是价值的唯一源泉,同时也是财富的源泉。根据马克思的劳动价值论,“物质生产领域的劳动才是生产性劳动并创造价值”,即产品价值计算公式:

$$W=C+V+M$$

马克思说:“我们把全部产品价值拿来,使其中只是再现的不变资本等于零。余下的价值额就是在商品形成过程中实际生产出来的唯一的价值产品”,即 V+M。C+V 是成本价格 K,M 可以转化为利润形态 P。

税收来源于劳动者为社会劳动所创造的价值,即社会纯收入的构成部分;同样,企业支付的银行借款利息也是纯收入的一部分。但从会计的角度看,企业支付的税金和利息等都是其成本费用,利润是产品价值扣除生产资料的转移价值、工资薪金(劳动力的补偿价值)、税金和利息等后的余额。因此,也可以将产品价值计算公式表述为:

$$W=C+V+T+I+M$$

在财务会计中,V、T、I 是分别通过“应付职工薪酬”“应交税费”“其他应付款”反映的,体现企业主(所有者)与职工、银行、政府的关系。不论企业盈亏,在既定条件下,其支付都是刚性的。有弹性的是 M,可大可小,或盈或亏。怎么能说增值税不是企业的成本费用呢?

2.“财务报表中也不表现为支出项目”

增值税以“价外税”的外表行“价内税”之实,竟然骗过精于计算的财务会计,也认为“增值税与企业利润形成没有关系”“不影响企业的损益”。财务会计对增值税的会计处理,除了降低财务报表信息质量外,就是为他人说企业不承担税负提供了“实证”。这是财务会计本身存在的问题②,并不能作为支持其论点的论据。

3.“纳税人是代政府征收税款,代消费者缴纳税款”

纳税人真的是“双代”身份吗?若是,企业就不会对增值税的每一次变化都那么关注和敏感了;若是,就没有必要进行增值税的税务筹划了;若是,企业就应该称为“扣缴义务人”而不是纳税人了;若是,就等同于个人所得税的“预扣预缴/代扣代缴”了。

---

① 全国人大常委会预算工作委员会.增值税法律制度比较研究[M].北京:中国民主法制出版社,2010.

② 本书作为教材,不便展开讨论,在本人相关的论文、专著中有对此问题的探讨。

4. 最终消费者才是增值税的最终负担者、实际负担者

商品价值是凝结在商品中的社会必要劳动量,是商品价格的基础,价值(量)决定价格;“商品的价格只是物化在商品中的社会劳动量的货币名称”(货币表现形态),价格是交换价值的发展形式,价格围绕价值上下波动。最终消费者购买商品,其所支付的款项(价格),是为了获得商品使用价值而必需的付出,并不能说明就是增值税的实际负担者。企业缴纳的所有税款都来自其收入(即购买者的付款),难道可以说消费者是所有税种的实际负担者吗?何况,税负也不是无条件转嫁的,即使有可能转嫁,但税务筹划的主体是纳税人,而不是负税人、扣缴人,这是必须明确的概念。

王建平(2005)认为:“事实上,商品的价格与以价外形式存在的增值税税款的总和决定着消费者最终应支付的款项,而消费者对任何一种商品所能接受的价格(包括增值税等商品课税税额在内)都是有限的……”对最终消费者来说,其所购买的商品、服务价款就是含税价格,消费者并不知晓、也不可能知晓所付价款中包括几种税、各自金额是多少,他考虑的仅是在性价比基础上的总价款能否接受。在商品、服务的总价款中,税收的负担水平直接制约着商品、服务的价格水平。对销售方(纳税人)来说,销项税额不过是将含税价换算为不含税价再乘以税率,仅此而已。

现实是,企业一般都会承担不同比例的增值税税负(实际税率),这在我国的增值税法规中也有体现,如一般纳税人销售其自行开发生产的软件产品(含电子出版物),按法定税率计算缴纳增值税后,对其增值税实际税负超过规定比例的部分,实行即征即退政策。退给谁呢?当然是退给缴纳增值税的企业(纳税人),而非所谓的税负承担者——最终消费者。这就说明,在税法中也承认增值税的纳税人承担了增值税的实际税负;否则,为什么要退给“不承担增值税税负”的纳税人(企业)呢?

理论应该引领实务,而不是与实务脱节——让纳税人误认为自己不承担税负,但又实际感受到增值税税负(因而才对政府的减税降费政策由衷地期盼)。

我们是站在纳税人而非负税人的角度进行增值税的税务筹划,至于税负能否转嫁、转嫁多少,可以测算和分析,以便改进和加强企业经营管理,但不能作为会计处理的依据。经济学可以研究税负转嫁,但从企业会计的角度,根本没有必要去做税负转嫁的无用功,因为它已包含在企业的经营成果中。

【阅读资料】

应退增值税应该退给谁

2009年,英国零售商马莎百货(M&S)赢了一场与英国皇家税务与海关总署(HMRC)

的长期诉讼。案件的起因是 M&S 销售一种自制巧克力茶点，根据英国的增值税税法，如果被划分为“点心”，则享受增值税的免税；如果被划分为“食品”或者是“外层是巧克力的饼干”，则会被税务当局作为“奢侈品”而征收增值税。

税务当局一直按“奢侈品”向其征收增值税，M&S 认为是“点心”，应该退税，并提出诉讼。HMRC 驳回了 M&S 的诉求，并称全额退税会使该公司“不当致富”，因为这种增值税的 90%都被转嫁给了消费者。M&S 不服，起诉税务当局。案件转交给英国议会上院后，上院宣布税务当局最终败诉。M&S 可以得到 HMRC 退还多缴的 350 万英镑增值税及其利息额。同时，HMRC 还要承担案件的诉讼费。

根据英国议会上院的裁定，M&S 销售自制巧克力茶点应予免税，HMRC 应退还此前征收的税款，认可 M&S 是增值税的税负承担者。HMRC 对判决结果虽有不甘，但也不得不承认纳税人也承担了部分税负。尽管不知 HMRC“90%转嫁给消费者”是如何计算的，但起码还承认商家承担了 10%，总比不少人认为的“最终消费者才是增值税的最终负担者”接近事实真相。

(三)税收负担率的计算

微观个体税收负担是纳税人实纳税额占其可支配产品的比重，是单个纳税人的税收负担及其相互关系，反映税收负担的结构分布和各纳税人的税收负担状况。微观个体税收负担率主要有以下指标：

1. 企业综合税收负担率

现代税收体系一般是复合税收体系，由多个税种构成，企业在生产、经营过程中往往要缴纳多种税。企业综合税收负担率就是指一定时期内，企业应缴的各种税收总额与同期企业财务会计确认的收入总额(含增值税)的比率。计算公式如下：

$$企业综合税收负担率=\frac{企业应缴的各种税款总额}{企业收入总额}\times 100\%$$

该指标表明国家参与企业各项收入分配的总规模，反映企业对国家所做贡献的大小，也可以用来比较不同类型企业的总体税负水平。其中，应缴各税包括企业应缴的流转税、所得税、财产税和行为税等各类税收。

2. 企业直接税(收益)负担率

企业直接税负担率亦称纯收入直接税负担率①，是企业在一定时期所缴的直接税税款占同期企业利润(收益)总额的比率。企业所得税和财产税作为直接税，一般不会发

① 也可以分税种计算。

生税负转嫁，纳税人应缴的税款占其同期收入的比重可以反映企业直接税的负担水平。计算公式如下：

$$利润总额直接税负担率=\frac{企业应缴企业所得税和财产税额}{企业同期利润总额}\times100\%$$

该指标说明企业实现的利润总额中，有多大份额以直接税形式贡献给国家。该指标可用于进行不同企业税负轻重的对比，还可用于说明同一纳税人不同历史时期的税负变化，以及法定（名义）税负水平与纳税人应缴税款的差额。

3. 企业增值税负担率

只有认可增值税纳税人是增值税的税负承担者，计算分析增值税税负才有意义。要计算企业增值税实际税负（率），首先要正确界定企业缴纳的增值税范围，它不仅包括企业增值税纳税申报表中的“应纳税额”，即企业直接缴纳的增值税，还应包括企业间接缴纳的增值税，如免税产品的进项税额、不符合抵扣条件的进项税额以及出口退税中不予退税的增值税税额等，即在会计中计入采购成本、销售成本以及进项税额转出中的税额，再减去即征即退、先征后退增值税额，其次才是与谁相比，如果按增值税原理，应该是同期“应税增值额”，其百分比的含义是真正的“增值税税率（比率）”，即在百元增值额中实际缴纳的增值税占比。计算公式如下：

$$增值税负担率=\frac{应缴增值税+不能抵扣、不能退税的增值税-退税额}{同期增值额}\times100\%$$

在实务中，计算增值额的弹性空间较大，而且与消费税、资源税等税种的税负计算缺乏可比性。为了与消费税、资源税等税种的税负计算口径一致，同时也为了计算企业的整体税负，比较实用的计算公式是：

$$增值税负担率=\frac{应缴增值税+不能抵扣、不能退税的增值税-退税额}{同期含税销售收入}\times100\%$$

或

$$=\frac{企业直接缴纳的增值税+企业间接缴纳的增值税}{同期含税销售收入}\times100\%$$

公式中采用“含税销售收入”而非相关法规中的“销售额（不含税）”。亚当·斯密认为“一切税收均取自收入”①。根据前述税收与价格的关系，所有税款均源于“现金总流入——销售收入”。不论是计算某个税种税负，还是计算某类税的税负或整体税负，

① 哈罗德·M. 格罗夫斯. 税收哲人[M]. 刘守刚，刘雪梅，译. 上海：上海财经大学出版社，2018.

不论是计算当期税负，还是不同时期税负，分母的口径应该一致，没有例外，只有这样，方具有可比性与分析价值。

如果按税务机关的纳税评估方法计算增值税税负率，税负率=应纳税额÷销售额，分母“销售额”是不含分子“应纳税额”的金额的，其计算结果应该是比率而非百分比。其既不是增值税理论中的税负率，更不是纳税人实际的税负率。

通过微观税收负担率的计算分析，既可以了解企业真实的税收负担及其变动趋势，也可以测算企业税务筹划的实施效果。企业在缴纳税款的同时，还要缴纳各种费用。因此，在进行税务筹划的同时，也应同时进行应交费用的筹划，以求最大限度地降低企业的税费负担率。

第二节　税务筹划的概念与意义

据史料记载，在19世纪中叶的意大利，就有税务专家对企业和个人开展税务咨询，而税务咨询大多是有关税务筹划的内容。但在一个相当长的历史时期，税务筹划只能说是原始意义上的税务筹划，它从企业计划中独立出来，并逐步形成一套较为完整的理论与实务体系，应该始于20世纪50年代。①

一、税务筹划的概念

何谓税务筹划？税务筹划的基本含义是什么？目前尚无一致的意见，不仅名称不同（税务筹划、税收筹划、纳税筹划等），对筹划主体的理解也大相径庭，有的认为税务筹划主体仅包括纳税人一方，有的认为税务筹划主体包括征纳税双方。

在征纳双方法律地位平等但不对等②的情况下，对公法来说，应遵循“法无授权不得行”的原则，即依法行政。如果征管方也可以进行“筹划”，则会造成对公法的滥用。至于税务部门如何改进并完善税收征管，“本来就是一个税收经济学和税务管理学的研究范畴，而不应属于税务筹划的范围”③。对纳税人来说，可遵循“法无明文不为过（罪）”

① 1959年欧洲税务联合会成立，它是由从事税务咨询的专业人士和团体组成，其成员遍布英、法、德、意等22个欧洲国家。该联合会明确提出以税务咨询为中心开展税务服务，而税务筹划就是其服务的主要内容。

② 在学术界，也有人认为征纳双方不仅法律地位平等，而且也应该对等。

③ 黄凤羽．税务筹划理论与实践[M]．北京：中国财政经济出版社，2003.

的原则。因此,涉税筹划只应(能)是纳税人(企业、单位和个人)的筹划、策划或规划①,对征管方来说,只能是依法征管、依法治税。在明确纳税人是筹划主体的前提下,对"筹划"含义的理解与认识也有差异,有狭义的"筹划"②,也有广义的"筹划"。本书认为,狭义的税务筹划仅指节税;广义的税务筹划既包括节税,又包括避税,还包括税负转嫁等。在企业税务筹划实务中,节税、避税、税负转嫁既可单独采用,也可同时采用。本书主张税务筹划应是广义的税务筹划,在实务中则不必刻意区分节税与避税。

本书认为,税务筹划是纳税人依据所涉及的税境(Tax Boundary)和现行税法,在遵守税法、尊重税法的前提下,为了规避涉税风险,控制或减轻税负,并有利于实现企业财务目标所进行的谋划与安排。

因为"筹划"的行为人主要是企业会计人员、注册会计师、注册税务师,"筹划"是在事前、事中进行的,更看重过程的控制与对策。根据会计理论与实务的划分,因为税务会计与税收会计是两类非常明确的会计主体,前者是纳税人的"纳税会计",后者是税务机关的"税款征收解缴会计",所以,同是纳税人的"筹划"称为"税务筹划"似乎更为妥帖。至于"纳税筹划"之称,虽然通俗易懂、主体明确,但从字面上分析,也有其缺陷,因为"筹划"不能仅限于"纳税时",如果在纳税时才进行"筹划",往往为时已晚。因此,如果仅考虑通俗性,称"涉税筹划"似乎更为妥帖。

从学科建设的角度分析,税务筹划既可以是税务会计的一个组成部分,也可以单独作为一个学科,因为不论是税务会计还是税务筹划,都是涉及两门以上学科知识而形成的边缘学科或交叉学科。如果将税务筹划视为一门新兴的边缘学科,它应该属于财务学的范畴。

二、税务筹划的意义

正确进行税务筹划,不论在微观上还是在宏观上,不论对纳税人还是对国家、社会中介机构,都有其积极意义。

(一)有助于增强纳税人的纳税意识

税务筹划与纳税人纳税意识的增强具有客观一致性和同步性的关系。企业进行税务筹划的初衷的确是为了不缴、少缴或晚缴税,但企业的这种安排采取的是合法或不违

---

① 只应有这一类主体,即使在国际税收中,也不会有税务当局的"税务筹划"问题。

② 北京泽瑞税务师事务所所长周绍君说:"我认为,绝对不能将'纳税筹划'等同于纯粹的节税或者是避税,更不能理解为逃税。'纳税筹划'简单来说,应该是在合法的前提下,纳税人按照税法的相关规定,对自己投资、经营全过程的纳税行为进行的一种合理的安排……'纳税筹划'应该是一种按照税法的规定,对自己纳税行为的合理安排。"(中国税务报,2004-04-27)笔者理解,这种"合理安排"实际上就是节税。

法的形式,企业对经营管理活动进行税务筹划是运用国家税收调控政策取得成效的具体鉴证。

税务筹划搞得好的企业往往是会计基础较好、纳税意识较强的企业。税务筹划与纳税意识的这种一致性关系体现在:

其一,税务筹划是企业纳税意识提高到一定阶段的表现,是与包括税制改革在内的经济体制改革发展水平相适应的。只有税制改革与税收征管改革取得了一定的成效(税法逐步完善、立法层次提高等),税法的权威才能得以体现;否则,该收的税收不上来,而对逃税行为的处罚也仅局限于补缴税款,这无疑会助长企业逃税的倾向。因为企业用不着进行税务筹划即能取得较大的税收利益,企业依法纳税意识自然不会很强。

其二,企业纳税意识强与企业进行的税务筹划具有共同点,即企业税务筹划所安排的经济行为必须合乎税收法规或者不违反税法,而依法纳税更是企业纳税意识强的应有之义。

其三,设立完整、规范的会计账表和正确进行会计处理是企业进行税务筹划的基础和前提。会计账表健全、会计行为规范,其税务筹划的弹性应该会更大,它也为以后提高税务筹划效果提供依据;同时,依法建账(包括备查账)也是企业依法纳税的基本要求。

(二)有助于提高企业的财务管理水平与会计管理水平

资金、成本、利润是企业财务管理和会计管理的三大要素,税务筹划就是为了实现资金、成本、利润的最优组合,从而提高企业的经济效益。企业进行税务筹划离不开会计,会计人员既要熟知会计准则、会计制度,熟知现行税法,更要按照税法要求设账、记账、编报财务会计报告、计税和填报纳税申报表及其附表,这可在一定程度上提高企业的财务管理水平和会计管理水平。

(三)有助于提高企业的竞争力

税务筹划有利于贯彻国家的宏观调控政策。企业进行税务筹划,可减轻企业的税负,使企业有持续发展的活力,竞争力提高,收入和利润增加,税源丰盈了,国家的收入自然也会随之增加。因此,从长远和整体看,税务筹划不仅不会减少国家的税收总量,甚至可能增加国家的税收总量。

(四)有助于实现纳税人财务利益的最大化

税务筹划既可以降低纳税人的税收费用,还可以防止纳税人落入税法陷阱(Tax Trap)。税法陷阱是税法漏洞的对称。税法漏洞的存在,给纳税人提供了避税的机会;

而税法陷阱的存在,又让纳税人不得不非常小心,否则会落入税务当局设置的看似漏洞或优惠、实为陷阱的圈套(这也是政府反避税措施之一;有时也不是政府有意为之,而是税法的复杂性所致)。纳税人一旦落入税法陷阱,就要缴纳更多的税款,影响纳税人的财务利益。税务筹划可防止纳税人落入税法陷阱,不缴不该缴付的税款,有利于纳税人财务利益最大化。

(五)有助于产业结构的优化和资源的合理配置

纳税人根据税法中税基与税率的差别,利用税收的各项优惠政策,进行投资决策、融资决策、企业改制、产权与产品结构调整等,主观上是为了减轻税负,客观上却在国家税收的经济杠杆作用下,逐步走上优化产业结构和合理布局生产力的道路,体现国家的产业政策,有助于促进资本的有效流动和资源的合理配置,保证经济持续增长。

(六)有助于提高税收征管水平、不断健全和完善税收法律制度

可以肯定,纳税人的税务筹划是不违反税法的,但不一定都符合政府的政策导向。它涉及的是法律范畴,作为征管方,也只能在法律范围内加强征管。它可以促使税务当局及早发现现行税收法规中存在的缺陷与疏漏,然后才能依法定程序进行更正或修改,从而提高征管水平,促进税法不断健全和完善。

(七)有助于促进社会中介服务的发展

成功的税务筹划需要综合的专业知识,复杂的税务筹划方案更需要专门人才的系统设计,其实施具有诸多的不确定性,因此大多数企业都会显得力不从心。这就需要税务代理咨询机构提供税务筹划服务,从而促进注册会计师、税务师、律师、评估师、财务分析师等中介服务的发展。

知识链接

税收炼金术士试图将普通的应税所得变成低税所得或者免税所得。与古代的炼金术士不同,税收炼金术士一点也不奇怪;他是一位成功的、拥有高超技艺的专业人士。

摘自[美]查尔斯·亚当斯:《善与恶——税收在文明进程中的影响》

第三节　税务筹划的目标与原则

一、税务筹划的目标

税务筹划的基本目标，概言之，就是减轻税收负担、争取税后利润最大化。其外在表现是纳税最少、纳税最晚，即实现“经济纳税”。

税务筹划的行为主体是纳税人，其本身可以是税务筹划的行为人，也可以聘请税务顾问代理税务筹划。税务筹划可以在两个层面上进行：一是在企业目前既定的产权结构和经营条件（范围）下，在企业的日常经营活动中，对收入、收益、资产、费用等的会计确认、计量和记录方法的选择，对投资、融资方式的筹划等，实现减轻税负、提高盈利水平的目标；二是利用税法及相关法规制度等，通过企业组建、兼并重组、合并分立、破产清算等方式，以达到减轻税负、增加企业营运资金和实现资本扩张的目的。由于每个企业的产权结构、规模大小、组织形式、管理水平等存在差异，其税务筹划的具体目标也应该有所不同。因此，本书主张将税务筹划的目标层次化或具体化。

为实现税务筹划的基本目标，可以将税务筹划目标细化，具体包括以下五个方面：

（一）恰当履行纳税义务

恰当（得当、适当）履行纳税义务是税务筹划的基础目标或最低目标，旨在规避纳税风险及任何法定纳税义务之外的纳税成本的发生。为此，纳税人应做到纳税遵从，即依法纳税，降低涉税风险。因为税收具有强制性，如果偏离了纳税遵从，企业将面临涉税风险。税制又具有复杂性、频变性，这就意味着纳税义务不能自动履行，纳税人必须不断学习，及时、正确掌握现行税法，并随之进行相应的筹划，才能恰当履行纳税义务。

【阅读资料】

澳大利亚税务局“易遵从”计划的特点

1. 致力于“让纳税遵从更容易”的目标。澳大利亚税务局意识到，一方面，复杂的征管体系既降低了纳税遵从意愿，也导致税务机关原本有限资源的分配受到很大影响，使之无法集中力量处理核心问题；另一方面，复杂的税收管理环节意味着纳税人不得不把更多的资源投入涉税事务中，导致遵从成本的提高，进而降低纳税人的遵从意愿。因此，近年来，该局把“让纳税遵从更容易”作为业务规划的原则，从“法易懂”和“税易办”两个方面致力于帮助纳税人更容易纳税。浏览该局近年来的文件，用得最多的单词非“Easy”莫属。

2. 在倾听公众意见的基础上分步规划。该局制定税收遵从计划时，遵循“倾听—规划—公布实施—总结—再倾听—再规划”的程序，在深入倾听社会公众意见的基础上，系统制定并公开遵从工作规划，每年总结回顾实施情况，再次倾听公众意见，修订翌年的遵从规划。例如，2002 年 3 月，该局组织了“倾听社会意见”活动，全国共设有 70 个讨论平台，供个人、企业、税务中介与税务机关讨论面临的问题和不足，共同制定解决办法，从而使征纳双方更好地互动。通过这一活动，该局将“更容易、更节省、更人性化”列为纳税遵从规划的目标。

3. 本着开放的态度实施互动。2005 年，该局发布了《2006—2010 年战略规划》，明确了“最大限度提升纳税遵从，依法治税以树立公众信心”的战略目标。围绕“纳税遵从”这个核心，该局每年推出《年度报告》《遵从规划》《让纳税遵从更容易规划》三种出版物。其中，厚达 400 余页的《年度报告》告知公众上年度利用有限征管资源创造公平税收经济环境所采取的措施和取得的成果。《遵从规划》向公众告知各类纳税人容易发生“不遵从”的环节，以及该局当年关注的风险领域和拟采取的征管措施，有效提醒纳税人自我对照、及时纠正。例如，2007 年该局公布了个人纳税人的 17 个遵从风险点，有效敦促 418 000 位个人纳税人自我对照并纠正了申报表。① 该局自 2004 年起每年公开出版《让纳税遵从更容易规划》，告知公众该局当年将采取哪些措施提升征管质效，优化纳税服务，以便让纳税人感觉到自愿遵从更为容易并节省成本。纳税人可以随时通过网络浏览、电话申请以上出版物，并反馈修改意见，这种公开、透明、鼓励公众参与的做法，充分体现了该局在税收遵从方面持有的“预防比治疗好”的思路。

（二）降低纳税成本

纳税人为履行纳税义务，必然会发生相应的纳税成本。纳税成本包括直接纳税成本和间接纳税成本。前者是纳税人为履行纳税义务而付出的人力、物力和财力，后者是纳税人在履行纳税义务过程中所承受的精神负担、心理压力（如纳税信用等级降低、被列入失信名单）等。直接纳税成本容易确认和计量，间接纳税成本则需要估算或测算。税制越公平，纳税人的心理就越平衡；税收负担若在纳税人的承受能力之内，其心理压

① Australian Taxation Office，2007-2008 Compliance，http：//www. ato. gov. an.

力就小；税收征管越透明、越公正、越便捷，纳税人对税收的抵触感、恐惧感便越小。纳税成本的降低，除纳税人应不断提高纳税能力、增强纳税成本意识等主观因素外，还与税制是否合理、征管人员素质、征管手段、征管方式等有直接关系。应该看到，纳税人纳税成本的降低会使企业利润增加，从而增加应纳税所得额，对税务机关来说，则增加了税收收入，降低了其征管成本，这是一种双赢的结果。从某种意义上说，没有纳税人纳税成本的降低，也就没有税收征管成本的降低。

（三）控制企业税务风险

企业税务风险是企业因涉税行为而引发的风险。企业的涉税行为要具有“合规性”，即涉税事宜均须符合税收法律法规的规定。例如：企业经济活动要符合税法规定的具有合理的商业目的，符合独立交易原则；对企业涉税事项的会计处理要符合税法要求及相关会计准则、制度等法律法规；纳税申报和税款缴纳、税务登记（变更、注销）、凭证账簿管理、税务档案管理以及税务资料的准备和报备等都要符合相应的法规规定。

（四）获取资金时间价值

如果纳税人能够合理有效地运作其资金，则随着时间的推移，货币的增值额会呈几何级数增长。通过税务筹划实现推迟（延缓）纳税，相当于从政府取得一笔无息贷款，其金额越大、时间越长，对企业的发展越有利。在信用经济高速发展的时代，企业一般都是负债经营，而负债经营既有成本又有风险，要求企业负债规模要适度、负债结构应合理；而通过税务筹划实现的纳税额推迟（延缓），一般是没有风险的，从而有利于企业低成本高效益经营，优化企业的财务状况。

（五）减轻税收负担与增加税后利润

“公司的目标是在税务会计的限度内实现税负最小化及税后利润的最大化。”①不论从理论角度还是从实务角度，税务筹划都是企业财务管理的重要组成内容。当实施某项税务筹划使税收负担最低化与其税后利润最大化②正相关时，税收负担最低化就是税务筹划的最高目标。当实施某项税务筹划使税收负担最低化与税后利润最大化非正相关时，应该以企业的财务目标作为税务筹划的最终目标，即税务筹划要服从、服务于

① 汉弗莱·H. 纳什. 未来会计[M]. 宋小明，译. 北京：中国财政经济出版社，2001.

② 税后利润最大化是企业财务目标的观点之一。有关企业主要财务目标，目前还有每股盈余最大化、股东财富最大化、相关者利益最大化、企业价值最大化等。企业财务目标之所以有多种表述，是因为企业的组织形式、治理结构不同或观察的角度不同。本书所说“税后利润最大化”泛指企业财务目标。

企业的财务目标。从这个角度上说,税收负担最低化是手段而不是目的。

在企业经营中如何实现税负最低、利润(价值)最大,是一项复杂的系统工程,需要事先对企业的涉税事项进行总体运筹和安排。在法律(不仅限一国)规定、国际惯例、道德规范和经营管理需要之间寻求平衡,争取在涉税低风险、零风险下获得企业税后利润(价值)最大化。税务筹划不能只考虑个别税种缴纳的多与少,不能单纯以眼前税负的高低作为判断标准,而要以企业整体和长远利益作为判断标准。因此,企业可能会选择税负较高而税后利润最大的方案。在考虑货币的时间价值时,还要考虑边际税率因素,因为边际税率的改变可能会抵消货币时间价值的作用。税负最低化更多的是从经济观点而非税收角度来谋划和安排的,税务筹划的焦点是现金流量、资源的充分利用,纳税人所得的最大化等。

税务筹划的各项目标不是截然分开的,不同企业可以有不同的具体目标。即使同一企业在同一时期也可能有几种具体目标,其不同时期的具体目标也可能有所不同、有所侧重。

二、税务筹划的原则

(一)守法原则

守法包括合法与不违法两层含义,即税务筹划一定不能违反税法,换言之,违反税法的行为根本不属于税务筹划范畴。因此,以避税之名行逃税之实的"筹划"根本不是税务筹划(当然也不是避税)。企业进行税务筹划,应该以国家现行税法及相关法规等为依据,要在熟知税法规定的前提下,利用税制构成要素中的税负弹性等进行税务筹划,从中选择最优的纳税方案。

(二)自我保护原则

自我保护原则实质上是守法原则的延伸,因为只有遵循守法原则,才能实现自我保护。纳税人为了实现自我保护,一般应做到:

(1)增强法治观念,树立税法遵从意识。

(2)熟知税法等相关法规。我国大部分税种的税率不是单一税率,有的税种还有不同的扣除(抵减)率、出口退税率等,纳税人在兼营不同税种、不同税率的货物、劳务服务或者同时经营应税与免税货物时,要按不同税率(退税率)分别设账、分别核算(它与财务会计的设账原则不同);当有混合销售行为时,要掌握混合销售的计税要求。另外,由于增值税实行专用发票抵扣制,依法取得并认真审核、妥善保管专用发票也是至关重要的。

(3)熟知会计准则、制度。例如,《企业会计准则第18号——所得税》明确了与税法分离的原则,因此正确进行涉税事项的财务会计与税务会计处理就非常重要。

(4)熟悉税务筹划的技术和方法。对纳税人来说,税务筹划首先要保证不能违反税法,然后才考虑如何避免高税率、高税负,进而实现税后利润最大化。

(三)成本效益原则

成本效益原则是人类社会的首要理性原则,具体到税务筹划,就是有效税务筹划原则。税务筹划要有利于实现企业的财务目标,要保证因之取得的效益大于其筹划成本,即体现经济有效。效益又有目前利益与长远利益之分,在考虑目前利益时,不仅要考虑各种筹划方案在经营过程中的显性收入和显性成本,还要考虑税务筹划成本(包括显性成本和隐性成本。显性成本是在税务筹划中实际发生的相关费用;隐性成本是纳税人因采用某税务筹划方案而放弃的潜在利益,对企业来说,它是一种机会成本)。因此,目前利益是用利润衡量还是用净现金流量衡量,从长远利益的角度看,两者是一致的,但若考虑资金的时间价值,用净现金流量衡量可能更为恰当。因为资产的内在价值是资产未来现金流量的现值,所以企业的内在价值也是企业未来现金流量的现值。在考虑成本效益原则时,应注意"税负最低"与"企业价值最大"的关系,当两者相悖时,前者应该服从后者。

(四)时效性原则

税务筹划是在一定法律环境下,在既定经营范围、经营方式下进行的,有着明显的针对性和特定性。随着时间的推移,社会经济环境、税收法律环境等不断发生变化,企业必须把握时机、灵活应对,不断调整或制定税务筹划方案,以适应税收的政策导向,确保企业持久地获得税务筹划带来的收益。

(五)整体性、综合性原则

在进行一种税的税务筹划时,还要考虑与之相关的其他税种的税负效应,进行整体筹划、综合衡量,以求整体税负最轻、长期税负最轻、税后利润(价值)最大,防止顾此失彼、前轻后重等。

对于整体性和综合性,从小的方面说,眼睛不能只盯在个别税种的税负高低上,间接税少缴了,直接税是否会因之多缴?要着眼于整体税负的轻重。从另一个角度看,税金支付的减少不一定就是资本总体收益的增加。某些合资企业,用转让定价的方法将利润逆向转移到境外高税区,目的是逃避国家外汇管制,追求集团整体利益甚至仅外方投资人的收益而非税负最轻。

（六）风险收益均衡原则

税务筹划有收益，也有风险。风险是指在一定时期、一定条件、一定环境下，可能发生的各种结果的变动程度、某一事项的实际结果与预期结果的偏差。在税务筹划中，存在不同程度的外部风险（如经济波动风险、市场风险、政策风险）与内部风险（如企业经营风险）。企业应当遵循风险与收益适当均衡的原则，采取措施，分散乃至化解风险，选优弃劣，趋利避害。

货币的时间价值和经济行为的风险性是现代财务管理的基本观念。在很多情况下，税务筹划方案可能会影响企业今后的经营活动，不可避免地存在收益的不确定性和资金支付的时间性差异。因此，在进行税务筹划的收益与成本分析时，应充分考虑税务筹划方案实施的风险与资金的时间价值。

第四节　税务筹划的动因和特点

一、税务筹划是纳税人应有的权益

在市场经济条件下，国家承认企业的独立法人地位，以及企业行为的自主化、企业利益独立化。企业作为独立法人所追求的目标是如何最大限度地、合法地满足自身的经济利益。企业权益不是凭空产生的，不是国家或政府想给就给、不想给就不给，企业想要就要、不想要就不要的，而是社会发展的必然产物和客观需要。应该看到，企业权益的满足是以社会需要的满足为条件的，企业的创建和发展应该是社会的需要，企业生产的产品只有为社会所接受，才能补偿其生产经营耗费并实现利润，否则，企业就无法生存和发展，自然也就谈不上企业应有的权益。

无论从法律还是从企业行为看，企业权益归根结底是企业的权利和利益。权利和利益是有别的。企业利益是从企业权利派生的，有权利才可能有利益。任何利益都产生于一定的权利。企业权利是客观存在的，是由企业赖以生存的社会经济条件及企业承担的义务决定的，可以说，有什么样的社会经济条件就有什么样的企业义务，就有什么样的企业权利以及由此派生出来的企业利益。

在法治社会中，企业权利不应仅仅是“国家保证实施的某种行为的可能性”或“在法定必要行为规范的范围内人们从事某种行为的可能性”，而应是具体的企业设立权、发展权、人权、财权、物权、借贷权、经营决策权、产品开发权以及税务筹划权等。这些权利以及相应的利益，是企业权益实实在在的内容，是企业权益的外在形式得以体现的质的规定性。

企业权利作为社会经济发展到一定时期的产物，其内在质与量的规定性要由一种形式表现并明确下来，这种形式就是法律。尽管企业权益有客观的内在标准，但任何一个企业都不能以这种内在标准行使自己的权利，也不能凭借这种内在标准去维护自己的利益，其所能依据的只能是法律形式和法律所规定的企业权益。因为权利有两方面的含义：一是法的规定，它对权利拥有者来说属于客观方面（非企业主观方面）；二是权利拥有者在主观上的能动行为（企业主观方面）。这就可能造成企业权益的法律规定与企业权益的应有内容之间的不协调。前者的不协调以法律界定为标准，它具有强制性；后者尽管在依法办事方面与前者没有区别，但在对行动的解释上却可以找到既符合法律又符合企业权益需要的种种说辞。法律对权利的规定是实施权利的前提，但还需要企业在遵守法律的同时主动地实现其需求，即企业事先要对自己采取的主动而有意识的行为及其后果有所了解，预测将给企业带来的利益。税务筹划就是这种具有法律意识的主动行为。

税务筹划是纳税人的一项基本权利。纳税人在法律允许或不违反税法的前提下，有从事经济活动、获取收益的权利，有选择生存与发展、兼并与破产的权利。税务筹划所取得的收益应属合法收益，承认纳税人的税务筹划权是法治文明的体现。

税务筹划是企业对其资产、收益的正当维护，属于企业应有的经济权利。作为经济人的纳税人对经济利益的追求可以说是一种本能，具有明显的排他性和为己的特征，最大限度地维护自己的利益是十分正常的。税务筹划应在企业权利的范围和边界内进行，一旦超越企业权利的范围和边界，必然构成对企业义务的违背、践踏，而超越企业义务的范围和边界，又必然构成对企业权利的破坏和侵犯。对纳税人来说，遵守权利的界限是其应承担的义务，坚守义务的界限又是其应有的权利。税务筹划没有超越企业权利的范围，应属于企业的正当权利。

税务筹划是企业对社会赋予其权利的具体运用，属于企业应有的社会权利。企业的社会权利是指法律规定并允许的受社会保障的权利。它不应因企业的所有制性质、组织形式、经营状况、贡献大小不同而不等。在税务筹划上，政府不能以外商投资企业与内资企业、国有企业与非国有企业而划界，不能对某类企业采取默许或认可态度，而对另一类企业则反对和制止。这既不符合税收国民待遇原则、税收公平和中性原则，也不符合世界贸易组织（WTO）的贸易规则。其实，对企业正当的税务筹划活动进行打压，恰恰助长了逃税、骗税、欠税等现象的滋生。因此，鼓励企业依法纳税、遵守税法的最明智的办法是让企业（纳税人）充分享受其应有的权利（其中包括税务筹划），而不是剥夺其权利，促使其步入违法之途。

企业税务筹划的权利与企业的其他权利一样，都是有特定界限的，超越（不论主动还是被动）这个界限就不再是企业的权利，就不再是合法的，而是违法的。企业的权利与义务不但互为条件、相辅相成，而且可以相互转换。在纳税上，其转换的条件是：

（1）当税法中存在的缺陷被纠正或税法中不明确的地方被明确后，企业相应的筹划权利就可能转换成纳税义务。例如，某种税由超额累进税率改为固定比例税率后，纳税人利用累进级距的不同税率进行的筹划就不存在了。

（2）当政府对税收法规中的某项（些）规定重新解释并明确其适用范围后，纳税人原有的权利就可能转变成义务。由于税收法规中的某项（些）规定不明确或不适当，纳税人就有了税务筹划的权利，如果政府发现后予以重新解释或明确其适用范围，那么，有些纳税人就可能不再享有筹划的权利了，而且再发生这种经济行为就可能变为纳税义务。

（3）当税收法规中的某项（些）规定被取消后，税务筹划的条件随之消失，企业的筹划权利就转换为纳税义务。例如，某项税收优惠政策（对某一地区或某一行业）取消后，纳税人就不能再利用这项优惠政策进行筹划，而只能履行正常的纳税义务。

（4）当企业因实施税务筹划而对其他纳税人（法人、自然人）的正常权利构成侵害时，企业的筹划权利就要受到制约，就要转变为尊重他人权利的义务。这就是说，企业税务筹划权利的行使是以不伤害、不妨碍他人权利为前提的。

二、税务筹划的主观动因

在市场经济条件下，企业作为商品生产经营的主体，有自己独立的经济利益。无论纳税行为在理论上对维护企业的共同社会利益被定义得多么重要或有必要，也无论税制本身制定得如何公正、公平与合理，对每个企业而言，纳税毕竟是其既得利益的一种直接减少（损失）或是政府对其财务成果的一种占有（现金流出）。企业作为主要纳税人，必然要考虑在其纳税后，是否确实有助于产生一种良好的社会效应（社会秩序、公共设施和服务、市场环境等），这种预期的社会效应何时、在何种程度上显现出来，本企业是否因此得益，得益多少，这些都带有不确定性、隐秘性及非对等性。

更大的问题还在于纳税的实际结果与税务理论的偏差，一旦纳税的预期效应未能实现，甚至在某种程度上扰乱了企业内在的运行机制，或因为时滞性而使企业久久感受不到社会秩序、市场环境的优化，纳税人就会对纳税的必要性产生质疑。况且，企业得益于社会秩序、市场环境的改善具有非计量性、隐秘性的特点，再加之其受益程度与其纳税的多少具有非对等性、非直接相关性，纳税人会认为社会效应对于各个企业通常都是无差别的,对企业的市场地位具有决定意义的还是其自身的竞争实力。上述情况是诱发企业进行税务筹划的根本动机。

在税收理论中,对税收的功能、作用、效果已阐述得相当完善。但由于诸多原因,企业在理财行为中不可避免地会形成一种纳税抵触意识,促使企业进行税务筹划。实际上,企业主观上减轻税负的意识在很大程度上取决于政府对税收杠杆的利用效果以及缴纳税款能在多长时间、多大程度上给企业带来直接或间接的利益增值。如果纳税人在预期的时间内能切实感受到税收带来的积极作用,就会有助于经济和社会效益好、纳税多的企业强化市场竞争能力,真正确立一种优胜劣汰的市场竞争机制,从而使企业在强化纳税意识的同时淡化对履行纳税义务的抵触情绪。

三、税务筹划的客观条件

税务筹划的主观动因并不意味着企业节约成本的目的能够实现,要想使税务筹划变为现实,还必须具备某些客观条件。这里所说的客观条件是指税法、税制(以下简称“税收法制”)的完善程度及税收政策导向的合理性、有效性。税收法制作为贯彻国家权力意志的杠杆,不可避免地会在其立法中体现国家推动整个社会经济运行的导向意图,会在公平税负、税收中性的一般原则下渗透税收优惠政策。例如,不同类型企业的税负差异,不同经济行为税基的宽窄,税率的高低,不同企业、不同项目进项税额的抵扣办法,减税、免税、退税等。税收优惠政策带来的同种税在实际执行中的差异,这种非完全统一的税收法制无疑为企业选择使自身利益最大化的经营理财行为(即税务筹划)提供了客观条件。企业利用税收法规的差异或“缺陷”进行旨在减轻税负的税务筹划,如果仅从单纯的、静态的税收意义上说,的确有可能影响国家收入的相对增长,但这是短期的,因为税法的这些差异或“缺陷”是国家对社会经济结构规模进行的能动的、有意识的优化调整,即力求通过倾斜的税收政策诱导企业在追求自身利益最大化的同时转换经营机制,实现国家和政府的产业调整意图。从长远发展看,这对企业和国家都是有利的,是为将来取得更大的预期收益而支付的有限机会成本。因此,企业利用税法的非完全同一性所实现的税负减轻,与其说是利用了税法的差异和“缺陷”,不如说是对税法意图的有效贯彻执行。

在税收实践中,除了上述税收政策导向性的差异和“缺陷”外,税收法规也会存在自身难以弥补的各种缺陷,即真正的缺陷或不合理之处,如税法、条例、公告等不配套,政策模糊、笼统,内容不完整,等等。这也为企业进行税务筹划提供了有利条件。对此,不论国家基于维护其声誉、利益的目的而做出怎样的结论,从理论上说,不能认为企业进行的税务筹划是不合法的,尽管它可能与国家税收立法意图是背离的。国家只能不断完善税收法律制度,企业也应认识到,税务筹划应该尽可能地从长远考虑,过分看重眼前利益可能会招致更大的潜在损失。

四、税务筹划的特点

(一)事前性

税务筹划一般都是在应税行为发生之前进行谋划、设计、安排的,它可以事先测算企业税务筹划的效果,具有一定的前瞻性;而在经济活动中,纳税义务通常具有滞后性。企业交易行为发生后,才会发生纳税行为,才可能缴纳流转税;收益实现或分配后,才缴纳所得税;财产取得或应税行为发生之后,才可能缴纳财产税、行为税。这在客观上提供了在纳税前事先做出筹划的可能性。另外,经营、投资和融资活动是多方面的,税法规定也是有针对性的。纳税人和纳税对象的性质不同,税收待遇也往往不同,这为纳税人选择较低税负提供了机会。但是,如果经营活动已经发生、应纳税款已经确定,再去"谋求"少缴税款,则不属于税务筹划行为,而属于税务违法行为。

(二)目的性

税务筹划具有很强的目的性,就是要取得纳税人的税收利益。它有两层含义:一是选择低税负。低税负意味着低的税收成本,低的税收成本则意味着高的资本回报率。二是滞延纳税时间(并非不按税法规定期限缴纳税款的欠税行为)。税款缴纳期的延后,除了可以获得资金时间价值外,还可能减轻税收负担(如避免高边际税率)。不管是哪一种,其目的都是税款支付的节约。

(三)政策导向性

政府为了某种经济或社会目的,针对投资人、经营者、消费者希望减轻税负、获得最大利益的心态,有意识地制定一些税收优惠、税收鼓励、税法差异政策,引导投资人、经营者、消费者采取符合政府政策导向的行为,其目的是实现"双赢"。

(四)普遍性

纳税人的普遍性决定了税务筹划的普遍性。在税法面前,所有纳税人都可以、都有权进行税务筹划。

(五)多变性(不确定性)

各国的税收政策,尤其是各税种的实施细则等,随着政治、经济形势的变化会经常发生变化，因此，税务筹划也就具有多变性。纳税人应随时关注涉税国家的税收法规变动，及时进行税务筹划的应变调整。此外，纳税人自己的各项经济活动也会因内外因素（条件）的变化而变化，这些都会给税务筹划带来变数。

（六）关联性与整体性

税收最终会影响纳税人的财务成果。税务筹划是一种理财行为，理财就会产生理财成本；某一种税的税务筹划可能会影响另一种税的税负，某一项税务筹划最终都会影响纳税人的财务成果。因此，税务筹划具有关联性和整体性的特点，要统筹考虑不同税种及不同征纳环节，还应考虑税务筹划与财务管理的关系，不能顾此失彼。

第五节　税务筹划的基本手段和技术

本书将税务筹划界定为广义的税务筹划，其基本手段就是节税、避税与税负转嫁。在每类税务筹划手段下，又有各自的具体筹划方法。在税务筹划实务中，这些手段与方法可能交叉运用或综合运用，因此，在本书以后各章中，不再刻意划分是哪类税务筹划手段。

一、节税手段

（一）节税的含义

节税（Tax Saving）是在税法规定的范围内，当存在多种税收政策、计税方法可供选择时，纳税人以税负最低为目的，对企业经营、投资、筹资等经济活动进行涉税选择的行为。

（二）节税的特点

一是合法性。节税是在符合税法规定的前提下，在税法允许甚至鼓励的范围内进行的纳税优化选择。

二是符合政府政策导向。税收作为有力的宏观调控手段（杠杆），各国政府都会根据纳税人谋求利润最大化的心态，有意识地通过税收优惠、鼓励政策，引导投资和消费，使纳税人在实现节税目的的同时遵循政府的政策导向。

三是普遍性。各国的税收制度都强调中性原则，但其在不同纳税人、征收对象（范围）、征收期限、地点、环节等方面，总是存在差别，体现了节税的普遍性。

四是多样性。各国的税收法规不同,会计准则、会计制度也不尽一致,在每个国家的不同时期,其税收与会计法规也多有变动,而且不同地区、不同行业之间也存在差异。差异越大,变动越多,纳税人节税的余地越大,形式越多。

(三)节税方法

第一,利用税收照顾性政策、鼓励性政策进行节税,这是基本的节税方法。

第二,根据税法的规定,在企业组建、经营、投资与筹资过程中进行旨在节税的选择。

第三,在税法规定的范围内,选择不同的会计政策、会计方法以求节税。

二、避税手段

(一)避税的概念

我国唐代诗人杜荀鹤的诗中曾有“任是深山更深处,也应无计避征徭”的话,这说明当时避税与反避税已是很普遍的行为。当然,那时的情况是不能与现代避税同日而语的,在现代税制产生之前,法律上不可能认可纳税人的权利。对于避税(Tax Avoidance)的概念,以下是几个有代表性的定义:

(1)避税指以合法手段减少应纳税额,通常含有贬义。例如,此词常用以描述个人或企业,通过精心安排,利用税法的漏洞、特例或其他不足之处来钻空取巧,以达到减少缴税目的。法律中的规定条款,用以防范或遏制各类法律所不允许的避税行为者,可以称为反避税条款或对付合法避税的条款。①

(2)避税是指纳税人通过个人或企业事务的人为安排,利用税法漏洞、特例和缺陷,规避或延迟纳税义务的行为。②

(3)避税是使用税法允许的方法使纳税义务最小化。避税通常是筹划计划中的交易以便得到一种特殊的纳税待遇。进一步说,避税是建立在与一项交易的纳税处理有关的、公开的相关事实的基础上。③

(4)国际避税就是指跨国纳税人或征税对象通过合法方式跨越税境,逃避相关国家税收管辖权的管辖而进行的一种减少税收负担的行为。④

(5)避税是对法律应包括而未能包括进去的范围加以利用。避税可以定义为规避、

① 凯珀. 国际税收辞汇[M]. 国家税务局税收科学研究所,译. 北京:中国财政经济出版社,1992.

② 中国注册会计师协会. 税法[M]. 北京:中国财政经济出版社,2018.

③ 墨菲,海根斯. 美国联邦税制[M].大连:东北财经大学出版社,2001.

④ 李九龙. 国际税收[M]. 武汉:武汉大学出版社,1990.

降低或延迟纳税义务的一种方法。①

(6)加拿大收入署和法院将某些税务筹划看作正当的避税,同时将一些情况,如股东利用外国公司转移所得等视为不正当避税。

由上可见,尽管避税定义各有不同,但大多强调了避税的合法性。英国经济学家西蒙·詹姆斯在其《税收经济学》一书中指出:"会计师们把避税称为税务筹划,以强调这种行为的合法性。"②

本书认为,避税是纳税人在熟知相关税境的税收法规的基础上,在不直接触犯税法的前提下,利用税法等有关法律法规的疏漏、模糊之处,通过对企业筹资活动、投资活动、经营活动等涉税事项的精心安排,达到规避或减轻税负目的的行为。

研究避税最初产生的缘起,不难发现,纳税人为了抵制政府过重的税政、维护自身利益,进行了各种逃税、骗税、抗税活动,因而受到政府的严厉惩罚,试图寻求更为有效的规避办法。纳税人常会发现:有些逃避纳税义务的纳税人受到了政府的严厉惩罚,损失惨重,而有些纳税人则坦然、轻松地面对政府的各项税收检查,顺利过关,不受任何损失或惩罚。究其原因,不外乎这些聪明的纳税人(包括法律顾问)常常能够卓有成效地利用税法本身的纰漏和缺陷,顺利、轻松地规避纳税或少纳税而又未触犯法律。这就使越来越多的纳税人对避税趋之若鹜,政府也不得不将注意力集中到完善健全税制上。这种对税法的避与堵,大大加快了税收法制建设,使税制不断健全和完善,推动了社会经济的进步与发展。因此,避税是一种有益的社会经济现象和经济行为。

避税是市场经济的必然产物,是历史发展的趋势,是早已存在、实际存在而且还将继续存在的经济行为。避税的机会催生了一个新兴的产业。最聪明的律师和会计师开始转移到税收筹划的经营领域……大部分适用高税率的纳税人很快就会明白节约 1 美元比挣 1 美元要容易得多。③

(二)避税的法律依据

虽然从法律的角度分析,避税行为可以分为顺法意识和逆法意识两种类型,但在实务中,很难找到真正"顺法意识"的避税,因为各种避税方法都是在千方百计地规避税法,而不是在"顺应税法"。真正属于"顺法意识"的税务筹划手段只有节税,除非将节税也视为避税,否则就没有"顺法意识"的避税。即使将避税理解为逆法意识,它也是利用税法的差异或不足进行反制约、反控制的行为,并不会影响或削弱税法的法

① 偷税与避税[M]. 国家税务局税收科研所,译. 北京:中国财政经济出版社,1992.

② SIMON JAMES.The economics of taxation[M].Pearson Education Limited,2000:100.

③ 查尔斯·亚当斯.善与恶——税收在文明进程中的影响[M].翟继光,译.北京:中国政法大学出版社,2013.

律地位。

避税是纳税人在履行应尽法律义务的前提下,运用税法赋予的权利,保护其既得利益的手段。也可以认为,避税实质是只遵守法律的文字,而非恪守法律的精神。避税并非不履行法律规定的义务,也不是对法定义务的抵制和对抗。

应该指出,避税是纳税人应该享有的权利,即纳税人有权依据法律的“非不允许”进行选择。国家针对避税活动暴露出的税法的不完备、不合理采取修正、调整举措,是国家的基本权力,也是对付避税的唯一正确办法。如果用非法律的形式去矫正法律上的缺陷,只会带来诸多不良后果。因此,国家不能借助行政命令、道德甚至舆论来反对、谴责纳税人避税。退一步说,即使不承认避税是合法的、受法律保护的经济行为,但也得认可它是不违法、不能受法律制裁的经济行为。“法无明文不为罪”,这是法治的一项基本原则。

(三)避税的分类

避税可以从不同角度进行分类,一般的分类方法有两种:

1. 按避税涉及的税境分类

(1)国内避税。国内避税是纳税人利用国内税法所提供的条件、存在的可能进行的避税。一般情况下,从事国内避税比国际避税要容易些。

(2)国际避税。国际避税比国内避税更普遍、更复杂。纳税人的避税活动一旦具备了某种涉外因素,从而与两个或两个以上国家的税收管辖权产生联系,就构成了国际避税,即国际避税是在不同税境(国境)下的避税。国际避税产生的原因很多,从纳税人的角度,当然是为了追求增加企业(公司)利润。从客观条件看,主要是因为各国税制存在的差异(税收管辖权、税率、获利机会等),税收的国际协调不够,国家之间的政治、经济以及税收方面的合作、协定不同,有的国家为了吸引外资,推动本国经济发展,在税收上制定了一些特定的优惠政策,加之各国税收征管的力度不同,这些都为国际避税提供了机会。发达国家往往认为国际避税产生的原因是发展中国家为吸引外资、技术、管理等而制定的税收优惠政策,这种看法失之偏颇。因为企业的获利除了与税收因素有关外,还受到资金及资源供给、管理基础、技术、公共基础设施等诸因素的影响。联合国与世界银行资料显示,实际上,发达国家企业的获利能力和机会是发展中国家的40%~83%。

2. 按避税针对的税收法规制度分类

(1)利用选择性条款避税。它是指针对税法中某一项目、某一条款并列规定的内容,纳税人从中选择有利于自己的内容和方法,如纳税期限、折旧方法、存货计价方法等。

(2)利用伸缩性条款避税。它是指针对税法中有的条款在执行中有弹性,纳税人按有利于自己的理解去执行。

(3)利用不明确条款避税。它是指针对税法中过于抽象、过于简化的条款,纳税人根据自己的理解,从有利于自身利益的角度去进行筹划。

(4)利用矛盾性条款避税。它是指针对税法相互矛盾、相互冲突的内容,纳税人选择有利于自己的条款。

上述几种避税行为,有的可以使纳税人实现永久性避税(只要税法不修改),给企业带来长远利益;有的则仅使纳税人利用时间差,暂时递延了纳税义务(财务会计上先发生递延税款贷项),使纳税人获得资金营运上的好处(尽管是暂时的),因为这等于企业从政府获得了一笔无息贷款。但暂时性的避税利益也可能转化为永久性利益,如国家在此期间修改了税法,并对已实现的暂时性避税利益不再追溯。因此,企业要根据各种条件,随时注意变动的各种情况,运用一切可以运用的避税形式寻求企业利益。

(四)避税的基本方法

1. 税境移动法

凡主权独立国家都有其税收管辖权,即对本国居民、非本国居民,仅就其发生或来源于该国境内的收入征税,或者行使收入来源地管辖权与居民收入管辖权,即除对非本国居民仅就其来源或发生于该国境内的收入征税外,对本国居民来源于境内、境外的收入均要征税。前者的法律依据是涉税事项的发生地,后者则是纳税人的“身份”。因此,跨国经营企业可以通过对生产经营活动和居留时限的安排,回避税收管辖权。

2. 价格转让法

价格转让法亦称转让价格法、转移定价法,是最常见的避税方法。它是指两个或两个以上有经济利益联系的经济实体(关联企业)为共同获取更多利润和其他经济利益的需要,以内部价格进行的销售(转让)活动,这是避税实践中的基本技术。内部价格即转让定价,是关联各方之间在交易往来中人为确定的价格。

企业之间的经济往来有两种情况:一是没有经济利益联系的企业之间的经济往来;二是有经济利益联系的企业之间的经济往来。前者在购销活动中不易在价格方面做文章(一般由市场供求关系决定其价格);而后者为了保证集团(公司)的整体利润最大化,其价格会有扭曲现象,可能高于或低于正常成本,甚至根本不考虑成本,这种价格一般称为“非正常交易价格”“非竞争价格”“非独立企业价格”,而局外人很难获得这种定价的全部真实资料。价格转让法一般都是在后者之间的业务往来中采用。经济合作与发展组织(OECD)的《转让定价指南》明确指出:“转让定价对纳税人和税务部门均具有重要意义,因为它在很大程度上决定了在不同税制国家中各关联企业的收入、支出以及应纳税利润。”

关联企业之间转让定价的动机有税务动机和非税务动机。前者如减轻公司所得税、预提税、关税和增加外国税收抵免额等；后者如打入和控制市场、调节利润、转移资金、避免外汇奉献、加速成本回收和利润汇回、侵占合资方利益等。

在不同情况下采用转让定价法，可以实现特定目的、发挥特定作用。不论是集团公司还是非集团公司，只要它们之间有经济利益关系，并且是非单一利润中心，也就是说，它们之间既保持独立又进行联合，就能以转让定价方式进行避税。

3. 利用国际税收协定

国际税收协定一般都规定缔约国只能对常设机构的经常性所得征税。在某些协定条款中，其原则的确定及运用存在差异，税收协定中会有一些税收庇护条款等，因此，跨国公司通过设立直接的传输公司、踏脚石式的传输公司、外国低股权的控股公司进行避税。

4. 成本(费用)调整法

成本(费用)调整法是一种通过对成本(费用)的合理调整或分配(摊销)，抵消收益、减少利润，以达到规避纳税义务的避税方法。应该指出，合理的成本(费用)调整和分摊，应是根据现行税收法规制度、会计准则、会计制度等，在允许的范围内所做的一些技术处理，它不是违反有关法规制度，不是乱摊成本、滥计费用。企业会计人员、管理人员业务素质的高低，决定其财务管理水平的高低，其水平高低的一个重要标志就是如何最大限度地维护企业的利益，这是作为独立经济实体的必然要求。

成本(费用)调整法适用于各类企业、各种经济实体，在具体运用时，有发出或销售存货成本计算方法、库存存货成本计算方法、固定资产折旧计算方法、无形资产价值摊销方法、费用分配(摊)方法、资产减值准备计提方法以及技术改造方法等。

5. 融资(筹资)法

融资法即利用融资技术使企业达到最大获利水平和使税负最轻的方法。融资是关系企业生存和发展的一项重要理财活动。企业的融资渠道很多，但从避税的角度分析，企业内部集资(内部发行债券、吸收入股等)、企业之间资金拆借方式最好，向银行或其他金融机构贷款次之，而靠企业自我积累效果最差(自我积累资金的形成需时较长，归投资人所有的资金在企业内部使用也不会产生税前抵扣)。①

6. 租赁法

租赁也是一种可以减轻税负的行为，能获得双重好处。对承租方来说，它既可以避免因长期拥有机器设备而增加负担和承担风险，又可以在经营活动中以支付租金的方式冲减企业利润，减少应纳税额。对出租方来说，不必为如何使用这些设备及提高利用效果而费心，获得的租金收入通常比经营利润享受更优惠的税收待遇。

---

① 其中，通过增加债权性投资比例、减少权益性投资比例以达到增加税前扣除的方法称为资本弱化。

7. 低税区避税法

低税区避税法是比较常见的避税方法。低税区一般指税率较低、税收优惠政策较多、税负较轻的国家和地区。我国的西部大开发地区、新技术产业园区等就属于国内低税区。此外,世界上有些国家或地区,如巴哈马、瑙鲁、开曼群岛、英属维尔京群岛等都属于国际避税港或低税区,但各国税务当局对这些避税地也会给予特别关注(列入“黑名单”“灰名单”)。

知识链接

美国收入最高的1%群体约占整个美国漏报人群的70%,他们采用相当复杂的避税组合策略降低税负。针对联邦税,纳税人典型的避税策略有:

1. 通过投资增加财富。原理是现行联邦税收对正常工资征收的税率要高于投资收入,长期资本利得税税率最高为20%,而个人所得税税率最高为37%。

2. 通过囤积资产而不出售,将税负降到最低。美国智库预算和政策优先中心指出,“富有的个人可以等到对他们来说最合适的时候再出售(资产),比如某一年他们会遭遇巨额资本损失,从而抵消收益”。

3. 利用营业收入漏洞减少个人应纳税额。2017 年美国税改法案允许对通过合伙企业、独资企业和 S 型公司获得的某些营业收入减免 20%。税收联合委员会的数据显示,美国最富有的 1%纳税人获得了此项改革 61%的受益。

4. 利用遗产税政策保持财富。2017 年的税改将死者财产免缴遗产税的金额提高了一倍,从约 550 万美元提高到超过 1 100 万美元。

(五)避税可能面临特别纳税调整

《中华人民共和国企业所得税法》(以下简称《企业所得税法》)实施后,企业的避税可能面临特别纳税调整。《企业所得税法》第四十一条第一款规定:企业与其关联方之间的业务往来,不符合独立交易原则而减少企业或者其关联方应纳税收入或者所得额的,税务机关有权按照合理方法调整。①

特别纳税调整②是针对一般纳税调整而言的,是税务机关出于实施反避税目的而对

① 在业务(包括不合理商业目的)发生的纳税年度起 10 年内进行纳税调整。

② 即个别反避税条款。

纳税人特定纳税事项所做的税收调整,包括针对纳税人转让定价、资本弱化[①]、受控外国公司及其他避税情形而进行的税收调整。特别纳税调整的“特别”之处体现在对象、内容、方法等很多方面。原来我国的所得税法律法规更多地关注调整的合理性与合法性,以及税务机关执法的准确性,现行税法的特别纳税调整没有局限于此,它更多的是针对资本的国际流动,强调企业经济行为在市场经济运行中的公平性、合理性问题,拓展和提升了反避税的理念和领域。凡因不合理的安排而减少企业的应税收入或应税所得额的行为,都属于调整和规范的内容。

《企业所得税法》第四十七条规定:“企业实施其他不具有合理商业目的的安排而减少其应纳税收入或者所得额的,税务机关有权按照合理方法调整。”这种调整属于“一般反避税条款”[②],不具有合理商业目的是指以减少、免除或推迟缴纳税款为主要目的。

税务机关按税收法律、行政法规的规定,对企业做出纳税调整的,对补征的税款,自税款所属纳税年度的次年 6 月 1 日起至补缴税款之日止的期间,按日计算加收利息。企业在税务机关做出纳税调整决定之前补缴税款的,该提前补缴税款部分的利息计算截止日为提前补缴税款日。加收的利息,不得在计算应纳税所得额时扣除,应当按照税款所属纳税年度中国人民银行公布的与补税期间同期的人民币贷款基准利率加 5 个百分点计算。若企业按照税法和实施条例规定提供有关资料的,可以只按人民币贷款基准利率计算利息。

(六)政府反避税对纳税人的启示

1. 税务机关的反避税案例

(1)对 A 集团的反避税。2014 年 2 月,江苏省国税局组建反避税专业团队。反避税专业团队组建伊始,从事 IT 行业的跨国公司 A 集团就进入了他们的视野。该公司江苏工厂产量占集团的 60%左右,年销售额近 400 亿元,关联销售比例为 100%,但净利率仅为 1%左右,在集团利润占比仅为 8%,在中国税收贡献极低,其获利水平与价值贡献明显不匹配。谈判前专业团队项目组做了充分准备,收集相关的各国税收法规,分析行业报告上百份,查询了 1 200 多家上市公司的多年年报。经过多次交锋,公司最终接受了国税局的方案——A 集团江苏公司补税 14 亿元。这是迄今中国反避税补税额度最大的案件,成为中国反避税的一个标志。

2015 年 3 月 11 日,江苏省国税局与跨国企业 A 集团正式签署预约定价安排。根据

---

① 对于债务人与债权人同属于一个利益集团的跨国公司,有动机通过操纵融资方式降低集团整体的税收负担,即所谓“资本弱化”,其结果是增加利息的税前扣除,从而减少对股息的征税。

② 详见 2014 年 12 月 2 日国家税务总局令第 32 号《一般反避税管理办法(试行)》。

协议,A 集团江苏公司未来 4 年预计每年将增加利润约 4.5 亿元,年增加企业所得税约 1 亿元。A 集团 CEO 表示,签署税收协议,降低了企业风险,增加了企业未来发展的确定性,集团将追加投资。

(2)对韩资企业的反避税。韩国某企业在江苏有两家工厂,反避税专业团队分析企业纳税申报表时发现,该公司有避税嫌疑,专业团队项目组对公司进行反避税调查。由于国内同行业企业普遍亏损,缺乏可比性,反避税项目组从国际范围收集了 2 000 多家公司资料,查阅了 120 家上市公司的多年年报,设计了 120 个方案,最后以 15 家同类企业进行类比,确定利润率为 5%,但对方坚持认为是 3%。直到项目组拿出该公司在印度设立的公司曾向当地法院提供的公司 5%利润的证据,韩资企业的"防线"才被击破。最终韩资企业认可 5%的利润率,重新调整了企业的利润构成,把江苏公司在集团同类产品中的利润占比由 30%上调到近 60%,最终补税 3 亿元。

2. 纳税人如何认识反避税

企业利用转移利润方式避税是一把双刃剑,虽然降低了企业税负,但掩盖了企业的核心竞争力,影响了企业决策及行业的正常发展。政府反避税对纳税人避税固然不利,但通过反避税可以还原企业的真实经营状况,让企业遵循市场规律进行利润分配,有利于企业的持续发展。

凡经过反避税调查的企业,大都对子公司重新进行了定位,中国子公司在集团的地位一般都得到了提升。一名企业负责人说,因为利润低,贡献小,以前在集团开会都坐在后排挨训,现在则坐在前排受表扬。反避税实现了税企合作,化解了企业税务风险,实现了多方合作共赢。

纳税人不会因为政府的反避税而不再进行包括避税在内的税务筹划,但企业应该充分了解政府反避税的规则,并且根据自己的具体情况(如企业性质、组织形式、行业类型、市场占有率等),制定适合自己的税收规划和税收战略,要对企业税务规划(安排)的商业合理性和税务合规性有充分的依据、充足的理由。

(七)避税与逃税

在早期,人们对避税与逃税并不做区分。在 1860 年英国的一个诉讼案中,法官特纳(L.J.Turner)建议用逃税(Tax Evasion)来代表纳税人合法地少纳税,而用"税收违法"(Tax Contravention)表示今天人们所说的逃税行为。现代意义上的"避税"与"逃税"概念最早在美国被采用,后来英国也开始接受这两个概念。到 20 世纪 50 年代,英国学界也开始使用 Tax Evasion(逃税)和 Tax Avoidance(避税),但直到 20 世纪 70 年代,美、英等国还有许多人将这两个概念混用。因此,为了防止混淆,现在仍有人使用"合法避税"与"违法逃税"的概念,以强调两者的区别。

目前,包括我国在内的各国法律一般都没有定义避税。维基百科(Wikipedia)对避税与逃税的界定是:"避税是纳税人合法地利用税收制度,以便减少税法所要求其缴纳的税款金额。而逃税是个人、企业和其他组织用违法的手段逃避税收。逃税一般是纳税人向税务机关弄虚作假,虚报或假报其经营情况,从而达到减少纳税义务的目的。"逃税亦称税收欺诈,它是非法的,是不遵从的故意行为。

尽管国内外学界、实务界对避税有不同的理解和认识,但避税与逃税的基本区别还是容易界定的:

(1)避税没有违反法律(税法、刑法等),而逃税是违反税法或违反刑法的;

(2)避税是纳税人事先通过改变经营行为或经营方式避免纳税义务发生,而逃税是在纳税义务已经发生的情况下,通过篡改发票或账簿等手段隐瞒纳税义务,两者采取的手段不同。

"虽然人们能够宣称合法性是逃税与避税的区分线,但实际上这条线是模糊的;有时法律本身不清晰,有时法律本身清晰但纳税人并不清楚,有时法律清晰但是在执法过程中却忽视了特定交易或行为的特殊性。"①(Slemrod et al. ,2001)在税务筹划实务中,两者的界限也并不十分清晰,从道德的角度也是难以区分避税与逃税的。

同样的税务筹划行为,有的时候、有的地方(国家、地区)可以被认定为避税,有的则可能被界定为逃税,正所谓"橘生淮南则为橘,生于淮北则为枳"。纳税人对所在地的税收环境应察察为明。

三、税负转嫁手段

税负转嫁(Tax Translation)可以视为避税的一种特殊类型,即税负转移避税。在一般情况下,流转税具有税负转嫁性,纳税人可能不是或不完全是该税的负税人。因此,税负转嫁主要针对流转税。税负转嫁不是对缴税的回避,也不是对税法不完善及其缺陷的利用,而是纳税人设法将税负转移给他人,最终由他人负担。能否成功进行税负转嫁,关键在于其产品或服务在市场上的竞争能力与供求弹性。

(一)税负转嫁的概念

税负转嫁指纳税人在缴纳税款之后,通过种种途径将自己的税收负担转移给他人的过程。也就是说,最初缴纳税款的法定纳税人,不一定就是该项税收的最终负担者,他可以把所纳税款部分或全部转移给其他人。只要某种税收的纳税人和负税人非为同一人,便有可能发生税负转嫁。

① 转引自:埃里希·科齐勒.税收行为的经济心理学[M].北京:中国财政经济出版社,2012:6.

税负归宿,指税收负担的最终归着点或税负转嫁的最后结果。税收经过转嫁过程,最终总要把负担落在某个(或几个)负税人身上。一旦税负转嫁过程结束,税负也就有了归宿,即有了最终承担者。

税收经过转嫁,可以把税负全部转移出去,也可能只把部分税负转移出去(甚至转嫁不出去)。如果纳税人通过转嫁将全部税负转移给负税人,可称为完全转嫁;如果纳税人通过转嫁仅把部分税负转移给负税人,则称为部分转嫁。

税负的转嫁过程,从纳税人到负税人,可以只经一次税负转移,也可能要经过数次税负转移。如果一笔税款从纳税人到负税人,其转嫁过程发生一次,可称作一次转嫁;如果同一税额从纳税人到最后负税人,其转嫁过程发生两次或两次以上,可称作辗转转嫁。

(二)税负转嫁的特点

税负转嫁是在纳税人之间进行的,因此,它不会减少国家的税收总收入;税负转嫁一般仅适用于流转税(间接税)。

(三)税负转嫁的方法

按照税负转嫁的不同途径,一般可以将税负转嫁分为以下四种方式:

(1)前转(Forward Shifting),亦称"顺转""下转"。即纳税人将其所纳税款,通过提高商品或生产要素价格的方法,向前转移给商品或生产要素的购买者或最终消费者的一种形式。一般来说,前转是税负转嫁的典型和普遍的形式,多发生在商品和劳务的应税上。

(2)后转(Backward Shifting),亦称"逆转""上转"。即纳税人将其所纳税款,以压低生产要素进价或降低工资、延长工时等方法,向后转移给生产要素的提供者的一种形式。后转一般是在市场供求条件不允许纳税人以提高商品和服务价格的方法向前转移税收负担时发生的,而且大多发生在生产要素的应税上。

(3)消转(Diffused Shifting),亦称"税收转化"。即纳税人对其所纳税款,既不向前转嫁,也不向后转嫁,而是通过改善经营管理、改进生产技术、压低工薪支付额等方法,自己消化税收负担。因为消转并没有把税负转移给他人,也没有特定的负税人,严格地说,消转是一种特殊的税负转嫁形式。

(4)税收资本化(Capitalization of Taxation),亦称"资本还原"。即生产要素购买者将所购生产要素未来应纳税款,通过从购入价格中预先扣除的方法,向后转嫁给生产要素的出售者的一种形式。税收资本化主要发生在某些资产的交易中,最突出的例子就是对土地交易的应税。政府征收土地税,土地购买者便会将预期应纳的土地税计入资本,将税负转嫁给土地出售者,从而表现为地价下降。此后,名义上虽由土地购买者按期纳税,但实际上税款是由土地出售者负担的。因此,土地税和土地价格的关系经常表现为:土地税增加,地价将会下降;土地税减少,地价将会上升。

节税、避税、税负转嫁与逃税、抗税、欠税、骗税的区别,可以用图 1-1 表示。

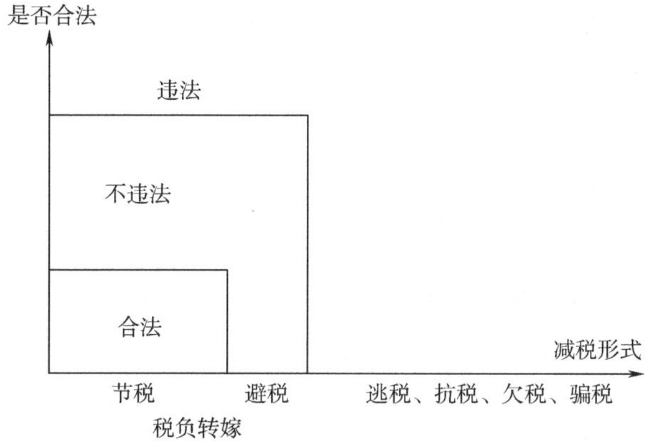

图 1-1 减税形式与税务筹划合法性

四、税务筹划的基本技术

税务筹划的基本技术主要适用于节税的筹划。它是根据现行税收政策,尤其是优惠政策,从税制构成要素角度进行的节税筹划,其基本技术主要有:

(一)免税技术(Tax Exemption Technique)

免税技术,是尽量争取免税期最大化的节税技术,比如国家对特定类型企业、在特定地区注册登记的企业规定有一定的免税期。如果其他条件相似或利弊基本相抵,公司可以创办特定类型企业或到特定地区办企业,从而在合法的前提下节省税款。

(二)减税技术(Tax Reduction Technique)

减税技术,即尽量争取减税待遇和使减税最大化、减税期最长化的节税技术。比如,A、B、C 三个国家,公司所得税的普通税率基本相同,其他条件基本相似或利弊基本相抵。某企业生产的商品 90%以上出口到世界各国,A 国对该企业所得按普通税率征税;B 国为鼓励外向型企业发展,对此类企业减征 30%的所得税,减税期为 5 年;C 国对此类企业减征 40%的所得税,而且没有减税期限的规定。打算长期经营此项业务的企业,完全可以考虑把公司或子公司搬到 C 国去,从而在合法的情况下使节减的税款最大化。

(三)税率差异技术(Tax Rates Difference Technique)

税率差异技术是尽量利用税率的差异使减税最大化的节税技术。在开放经济下,一个企业完全可以利用税率的差异使节减的税款最大化。比如,A 国的公司所得税税率是 30%,B 国为 40%,C 国为 38%,那么,在其他条件基本相似或利弊基本相抵的条件下,投资者到 A 国开办公司可使减税最大化。

(四)分割技术(Splitting Technique)

分割技术是使所得、财产在两个或更多个纳税人之间进行分割而使节减的税款最大化的节税技术。所得税和财产税的适用税率一般都是累进税率,计税基础越大,适用的边际税率也越高。所得、财产在两个或更多个纳税人之间进行分割,可以减小计税基础,降低最高边际适用税率,从而节减税款。比如,一国应税所得 20 万元以下的适用税率是 10%,20 万~40 万元部分的适用税率是 20%,该国允许夫妇分别或合并申报,一对夫妇某年各有应税所得 18 万元就可以分别申报纳税。一些国家的税务局向纳税人免费寄发的纳税宣传小册子也指导纳税人如何分割所得和财产,以便节税。

(五)扣除技术(Deductions Technique)

扣除技术是使税收扣除额、宽免额和冲抵额等最大化的节税技术。在同样多收入的情况下,各项扣除额、宽免额和亏损等冲抵额越大,计税基础就越小,应纳税额也越小,所节减的税款就越大。比如,国家允许公司按两种方法扣除国内业务招待费:一是按公司销售收入的一定百分比计算扣除;二是按限额规定的实际发生额扣除。这时公司就可以选择可扣除招待费较多的方法计税。

(六)抵免税技术(Tax Credit Technique)

抵免税技术是使税收抵免额尽量最大化的节税技术。各个国家往往规定有多种税收抵免,如国外所得已纳税款抵免、研发费用等鼓励性抵免。税收抵免额越大,应纳税额越小,所节减的税款就越大。对一个必须不断进行研究开发才能求得生存和发展的企业来说,在其他条件基本相似或利弊基本相抵的条件下,可以选择缴纳税款更少的方案。

(七)延期纳税技术(Tax Deferral Technique)

延期纳税技术是尽量采用延期缴纳税款的节税技术。递延纳税是纳税人根据税法的规定可将应纳税款推迟一定期限缴纳。递延纳税虽不能减少应纳税额,但纳税期的推迟可以使纳税人无偿使用这笔款项而无须支付利息,对纳税人来说等于降低了税收负担。纳税期的递延有利于资金的周转,节省了利息支出,还可使纳税人享受通货膨胀带来的好处,因为延期后缴纳的税款由于通货膨胀币值下降,降低了实负税额。纳税人在某一年内收到特别高的所得,有可能被允许将这些所得平均分散到数年之后去计税和纳税,或是对取得高所得年度应纳税款采用分期缴纳的方式,以避免纳税人的税负过重。若允许纳税人对其营业财产采用初期折旧或自由折旧法来减少高折旧年度的应税所得,则可实现延期纳税,鼓励投资。例如,国家规定公司国外投资所得只要留在国外不汇回,就可以暂不纳税,那么把国外投资所得留在国外,就会有更多的资金可供利用,将来可取得更多的收益。税收递延的途径很多,纳税人可充分利用税法给予的优惠,积极创造条件,在遵守法律规范的前提下进行税务筹划,享受应得的税收实惠。

(八)退税技术(Tax Repayment Technique)

退税技术是尽量争取退税待遇和使退税额最大化的节税技术。一些国家对某些投资、某些已纳预提税等有退税规定,在已缴纳税款的情况下,退税无疑节减了税款。比如,A 国规定企业用税后所得进行再投资可以退还已纳公司所得税税额的 40%,则公司在其他条件基本相似或利弊基本相抵的条件下,用税后所得而不是用借入资金进行再投资,无疑可以节减税款。

【阅读资料】

加拿大鼓励纳税筹划

随着世界经济的不断发展,各国纳税人已从过去单纯的非法逃税逐步发展为利用合法形式进行节税,从过去无意识地采取各种方法减轻自己的税负到积极地采取各种措施或聘用专业人员进行纳税筹划来减轻税负。纳税筹划已为更多的纳税人所接受,也逐步受到各国政府的关注。

加拿大实行高税负、高福利的社会制度。有人说,加拿大是“万税之国”。加拿大海关和税收署的一项数字表明,对于年收入在 6 万~7 万加元之间的加拿大居民来说,收入的 52%要用于纳税。加拿大居民收入的 16%~40%要用于纳税。多年来,加拿大立法、司法、执法机构始终对纳税人进行纳税筹划给予认可。

一、为什么对纳税筹划给予鼓励?

首先,加拿大政府认为纳税筹划实质上是纳税人对国家税法做出的合理的、良性的反应，鼓励纳税人进行纳税筹划可以从一定程度上减少或减轻纳税人对税负的抱怨，使其将精力用在合法筹划上，从而稳定人心，使各项政策得以顺利、平稳实施。

其次，加拿大税收的五大原则是公平、中立、方便、可信、效率，公平原则作为其中重要的一个原则体现在与税收相关的立法、司法、执法的每个环节。鼓励纳税筹划就是鼓励每个纳税人通过合法的方式将自身的应缴税款降到最低，从而实现税负的公平。

最后，鼓励纳税筹划有利于更好地发挥税收对经济的调节作用，使纳税人能够充分享受税收优惠政策，从而在确定企业类型、经营方式、核算方式时选用税款节省的最佳方案，其结果充分实现了国家的立法意图，引导经济朝着既定方向健康发展。

二、对纳税筹划鼓励的主要体现

一是通过各种渠道向纳税人提供全面的税法信息。在加拿大，几乎所有公共场所，如宾馆、商场、邮局、学校等的免费取阅架上，都摆放有相应年份的税收宣传资料或税款申报资料，纳税人可以很方便地阅读或取得这些资料，及时获得相关的税法信息。如果纳税人有任何纳税问题，都可以上门或通过电话咨询税务部门。税收政策的高度透明和便利传递为每个纳税人提供了纳税筹划的条件。

二是对企业开办公司之前的纳税筹划裁定服务。这是一项收费业务，是指纳税人在筹办公司期间，可以将与税收相关的公司组合形式和业务计划报送税务局，税务机关依据相关政策进行裁定并给予答复，以帮助纳税人正确筹划。

三是明确划分节税筹划与非法筹划的界限，并充分体现在立法、司法、执法过程中。

三、纳税筹划观念对我国税收的意义

（一）鼓励纳税筹划有利于优化征管环境

作为纳税人，希望减轻税负，更希望有不违法的方法可以选择。税务筹划的存在和发展为纳税人节约税收开支提供了合法的渠道，这在客观上提高了税收欺诈的机会成本，使纳税人远离税收欺诈行为成为可能，并自觉自愿依法纳税，促进诚信纳税的良好社会风气逐步形成。

（二）鼓励纳税筹划有利于提高企业的经营管理水平

纳税筹划是一项复杂的系统工程。税收的法规、政策在一定时期内有其一定的适用性、相对的规范性和严密性。企业要达到合法"节税"的目的，在税法允许的范围内进行投资方案、经营方案、纳税方案等方面纳税筹划的同时，必然要加强自身的经营管理、财务核算和财务管理，才能使筹划方案得到最好实现。

（三）鼓励纳税筹划有利于提高税务机关的整体工作水平

一方面，企业财务核算和财务管理的加强，可以使税务人员从繁杂的财务报表、账簿的审核、检查工作中相对地解脱出来，从而将更多的精力投入到加强税收征管上；另一方面,在加强对纳税筹划的了解和研究过程中,税务机关可以及时发现税收征管的薄弱环节及税制的不完善之处,从而促进税收征管走上法治化、规范化轨道,进一步加速税制完善的进程。

(四)鼓励纳税筹划有利于充分发挥税收的经济杠杆作用

纳税人根据税收的各项优惠政策进行投资决策、企业制度改造、产品结构调整等,尽管在主观上是为了减轻税收负担,但在客观上却是在国家税收的经济杠杆作用下,逐步走上优化产业结构和投资方向以及合理布局生产力的道路。税收优惠的目的在于,以一定时期的不收或少收达到以后的多收。因此,支持和正确指导纳税人进行纳税筹划既意味着按照政府政策、扶持后续税源,也意味着鼓励和引导纳税人按照政府的税收政策导向安排生产经营,其结果必然有利于贯彻国家的宏观经济政策,使经济效益和社会效益达到紧密有机的结合。

(资料来源:张建国,《中国财经报》,2005 年 5 月 10 日。略有删改)

避税地不再是安全的"天堂"

经济全球化的发展,使得资本的流动性大大加强,国与国之间为了吸引投资而进行的税收竞争也不断加剧。避税地的存在使得这种税收竞争逐渐演变为恶性的有害税收竞争,大大影响了其他国家的利益。

避税地大体上都具有如下特征:对所得税和资本利得税等税种实行零税率或低税率政策,有严密的银行或商业保密性规定,货币兑换自由,有限的税收条约网络或根本就没有税收条约,良好的通信设施等。因此,很多跨国公司将避税地作为资本运作和滞留利润的平台,全球的富人也大多在避税地开立账户,以逃避母国的税收义务。

近年来,世界各国反避税地的呼声越来越高。经济合作与发展组织(OECD)更是从 20 世纪 90 年代即开始倡导反有害税收竞争的运动。1998 年,OECD 通过了《有害税收竞争:一个正在出现的全球性问题》的报告,以及《执行 1998 年关于有害税收竞争报告的指南》,率先提出制裁有害税收竞争的原则和建议。2000 年 6 月,在欧盟的主导下,OECD 公布了 35 个不与其合作的避税港国家(地区)"黑名单",要求被列入"黑名单"的国家(地区)必须在 2001 年 7 月 31 日前采取措施,消除其有害税收竞争行为,否则将对其进行严厉制裁。

此后,OECD 分别于 2001 年、2004 年和 2006 年发布了有关该项工作进程的专题报告,号召 OECD 成员国和其他国家共同对不合作的避税地采取措施,其中包括:促使"黑名单"上的国家(地区)重新审视他们的政策;建议中止和避税地之间的税收协定,并且不再与这样的国家谈签税收协定;更广泛和有效地使用情报交换手段;出台受控外国公司法(即 CFC 条款)或其他相应的规定,即在 CFC 条款下,受控外国公司的某些收入归属于居民股东并可立即对其征税等。

但OECD的这些强硬措施也引起了大量批评，尤其对避税地的制裁措施被认为是对一国税收主权的干涉。因此，对避税地的要求只剩下“税法透明和信息交换”，承诺期限也从最初的2001年7月31日拖延至今。6年多的时间过去了，名单上的35个国家（地区）仍有3个拒绝合作，即列支敦士登、安道尔和摩纳哥。并且某些避税地为了免受制裁而做出的承诺实际上并没有发挥实质效力。这一方面是由于避税地对资本的吸引力仍然强劲。根据联合国贸易与发展会议（UNCTAD）2007年全球投资报告统计，2005—2006年流入和流出的国外直接投资（FDI）占国内生产总值（GDP）比重居前20位的国家（地区）中，避税地占了大半。另一方面，尽管各国积极采取措施，加强与避税地的税收情报交换，但是因为受到避税地和金融行业协会“银行保密制度”的制约，进展缓慢。

此次列支敦士登银行秘密客户资料泄露引起的查税风暴，给避税地带来了警示和打击。OECD很快对这次事件做出反应，除了委婉地表示支持德国等国家的查税行动外，OECD秘书长约瑟·安格尔·格雷拉（Jose Angel Gurria）还表示，开放的全球经济只有在所有参与者共同承担责任、共同分享利益时才是可持续的，通过过度的银行保密条款、拒绝税收等相关信息交换等手段来帮助国际避税者，对于整个社会福利的提高没有裨益。

有关专家估计，在这次列支敦士登事件之后，信誉的降低和国际社会的压力可能促使列支敦士登与OECD进行合作。其他避税地的信誉和银行富人账户的安全也将从根本上受到质疑，甚至可能动摇不少人对避税地的信心。那些避税地不再是安全的“税收天堂”，开展多年却困难重重的国际反有害税收竞争行动将从这次突发事件中真正获益。

（资料来源：《中国税务报》，2008年3月12日）

思考题

1. 简述税收与价格的关系。
2. 何谓税收负担？如何计算企业的实际税收负担？
3. 如何理解税务筹划的概念？税务筹划有何积极意义？
4. 如何认识税务筹划的目标？它与企业财务管理目标有何异同？
5. 税务筹划应该遵循哪些原则？
6. 简述企业税务筹划的主观动因和客观条件。
7. 税务筹划有何特点？

8. 试比较节税与避税、避税与逃税的不同。
9. 如何理解并掌握税务筹划的基本技术?

案例分析题

2005年6月23日,涉嫌向客户销售不当避税方案的毕马威公司终于躲过了刑事指控的厄运,然而,等待它的将是高额的民事赔偿和退出“会计江湖”的落寞。

美国东部时间6月16日,世界著名四大会计公司之一的毕马威公司向媒体发表声明,称该公司不仅对1996年至2002年期间提供的非法避税服务负责,还对该不法行为给美国国库造成14亿美元的直接经济损失表达由衷的歉意。声明还表示,公司将“洗心革面、痛改前非”,不断改进公司的职业操守。

1996年,毕马威公司开始以“冒进的市场策略”不遗余力地推销避税产品。毕马威所推销的避税产品一共有四种,债券相关发行溢价结构解决方案就是该公司最常用的一种,该方案的目标客户是年收入和资本利得一般在2 000万美元以上的富人,其具体的避税方法是,通过编织一张错综复杂的债务网,想办法增加纳税人的损失和其他列支费用,以降低纳税人的应纳税额,从而达到减少纳税的目的。此外,还有外国杠杆投资项目、离岸投资组合策略和公司贡献战略组合策略。

2004年年底,美国参议院常务调查委员会的调查人员发现,毕马威会计师事务所出售一种避税产品,使它的客户在不到一年的时间里,少缴纳10多亿美元的税款。不但如此,毕马威还曾利用该事务所的电话营销部,进行积极的推销活动,将该产品出售给目标客户。调查报告证实,这类过去仅由专业人士有限推销的避税产品,在过去5年里,被美国一些大的专业公司推向了大众市场。就此,毕马威向客户销售不当避税方案终于浮出水面。

毕马威事件让人们不得不关注公司的避税问题。众所周知,税务服务占到全美四大会计公司总营业收入的1/3左右。税务服务主要分为两大类:一是报税——基本上是为公司纳税人和担任公司管理层成员的个人纳税人提供报税服务;二是税务规划——这项业务尤为有利可图。四大会计公司雇用的律师和会计人员,不会去审计一个卖柠檬水的摊贩,相反,他们成为州税、联邦税及国际税方面的专家。过去20年来,这群由税务专家组成的并不招摇的大军,使用各种方法帮助美国公司降低应缴纳的所得税。例如,美国国内某知名公司对竞争对手因为税负较低而获得的较高盈余感到不满,便雇用四大会计公司中的一家重新规划其全球税务策略,要求将总税率降低。然后,会计公司就会提供一系列的避税措施,简单的有增加向当地慈善机构的捐赠,复杂的有将整个业务部门撤出税负高的国家等措施,可谓五花八门。客户公司的税务部门从中加以选择,挑出优化策略——通常是最不易引起舆论注意的。根据各个公司的具体差异,这种方法每个纳税年度可以节省数千万到数亿美元。用不了多久,这种大规模的避税在财务报告上就表现为利润的增加,在市场上就表现为股价的上扬。

公开采用大规模避税措施的现象,到20世纪90年代末期才开始急剧增多。当时,公司面临着增加营收、实现股价目标的巨大压力。事实上,许多年来,诸如IBM、通用电气及通用汽车等美国工业巨头的爱国热情已经消减殆尽,不再以上缴巨额税金为荣了。税收流失造成的影响,今天已是随处可见。

会计公司如果同时承担审计客户的税务规划业务,就会产生严重的利害冲突,这已经是一个公开的事实。最近,德勤、安永、毕马威以及普华永道这四大会计师事务所都至少卷入了一起会计丑闻,还有由于安然公司会计丑闻而轰然倒塌的安达信会计师事务所,真是一波未平,一波又起。毕马威的这次危险游戏没准会让自己退出“江湖”,而且很有可能让自己苦心经营的会计事业化为乌有。

根据美国司法部掌握的资料,毕马威利用各种手段帮助客户逃税,其中包括资产收益税以及个人所得税,总金额高达25亿美元。司法部称,这是迄今为止受理的最大一起涉及逃税的刑事案件。美国国税局(IRS)局长马克·埃弗森(Mark Everson)则表示,毕马威的行为已经超出了“正当避税”的界限,已经构成了“盗窃”。他评论说:“会计师和律师是税收系统的中流砥柱,应该维护法律,而不是‘钻法律的空子’。”

据悉,毕马威已经承认曾向富有的客户(1997年年收入1 000万美元以上、1998年至2000年年收入2 000万美元以上的客户)提供了一些不当的避税手段,帮助客户逃脱了部分缴税义务,公司则从中牟取7%的差价。在毕马威同意支付的4.56亿美元罚款中,有1.28亿美元即为公司的这部分非法所得。

在法庭文件中,主控方引用了数名匿名证人的证词:通过毕马威的操作,一些客户应缴的税款没有被登记,或被转换成合法投资加以抵消。毕马威还向这些客户出具相关法律文件,帮助客户躲过美国国税局的调查。(根据《中国财经报》等媒体资料整理)

分析要求:

通过分析毕马威等各会计师事务所所面临的涉嫌向客户销售不当避税方案的案例,你如何认识税务筹划(尤其是避税)?

第二章

税务筹划的基本方法

本章要点

本章从六个方面介绍税务筹划的基本方法及其原理，将每一种税务筹划方法分解为若干操作要点进行详细阐述。本章内容是对税务筹划基本方法的归纳和总结，能够帮助读者全面掌握税务筹划操作技巧，为综合性的税务筹划操作奠定基础。

第一节　税制要素筹划方法

一、税制要素概述

税制要素是各税种的细胞，税务筹划只有深入到税制要素，才能取得实际效果。税制要素包括纳税主体、课税对象、税率、纳税环节、纳税期限、纳税地点和税收优惠等，它与税务筹划密切相关，直接影响纳税人的税负。因此，有必要对每个税种的税制要素进行分析和研究，以达到为纳税人减轻税负的目的。

二、税制要素筹划方法

（一）纳税人筹划法

纳税人亦称为纳税义务人，指税法规定的直接负有纳税义务的单位和个人，有时也称为纳税主体。纳税人可以是法人，也可以是自然人。每一种税都有关于纳税人的规定，如果纳税人不履行纳税义务，就需要承担法律责任。纳税人是税制的一个基本要素。

纳税人筹划法实质上是进行纳税人身份的合理界定或转化，使纳税人承担的税收负担尽量减少或降低到最小限度，或者直接避免成为某税种的纳税人。纳税人筹划可以合理降低税收负担，且方法简单，易于操作。纳税人筹划方法的关键是准确把握纳税人的内涵和外延，合理确定纳税人的范围。

1. 纳税人不同类型的选择

从纳税人性质角度分析，现阶段我国有多种不同性质的纳税人，如个体工商户、独资企业、合伙企业和公司制企业等。不同性质的纳税人所适用的税收政策存在很大差异，这给税务筹划提供了极大空间。

当然，纳税人在进行税务筹划时，应充分考虑各方面的因素，因为选择不同性质的企业形式，其经营风险不同：个人投资企业和合伙制企业承担无限责任，风险较大，而私营企业若以有限责任公司形式出现，则风险相对较小。

2. 不同纳税人之间的转化

由于不同纳税人之间存在税负差异，所以可以采取转变纳税人身份的办法合理节税。

增值税的纳税人分为一般纳税人和小规模纳税人。对这两类纳税人征收增值税时,其计税方法和征管要求不同。一般将年应税销售额超过小规模纳税人标准的个人、非企业性单位、不经常发生应税行为的企业,视同小规模纳税人;年应税销售额未超过标准的,从事货物生产,提供劳务或销售服务、无形资产、不动产的小规模企业和企业性质的单位,账簿健全,能准确核算并提供销项税额、进项税额,并能按规定报送有关税务资料的,经企业申请,税务部门可将其认定为一般纳税人。一般纳税人实行进项税额抵扣制,而小规模纳税人必须按照适用的征收率计算增值税,不实行进项税额抵扣制。

一般情况下,小规模纳税人的税负略重于一般纳税人,其原因在于一般纳税人可以进行进项税额抵扣,尤其是当应税销售额增值率较小时,一般纳税人的税负明显低于小规模纳税人。但这也不是绝对的,需要通过比较两类纳税人的应税销售额增值率与税负平衡点的关系,合理合法选择税负较轻的纳税人身份。

纳税人之间的转化一般存在多种情况,如增值税一般纳税人和小规模纳税人之间的转变,可以实现筹划节税。

【例 2-1】甲商贸公司为增值税一般纳税人,年销售额为 600 万元,由于可抵扣的进项税额较少,年实际缴纳增值税 60 万元,增值税税负较重。请为甲公司设计合理减轻增值税负担的筹划方案。

筹划方案:由于一般纳税人不允许直接变更为小规模纳税人,投资者可以将甲公司注销,同时成立乙公司和丙公司来承接甲公司的业务。乙公司和丙公司的年销售额均为 300 万元,符合小规模纳税人的标准。年应纳增值税 = (300+300) ×3% = 18(万元)。

3. 避免成为法定纳税人

纳税人可以通过灵活运作,使得企业不符合成为某税种的纳税人的条件,从而彻底规避税收。比如,在企业内部设立的一些内部组织或附属组织,不属于纳税人;不具有独立法人资格的分公司或分支机构也不是企业所得税的纳税人,但具备独立法人资格的子公司则属于企业所得税的纳税人。

(二)税基筹划法

税基就是计税依据,是计算税金的基本依据,不同税种其税基计算方法不同。税基筹划法是指纳税人通过控制计税依据的方式来减轻税收负担的一种筹划方法。

大部分税种都采用税基与适用税率的乘积来计算应纳税额。在税率一定的情况下,应纳税额的大小与税基大小成正比,即税基越小,纳税人负担的纳税义务越轻。因此,如果能够控制税基,也就控制了应纳税额。

1. 控制或安排税基的实现时间

(1)税基推迟实现。即税基总量不变,合法推迟税基的实现时间。税基推迟可以实现递延纳税;在通货膨胀环境下,税基推迟实现的效果更为明显,能够降低未来支付税款的购买力。

(2)税基均衡实现。即税基总量不变,税基在各个纳税期间均衡实现。在适用累进税率的情况下,还可实现边际税率的最小化,从而大幅降低税负。

(3)税基提前实现。即税基总量不变,税基合法提前实现。在减免税期间,税基提前实现可以享受更多的税收减免额。

2. 分解税基

分解税基即把税基进行合理分解,实现税基从税负较重的形式转化为税负较轻的形式。

3. 税基最小化

税基最小化即税基总量合法降低,从而减少应纳税额或者避免多缴税。这是企业所得税、增值税等税种筹划常用的方法。

(三)税率筹划法

税率是决定纳税人税负高低的主要因素之一。各税种的税率大多存在一定的差异,一般情况下,税率低、应纳税额少,税后利益就多。但是,税率低不一定等于税后利益最大化,所以,对税率进行筹划,可以寻求税后利益最大化的最低税负点或者最佳税负点。

不同的税种适用不同的税率,纳税人可以利用课税对象界定上的含糊性进行筹划。即使是同一税种,适用的税率也会因税基或其他假设条件不同而发生相应的变化,纳税人可以通过改变税基分布调整适用的税率,从而达到降低税收负担的目的。

1. 比例税率筹划法

针对不同征税对象实行的不同税率政策,分析其差距的原因及对税后利益的影响,可以寻求实现税后利益最大化的最低税负点或者最佳税负点。例如,我国现行的增值税有13%的基本税率,还有9%的低税率;消费税有1%~56%的13档比例税率。对这些比例税率进行筹划,可以从中寻求最佳税负点。

2. 累进税率筹划法

各种形式的累进税率都存在一定的税负差异,筹划累进税率的主要目标是防止税率的攀升。其中,适用超额累进税率的纳税人对防止税率攀升的欲望程度较弱,而适用全额累进税率的纳税人对防止税率攀升的欲望程度较强。

(1)筹划超额累进税率。世界上所有国家的个人所得税大多实行程度不同的超额累进税率,所得越多,适用税率越高,纳税人的收入体现出一定的效应递减性。通过合理筹划,可以在一定程度上改变纳税人适用税率的状况,在税法许可的范围内降低税负。

(2)筹划全额累进税率。全额累进税率在当今世界已经不多见。2008 年前我国企业所得税暂行条例规定的是33%的比例税率,但是财政部和国家税务总局(〔1994〕财税字 009 号)文件中规定,对年应纳税所得额在 3 万元(含 3 万元)以下的企业,暂减按 18%的税率征收所得税;年应纳税所得额在 10 万元(含 10 万元)以下至 3 万元的企业,暂减按 27%的税率征收所得税。这种税率实际是全额累进税率,税负明显不合理,在收入临界点存在边际损失明显大于边际收入的问题。通过合理的税收安排,可以改变这种不合理的税负状况。

3. 筹划其他税率

我国对某些税种,如城镇土地使用税、耕地占用税、车船使用税等,实行的是差别定额税率,通过对这些税率的筹划,可以取得一定的税收利益。

(四)税收优惠筹划法

1. 税收优惠的形式

税收优惠是指国家为了支持某个行业或针对某一特殊时期,出台一些包括减免税在内的优惠性规定或条款。

税收优惠体现了一定时期国家的税收导向,纳税人可以充分利用这些税收优惠政策,依法节税。税收优惠主要有以下形式:

(1)免税。免税是国家对特定的地区、行业、企业或特定的纳税人、应税项目等给予纳税人完全免税的照顾或奖励措施。免税属于国家的税收照顾方式,也是国家出于政策需要的一种税收奖励方式,它是贯彻国家政治、经济和社会政策的重要手段。我国对从事农、林、牧、渔业生产经营的企业给予免税待遇,就属于一种行业性照顾或激励。各国税法中的免税鼓励规定随处可见,它是各国税收制度的组成部分,是采用免税政策依法节税的法律依据。

对于免税优惠,纳税人应考虑以下操作技巧:第一,在合法、合理的前提下,尽量争取多的免税待遇。与缴纳税收相比,免征的税收就是节减的税收,免征的税收越多,节减的税收也越多。第二,在合法、合理的情况下,尽量使免税期最长。许多免税都有期限规定,免税期越长,节减的税收越多。

(2)减税。减税是对某些纳税人或课税对象给予鼓励或照顾的一种特殊措施。减税与免税类似,实质上也相当于一种财政补贴。政府给予纳税人主要有两类减税办法:一类是出于税收照顾目的的减税。比如,国家对遭受自然灾害地区的企业、残疾人企业等的减税,就是一种税收照顾,是国家对纳税人因各种不可抗力造成的损失进行财务补偿。另一类是出于税收奖励目的的减税。比如，对产品出口企业、高科技企业、环境保护项目等的减税，就是一种税收奖励，是政府对纳税人贯彻国家政策的财务奖励。

(3)免征额，亦称扣除额，是指在征税对象全部数额中免予征税的数额。它是按照一定标准，从征税对象全部数额中预先扣除的数额。免征额部分不征税，只对超过免征额的部分征税。例如，工资薪金所得允许每月扣除的免征额为5 000元。

(4)起征点，亦称征税起点，是根据征税对象的数量，规定一个标准，达到这个标准的就征税，未达到这个标准就不征税。

(5)退税。退税是指可以直接减轻纳税人税收负担的那一部分退税。在国际贸易中，退税是鼓励出口的一种有效措施。

(6)优惠税率。对符合条件的产业、企业或项目课以较低的税率。优惠税率有利于吸引外部投资，加快该产业的发展。

(7)税收抵免。对纳税人的境内、境外全部所得计征所得税时，准予在税法规定的限度内以其国外已纳税款抵减其应纳税款，以避免重复课税。

2. 优惠政策筹划法

优惠政策属于一种特殊性政策，这种特殊性体现着国家对某些产业或某些领域的税收照顾。优惠政策的筹划可以使纳税人轻松地享受低税负待遇。

优惠政策的筹划关键是寻找合适的优惠政策并把它运用在纳税实践中，在一些情况下还表现在创造条件去享受优惠政策，从而实现税收负担的降低。

优惠性政策条款多表现为行业性、区域性优惠政策或特定行为、特殊时期优惠政策，如福利企业减免税政策、软件企业的税收优惠政策、环保和节能节水项目的税收优惠政策、鼓励科技发展的税收优惠政策等。

【例2-2】甲公司是一家以建筑施工为主的工程施工企业。自2018年起，该公司从传统的商品房建筑装修逐渐转向国家重点扶持的公共基础设施建设施工，主要是港口码头、机场、铁路、公路等项目的工程施工。

根据《中华人民共和国企业所得税法实施条例》(以下简称《企业所得税法实施条例》)第八十七条的规定，企业从事国家重点扶持的公共基础设施项目的投资经营的所得，自项目取得第一笔生产经营收入所属纳税年度起，第一年至第三年免征企业所得税，第四年至第六年减半征收企业所得税。

甲公司自2018年起从事公共基础设施建设施工业务所获得的收入，可以享受企业所得税"三免三减半"优惠政策，即2018年、2019年、2020年享受所得税免征，2021年、2022年、2023年享受减半征收企业所得税的优惠。

除此之外，纳税环节、抵扣环节、纳税时间、纳税地点也可以提供税务筹划的空间。

纳税人既可以通过合同控制、交易控制及流程控制延缓纳税时间，也可以合理安排进项税额抵扣时间，所得税预缴、汇算清缴的时间及额度，从而合理推迟纳税。

第二节　差异运用筹划方法

现实经济生活中存在着各种各样的差异性，税制也反映和认同这种差异性的存在，并规定了各种差异性的政策和制度，这便为税务筹划提供了广阔的空间。纳税人可以积极主动地运用差异，在合法的范围内达到为自己减轻税负的目的。具体地说，可以从地域差异、行业差异、企业性质差异和各国税制差异四个角度进行税务筹划。

第一，税制设计充分考虑地域差异。目前，中国税制涉及的特殊地域主要有经济特区、沿海经济开放区、经济技术开发区、边境对外开放城市、沿江开放城市、中西部地区、高新技术产业开发区、保税区、贫困地区、少数民族地区等。纳税人在投资、经营及筹资时，要利用地域间税负差异，合理筹划。

第二，国家基于宏观经济发展的需要，在不同的时期对不同的行业有不同的政策，对一些事关国计民生的基础产业和能够带动经济发展的主导产业有一定的政策倾斜，使得这些行业的税负较低，如改革开放以来国家对教育产业、信息产业、高新技术产业、环保产业等实施的低税负政策。纳税人在自身条件许可的条件下，可以通过战略转移、经营调整等手段进入这些行业，充分享受税收优惠。

第三，企业性质差异，主要指国家对不同性质的企业往往有不同的税收政策，由此带来税负的不同。纳税人通过利用企业性质差异进行筹划，可以享受更多的税收优惠政策。

第四，由于不同国家对税收管辖权、税收构成要素和税源等税收经济活动所做的制度安排和法律规定不同，所以税制差异非常明显，纳税人可以利用税制差异实现国际税务筹划。纳税人对这些差异的运用，不但维护了自己的经济利益，而且为减轻跨国纳税找到了强有力的制度及法律保障，其具体的筹划方法层出不穷。

【例 2-3】某企业原计划在广州设立一高科技企业，该企业预计年盈利 1 000 万元。经过市场调研，该企业设在广州和深圳对于企业的盈利能力没有实质影响，该企业在深圳预计年盈利 900 万元。请对该企业的投资计划提出纳税筹划方案。

筹划方案：该企业可以在深圳设立高科技企业，因为高科技企业在经济特区内取得的所得，可以享受下列税收优惠政策：自取得第一笔生产经营收入所属纳税年度起，第一年至第二年免征企业所得税，第三年至第五年按照 25%的法定税率减半征收企业所得税。按照该企业年盈利 1 000 万元计算,设在广州,该企业 5 年需缴纳企业所得税:1 000×25%×5=1 250(万元)。税后利润:1 000×5-1 250=3 750(万元)。如果设在深圳,该企业 5 年需要缴纳企业所得税:900×25%×50%×3=337.5(万元)。税后利润:900×5-337.5=4 162.5(万元)。故应设立在深圳。通过纳税筹划增加的税后利润:4 162.5-3 750=412.5(万元)。

第三节　税负转嫁筹划方法

一、税负转嫁筹划方法概述

在市场经济环境中,受利益机制的驱使,纳税人会通过各种途径和方式将税收负担部分或全部转移给他人,因此,可以将税负转嫁行为视为市场主体之间的一种博弈行为。

税负转嫁是一种纳税技巧,在悄无声息中实现税负降低。税负转嫁筹划的操作平台是价格,其基本操作原理是利用价格浮动、价格分解来转移或规避税收。税负转嫁筹划能否通过价格浮动实现,关键取决于商品的供给弹性与需求弹性的大小,而价格分解的手法更为巧妙。

税负转嫁应明确三项原则:第一,税负转嫁和商品价格是直接联系的,和价格无关的因素是不能纳入税负转嫁范畴的;第二,税负转嫁是一个客观过程,没有税收价值的转移过程不能视为税负转嫁;第三,税负转嫁应理解为纳税人的主动行为,与纳税人主动行为无关的价格再分配性质的价值转移不能视为税负转嫁。

税负转嫁意味着税负的实际承担者不是直接缴纳税款的人,而是背后的隐匿者或潜在的替代者。税款的直接纳税人将税负转移给他人,自己并不承担纳税义务,仅仅充当税务部门与实际纳税人之间的中介桥梁。由于税负转嫁没有损害国家利益,也不违法,因此,税负转嫁筹划受到纳税人的普遍重视,利用税负转嫁筹划减轻纳税人的税收负担已成为普遍的经济现象。

二、税负转嫁筹划的基本方法

(一)税负前转筹划法

税负前转筹划法是纳税人将其所负担的税款,通过提高商品或生产要素价格的方式,转移给购买者或最终消费者。这是最为典型和具普遍意义的税负转嫁形式。比如,在生产环节课征的税收,生产企业就可以通过提高商品出厂价格而把税负转嫁给批发商,批发商再以类似的方式把税负转嫁给零售商,零售商最终将税负转嫁给消费者。税负前转筹划法一般适用于市场紧俏的生产要素或知名品牌的商品。

税负前转筹划法的基础是价格平台,如果将该方法与转让定价策略及集团经济结合起来,会显示出更大的威力。税负前转筹划法运用灵活,有时能够收到“四两拨千斤”的显著效果。但是,税负前转筹划法很难使企业所有税负都实现转嫁。从实践情况来看,能够进行前转的,主要是那些难以查定税源的商品,即那些征税时无法确定其最终负担者的税种。比如,对香烟征收消费税,香烟的消费者实际上是香烟消费税的承担者,但由于预先并不能确定每包香烟的消费者(或购买者),因而只能以香烟为标准,以其制造者和贩卖者为纳税人,由制造者和贩卖者将税负转移给消费者和购买者。类似香烟消费税的还有其他消费税、关税等税种,它们的共同点在于,税款可以加在商品价格中,通过提高产品售价的方法将税负转移给消费者,实现税负转嫁。

【例2-4】我国南方一些竹木产区生产竹木地板。这种地板的特点是清凉、透气、加工制造简单,但是与革制地板、化纤地毯相比较显得不够美观。生产厂商将竹木地板的价格确定为每平方米100元。由于竹木地板只适用于南方潮湿地区,北方多数地区无法使用(北方较干燥,竹木地板易裂),市场需求量不大,结果造成竹木地板生产厂商只能维持企业运转。由于这在当时已被认为是很高的价格标准,所以有关税负只能由生产厂商负担。

后来日本人发现了这种竹木地板,经他们分析测定,这种竹木地板具有很高的医学价值,使用竹木地板对维持人们体内微量元素的平衡起到很大作用,因此,日本及东南亚国家纷纷到我国南方订货。原来100元的竹木地板一跃变成100美元。这样,竹木地板的生产厂商大幅提高了利润水平,其所负担的税金全部通过价格的提高实现了转嫁。

(二)税负后转筹划法

税负后转筹划法多与商品流转有关,纳税人通过降低生产要素购进价格、压低工资或其他转嫁方式,将其负担的税收转移给提供生产要素的企业。纳税人已纳税款因种种原因不能转嫁给购买者和消费者,而是转嫁给货物的供给者和生产者。比如,一个批发商纳税后,因为商品价格下降,已纳税款难以加在商品价格之中转移给零售商,于是批发商就要求厂家退货或要求厂家承担全部或部分已纳税款,这时就会发生税负后转。税负后转筹划法一般适用于生产要素或商品积压时的买方市场。

第四节　组织形式筹划方法

一、组织形式筹划概述

组织形式及产权关系决定着企业边界及资源配置方式,对不同组织形式及产权关系的选择,将极大地影响企业的经营、理财与税收。因此,适时改变组织形式,适应税制变化和税收政策的调整,可以合理降低税收负担。

组织形式和产权关系对税收的影响主要表现在改变了一些税收环境与税收要素,如纳税地点、纳税时间、纳税环节、纳税主体等。在有些情况下,产权关系和企业边界的改变,会造成税收待遇的差别,尤其是税收优惠政策与产权关系的变更密切相关。许多企业通过外部扩张,进入新的行业、新的领域,税收待遇自然不同;许多企业兼并重组的根本目的在于利用亏损弥补政策;许多企业实施并购的目的是改变身份或行业类别,从而享受一定的税收优惠。

从一定意义上说,税务筹划的一部分功能其实是在寻找产权关系和企业边界对税收的影响,并尽力打破这种边界的“束缚”,寻找税负最小化的“安全”边界,以形成最佳的产权关系。

二、组织形式筹划的基本方法

(一)延伸筹划方法

企业通过设立分支机构对外扩张延伸时,是采取总分机构形式,还是母子公司形式,在很大程度上会影响企业的税收负担。分公司不是独立的法人实体,在设立公司的所在国被视为非居民企业纳税人,其所发生的利润和亏损与总公司合并,即通常所说的“合并财务报表”。至于分公司所在的东道国,依然会对归属于分公司的收入课税,这就是所谓的“收入来源地管辖权”。实行法人企业所得税制度的国家,与总公司处于同一国家或地区的分公司,可以将其利润与总公司的利润合并纳税。而子公司是独立的法人实体,在设立公司的所在国被视为居民纳税人,通常要承担与该国其他居民企业一样的全面纳税义务,所以,子公司一般必须依法独立纳税。

延伸筹划主要考虑以下三方面因素:

一是分支机构初期经营盈亏情况,是否需要与总部合并纳税。如果分支机构初期亏损,需要和总部合并纳税,则一般先设立分公司。

二是分支机构税率的高低及税收待遇情况。如果分支机构所处区域税率较低或有较多的税收优惠,则一般采取子公司的形式。

三是分支机构的利润分配形式及风险责任划分。一般而言,子公司利润分配较易操作,而分公司的利润通常和总部合并后再进行分配。子公司以其出资额承担有限责任,而分公司在出现债务纠纷时可能会对总部造成影响。

(二)合并筹划方法

合并筹划方法是指企业利用并购及资产重组手段,改变其组织形式及股权关系,从而实现税负降低的目的。

不论企业的合并行为出于何种动机,税务筹划不仅影响企业的并购成本与纳税额,甚至决定企业的兴衰存亡。

合并筹划方法一般应用于四个方面:一是并购、重组后的企业可以进入新的领域、新的行业,税收待遇自然不同;二是并购有大量亏损的企业,可以盈亏抵补,实现低成本扩张;三是企业合并可以实现关联型企业或上下游企业流通环节的减少,合理规避流转税和印花税;四是企业合并可能改变纳税主体性质,如企业可能因为合并而由小规模纳税人变为一般纳税人,或由内资企业变为中外合资企业。

【例 2-5】某企业增值率很低,假设仅为 5%,即进项抵扣额占 95%。这个企业有两个批发企业,各自年销售额为 300 万元,符合小规模纳税人条件,适用 3%的增值税征收率。因此,两企业各自需缴纳增值税:300×3% = 9(万元)。共计 18 万元。上述企业如何进行纳税筹划?

筹划方案:在增值率比较低的情况下,企业缴纳 3%的增值税就会产生比较高的税收负担,为此,可以考虑将两个企业合并成一个企业,这样,该企业的年销售额为 600 万元。如果再具备完善的会计核算制度,经过企业申请就可以被确认为一般纳税人。此时,该企业应该缴纳的增值税:600×13%-600×95%×13% = 3.9(万元)。减轻税收负担:18-3.9 = 14.1(万元)。

(三)分立筹划方法

企业利用分拆手段,可以有效地改变组织形式、降低整体税负。企业分立实现财产和所得在两个或多个纳税主体之间进行分割,一方面可以发挥专业分工的优势,促进生产能力的提高;另一方面可以有效开展税务筹划,减轻企业税负。

分立筹划方法一般应用于四个方面:一是企业分立为多个纳税主体,可以形成有关联关系的企业群,实施集团化管理和系统化筹划;二是企业分立可以将兼营或混合销售中的低税率业务或零税率业务独立出来,合理节税;三是企业分立使适用累进税率的纳税主体分化成两个或多个适用低税率的纳税主体;四是企业分立可以增加一道流通环节,有利于流转税抵扣及转让定价策略的运用。

【例 2-6】某企业为一家高档化妆品生产企业(消费税率 15%),每年生产高档化妆品 20 万套,每套成本为 180 元,批发价为 210 元,零售价为 250 元。该企业采取直接对外销售的方式,假定其中有一半产品通过批发方式,一半通过零售方式。请计算该企业应缴纳的消费税,并提出纳税筹划方案。

该企业应缴纳的消费税:(10×210+10×250)×15% = 690(万元)。如果该企业将其中一个经营部门分立出去成立一个批发公司,该企业的高档化妆品先以较低的批发价 200 元销售给该批发公司,然后再由该批发公司销售给消费者,则该企业应缴纳的消费税额:20×200×15% = 600(万元)。通过纳税筹划,减轻消费税负担:690-600 = 90(万元)。

第五节　会计核算筹划方法

一、会计政策概述

会计政策是会计核算时所遵循的基本原则以及所采纳的具体处理方法和程序。会计政策在形式上表现为会计过程的一种技术规范,但其本质上是一项社会经济和政治利益的博弈规则和制度安排。企业选择不同的会计政策会导致不同的财务结果和纳税结果,同时也会对利益相关者产生不同的影响。会计政策是会计的生命,因为企业存在会计政策选择的空间,才使企业的涉税活动变幻无穷,丰富多彩。当企业存在多种可供选择的会计政策时,择定有利于税后收益最大化的会计政策也是税务筹划的基本方法。

二、会计核算筹划的基本方法

(一)分摊筹划法

对于一项费用,如果涉及多个分摊对象,分摊依据的不同会造成分摊结果的不同;对于一项拟摊销的费用,如果摊销期限和摊销方法不同,摊销结果也就不同。分摊的处理会影响企业损益计量和资产计价,进而影响企业的实际税负。

分摊筹划法涉及的主要会计事项有无形资产摊销、待摊费用摊销、固定资产折旧、存货计价方法选择以及间接费用的分配等。

例如,存货计价方法会对企业纳税造成影响。在会计实务中,存货计价方法主要有先进先出法、月末一次加权平均法、移动加权平均法、个别计价法等。在不同纳税形式下,应根据存货市场价格的变动趋势合理选择存货计价方法(见表2-1)。

表 2-1　存货发出计价方法的选择

项　目	比例税率			累进税率
价格变动趋势	物价上涨	物价下跌	物价波动	物价波动
存货计价方法	加权平均法	先进先出法	加权平均法	加权平均法
选择原因	多计发出存货成本,少计期末存货成本,减少当期所得税支出	提高本期发出存货成本,减少当期收益,减轻所得税负担	避免各期利润忽高忽低及企业各期应纳所得税上下波动,利于企业资金安排与管理	使计入成本的存货价格比较均衡,进而使各期利润比较均衡,避免适用较高的税率而加重税负

【例2-7】某企业5月份库存商品M的收、发、存情况如表2-2所示,企业可以采用的存货计价方法有先进先出法、加权平均法。

表 2-2　某企业 5 月份库存商品的进、销、存数量

内　容	购　进		发　出		结存数量
	数量(件)	单位成本(元)	数量(件)	单位成本(元)	件
5月1日结存	100	50			100
5月5日购入	200	52			300
5月10日发出			250		50
5月15日购入	400	54			450
5月29日发出			350		100

方案一:先进先出法

10日发出的250件M商品的成本为:50×100+52×150=12 800(元)

29日发出的350件M商品的成本为:52×50+300×54=18 800(元)

月末库存的100件M商品的成本为:54×100=5 400(元)

则该月企业 M 商品的销售成本为:12 800+18 800=31 600(元)

方案二:加权平均法

M 商品的加权平均成本为:(50×100+52×200+54×400) ÷(100+200+400)= 52.857(元)

月末库存的 100 件 M 商品的成本为:52.857×100=5 285.7(元)

该月企业 M 商品的销售成本为:52.857×600=31 714.3(元)

通过以上计算可以看出,不同的存货计价方法对企业发出存货的成本影响是不同的,在物价持续上涨的情况下,企业应该选用加权平均法,从而降低纳税人的税收负担;反之,在物价持续下跌时,则选用先进先出法较优。当然,我们应该明确的是,不论使用哪种存货计价方法进行税务筹划,实际上都只是获得了资金的时间价值。

因此,企业利用存货计价方法进行税务筹划时,应与经济趋势的预测相结合,只有事先预测经济的趋势,特别是存货价格的变化趋势,才能选用合理的存货计价方法。具体来说,随着经济的发展,原材料等存货的价格一般呈现出上升的趋势,此时应采用加权平均法,本期发出的存货按照最近收货的单位成本计算,使当期成本升高,利润降低,当期应支付的所得税也降低,从而起到缓缴或者少缴所得税的作用;反之,则选用先进先出法。

(二)会计估计筹划法

由于企业生产经营中存在诸多不确定因素,一些项目不能精确计量,而只能加以估计,因此,在会计核算中,对尚在延续中、其结果尚未确定的交易或事项需要估计入账。这种会计估计会影响计入特定会计期间的收益或费用的数额,进而影响企业的税收负担。

会计估计筹划法涉及的主要会计事项有坏账估计、存货跌价估计、折旧年限估计、固定资产净残值估计、无形资产受益期限估计等。

【例 2-8】丽江矿泉水公司是一家生产销售天然矿泉水的生产商,该公司为了鼓励代理商,给予优惠折扣政策如下:年销售矿泉水在 100 万瓶以下的,每瓶享受 0.2 元的折扣;年销售矿泉水在 100 万~500 万瓶的,每瓶享受 0.25 元的折扣;年销售矿泉水在 500 万瓶以上的,每瓶享受 0.30 元的折扣。但是,在代理期间,由于丽江矿泉水公司不知道也不可能知道每家代理商到年底究竟能销售多少瓶矿泉水,也就不能确定每家代理商应享受的折扣率。因此,丽江矿泉水公司通常采用下列做法:等到年底或次年年初,一次性结算应给代理商的折扣总额,单独开具红字发票。但这种折扣在计税时不允许冲减销售收入,造成每年多缴纳一部分税款。那么,有没有筹划办法能够改变这一现状呢?

丽江矿泉水公司通过税务筹划,采取预估折扣率的办法来解决折扣问题,具体操作模式如下：每年年初，丽江矿泉水公司按最低折扣率或根据上年每家经销代理商的实际销量初步确定一个折扣率，在每次销售时预扣一个折扣率和折扣额来确定销售收入，即在代理期间每一份销售发票上都预扣一个折扣率和折扣额，这样企业就可以理所当然地将折扣额扣除后的收入确认为"主营业务收入"，从而抵减税收支出。等到年底或次年年初每家代理商的销售数量和销售折扣率确定后，只要稍做调整即可。如果属于调增折扣额，虽不能再冲减销售收入，但绝大部分的销售折扣已经在平时的销售中直接冲减了销售收入，已经降低了税款支出。当然，也可以根据历史数据将预估折扣率测算得更准确，以减少结算时的折扣调整额。

第六节　临界点筹划方法

一、税法中临界点的概述

税法中存在大量的关于临界点的规定，当突破这些临界点时，该税种所适用的税率和优惠政策等就会发生改变，从而为纳税人进行税务筹划提供了空间。临界点筹划方法的关键在于寻找临界点来控制税负。一般而言，临界点的变化会引起税负的巨大差别。在我国现行税制中，税基、税率和税收优惠政策等都存在临界点的规定，所以，临界点筹划方法也得到了广泛的应用。

二、临界点筹划的基本方法

（一）税基临界点筹划法

税基临界点筹划法主要是寻找关键点税基。税基临界点主要有起征点、扣除限额、税率跳跃临界点。由于税基相对于临界点的变化会引起税负的巨大差别，即临界点的边际税率出现递增或递减的变化态势，故要特别关注税基临界点进行税务筹划。

税务筹划的聚焦点在于临界点，要关注临界点、把握临界点、利用临界点。诸如个人所得税的税率跳跃临界点、企业所得税的税前扣除限额等，都是典型的税基临界点，对其进行合理筹划，可以降低税负。

此外，公益性捐赠支出、业务招待费、广告费及业务宣传费等扣除项目都有税前扣除限额，都属于税基临界点。我国企业所得税法及其实施条例规定，企业发生的公益性捐赠支出,在年度利润总额12%以内的部分,准予在计算应纳税所得额时扣除;企业发生的与生产经营活动有关的业务招待费,按照实际发生额的60%扣除,最高不超过销售额的5‰;企业发生的符合条件的广告费和业务宣传费,在不超过销售额15%的范围内扣除。

(二)优惠临界点筹划法

优惠临界点筹划法主要着眼于优惠政策所适用的前提条件,只有满足前提条件才能适用于税收优惠政策。

一般而言,优惠临界点包括以下三种情况:一是绝对数额临界点;二是相对比例临界点;三是时间期限临界点。

由于临界点筹划方法利用的是临界点量变引起质变的突破,但如果距离优惠临界点太远,那么要突破它,就得有足够的量变,其中可能会损耗一些成本,所以,在利用优惠临界点筹划法时应避免舍本逐末、本末倒置的做法。

【例2-9】甲公司建造一栋普通标准住宅,经核算,税法规定的扣除项目金额为5 000万元,甲公司原定不含增值税销售价格为6 100万元,请为甲公司提出纳税筹划方案。

筹划方案:如果按6 100万元销售,增值额=6 100-5 000=1 100(万元),增值率=1 100÷5 000=22%,应纳土地增值税=1 100×30%=330(万元)。如果甲公司能将销售价格降低为6 000万元,此时增值额为1 000万元,增值率为20%,可以免征土地增值税。虽然甲公司销售收入减少了100万元,但其节省了330万元的土地增值税,实际增加利润230万元。

思考题

1. 税务筹划方案有哪些关键时期和关键切入点?
2. 比例税率与累进税率有何区别?税务筹划的侧重点有何不同?
3. 请举例说明如何利用税收优惠政策进行税务筹划。
4. 常见的税务筹划方案设计方法主要有哪些?

第三章

增值税的税务筹划

本章要点

在企业生产经营过程中,增值税作为我国最大的税种起着举足轻重的作用。增值税的税务筹划不仅需要熟练掌握增值税的主要政策规定和变化,而且还要有一定的实际操作经验。在理论和实际相结合的基础上才能做好增值税的税务筹划。

本章首先介绍了增值税的税收要素筹划原理和基本的增值税税务筹划方法,然后主要分析了比较有代表性的制造业、建筑业和房地产业的增值税税务筹划的案例,并通过案例形式解析增值税税务筹划的方式。做到理论和实践经验相结合,帮助读者深入了解增值税税务筹划的精髓。

第一节 增值税筹划方法概述

一、增值税概述

增值税是对我国境内销售货物、提供应税服务、销售不动产、转让无形资产或者提供加工、修理修配劳务,以及进口货物的单位和个人,就其取得的货物或应税劳务的销售额以及进口货物金额计算税款,并实行抵扣制度的一种税。根据增值税的特点,增值税的税务筹划主要包括增值税一般纳税人和小规模纳税人身份的筹划、增值税计税依据的筹划、增值税税率的筹划、增值税税收优惠的筹划以及增值税出口退(免)税的筹划。

二、增值税纳税人的税务筹划

(一)增值税纳税人的规定

在中华人民共和国境内销售货物、劳务、服务、无形资产和不动产的单位和个人,为增值税的纳税人。增值税的纳税人按照生产规模大小和会计核算是否健全分为一般纳税人和小规模纳税人两种。

增值税小规模纳税人标准为年应征增值税销售额500万元及以下。

一般纳税人是指年应税销售额超过规定的小规模纳税人标准的企业和企业性单位。根据《中华人民共和国增值税暂行条例》第十三条第二款的规定,"小规模纳税人会计核算健全,能够提供准确税务资料的,可以向主管税务机关办理登记,不作为小规模纳税人,依照本条例有关规定计算应纳税额"。

下列纳税人不属于一般纳税人:年应税销售额未超过小规模纳税人标准的企业;个人(除个体经营者以外的个人);非企业性单位;不经常发生增值税应税行为的企业。

增值税一般纳税人销售、进口货物以及提供应税劳务适用的基本税率为13%,低税率为9%、6%和零税率;小规模纳税人适用3%的法定征收率,全面"营改增"后的特殊项目适用特殊征收率5%。

(二)增值税一般纳税人和小规模纳税人的身份筹划

1. 一般纳税人和小规模纳税人的计税方法

一般纳税人的应纳税额为当期销项税额减去当期进项税额,其中销项税额等于销售额乘以适用税率,进项税额为税法规定准予扣除的进项金额。

小规模纳税人销售货物或者提供应税劳务,实行按照销售额和征收率计算应纳税额的简易办法,不得抵扣进项税额。

上述四个增值率,应该是在分别不同税率和征收率情况下,一般纳税人和小规模纳税人的税负平衡点。高于税负平衡点的增值率会导致作为一般纳税人的应纳税额大于作为小规模纳税人的应纳税额,增值率低于税负平衡点时,作为小规模纳税人的负担会高于一般纳税人。也就是说,增值率越高,一般纳税人的负担就越大。

如果换一个角度,以可抵扣的项目价格占销售额的比重为标准,也可以找出税负的平衡点。根据前面的条件有 $R=(A-B)/B$,则 $B/A=1/(1+R)$,针对上面四个不同的增值率值,会有四个能使税负平衡的 B/A 的值,也就是可抵扣的购进项目的价格占销售额的比重。这个比重越大,增值率越低,税收负担也会有相应的变化。比如当 $m=13\%$,$n=3\%$,则 $B/A=76.92\%$,此时意味着当企业不含税的可抵扣项目金额占销售收入的比例为 76.92%时,企业作为一般纳税人与作为小规模纳税人的增值税负担相等。与增值率指标不同的是,这一比例越高,企业作为一般纳税人的税收负担越轻。

上述分析是在一般纳税人的进项和销项适用税率统一的假设下进行的,但不影响结论的一般意义。

通过上述分析可以看出,两种不同的纳税人资格的计税方法带来的税负差异,为纳税人选择身份提供了理论上的必要。如果纳税人的经营项目增值率很低,选择一般纳税人会比较划算,反之,则应该选择作为小规模纳税人。

2. 筹划的方法

虽然存在理论上的必要,但要根据我国现行税收政策的有关规定和纳税人的具体情况来分析筹划的空间和方法。

一般纳税人和小规模纳税人身份选择方面,其筹划空间受制于以下几个因素:

首先,个人、非企业性单位和不经常发生增值税应税行为的企业只能成为小规模纳税人,没有筹划余地。

其次,如果纳税人符合一般纳税人条件则必须申请认定,否则将受到直接按销项税额作为应纳税额,进项税额不得抵扣,也不得使用增值税专用发票的惩罚。因此,销售额大幅度高于标准的企业,在这方面筹划的空间不大。因为对这些企业,人为控制或减少销售的负面影响往往大于纳税筹划带来的税收利益。但是对于部分企业,如果可以拆分成两个或两个以上的小规模企业，而企业拆分的其他负面影响或增加的成本低于由此带来的税收利益，那么把企业拆分成两个或几个小企业也是一种筹划的方法。

由于会计核算标准健全，主动权是掌握在纳税人手中的。因此，筹划的对象集中在销售额在标准上下浮动的一些企业。比如，年应征增值税销售额在500万元上下浮动的企业。

具体的筹划原则如下：

第一，有筹划空间的企业，主要看其增值率，或者可抵扣项目金额占销售额的比重。根据上述平衡点的计量，与平衡点指标相比，增值率高、可抵扣项目金额占销售额比重低的，应选择小规模纳税人身份；反之，则应尽量取得一般纳税人资格。

企业购进货物的种类及其采购途径可直接影响企业的增值率，一般来说，企业的低税率（征收率）购入项目越多，则可抵扣的金额越小，企业作为一般纳税人的税收优势就越小；当企业的主要购进项目全部从小规模纳税人处购入时，企业就基本得不到税款抵扣的好处，选择小规模纳税人身份可能实现税收负担的最小化。

第二，还需要考虑产品的销售渠道和对象。如果产品主要销售给一般纳税人，对专用发票有必然的需求；部分行业选择小规模纳税人无法满足购货方对专用发票的需求，从而可能影响销售。身份选择需要综合考虑各方面因素。

第三，对需要通过健全会计核算取得一般纳税人资格的企业，还应考虑由此增加的成本，如增设会计账簿，培养或聘请有能力的会计人员以及金税工程所需要的软硬件的配置和相应增加的纳税成本，如果该成本大于从小规模纳税人转换成一般纳税人带来的好处，则宁可保持小规模纳税人的身份。

第四，混合销售和兼营行为的筹划比较复杂，这里重点介绍其筹划方法。

（1）混合销售的筹划。一项销售行为如果既涉及服务又涉及货物，则为混合销售。从事货物的生产、批发或者零售的单位和个体工商户的混合销售行为，按照销售货物缴纳增值税；其他单位和个体工商户的混合销售行为，按照销售服务缴纳增值税。这里所说的从事货物的生产、批发或者零售的单位和个体工商户，包括以从事货物的生产、批发或者零售为主，并兼营销售服务的单位和个体工商户在内。“以从事货物的生产、批发或者零售为主”目前没有统一的标准，一般是按照纳税人的年货物生产的销售额占年应税销售额的比重在50%以上，或者按照工商营业执照上的主营业务范围来判断。如果主营业务范围是销售批发业务，则按照销售货物缴纳增值税；如果主营业务范围是销售服务，则按照销售服务缴纳增值税。而一些货物的生产、批发或者零售的增值税税率与销售服务的增值税税率不同，现行增值税税率情况如下：

①增值税一般纳税人提供交通运输、邮政、基础电信、建筑、不动产租赁服务，销售不动产，转让土地使用权及《财政部、税务总局关于简并增值税税率有关政策的通知》中

规定的范围，税率为9%。

②提供有形动产租赁服务，税率为13%。

③纳税人发生提供增值电信服务、金融服务、现代服务（租赁服务除外）、生活服务、转让土地使用权以外的其他无形资产的应税行为，税率为6%。

④纳税人出口货物，境内单位和个人发生符合规定的跨境应税行为，税率为零。

增值税一般纳税人销售或者进口货物，提供应税劳务，发生应税行为，除上述①③④项外，一律为13%的基本税率。

根据上面应税销售货物和服务增值税税率的不同，可以通过控制货物销售额所占总销售额的比重来达到选择不同税率的效果。不过，纳税人的销售行为是否属于混合销售行为，要由国家税务总局所属征收机关确定。企业在有必要进行纳税筹划时，需要取得税务机关的确认。

（2）兼营行为的筹划。《财政部、税务总局关于全面推开营业税改征增值税试点的通知》（财税〔2016〕36号）附件1《营业税改征增值税试点实施办法》第三十九条规定：纳税人兼营销售货物、劳务、服务、无形资产或者不动产，适用不同税率或者征收率的，应当分别核算适用不同税率或者征收率的销售额；未分别核算的，从高适用税率。第四十一条规定：纳税人兼营免税、减税项目的，应当分别核算免税、减税项目的销售额；未分别核算的，不得免税、减税。

基于此，在兼营行为中，纳税人可以选择是否分开核算，来选择适用的税率或者征收率。如果未分别核算不同税率货物或应税劳务的收入、成本项目的，从高适用税率，如本应按13%和9%的不同税率分别计税，未分别核算的则一律按13%的税率计算缴纳。因此，分别核算就意味着税负的降低，分别核算就是筹划的原则。

三、增值税计税依据的税务筹划

（一）一般纳税人应纳税额的计算

《增值税暂行条例》第四条规定，一般纳税人应纳税额的计算公式为：应纳税额=当期销项税额-当期进项税额。

1. 销项税额

销项税额是指纳税人销售货物、提供应税劳务以及发生应税行为时，按照销售额或者应税劳务收入或者应税行为收入和规定的税率计算并向购买方收取的增值税额。

销项税额=销售额×适用税率

（1）销售额。销售额为纳税人销售货物、提供应税劳务以及发生应税行为时向购买方收取的全部价款和价外费用，但是不包括向购买方收取的销项税额。

此处的销售额为不含增值税的销售额，纳税人采取价税合计方式定价的，按下列公式计算不含税销售额：

不含税销售额＝含税销售额÷(1+适用税率)

(2)价外费用。价外费用，是指价外向购买方收取的手续费、补贴、基金、集资费、返还利润、奖励费、违约金、滞纳金、延期付款利息、赔偿金、代收款项、代垫款项、包装费、包装物租金、储备费、优质费、运输装卸费以及其他各种性质的价外收费。但下列项目不包括在内：

①受托加工应征消费税的消费品所代收代缴的消费税。

②同时符合以下条件的代垫运输费用：

承运部门的运输费用发票开具给购买方的；

纳税人将该项发票转交给购买方的。

③同时符合以下条件代为收取的政府性基金或者行政事业性收费：

由国务院或者财政部批准设立的政府性基金，由国务院或者省级人民政府及其财政、价格主管部门批准设立的行政事业性收费；

收取时开具省级以上财政部门印制的财政票据；

所收款项全额上缴财政。

④销售货物的同时代办保险等而向购买方收取的保险费，以及向购买方收取的代购买方缴纳的车辆购置税、车辆牌照费。

凡随同销售货物或者提供应税劳务或者发生应税行为向购买方收取的价外费用，无论其会计制度如何核算，均应并入销售额计算应纳税额。同时，价外费用应视为含税收入，在征税时应换算成不含税收入再并入销售额。

(3)价格明显偏低情况下销售额的确定。价格明显偏低又无正当理由的销售，由主管税务机关按照下列方法和顺序核定其销售额：

①按纳税人当月同类货物的平均销售价格确定。

②按纳税人最近时期同类货物的平均销售价格确定。

③按组成计税价格确定：

组成计税价格＝成本×(1+成本利润率)

属于应征消费税的货物，其组成计税价格中应加计消费税额，公式为：

组成计税价格＝成本×(1+成本利润率)+消费税税额

组成计税价格=[成本×(1+成本利润率)+从量消费税]÷(1-从价消费税税率)

公式中的成本是指货物的实际生产成本或实际采购成本,公式中的成本利润率由国家税务总局确定。

(4)视同销售。

第一,单位或个体经营者的下列行为,视同销售货物:

①将货物交付他人代销;

②销售代销货物;

③设有两个以上机构并实行统一核算的纳税人,将货物从一个机构移送到其他机构用于销售,但相关机构设在同一县(市)的除外;

④将自产或委托加工的货物用于非应税项目;

⑤将自产、委托加工或购买的货物作为投资,提供给其他单位或个体经营者;

⑥将自产、委托加工或购买的货物分配给股东或投资者;

⑦将自产、委托加工的货物用于集体福利或个人消费;

⑧将自产、委托加工或购买的货物无偿赠送他人。

对没有销售额的视同销售行为,其销售额的确定顺序与价格明显偏低情况下销售额的确定顺序相同。

第二,下列情形视同销售服务、无形资产或者不动产:

①单位或者个体工商户向其他单位或者个人无偿提供服务,但用于公益事业或者以社会公众为对象的除外。

②单位或者个人向其他单位或者个人无偿转让无形资产或者不动产,但用于公益事业或者以社会公众为对象的除外。

③财政部和国家税务总局规定的其他情形。

2. 进项税额

进项税额是纳税人购进货物、加工修理修配劳务、服务、无形资产或者不动产所支付或负担的增值税额。

(1)准予从销项税额中抵扣的进项税额:

①从销售方取得的增值税专用发票上注明的增值税额,增值税专用发票具体包括增值税专用发票和税控机动车销售统一发票。

②从海关取得的海关进口增值税专用缴款书上注明的增值税额。

③纳税人购进农产品,取得一般纳税人开具的增值税专用发票或海关进口增值税专用缴款书的,以增值税专用发票或海关进口增值税专用缴款书上注明的增值税额为进项税额;从按照简易计税方法依照3%征收率计算缴纳增值税的小规模纳税人取得增

值税专用发票的，以增值税专用发票上注明的金额和9%的扣除率计算进项税额；取得(开具)农产品销售发票或收购发票的，以农产品销售发票或收购发票上注明的农产品买价和9%的扣除率计算进项税额。

④从境外单位或者个人购进服务、无形资产或者不动产，自税务机关或者扣缴义务人取得的解缴税款的完税凭证上注明的增值税额。

⑤购进国内旅客运输服务，其进项税额允许从销项税额中抵扣。

(2)不得从销项税额中抵扣的进项税额：

①用于简易计税方法计税项目、免征增值税项目、集体福利或者个人消费的购进货物、加工修理修配劳务、服务、无形资产和不动产。

②非正常损失的购进货物，以及相关的加工修理修配劳务和交通运输服务。

③非正常损失的在产品、产成品所耗用的购进货物(不包括固定资产)、加工修理修配劳务和交通运输服务。

④非正常损失的不动产，以及该不动产所耗用的购进货物、设计服务和建筑服务。

⑤非正常损失的不动产在建工程所耗用的购进货物、设计服务和建筑服务。纳税人新建、改建、扩建、修缮、装饰不动产，均属于不动产在建工程。

⑥购进的贷款服务、餐饮服务、居民日常服务和娱乐服务。

⑦财政部和国家税务总局规定的其他情形。

⑧适用一般计税方法的纳税人，兼营简易计税方法计税项目、免征增值税项目而无法划分不得抵扣的进项税额，按照下列公式计算不得抵扣的进项税额：

不得抵扣的进项税额=当期无法划分的全部进项税额×(当期简易计税方法计税项目销售额+免征增值税项目销售额)÷当期全部销售额

主管税务机关可以按照上述公式依据年度数据对不得抵扣的进项税额进行清算。

⑨有下列情形之一者，应当按照销售额和增值税税率计算应纳税额，不得抵扣进项税额，也不得使用增值税专用发票：

一般纳税人会计核算不健全，或者不能够提供准确税务资料的；

应当办理一般纳税人资格登记而未办理的。

已抵扣进项税额的购进货物(不含固定资产)、劳务、服务，发生上述规定情形(简易计税方法计税项目、免征增值税项目除外)的，应当将该进项税额从当期进项税额中扣减；无法确定该进项税额的，按照当期实际成本计算应扣减的进项税额。已抵扣进项税额的固定资产、无形资产或者不动产，发生上述规定情形的，按照下列公式计算不得抵扣的进项税额：

不得抵扣的进项税额=固定资产、无形资产或者不动产净值×适用税率固定资产、无形资产或者不动产净值，是指纳税人根据财务会计制度计提折旧或摊销后的余额。

纳税人适用一般计税方法计税的，因销售折让、中止或者退回而退还给购买方的增值税额，应当从当期的销项税额中扣减；因销售折让、中止或者退回而收回的增值税额，应当从当期的进项税额中扣减。

（二）小规模纳税人应纳税额的计算

小规模纳税人采用简易办法计税，不得抵扣进项税额。其应纳税额计算公式如下：

$$应纳税额=销售额\times征收率$$

通常情况下，小规模纳税人销售货物、提供应税劳务一律按3%的征收率计算缴纳增值税，可自行开具普通发票，也可应对方（一般纳税人）要求，到主管税务机关代开增值税专用发票，对方取得后可抵扣3%的进项税。

自2023年1月1日起，对月销售额10万元以上的增值税小规模纳税人，适用3%征收率的应税销售收入，减按1%征收率征收增值税。

小规模纳税人（除其他个人以外，下同）销售自己使用过的固定资产和旧货，适用3%的征收率并减按1%计算缴纳增值税。只能开具普通发票，不得由税务机关代开增值税专用发票。

小规模纳税人销售自己使用过的除固定资产以外的物品，按3%的征收率计算缴纳增值税。

其中销售额为不含税销售额，对于采用价税合计方式定价的，其含税销售额按下列公式换算为不含税销售额：

$$不含税销售额=含税销售额\div(1+征收率)$$

纳税人适用简易计税方法计税的，因销售折让、中止或者退回而退还给购买方的销售额，应当从当期销售额中扣减。扣减当期销售额后仍有余额造成多缴的税款，可以从以后的应纳税额中扣减。

（三）进口货物应纳税额的计算

纳税人进口货物，按照组成计税价格和税率计算应纳增值税额，不得抵扣任何税额（仅指进口环节增值税本身）。

$$组成计税价格=关税完税价格+关税+消费税$$

应纳税额=组成计税价格×税率

(四)销项税额的筹划

1. 销售结算方式的筹划

税务筹划的一个重要方法,就是推迟纳税义务实现的时间,尽可能多地获得相当于税款金额的货币时间价值。增值税销售货物或应税劳务的纳税义务发生时间,按销售方式的不同来确定。

(1)具体规定:

①采取直接收款方式销售货物,不论货物是否发出,均为收到销售款或者取得索取销售款凭据的当天。

②采取托收承付和委托银行收款方式销售货物,为发出货物并办妥托收手续的当天。

③采取赊销和分期收款方式销售货物,为书面合同约定的收款日期的当天,无书面合同的或者书面合同没有约定收款日期的,为货物发出的当天。

④采取预收货款方式销售货物,为货物发出的当天,但生产销售生产工期超过12个月的大型机械设备、船舶、飞机等货物,为收到预收款或者书面合同约定的收款日期的当天。

⑤委托其他纳税人代销货物,为收到代销单位的代销清单或者收到全部或者部分货款的当天。未收到代销清单及货款的,为发出代销货物满180天的当天。

⑥销售应税劳务,为提供劳务同时收讫销售款或者取得索取销售款凭据的当天。

⑦纳税人发生除将货物交付其他单位或者个人代销和销售代销货物以外的视同销售货物行为,为货物移送的当天。

⑧纳税人进口货物,其纳税义务发生时间为报关进口的当天。

(2)筹划方法:纳税义务发生时间的筹划,就是在税法允许的范围内,尽量采取有利于本企业的销售和结算方式,推迟纳税义务发生的时间。

①赊销和分期收款方式。这种方式是以合同约定日期为纳税义务发生时间,纳税人可以通过合同约定时间来安排纳税义务实现的时间。如果企业的销售额不能及时全额收回,推荐企业采取赊销和分期收款方式,可以在一定程度上取得税款的时间价值,或者降低纳税风险。

②委托代销方式。委托他人代销货物的纳税义务发生时间,为收到代销单位销售的代销清单当天。如果企业的产品销售对象是商业企业,并且是在商业企业销售后付款,则应该采用委托代销方式结算,由此可以根据实际收到的货款分期计算销项税额,有效延缓纳税时间,或者降低纳税风险。

2. 促销手段的筹划

企业为了实现销售、占领市场,会采取多种多样的促销手段,但不同的促销手段税收待遇不同。企业在选择时应考虑相关的税收成本。

(1)商业折扣。商业折扣仅限于货物价格的折扣,如果销货者将自产、委托加工和购买的货物用于实物折扣,则该实物款额不能从货物销售额中减除,且该实物应按《增值税暂行条例》中规定的“视同销售货物”中“赠送他人”计算征收增值税。

商业折扣是指销货方在销售货物或提供应税劳务或发生应税行为时,因购货方购买数量较大或购买行为频繁等原因,而给予购货方价格方面的优惠。比如,购买 10 件,销售价格折扣 10%;购买 20 件,销售价格折扣 20%等。这种行为在现实经济生活中很普遍,是企业销售策略的一部分。由于折扣是在销货方实现销售的同时发生的,因此,税法规定,如果销售额和折扣额在同一张发票上分别注明,可按折扣后的余额作为增值额计算增值税;如果将折扣另开发票,不论在财务上如何处理,均不得从销售额中减除折扣额,而应以其全额计征增值税。

需要说明的是,商业折扣不同于销售折扣和销售折让,它们之间的会计核算和税收待遇也各不相同。

销售折扣(现金折扣)是指销货方在销售货物或提供应税劳务或发生应税行为后,为了鼓励购货方及早偿还货款,而协议许诺给购货方的一种折扣优惠,销售折扣发生在销货之后,是一种融资性质的理财费用,不得从销售额中减除。

销售折让也发生在销货之后,作为已售产品出现品种、质量问题而给予购买方的补偿,是原销售额的减少,折让额可以从销售额中减除。但其不具有商业折扣促销的功能和性质。

商业折扣与其他常见的让利促销活动相比,从税收负担的角度来看还是比较经济的。

(2)还本销售。还本销售是指销售货物之后按约定时间一次或分次将销货款部分或全部返还给购货方,返还的货款金额计为还本支出。税法规定,采取还本销售方式销售货物的,不得从销售额中减除还本支出。

(3)以旧换新。以旧换新是指在销货过程中,从购买方手中取得旧货以折抵销货款的促销手段。税法规定,纳税人采取以旧换新方式销售货物的,按照新货物的同期销售价格确定销售额,不得扣减旧货物的收购价格(金银首饰除外)。

(4)以物易物。以物易物也就是采取物物交换的方式,不以货币结算货款。采取以物易物方式的,交换双方都应作购销处理,以各自发出的货物核算销售额并计算销项税额,以各自收到的货物核算购货额并计算进项税额。

3. 销售使用过的固定资产的筹划

纳税人销售自己使用过的应税固定资产，无论其是否为一般纳税人，适用简易办法依照3%征收率减按2%的征收率计算征收增值税，不得抵扣进项税额。

$$应纳税额=售价\div(1+3\%)\times2\%$$

已使用过的固定资产是指纳税人根据财务会计制度已经计提折旧的固定资产。因此，企业在处置使用过的固定资产时，需要考虑增值税因素对销售现金流的影响。由于税收因素的存在，一个高的销售价格并不一定能带来一个高的现金流入。

(五)进项税额的筹划

1. 购货对象的税务筹划

增值税一般纳税人购进货物一般有两类对象可以选择，一是选择一般纳税人，此时对方可以开具13%或9%的增值税专用发票，从而可以抵扣进项税额。二是可以选择小规模纳税人，这种情况下，具有核算能力、管理科学的小规模纳税人能够取得自行开具的增值税专用发票，可以按照3%进行抵扣进项税额；其他不能取得增值税专用发票的小规模纳税人，不能抵扣进项税额，税收负担较重。

从表面上看，选择一般纳税人为购货对象时由于进项税额可以抵扣，税收负担相对较低。但是，小规模纳税人为了适应市场竞争，保持更多的客户资源，在产品质量相同的情况下，其售价往往会比一般纳税人的要低。这时，作为购货方，一定要结合所承担的增值税、城建税和教育费附加等因素，综合考虑采购价格，从而做出最好的选择。

针对这种情况，可以通过比较、计算来得出结论。

设任意一个增值税一般纳税人，当某货物的含税销售额为Q(适用13%的税率)时，该货物的采购情况分别为索取13%、3%专用发票和不索取专用发票，含税购进额分别为A、B、C，城建税和教育费附加两项均按8%计算，企业所得税税率为25%(我们暂不考虑采购费用对所得税的影响)。运用计算现金净流量的公式可得：

(1)索取13%专用发票情况下的现金净流量为：

$$Q-\{A+(Q\div1.13\times0.13-A\div1.13\times0.13)+(Q\div1.13\times0.13-A\div1.13\times0.13)\times0.08+[Q\div1.13-A\div1.13-(Q\div1.13\times0.13-A\div1.13\times0.13)\times0.08]\times0.25\}=0.6568Q-0.6568A \quad (3.1)$$

(2)索取3%专用发票情况下的现金净流量为：

$$Q-\{B+(Q\div1.13\times0.13-B\div1.03\times0.03)+(Q\div1.13\times0.13-B\div1.03\times0.03)\times0.08+[Q\div1.13-B\div1.03-(Q\div1.13\times0.13-B\div1.03\times0.03)\times0.08]\times0.25\}=0.6568Q-0.7264B \quad (3.2)$$

(3)不能索取专用发票情况下的现金净流量为:

$$Q-\{C+(Q\div 1.16\times 0.16)+(Q\div 1.16\times 0.16)\times 0.08+[Q\div 1.16-C-(Q\div 1.16\times 0.16)\times 0.08]\times 0.25\}=0.6568Q-0.75C \quad (3.3)$$

若以式(3.1)表述的采购方式和现金流量为理想状态,则令式(3.2)等于式(3.1),即索取3%专用发票情况下的现金净流量跟式(3.1)这个理想状态相等时,可求出式(3.2)中的B与式(3.1)中的A之比为90.42%。也就是说,当采购企业索取3%的专用发票购货时,只要供货方给予含税价9.58%的价格折让,采购企业就可以达到理想状态。使用同样的方法,能够计算出采购企业索取3%专用发票和不能索取专用发票情况下,售货方的价格折让临界点为3.15%。

对于增值税一般纳税人来说,在购货时运用价格折让临界点原理,就可以放心大胆地跟小规模纳税人打交道,只要所购货物的质量符合要求,价格折让能够达到相应的临界点指数,增值税一般纳税人完全应当弃远求近,从身边周围的小规模纳税人那里购货,以节省采购时间和采购费用。

2. 购货运费的税务筹划

(1)外购运费的筹划。企业采购材料过程中会发生运费,而增值税一般纳税人支付的运费是可以作为进项税抵扣的。企业可以通过对运费的调控来筹划运费中的税收。

筹划运费时,随同运费支付的装卸费、保险费等杂费不能抵扣进项税额;运费发票开票方名称要与材料售货方名称一致,否则,由于售货方代垫运费未作为增值税价外费用计税,会使得购货方不能抵扣。

(2)自营运费和外购运费选择的筹划。企业发生的运费对于一般纳税人自营车辆来说,运输工具耗用的油料、配件及正常修理费支出等项目,可以抵扣13%的增值税。假设运费价格Y中的可扣税物耗的比率为R(不含税价,下同),则相应的增值税抵扣率就等于$13\%\times R$,可抵扣税额为$Y\times R\times 13\%$。

如果外购运输,支付运费可按运费发票金额9%计算抵扣进项税额。即可抵扣税额$=Y\times 9\%$。

令两种方式抵扣税额相等,则$Y\times R\times 13\%=Y\times 9\%$,此时$R=69.23\%$,可称之为运费抵扣的税负平衡点。如果$R>69.23\%$,表示自营运输中可抵扣的物料耗费较大,可抵扣的金额较多;如果$R<69.23\%$,表示自营运输可抵扣的税额不高,还不如外购运输划算。

企业在购销过程中都需要车辆运输,选择自营车辆运输或者外购运输时,应该综合考虑。此外,还要考虑购货方的意愿。方案的变更会影响到购货方的税收负担,应综合考虑购货方对这种变化的反应,通盘考虑企业的整体利益。

3. 其他方面的税务筹划

（1）采购结算方式的筹划。采购商品时有两种结算方式：一种是赊购，另一种是现金采购。不论采取哪种结算方式，采购方都要尽量延迟付款，为企业赢得一笔无息贷款。具体而言，应从以下几个方面去着手：

①未付出货款，先取得对方开具的发票。

②使销售方接受托收承付与委托收款的结算方式，尽量让对方先垫付税款。

③采取赊购和分期付款方式，使销售方垫付税款，而自身获得足够的资金调度时间。

④尽可能少用现金支付。

以上结算方式的筹划不能涵盖采购结算方式筹划的全部，但是延期付款是采购结算方式税务筹划的核心。同时，企业不能损害自身的商誉，丧失销售方对自己的信任。

（2）收取发票时的筹划。发票是指在购销商品、提供或者接受服务以及从事其他经营活动中，开具、收取的收付款凭证。许多企业在采购时为了获得一些价格让利，往往能容忍供货方不开发票的行为。可是，采用不收发票的办法真能够节省成本吗？暂且不谈这种行为的违法性，仅从财务的角度分析就可以知道，没有发票则不能抵扣进项税，会增加一部分税收负担。所以，在采购时一定要索取发票，并且一定要取得正规发票。

在收取发票时，要重点留意的事情有：发票是否真实；发票上所列金额是否属实；发票上所列货物名称是否属实；发票抬头是否正确；发票专用章是否正确。

偷逃增值税的手段一般是代开、虚开增值税发票，甚至制造假发票，跟这样的供应商做生意，非常容易成为对方偷税的牺牲品。所以，如果遇到“不对”的发票，一定要拒收，必要时向税务机关举报。

四、增值税税率的税务筹划

（一）有关法律规定

1. 税率

根据国家税务总局2019年发布的财税政策文件的规定：

（1）纳税人发生增值税应税销售行为或者进口货物，原适用16%和10%税率的，税率分别调整为13%和9%。

（2）纳税人购进农产品，原适用10%扣除率的，扣除率调整为9%。

（3）纳税人购进用于生产销售或委托加工13%税率货物的农产品，按照10%的扣除率计算进项税额。

(4)原适用16%税率且出口退税率为16%的出口货物,出口退税率调整至13%。原适用10%税率且出口退税率为10%的出口货物、跨境应税行为,出口退税率调整至9%。

2. 征收率

征收率是对特定的货物或特定的纳税人销售货物、提供应税劳务、发生应税行为在某一生产流通环节应纳税额与销售额的比率。纳税人选择简易计税方法销售货物、提供应税劳务、发生应税行为的征收率为3%,但下列情况适用5%的征收率:

(1)小规模纳税人销售自建或者取得的不动产。

(2)一般纳税人选择简易计税方法计税的不动产销售。

(3)房地产开发企业中的小规模纳税人,销售自行开发的房地产项目。

(4)其他个人销售其取得(不含自建)的不动产(不含其购买的住房)。

(5)一般纳税人选择简易计税方法计税的不动产经营租赁。

(6)小规模纳税人出租(经营租赁)其取得的不动产(不含个人出租住房)。

(7)其他个人出租(经营租赁)其取得的不动产(不含住房)。

(8)个人出租住房,应按照5%的征收率减按1.5%计算应纳税额。

(9)一般纳税人和小规模纳税人提供劳务派遣服务选择差额纳税的。

(10)一般纳税人2016年4月30日前签订的不动产融资租赁合同,或以2016年4月30日前取得的不动产提供的融资租赁服务,选择适用简易计税方法的。

(11)一般纳税人收取试点前开工的一级公路、二级公路、桥、闸通行费,选择适用简易计税方法的。

(12)一般纳税人提供人力资源外包服务,选择适用简易计税方法的。

(13)纳税人转让2016年4月30日前取得的土地使用权,选择适用简易计税方法的。

3. 兼营不同税率或者征收率项目的处理原则

纳税人兼营不同税率或者征收率的货物、应税劳务或者应税行为的,应当分别核算不同税率或者征收率的销售额;未分别核算的,从高适用税率。

(二)税率的筹划原则

第一,对于兼营不同税率的货物、应税劳务或者应税行为的,应当分别核算不同税率的销售额,避免从高适用税率的情况发生。

第二,了解掌握低税率货物的内容和界定标准,有条件时,应力争达到相关标准,以享受低税率的待遇。

五、增值税税收优惠的税务筹划

(一)增值税税收优惠政策的有关规定

1.《增值税暂行条例》规定的免税项目

(1)农业生产者销售的自产农产品①。

(2)避孕药品和用具。

(3)古旧图书:向社会收购的古书和旧书。

(4)直接用于科学研究、科学试验和教学的进口仪器、设备。

(5)外国政府、国际组织无偿援助的进口物资和设备。

(6)由残疾人的组织直接进口供残疾人专用的物品。

(7)销售的自己使用过的物品。自己使用过的物品,是指其他个人自己使用过的物品。

2. 营改增规定的优惠政策

第一,下列项目免征增值税:

(1)托儿所、幼儿园提供的保育和教育服务。

(2)养老机构提供的养老服务。

(3)残疾人福利机构提供的育养服务。

(4)婚姻介绍服务。

(5)殡葬服务。

(6)残疾人员本人为社会提供的服务。

(7)医疗机构提供的医疗服务。

(8)从事学历教育的学校提供的教育服务。

(9)学生勤工俭学提供的服务。

(10)农业机耕、排灌、病虫害防治、植物保护、农牧保险以及相关技术培训业务,家禽、牲畜、水生动物的配种和疾病防治。

(11)纪念馆、博物馆、文化馆、文物保护单位管理机构、美术馆、展览馆、书画院、图书馆在自己的场所提供文化体育服务取得的第一道门票收入。

(12)寺院、宫观、清真寺和教堂举办文化、宗教活动的门票收入。

(13)行政单位之外的其他单位收取的符合条件的政府性基金和行政事业性收费。

(14)个人转让著作权。

---

① 农业包括种植业、养殖业、林业、牧业、水产业。自产农产品一定是初级农产品。

(15)个人销售自建自用住房。

(16)县级以上地方人民政府或自然资源行政主管部门出让、转让或收回自然资源使用权(不含土地使用权)。

(17)纳税人提供的直接或者间接国际货物运输代理服务。

(18)军队空余房产租赁收入。

(19)为了配合国家住房制度改革,企业、行政事业单位按房改成本价、标准价出售住房取得的收入。

(20)将土地使用权转让给农业生产者用于农业生产。

(21)涉及家庭财产分割的个人无偿转让不动产、土地使用权。

(22)土地所有者出让土地使用权和土地使用者将土地使用权归还给土地所有者。

(23)保险公司开办的一年期以上人身保险产品取得的保费收入。

(24)再保险服务。

(25)纳税人提供技术转让、技术开发和与之相关的技术咨询、技术服务。

(26)家政服务企业由员工制家政服务员提供家政服务取得的收入。

(27)符合条件的合同能源管理服务。

(28)福利彩票、体育彩票的发行收入。

(29)以下利息收入:

①2016 年 12 月 31 日前,金融机构农户小额贷款;

②国家助学贷款;

③国债、地方政府债;

④人民银行对金融机构的贷款;

⑤住房公积金管理中心用住房公积金在指定的委托银行发放的个人住房贷款;

⑥外汇管理部门在从事国家外汇储备经营过程中,委托金融机构发放的外汇贷款;

⑦金融同业往来利息收入;

⑧统借统还业务中,企业集团或企业集团中的核心企业以及集团所属财务公司按不高于支付给金融机构的借款利率水平或者支付的债券票面利率水平,向企业集团或者集团内下属单位收取的利息。

(30)下列金融商品转让收入:

①合格境外投资者(QFII)委托境内公司在我国从事证券买卖业务;

②香港市场投资者(包括单位和个人)通过沪港通、深港通买卖上海、深圳证券交易所上市 A 股;

③香港市场投资者(包括单位和个人)通过基金互认买卖内地基金份额;

④证券投资基金(封闭式证券投资基金,开放式证券投资基金)管理人运用基金买

卖股票、债券；

⑤个人从事金融商品转让业务。

第二，增值税即征即退：

（1）软件产品的税务处理：

①增值税一般纳税人销售其自行开发生产的软件产品，按13%的税率征收增值税后，对实际税负超过3%的部分实行即征即退政策；

②增值税一般纳税人将进口软件产品进行本地化改造后对外销售，享受增值税即征即退政策。

本地化改造是指对进口软件产品进行重新设计、改进、转换等，单纯对进口软件产品进行汉字化处理不包括在内。

（2）一般纳税人提供管道运输服务，对其增值税实际税负超过3%的部分实行增值税即征即退政策。

（3）经人民银行、银监会①或者商务部批准从事融资租赁业务的试点纳税人中的一般纳税人，提供有形动产融资租赁服务和有形动产融资性售后回租服务，对其增值税实际税负超过3%的部分实行增值税即征即退政策。

（4）纳税人享受安置残疾人增值税即征即退优惠政策：

①纳税人：安置残疾人的单位和个体工商户；

②纳税人本期应退增值税额＝本期所含月份每月应退增值税税额之和，月应退增值税额＝纳税人本月安置残疾人员人数×本月月最低工资标准的4倍。

（5）增值税一般纳税人销售自产的资源综合利用产品和提供资源综合利用劳务，可享受增值税即征即退政策。

（6）纳税人销售自产的利用风力生产的电力产品，实行增值税即征即退50%的政策。

（7）对纳税人销售自产的符合规定的新型墙体材料，实行增值税即征即退50%的政策。

第三，增值税先征后退：实施文化宣传增值税优惠政策。

（1）对符合规定的出版物在出版环节执行增值税100%或50%先征后退的政策；

（2）对符合规定的印刷、制作业务执行增值税100%先征后退的政策；

（3）免征图书批发、零售环节增值税；对科普单位的门票收入，以及县级及以上党政部门和科协开展科普活动的门票收入免征增值税。

① 现为国家金融监督管理总局。

3. 财政部、国家税务总局规定的其他征免税项目

(1)资源综合利用及其他产品的增值税政策：

退税比例有30%、50%、70%、90%和100%五个档次。

(2)免征蔬菜流通环节增值税：

①对从事蔬菜批发、零售的纳税人销售的蔬菜免征增值税。经挑选、清洗、切分、晾晒、包装、脱水、冷藏、冷冻等工序加工的蔬菜，属于蔬菜的范围。各种蔬菜罐头不属于蔬菜的范围。

②纳税人既销售蔬菜又销售其他增值税应税货物的，应分别核算蔬菜和其他增值税应税货物的销售额；未分别核算的，不得享受蔬菜增值税免税政策。

(3)粕类产品征免增值税问题：

①豆粕属于征收增值税的饲料产品。

②除豆粕以外的其他粕类饲料产品，均免征税。

(4)制种行业增值税政策：制种企业在下列生产经营模式下生产销售种子，属于农业生产者销售自产农业产品，免征增值税。

①制种企业利用自有土地或承租土地，雇佣农户或雇工进行种子繁育，再经烘干、脱粒、风筛等深加工后销售种子。

②制种企业提供亲本种子委托农户繁育并从农户手中收回，再经烘干、脱粒、风筛等深加工后销售种子。

(5)有机肥产品免征增值税：享受上述免税政策的有机肥产品是指有机肥料、有机-无机复混肥料和生物有机肥。

①有机肥料指来源于植物和(或)动物，施于土壤以提供植物营养为主要功能的含碳物料。

②有机-无机复混肥料指由有机和无机肥料混合和(或)化合制成的含有一定量有机肥料的复混肥料。

③生物有机肥指特定功能微生物与主要以动植物残体(如禽畜粪便、农作物秸秆等)为来源并经无害化处理、腐熟的有机物料复合而成的一类兼具微生物肥料和有机肥效应的肥料。

(6)小规模纳税人新优惠政策：自2023年1月1日起，增值税小规模纳税人，按照财税政策规定，适用3%征收率的应税销售收入，减按1%征收率征收增值税；适用3%预征率的预缴增值税项目，减按1%预征率预缴增值税。增值税小规模纳税人应分别核算销售货物或者加工、修理修配劳务的销售额和销售服务、无形资产的销售额。增值税小规模纳税人销售货物或者加工、修理修配劳务月销售额不超过10万元(按季纳税30万元)，销售服务、无形资产月销售额不超过10万元(按季纳税30万元)的，自2023年1月1日起可

分别享受小规模纳税人暂免征收增值税优惠政策，本公告执行至2027年12月30日。

（7）供热企业：自2019年1月1日起至2027年供暖季结束，对供热企业向居民个人供热而取得的采暖费收入免征增值税（2021年6号公告延长至2027年供暖期结束）。

（8）抗艾滋病病毒药品：自2019年1月1日起至2027年12月31日，继续对国产抗艾滋病病毒药品免征生产环节和流通环节增值税。

（9）研发机构采购设备增值税退税政策：自2019年1月1日至2023年12月31日对内资研发机构和外资研发中心采购国产设备全额退还增值税。

4. 增值税起征点的规定（限于个人）

（1）销售货物的，为月销售额5 000~20 000元（含本数）。

（2）销售应税劳务的，为月销售额5 000~20 000元（含本数）。

（3）按次纳税的，为每次（日）销售额300~500元（含本数）。

（4）应税服务的起征点：

①按期纳税的，为月应税销售额5 000~20 000元（含本数）。

②按次纳税的，为每次（日）销售额300~500元（含本数）。

（二）税收优惠筹划的原则和方法

税收优惠的目的是鼓励企业从事相应的业务或项目，因此，利用税收优惠来获得税收利益，与国家利益、社会利益在一定程度上是一致的。

1. 了解优惠政策范围，掌握具体内容和规定

要利用税收优惠进行筹划，首先必须了解优惠政策范围。知道哪些是国家鼓励的项目，哪些产品或者行为可以享受税收优惠，还要知道优惠的时期、方法、幅度，做到心中有数。

2. 综合考虑税收与非税因素，做出对企业最有利的决策

企业原本或计划内生产的产品、从事的项目或者经营活动属于税收优惠范畴的，享受优惠政策只是操作层面的问题——需要哪些步骤、哪些资料，具体落实即可，但如果企业为了享受优惠政策而改变产品、项目或者经营行为，则必须综合考虑税收与非税因素的结果，从企业整体利益高度考虑税收优惠利益背后的成本和机会成本，做出最有利于企业发展的决策。

3. 找准优惠政策的关键点，降低操作成本和税收风险

享受税收优惠，需要经过一定的申请和审核、审批程序。作为纳税人，必须清楚优惠政策的核心点，知道享受优惠政策需要具备的核心条件以及在申请享受优惠政策所提交的资料中，哪些是税务机关审核的关键点。只有这样，才能平稳顺利地享受政策，最大限度地降低操作成本，避免可能出现的税收风险。

六、增值税出口退(免)税的税务筹划

(一)出口退(免)税的政策规定

出口退(免)税是政府为了鼓励出口,对本国出口产品所负担的税款退还给纳税人的做法。对征收增值税的国家来说,对增值税出口货物实行零税率,就可以达到出口环节免税、前道环节所含的进项税额退付的效果。从理论上讲,要使本国产品以不含税价格进入国际市场,应遵循"征多少、退多少"和"未征不退"的原则。现实中,各国根据自己的国情和对外贸易战略来制定具体的出口退税政策。

1. 基本政策

(1)出口免税并退税(又免又退)。

(2)出口免税不退税(只免不退)。

(3)出口不免税也不退税(不免不退)。

2. 出口货物和劳务及应税服务增值税退(免)税政策

第一,适用增值税退(免)税政策的范围:

(1)出口企业出口货物。向海关报关后实际离境并销售给境外单位或个人的货物,分为自营出口货物和委托出口货物两类。

(2)视同出口货物的范围:

①出口企业对外援助、对外承包、境外投资的出口货物。

②出口企业经海关报关进入国家批准的出口加工区、保税物流园区、保税港区、综合保税区、珠澳跨境工业区(珠海园区)、中哈霍尔果斯国际边境合作中心(中方配套区域)、保税物流中心(B型)(以下统称特殊区域)并销售给特殊区域内单位或境外单位、个人的货物。

③免税品经营企业销售的货物(国家规定不允许经营和限制出口的货物、卷烟和超出免税品经营企业法人营业执照规定经营范围的货物除外)。

④出口企业或其他单位销售给用于国际金融组织或外国政府贷款国际招标建设项目的中标机电产品。上述中标机电产品,包括外国企业中标再分包给出口企业或其他单位的机电产品。

⑤出口企业或其他单位销售给国际运输企业用于国际运输工具上的货物。上述规定暂仅适用于外轮供应公司、远洋运输供应公司销售给外轮、远洋国轮的货物,国内航空供应公司生产销售给国内和国外航空公司国际航班的航空食品。

⑥出口企业或其他单位销售给特殊区域内生产企业生产耗用且不向海关报关而输入特殊区域的水(包括蒸汽)、电力、燃气。

⑦符合条件的生产企业向海上石油天然气开采企业销售的自产的海洋工程结构物。

(3)出口企业对外提供加工修理修配劳务。对外提供加工修理修配劳务,是指对进境复出口货物或从事国际运输的运输工具进行的加工修理修配。

(4)融资租赁货物。对融资租赁企业、金融租赁公司及其设立的项目子公司,以融资租赁方式租赁给境外承租人且租赁期限在5年(含)以上,并向海关报关后实际离境的货物,试行增值税、消费税出口退税政策。

(5)境内单位和个人提供适用零税率的跨境应税行为。零税率应税服务的征税方法:

①简易计税方法:免征。

②一般计税方法:

一是生产企业免抵退;

二是外贸企业自己开发的研发和设计服务出口,视同生产企业实行"免抵退";

三是外贸企业外购研发和设计服务出口实行"免退税"方法。

第二,出口货物的退税率:

增值税出口退税率是出口货物实际退税额与退税计税依据的比例。除财政部和国家税务总局明确的增值税出口退税率外,出口货物退税率为其适用税率。

3. 我国出口货物退税的具体方法

(1)"免、抵、退":

适用于生产企业(一般纳税人)自营或委托外贸企业代理出口自产货物;出口自产的属于应征消费税的产品,实行免征消费税办法。

免,是指对出口自产货物免征本企业生产销售环节增值税;

抵,是指出口自产货物所耗用的原材料、零部件、燃料、动力等所含应予退还的进项税额,抵顶内销货物的应纳税额;

退,是指当月内应抵顶的进项税额大于应纳税额时,对未抵顶完的部分予以退税。

(2)"免、退"税办法:

不具有生产能力的出口企业或企业单位出口货物、劳务,免征增值税,相应的进项税额予以退还。适用增值税一般计税方法的外贸企业外购服务或者无形资产出口实行"免、退"税办法。

(二)出口退(免)税筹划的原则

出口退税是一项专业性较强的工作。企业要想在出口退税方面获得更大的税收利益,首先需要熟悉并熟练掌握国家相关的政策规定。出口退税政策一般体现国家对外贸易的战略,因此政策有时效性,会经常变动,需要企业及时更新政策法规信息。其次,出口退税业务本身涉及税务、海关、银行、外汇管理等部门,其办理和审核的关键点最终落在各种“表”“证”“单”“书”上。对企业来说,熟悉办理流程,准确及时提供相关材料,能有效降低办理出口退税的成本,提高效率。最后,出口退税的筹划,与其他所有税种的筹划一样,必须在法律法规允许的范围内操作。从我国税收征管实践来看,随着出口退税政策的出台,各种违法犯罪行为屡见不鲜,其中有不少是打着“税务筹划”旗号进行的。我国税收征管法和刑法都对骗取出口退税的违法和犯罪行为进行了界定,企业在进行出口退(免)税筹划时一定不要采用虚假或欺骗手段。

(三)出口退税筹划的空间和方法

由于不同的生产经营方式、贸易方式的税收待遇不同,税收政策本身就给出口退税提供了筹划的空间。

1. 现行政策对生产企业自产产品的有关规定

(1)生产企业外购的产品同时满足以下条件,可视同自产货物办理退税:

①与本企业生产的产品名称、性能相同;

②使用本企业注册商标或外商提供给本企业使用的商标;

③出口给进口本企业自产产品的外商。

(2)生产企业外购的与本企业所生产的产品配套出口的产品,若出口给进口本企业自产产品的外商,符合下列条件之一,可视同自产产品办理退税:

①用于维修本企业出口的自产产品的工具、零部件、配件;

②不经本企业加工或组装,出口后能直接与本企业自产产品组合成成套产品的。

(3)凡同时符合以下条件,可认定为集团成员,集团公司收购成员企业产品,可视同自产产品办理退免税:

①经县级以上政府主管部门批准为成员的企业,或由集团公司控股的生产企业;

②集团公司及其成员企业均实行生产企业财务会计制度;

③将有关证明材料报送给主管退税的税务机关。

(4)生产企业委托加工收回的产品,同时符合以下条件的,可视同自产产品办理退税:

①与本企业生产的产品名称、性能相同,或者是用本企业生产的产品再委托深加工收回的产品;

②出口给进口本企业自产产品的外商;

③委托方执行的是生产企业财务会计制度;

④委托方与受托方必须签订委托加工协议,主要原材料由委托方提供,受托方不垫

付资金,只收取加工费,开具加工费的专用发票。

因此,企业可以尽量选择满足相关规定的生产经营方式,以最大限度地获取税收利益。

2. 利用改变贸易方式筹划:来料加工和进料加工

出口企业的进口料件加工复出口的货物可采取两种贸易方式,各自的涉及出口退税的政策规定也不同:

一是来料加工方式,免征加工费的增值税,对其耗用的国产辅助材料不办理出口退税;

二是进料加工方式,加工货物复出口后,可办理加工及生产环节已缴纳增值税的出口退税。

由于我国多数货物的出口退税率都小于征税率,因此,选择何种出口方式,需要结合具体情况进行分析。

(1)应考虑耗用国产料件的比重。如果进口料件复出口货物耗用进口料件的同时,还耗用部分国产料件,在国产料件用量较少的情况下,进料加工虽可办理增值税出口退税,因退税率小于征税率,并不是完全的退税,其耗用的国产原料件、零部件等支付的进项税额,不能从内销货物的销项税额中抵扣,而要计入出口产品成本。因此,在这种情况下,进料加工成本较高。来料加工业务免征增值税,因而应选用来料加工方式。反之,如果出口货物耗用的国产料件较多,因国产料件不能办理退税,就存在出口成本随着国产料件数量的增加而增大的现象。在这种情况下,进料加工方式虽然仍因退税率低于征税率而增加了出口产品成本,但与来料加工相比,耗用的国产料件价值增加到一定程度时,进料加工成本会小于来料加工成本。因此,如果出口货物耗用的国产料件较多,应采用进料加工方式。

(2)应考虑利润率的大小。如果耗用的料件全为进口,对于利润率较低的出口货物,宜采用进料加工方式。反之,则宜采用来料加工方式。

除此之外,从统筹兼顾原则考虑,出口企业是采用来料加工方式还是进料加工贸易方式,还涉及货物所有权和货物定价权问题。在来料加工方式下,料件的所有权和成品的所有权归外商所有,承接来料加工的企业只收取加工费即通常所称的“工缴费”,出口企业没有成品的定价权;但在进料加工方式下,料件和加工成品的所有权及定价权都属于承接进料加工的出口企业,因此,可通过提高货物售价来增大出口盈利,这也是企业贸易筹划的一个方面。

第二节　制造业的增值税税务筹划

一、制造业的涉税分析

目前,“中国制造”已经成为中国走向世界的一个标志,制造业也是我国经济的主流行业之一。在经济活动的各行业中,制造企业的业务流程最长,管理也最复杂。在制造行业的业务流程中,无论哪一个环节都受到税收的影响和制约。因此,本节将会探讨我国制造业的涉税分析以及相关的税务筹划。

(一)制造业的特点

制造业是指拥有一定的劳动资料、劳动对象,应用现代化生产技术,从事物质产品生产的行业。制造业是社会财富的主要创造者,其主要财税特征如下:

(1)制造业以产品生产经营为核心,其经营过程即企业的设立过程、采购活动、生产活动和销售活动表现出明显的周期性,而企业的投资、筹资活动则贯穿于企业的整个经营周期。因此,要在不同的活动中考虑财税管理和税务筹划,并且考虑财税管理周期的协调性。

(2)制造业一般属于资本密集型产业,制造企业的再生产活动对资金存量和资金周转情况较为敏感,资金管理是制造业运作的重心。

(3)制造业成本、费用在产出中的比重较高,财务核算规律性强。

(4)制造业涉及社会经济生活的多个层面,是现行各税种的主要纳税人。

(5)资本运营与税务筹划的结合,也是制造企业理财的要求。制造业庞大的规模和巨额的资金,使得资本运营更易于运作,兼并收购、资产重组是制造企业生存与发展的关键环节。

(二)制造业的涉税分析

制造业涉及的税种最多,几乎涵盖现行所有税种,但税金多集中于流转税和企业所得税方面。制造业主要税种缴纳情况分析如下:

(1)增值税。对外销售自产或外购的货物缴纳增值税;发生视同销售行为(如自产的货物用于集体福利、无偿赠送他人等)缴纳增值税;提供修理、修配劳务缴纳增值税。

(2)消费税。对于烟、酒、汽油、汽车等应税消费品,在应税消费品出厂销售、自用、委托加工环节缴纳消费税。

(3)企业所得税。制造业以营利为目的,要根据生产经营所得和其他所得缴纳所得税。

(4)其他税种。其他税种主要涉及城市建设维护税、教育费附加、车船税、印花税、城镇土地使用税等。如果是出口企业,还会涉及关税。

本节主要针对制造业的增值税筹划进行分析。

二、制造业税务筹划思路

制造业税务筹划的关键有两点:一是重视经营流程的涉税分析。制造业生产经营流程主要分为采购、生产和销售三个环节。税务筹划的关键是在生产经营流程中寻找不合理的涉税问题,并将这三个环节合理地联结起来。二是选择适用的税收优惠政策。制造业涉及的税收优惠非常多,因此选择的余地较大。

(一)优惠政策的运用

制造业涉及许多税收优惠政策,可以合理使用这些税收优惠政策,以获取依法节税的好处。

(二)合理选择原材料的采购途径

企业的原材料种类及其采购途径也是影响制造企业税负的重要因素。当企业作为一般纳税人时,如果是从小规模纳税人处购入原材料,可能价格低但没有增值税专用发票抵扣;如果从一般纳税人处购入原材料,可能价格高但可以进行抵扣;企业向农业生产者购买的免税农产品、企业的运费分别只能按照含税价格的9%和6%计算进项税;企业购入的天然气、粮食、食用植物油等多种商品,也只能按购入不含税价格的9%计算进项税。

(三)设立分支机构筹划

许多制造业公司在对外扩张中,会在外地设立分支机构,针对不同情况,可分别采取不同的筹划策略:

(1)在外地设立的分支销售机构属于子公司的,则总公司与子公司之间属于正常的销售行为,要单独结算价款。

站在税务筹划的角度,对于上述情况,公司采取赊销、分期收款或委托代销方式,可以达到递延纳税的目的。对于销售方式的选用,务必签订经济合同,注明销售方式,按规定进行账务处理，并严格按照税法确定的纳税义务发生时间计缴税金。

(2)在外地设立的分支销售机构属于分公司性质的，实行独立核算。对于这种情况，公司采取与子公司基本相同的筹划策略，即通过赊销、分期收款或委托代销方式递延缴纳流转税。对于企业所得税，在总公司及时备案且提供汇总纳税企业分支机构所得税分配表，企业所得税由总部汇总缴纳，分支机构分摊后就地缴纳；分支机构无法提供汇总纳税企业分支机构所得税分配表，由总公司出具相关证明材料的前提下，可以实现在总部汇总缴纳。(现实当中，有证明的，一般均可以取得分配表；无分配表的，基本都按照独立纳税人身份就地缴纳所得税。)

(3)在外地设立的分支销售机构，在纳税方面应尽量避免在总公司、分公司之间货物转移时缴纳增值税，实现增值税和企业所得税在总公司统一缴纳。

(四)资产重组模式筹划

在经营实践中，资产重组对制造业的发展起着重要的作用，基本的重组方式有兼并、收购、联合、分设等。通过资产重组，可以实现税后利润最大化，当一家赢利企业兼并一家亏损企业后，其利润总额必然因弥补亏损而减少。

企业资产重组中的税务筹划主要涉及两方面的问题：一是产权交易中的支付方式；二是企业资产重组后集团的税收负担及债务负担的大小。有关资产重组涉及的税收优惠政策如下：

(1)根据关于纳税人资产重组有关增值税问题(国税函〔2011〕13号)，纳税人在资产重组过程中，通过合并、分立、出售、置换等方式，将全部或者部分实物资产以及与其相关联的债权、负债和劳动力一并转让给其他单位和个人，不属于增值税的征税范围，其中涉及的货物转让，不征收增值税。

(2)涉及产权变动时，若被合并企业成为合并企业的子公司，则合并企业以前年度的亏损可以弥补。

三、制造业案例分析——南方图腾公司税务筹划实务①

(一)公司业务概况及财务状况分析

1. 公司业务概况

南方图腾机械有限责任公司(以下简称“图腾公司”)地处我国政府鼓励发展的中西部地区，是经原铁道部及南方机械厂委托，在全国范围内对南方机械厂生产的大型养

① 盖地．税务筹划[M].北京:高等教育出版社,2003.

路机械设备及其产品配件进行科研开发、国产化替代和商业经营运作等的科工贸一体化企业。

图腾公司由南方机械厂、电力机械研究所和南方机械厂部分职工共同出资组建而成。南方机械厂国有股出资5%，电力机械研究所出资5%，其余90%由职工出资，并组成职工持股会。公司的经营范围包括机械制造、批发、零售、代购代销、机械进料加工和“三来一补”业务，并具有商品进出口权。南方机械厂厂办发文明确，委托授权图腾公司配置大型养路机械关键配件。国家对铁道设备管理的有关规定中强调，配件储备金额应不低于设备固定资产原值的5%。大型养路机械由于技术含量高，其配件储备金额占固定资产原值比例应适当提高，目前掌握在7%左右。应当说，图腾公司的销售前景看好。

图腾公司目前主要生产销售的产品是稳定车、小型机车、道床配碴整形车等几种大型养路机械的关键零部件，另外还有自行开发设计的铁路机械及零部件加工，具有较高的科技含量，充分发挥了各种大型养路机械对铁路线路提速、运输扩能及道床养护的作用，保证了大型养路机械的正常安全使用。

2. 财务状况分析

图腾公司自2002年成立以来，财务状况呈现稳步增长的良好势头。截至2020年中期，资产总量达80 000万元，净资产达56 000万元。2019年实现销售收入7 800万元，销售利润率约为10%，实现利润总额780万元，计缴企业所得税240万元；2020年可实现销售收入9 000万元，应纳企业所得税300万元。

(二)公司纳税问题分析

图腾公司属于普通的有限责任公司，适用于25%的企业所得税税率、13%的增值税税率。通过深入调查图腾公司实际业务状况，并对纳税情况和账务处理进行细致的分析，可以发现存在销售收入和劳务收入混淆的问题。

图腾公司大型养路机械配件的销售价格中包含所有寿命期内的后期技术服务费，造成产品销售收入与服务劳务收入混杂在一起，按税法规定被界定为混合销售①，在实现配件销售时多确认为主营业务收入，这部分劳务服务收入占总销售价款的20%~30%。因此，在填开增值税专用发票时多计了增值税销项税额，这样虽然方便客户的交易及结算，但公司却多负担了增值税税款。因此，应剥离维修劳务收入。图腾公司产品

① 关于混合销售，国家税务总局公告2018年第42号文第六条规定，混合销售行为成立的行为标准有两点：一是其销售行为必须是一项；二是该项行为必须既涉及货物又涉及服务。其中，“货物”是指《增值税暂行条例》中规定的有形动产，包括电力、热力和气体；“服务”是指属于营业税改征增值税试点范围的交通运输服务、建筑服务、金融保险服务、邮政服务、电信服务、现代服务、生活服务等。

和配件销售价格中应尽量将维修劳务收入剥离出来，优化调整产品销售收入，一方面使账目清晰，另一方面推迟维修劳务收入的确认时间，合理降低税负，这也是符合税收政策和会计核算要求的做法。

第三节　建筑业的增值税税务筹划

改革开放以来，我国的建筑行业得到了长足的发展，建筑业在国民经济中的地位不断提高，对国民经济的拉动作用也日益凸显。党的十九大以来，我国产业结构的调整和财政税务机制的改革，既给我国建筑行业的快速发展创造了一个非常好的环境，也带来了激烈的市场竞争。面对激烈的市场竞争，建筑行业必须降低其运营成本，提高企业的利润率，从而提高自身竞争力。

目前，我国建筑企业的工程施工成本包括人工费、材料费、施工机械使用费三部分。机械设备是施工机械使用费部分，是工程施工成本的重要组成部分。建筑企业“营改增”后，通过对机械设备租赁、机械设备调拨进行管理，可以提高机械设备调拨、租赁的进项税抵扣额，从而降低建筑企业的增值税税负。材料的供应商与建筑企业联系紧密，关系到增值税进项税额是否可以充分抵扣，因此材料供应商的选择影响建筑企业的材料费用，从而影响建筑企业的利润。EPC① 合同在建筑企业混业销售中具有代表性，使用非常广泛，对 EPC 合同进行合理的拆分和调整对建筑企业增值税的销项税额有着重要影响。此外，根据相关规定，符合一定条件的工程项目可以采用简易计税方法计税，适用的增值税征收率为 3%，而一般计税方法征收的增值税税率为 9%，合理地选择简易计税方法可以在一定程度上减轻企业的税负。

一、建筑业的涉税分析

（一）建筑业的特点

建筑业指国民经济中从事建筑安装工程的勘察、设计、施工以及对原有建筑物进行维修活动的物质生产部门。按照国民经济行业分类目录，作为国民经济重要组成部分

① EPC（Engineering Procurement Construction）是指公司受业主委托，按照合同约定对工程建设项目的设计、采购、施工、试运行等实行全过程或若干阶段的承包。

的建筑业，由以下三个大类组成：土木工程建筑业，线路、管道和设备安装业，勘察设计业。

建筑业作为一项传统行业，在我国国民经济体系中的地位举足轻重。与一般企业相比，建筑企业有其独特的特点，具体可以归纳为以下几方面：

1. 产品周期长

由于建筑业产品的特殊性，建筑业产品的周期一般需要几年甚至更长的时间，使其会计核算区别于其他企业。

2. 需要大量的资金支持

建筑企业一般需要占用大量的资金和融资，一般在生产产品的同时需要进行融资、贷款等，所以在工程款的计量和支付等方面都有比较特殊的规定。

3. 产品的计价方式复杂

建筑业的产品大多数都不一样，不能像其他行业的产品一样批量定价，因此，需要通过编制造价文件对每一个建筑产品分别进行定价。

4. 施工人员的流动性较大

由于建筑业产品的流动性差，建筑企业在其项目上不会长期雇用大批量的劳动队伍，只会安排少数技术人员和管理人员，在工程需要时，则雇用合同工和临时人员。因此，建筑业的施工人员流动性大，这给项目管理增加了难度，也给选择劳务分包商带来了困难。

5. 管理环境复杂

建筑企业的施工经常不在公司的所在地，经常出现异地施工的现象，而且很多建筑产品跨越多个地区（如铁路），因此建筑企业也面临着复杂多变的管理环境。

综上分析，建筑业本身独有的特点及其复杂的财务管理系统，决定了我国建筑业涉税事项的复杂性和特殊性，并且导致建筑企业的税收征管难度很大。但是，这也给建筑行业的增值税纳税筹划创造了更好的机会和更大的空间。

（二）建筑业的涉税分析

“营改增”后，我国建筑行业被纳入增值税的征收范围，目前建筑行业使用的增值税税率为9%。相对于之前3%的营业税，增值税的征收税率明显高出很多。此外，由于建筑行业的特点，部分支出难以取得增值税专用发票，因而缩小了建筑企业进项抵扣的范围。加之建筑行业由于资质共享问题而存在进销不匹配、增值税的抵扣链条断裂、进项税无法抵扣等现象，这在一定程度上将导致建筑行业出现税负增加的情况。

二、建筑业的税务筹划思路

建筑业的税务筹划可以从分析业务流程及重要经济内容着手,筹划重点归纳如下:

(一)合理选择,甄别供应商

长期以来,在营业税税制下,建筑企业进项税不能抵扣,因此,在选择大多数供应商时,会根据含税价最低的原则来进行筛选。而在"营改增"后,在建筑业的产业链条上,所有社会分工理论上都可以开具增值税发票,由于增值税可以进行抵扣,企业对供应商的筛选就显得尤为重要,以往的含税成本价最低的筛选原则已经不再适应新的税制,很可能反而导致企业的税负上升。如何在含税单价不变的情况下,取得更多的合法进项税额,成为筛选供应商的关键标准(例如,同样含税单价 1 000 元,有的可以提供 13%的专用发票,有的仅能提供 3%的专用发票,理所应当选择前者)。

具体而言,企业在选择分包分供商时,筛选的原则应改为"不含税成本最低,利润最大化,现金流最优"。对于提供材料、设备及专业建筑服务的分包分供商,在"营改增"后,企业内部进行招投标时,务必让分包分供商按照项目的具体情况和需求,分别提供不含增值税的价格和含增值税的价格。在收集完各供应商报价后,企业要在相同的口径下,对不含税价格和可取得的进项税额(将可抵扣的进项税扣除后的价格)进行比较,从而做出选择。在价格相同的情况下,比较净现金流出,因为增值税是价外税,进项税的取得以现金提前流出为代价,相当于用现金购买进项税。当然,如果供货商同意按供货金额全额开具发票,并按合同约定付款比例付款,对于建筑企业来说,则相当于在没有现金流出的情况下获得了部分进项税。

(二)经济合同的签订与税务筹划技巧

在建筑业生产经营活动中,经常要签订经济合同,而经济合同一般都涉及税费,利用经济合同进行税务筹划,可以节减税费支出。对于建筑安装企业,主要涉及建筑劳务及其他服务,因此,利用经济合同筹划节税对于建筑安装企业影响很大。

建筑业需要签订各种经济合同,在签订合同时应当考虑合同条款对税收的影响。税收会受到合同所涉及的价格因素的影响,譬如总分包合同价格的界定、建筑安装费与建筑材料费的区别、土地转让合同中有关转让办法、合作建房合同、代建房合同等,都需要仔细斟酌,以避免不合理的税负支出。

(三)利用简易计税政策进行纳税筹划

简易计税原本是针对营业税下建筑业不能抵扣进项税,且部分与建筑行业息息相关的行业也面临着取得进项发票难的情况而出现的。由于建筑行业原本不能抵扣增值税，其供应商的经营行为就会受到建筑业的影响，自身的纳税筹划要与建筑业结合起来，从有利于整个产业链行业税负降低的角度出发进行筹划。

（四）利用大型机器设备业务进行纳税筹划

根据财税〔2016〕36 号文件规定：以纳入“营改增”试点之日前取得的有形动产为标的物提供的经营租赁服务；在纳入“营改增”试点之日前签订的尚未执行完毕的有形动产租赁合同等一般纳税人以纳入“营改增”试点之日前取得的有形动产为标的物，提供的经营租赁服务，可以选择适用简易计税方法计算缴纳增值税。

作为营业税遗留的问题，由于这类大型机械设备的上游产业——建筑业无法抵扣，大部分机械设备租赁公司出于税负考虑，采取了简易计税方法。而根据税法规定，选择简易计税方法后，纳税人 36 个月内不能改变计税方法。“营改增”后，这类设备租赁公司需要承接不同计税方法的项目，由于机械设备租赁企业无法像建筑业一样根据项目需要选择计税方法，这就造成了抵扣不充分或者重复纳税的现象。针对建筑业的税制改革，可以在机械租赁方面进行筹划。

三、建筑业案例分析——中国建筑股份有限公司①

针对“营改增”带来的建筑业方面的改革，建筑业可以利用机械租赁公司利用简易计税方法和一般计税方法的差别进行税收筹划。

（一）公司简介

本案例主要研究中国建筑股份有限公司在福建海西市场设立的首家区域总部实体运营公司。该公司注册资本达 15 亿元，连年稳居福建省建筑市场行业第一名，在中国建筑号码子公司里面名列前茅。该公司近年来年均签订合同额 350 亿元、营业收入 180 亿元、利润总额超过 6 亿元，是福建省建筑行业的龙头企业。该公司年均在施项目超过 200 个，几乎囊括了所有类型的建筑项目，同时该公司在“营改增”时也成为国资委、税务机关税负测算的数据采集来源单位。

（二）公司纳税问题分析

“营改增”以来，该公司营业规模不断增长，营业税取消后，重新树立了增值税管理的制度。在实施增值税过程中遇到了以下问题：

① 黄河 . A 公司“营改增”下建筑业的纳税筹划研究［D］. 泉州：华侨大学，2018.

第一，由于企业的目标市场几乎辐射到本企业所在地区周边的省或者市，跨区经营现象普遍。为了提高竞争力，该企业就地设立子公司、分公司或项目机构的情况也很常见。建筑业产业链长，从原材料到建筑物实体，存在多环节的交易行为，每个环节都应该按照增值税法规缴纳增值税，如此多的环节加大了税务管理难度。

第二，老合同的税务处理。原营业税下，不管是总包合同还是分包合同，计价方式和计税基础都是含税价。“营改增”后，按照新的增值税要求，单价剔除了税金部分。计价方式的改变带来了企业管理上的巨大变革，企业在税务的核算和管理、成本的计算和管控方面都面临不同的难题。

第三，增量税负承担方的问题。“营改增”前承接的项目，合同条款已就工程造价的计价方式进行了明确的约定，有的条款甚至约定不予调整，在发票方面则约定开具甲方认可的合法有效的发票。改征增值税后，作为甲方的业主，如果自己选择了一般计税方法，为了取得尽可能多的增值税进项税额，可能要求作为乙方的建筑企业采用一般计税方法，开具高税率的发票。这一要求并未违反合同约定，但因未对增加的税负成本进行补偿，会引起税负承担方的争议。而且建筑产业链条环环相扣，计税方法改变而单价不改变，并非每个环节的参与者都愿意承担因“营改增”带来的成本变化，导致履行合同困难。

第四，若企业对老项目采用一般计税方法，“营改增”临界点前后发生的成本如何区分及准确计量？在“营改增”前，企业根据生产安排已购进的原材料和货物，已向销售方取得了增值税普通发票但尚未领用，导致这部分本可以抵扣的进项税额因在采购时未取得增值税专用发票而不能抵扣，若对方不予配合开具红字发票后重新开具增值税专用发票，则会增加企业税负。

第五，改革后在一般计税方法下，建筑业的税率为9%，与3%的营业税率相比提高了6个百分点，虽然生产过程中采购的材料、设备等取得的进项税额可以进行抵扣，但实际上建筑业部分上游企业难以取得增值税专用发票，实现结构性减税的目标任重道远。

第六，和大多数实体化经营的建筑企业一样，该企业为重资产企业。建筑企业要承接工程，必须具有适当的资质，导致建筑行业的进入和退出的门槛都非常高。为了避免滞留票及认证专用发票的烦琐流程，该建筑企业在营业税背景下所采购的固定资产和周转材料正常情况下会取得增值税普通发票。“营改增”后，因为没有取得增值税专用发票，这部分固定资产和周转材料无法适用财税〔2016〕36号文件中规定的“不得抵扣且未抵扣进项税额的固定资产、无形资产、不动产，发生用途改变，用于允许抵扣进项税额的应税项目，可在用途改变的次月按照下列公式，依据合法有效的增值税扣税凭证，计算可以抵扣的进项税额：

可以抵扣的进项税额=固定资产、无形资产、不动产净值/(1+适用税率)×适用税率”

这也造成了在新旧政策衔接过程中税款的浪费。

(三)企业增值税税务筹划方案

1. 成立专门的纳税筹划管理部门

在营业税时代,企业并没有建立完善的增值税管理制度,但是“营改增”之后企业日益重视对增值税的管理工作。增值税的管理开始涉及更多的业务流程,包括开具增值税发票管理、增值税扣税凭证管理、增值税申报缴纳管理、增值税发票管理、增值税会计核算管理等内容。因此,加强对企业增值税的管理刻不容缓。

中国建筑股份有限公司应该根据业务规模和增值税管理的要求设置专门的纳税筹划机构或者团队,并根据增值税政策内容和管理要求建立完善的增值税管理制度,进行有效的纳税风险预警。同时,可以通过优化财务部门的组织结构来加强纳税筹划的管理。财务部门组织结构变更后,成立了专门的纳税筹划管理机构,这就使得企业可以更加科学合理地进行增值税纳税筹划活动。

能否及时、全面、准确地了解与企业相关的税收法律、法规,并及时调整纳税筹划方案是保证税务筹划行为合法性的关键。因此,纳税筹划活动要以税收政策为依据,在准确理解和把握税收政策的基础上灵活运用纳税筹划手段。

2. 建立供应商管理系统

供应商的选择对建筑企业增值税具有重要影响。为了能够对进项税额进行充分抵扣,以减少企业增值税,中国建筑股份有限公司应当对原材料、劳务及服务等供应商进行梳理,收集供应商相关基础信息以及证照资料并备案,确定供应商属于哪种纳税人身份,并且明确供应商可以提供的发票类型,以便选择合适的供应商,然后,根据供应商相关基础信息及证照资料,建立供应商管理信息库,明确日常更新及维护制度。

3. 加强纳税筹划人员专业知识培训

增值税与营业税存在较大区别,两者分别从属于“价外税”与“价内税”。按照现行税法规定,增值税由买方承担。中国建筑股份有限公司在工程项目中产生的材料购买等增值税进项税额是可以抵扣的,进项税额发生抵扣之后相当于只对产品的增值部分缴纳税额。而营业税由卖方承担,其计税基础是企业取得的全部价款以及价外费用。因此,“营改增”后,中国建筑股份有限公司在税务管理与财务管理等方面都发生了重大变化。

由于增值税的设计模式比较复杂,其计算方式方法比营业税更烦琐,这对中国建筑股份有限公司的财务核算过程提出了新的挑战。如果财务管理人员缺乏增值税核算、缴纳、税收优惠等方面的相关专业知识和技能，就不能满足“营改增”之后企业在生产经营与税务管理等方面适应时代发展的需求。面对新的机遇和挑战，中国建筑股份有限公司应当做好纳税筹划人员储备，可以通过组织专项的学习与培训、鼓励相关人员参加注册税务师或注册会计师考试等来提高纳税筹划人员的业务素质，加强企业税务管理人员的理论学习，及时更新税务知识，使整个税收管理团队的水平不断提升，这是有效防范企业税务风险的基础。

第四节　房地产业的增值税税务筹划

中国的房地产行业最早可追溯到1980年。在1949—1980年的30多年中，在高度集中的计划经济体制下，城市的房产由国家统一建设并分配，而农村的房产以集体土地所有制的宅基地自建房为主。1978年是房地产理论界的改革年，这一年提出的住房商品化、土地产权为房地产行业的形成奠定了基础，并促成了1980年北京市城市开发总公司的成立，该公司的成立是中国房地产行业的起源。在中国房地产市场的起步阶段，政府将少部分城市和地区作为政策试点，探寻市场化的可行路径。1992年，全面房改启动，我国房地产行业正式进入了全面市场化阶段。

一、房地产业涉税分析

房地产业是指以土地和建筑物为经营对象，从事房地产开发、建设、经营、管理以及维修、装饰和服务的集多种经济活动于一体的综合性产业，是具有先导性、基础性、带动性和风险性的产业。

(一)房地产业的特点

1. 项目开发周期长，影响收入确认的时效性

房地产企业的行业性质决定了其周期长的特点，一个项目从取得土地使用权到立项审批然后报规报建最后开发建设，这个过程可能要历经2~4年甚至更久的时间。项目开发周期长，影响了房地产企业收入确认的时效性。

2. 采取预售方式收款，商品房交付与收款时间相分离

房地产企业建造项目多，所以企业前期投资金额比较大，为了缓解企业的资金压力问题，预售方式是房地产企业的首选。在项目尚未建造完成时就向客户收取价款，由此

导致房产交付与收款在时间上差异比较大。项目在开发阶段未交付于客户手中时是不允许确认销售收入的。

3. 税负压力大

房地产业相对于其他行业而言，涉及的税种较多，“营改增”前除了消费税、关税之外的其他税种都有所涉及。“营改增”后房地产业的营业税改为增值税，其他税种没有变动，由于房地产业涉及十多个税种，本行业的税负一直居高不下。

4. 政策敏感性强

作为国民经济支柱产业的房地产行业是国家宏观调控的重要对象，同时房地产行业的发展深受国家具体宏观政策的影响，宏观经济政策和税收法律法规对房地产企业土地的取得、资金的筹集、拟投资项目的地点与产品结构等都具有重大影响。

（二）房地产业的涉税分析

房地产企业的税负占比较大的为增值税、土地增值税和企业所得税，本节主要针对增值税进行分析。

2016 年 5 月 1 日全面“营改增”开始推行。由于房地产公司的开发周期较长，并且全面“营改增”初期存在很多无法获取抵扣的情况，相关法规规定 2016 年 4 月 30 日前开工的老项目可以采取简易计税方法，适用 5%的征收率。如果房地产项目开工于 2016 年 4 月 30 日之后，房地产公司只能采取一般计税方法，适用 11%的税率并可以获取进项税抵扣。2018 年 5 月 1 日至 2019 年 3 月 31 日适用 10%的税率，自 2019 年 4 月 1 日起适用 9%的税率。

如果房地产公司在采取一般计税方法时，上游企业采取简易计税方法，或因其他原因导致可抵扣成本不足预期，则会导致房地产公司增值税税负高于采取简易计税方法的税负。

二、房地产业的税务筹划思路

（一）新老项目的筹划

根据《增值税暂行条例》及其实施办法的规定，一般计税方法的应纳税额计算公式为：应纳税额=当期销项税额-当期进项税额，销售不动产的适用增值税税率为 9%。一般计税方法下，一般纳税人销售不动产的应纳税额约为销售额×9%-可抵扣进项税额。简易计税方法的应纳税额计算公式为：应纳税额=销售额×征收率。因此，在简易计税方法下，一般纳税人的应纳税额约为销售额×5%。可抵扣进项税额存在着不确定因素，如进项税额税率的高低就会反映在此项上。因此，当一般计税方法和简易计税方法的应纳税额基本相同,得出可抵扣进项税额约为销售额×4%,若低于销售额×4%,则简易计税方法的应纳税额低于一般计税方法的应纳税额,若高于销售额×4%,则反之。基于房地产行业资金密集型的特点,几乎全部属于一般纳税人,"营改增"特别规定,一般纳税人销售自行开发的房地产项目可以选择适用简易计税方法按照5%的征收率计税。

因此,房地产项目被认定为老项目就有了两种选择,既可以选择适用一般计税方法,也可以选择适用简易计税方法。考虑到房地产企业开发周期长的特点,加上很多企业手中都存有2016年5月1日之前的项目,使得根据新老项目的筹划具有可行性。

(二)递延纳税的筹划

顾名思义,递延纳税即为延迟或者延期纳税,即允许企业在规定的期限内,选择延迟缴纳税款,或者分期缴纳税款。若企业延迟缴纳本期税款,就可以为企业争取更多的流动资金,相当于获得一笔无息贷款。递延纳税可以通过调整纳税义务发生时间以及在纳税期限的最后期限再缴纳税款的方式来实现。房地产企业在实务当中可以运用灵活调整发票的开具时间等方法达到递延纳税的目的。

三、案例分析①

(一)公司简介

L房地产开发有限公司(以下简称"L公司")成立于2009年,是K市本土房地产开发企业,主要从事房地产开发(凭资质证经营)、销售、房屋租赁等业务,具有国家认证的二级开发资质,为一般纳税人,目前主要进行K市交通主干道旁的某大型综合小区项目的开发建设。

L公司以开发建设改善型精品住房为发展定位,不断完善公司内部管理,加强人才培养和团队建设,以实现公司的可持续发展。L公司以"诚信、专业、稳健、共赢"为企业的价值观,以成为K市房地产行业龙头企业为发展目标,实施"区域性聚焦、产品差异化"的发展战略,为K市房地产开发、基础设施建设等方面做出了较大贡献。

自2012年取得土地以来,根据市政规划要求,L公司在900余亩土地上规划兴建普通住宅、别墅、办公楼、酒店、幼儿园等。其中一期、二期项目为别墅,三期至八期项目为高层楼房,同时建设商业用房若干、酒店一栋、幼儿园一所,打造成多功能一体化高档生活社区。

---

① 秦丽云.房地产开发企业"营改增"后增值税税务筹划[D].开封:河南大学,2018.

(二)L 公司纳税状况分析

1. L 公司纳税情况

L 公司所开发项目共有 8 期,自从第一期项目 2014 年取得预售许可证以来,L 公司每年的纳税情况如表 3-1、表 3-2 所示。

表 3-1 "营改增"之前营业税纳税情况 单位:万元

类别	2014 年	2015 年	2016 年 1—4 月
营业收入	64 317.60	79 570.20	35 790.04
应纳营业税	3 231.75	8 340.28	2 186.01

表 3-2 "营改增"之后增值税纳税情况 单位:万元

类别	2016 年 5—12 月	2017 年
应税收入(不含税)	5 858.03	109 935.94
应纳增值税(不含预缴)	292.82	5 496.76
当期预缴增值税	2 171.22	1 391.59

对比表 3-1 和表 3-2 可知,2016 年 5 月 1 日"营改增"前后销售收入差别巨大,原因是营业税制下和增值税制下确认收入的时间不同。房地产行业因资金使用量大和资金占用时间长,在 L 公司在开发过程中,为缓解资金压力,对所开发楼盘尽量早地取得预售许可证并进行预售,以回笼资金进行下一步开发。在营业税制下,公司在取得预售款当期以房屋销售金额计算缴纳营业税,而在增值税制下,一般在取得预售收入时以收取的所有款项按 3%预征率进行预缴。税制不同导致 L 公司 2016 年营业收入确认时间前置,基本上 1—4 月的收入就是全年的收入。

2. L 公司税务筹划现状

L 公司没有设立独立的税务工作岗位,也没有专业的税务人员,相关的涉税工作都由企业的财务部门负责,并未与税务师事务所、会计师事务所等联合开展税务筹划。公司高层管理人员对企业纳税情况较为关注,但是对税务筹划并没有明确的认识,认为税务筹划就是在进行纳税时想办法少缴税款,对税务工作的要求就是财务人员要多学习税收政策,控制税务成本。房地产业务复杂,资金来往频繁,L 公司的财务人员本职工作繁忙,日常的纳税工作基本都是按照主管税务机关的要求进行申报纳税,然后缴纳税款,对税收政策掌握不全面,对纳税申报表之间的钩稽关系不明了,经常出现申报表填写错误，偶尔会出现申报不及时等情况，造成需要调整申报表、退税等麻烦，甚至会造成因违反税收管理规定漏缴、少缴税款而需要缴纳滞纳金、罚款等后果。

3. L 公司纳税问题分析

（1）“营改增”之后税负有上升趋势。L 公司目前在售项目均始建于“营改增”之前，目前选择适用简易计税方法，税负较营业税税负有所下降。但是 L 公司所开发的项目第五期始建于 2016 年 9 月，其销售时，将适用 11%的税率（现适用 9%税率），所以 L 公司第五期及以后项目销售时，销项税额将大幅度增加。根据 L 公司第五期项目的相关数据进行测算，由于其适用增值税一般计税方法，土地出让金可以从销售额中扣除，土地出让金约占其预计售价的 17%。可以预见，当 L 公司新项目开始销售后，其增值税税负将会有一个明显的上升。

（2）税收风险较大。L 公司由于没有专业的办税人员，其财务人员代为办税导致了极大的涉税风险。一是该企业在纳税申报中多次填报错误，导致该缴的税没缴。根据税收法律法规规定，企业应纳税而未纳税、少纳税，导致的后果是面临补税、罚款、加收滞纳金、刑罚处罚和纳税信用受损等风险。L 公司由于办税人员专业素质不高，多次被主管税务机关催缴并加收滞纳金，使公司承担了较重的税务处罚，甚至影响公司的正常经营。二是增值税可以抵扣的项目没有抵扣，导致公司多缴税，给公司增加了税收负担，使企业利益受损。

公司经营的各个环节都存在纳税风险，从公司成立时的增值税纳税人身份选择、拿地、工程发包、物资采购，到商品房预售、销售、交房或房屋出租等全过程都涉及增值税纳税处理。L 公司目前在售项目均适用简易计税方法，涉及的增值税涉税处理较为简单，当公司新建项目开始销售时，公司的涉税问题会集中暴露。目前公司账务处理中对资金流、票流、货物流相统一的把控不严，业务开展过程中不注意进项增值税专用发票的取得，发票入账不规范、认证不及时等问题比比皆是。公司亟须采取措施将风险控制于事前、事中。

（三）L 公司的增值税税务筹划方案

L 公司目前开发的大型综合性小区施工周期长，项目开发时间跨度大，横跨“营改增”改革前后，且 L 公司是一个综合型房地产开发公司，以开发精品楼盘为目标，涉及多种开发方式和销售方式。其所开发的项目开发过程中涉及的业务种类多、产业链条长、项目周期长，每一个环节都有税务筹划的空间。由于项目较大，资金占用量较高，涉及的增值税税款较多，因此对其进行税务筹划能取得较明显的成效。

同时，由于 L 公司开发项目规模较大，既有新项目又有老项目，其可供选择的“营改增”政策较多样。例如，其开发的老项目既可以选择一般计税方法也可以选择简易计税方法；由于增值税相对于营业税来说计税方式更复杂，涉及进项税额、销售额、销项税额、发票管理等多个涉税事项，对不同的涉税事项都可以进行税务筹划。

1. 房地产老项目计税方法选择的税务筹划

根据“营改增”文件的规定，一般纳税人身份的房地产开发企业销售房地产老项目，既可以选择适用简易计税方法按照5%的征收率计税，也可以选择一般计税方法。有选择就有筹划，房地产开发企业可以对老项目计税方法选择进行税务筹划。

2. L公司供应商选择的税务筹划

一个房地产项目需要大量的钢筋、水泥、沙石等建筑材料和汽车、计算机等必要的固定资产，还需要采购交通运输服务和技术服务等。在“营改增”之前，房地产行业在选择供应商时，不用考虑增值税进项税额抵扣的影响，企业在采购物资或服务时，只要单纯地比较供应商提供的物资或服务的质量问题和价格的高低就可以了。而“营改增”之后，适用一般计税方法的房地产项目面临11%的增值税税率（2018年5月1日至2019年3月31适用10%的税率，自2019年4月1日起适用9%的税率），如果不注意增值税进项税额的抵扣，将面临税负大幅度提升的风险。因此，企业应转变经营和管理理念，在选择供应商时，除了质量和价格之外，也应考虑供应商所提供的增值税发票是否可以抵扣等因素。

3. L公司工程发包环节的税务筹划

房地产开发是一项大型、综合性工程，涉及的环节众多，对专业资质水平要求也较高，一个房地产开发项目往往需要多个公司配合完成，这就涉及工程发包问题。工程发包是指建设单位提出项目内容及其条件和要求，通过某种方式将工程承包给施工单位、建设单位、设计单位等的行为。根据财税〔2016〕36号文件的规定，“一般纳税人为甲供工程提供的建筑服务，可以选择适用简易计税方法计税”。那么，L公司进行发包时，采用甲供材（即由甲方提供工程所需全部材料或者主要材料）还是包工包料对公司更有利，也可以进行比较筹划。

4. L公司劳务成本的税务筹划

房地产开发企业需要大量的劳务人员，房地产项目的拿地及土地确权、规划设计、工程建设、预售及竣工、绿化及物业等都需要大量的人力投入。2016年5月1日起，建筑业和生活服务业也实施了“营改增”，房地产开发企业外购劳务使得取得增值税发票，如何外购劳务既可以降低用人法律风险又能够节约税收成本呢？

企业的用人方式主要有三种：一是直接聘用人员，签订劳动合同；二是与劳务公司或者自然人合作，签订劳务合同；三是接受劳务派遣人员，与劳务派遣公司签订劳务派遣合同。

采取直接聘用人员的，需要承担人员的工资、福利、社会保险费用和劳动过程中的风险责任等,同时人员工资受最低工资、工资支付方式等法律法规约束。采取劳务派遣方式用人的,用工单位需要承担人员的工资、福利和社会保险费用,同时劳务派遣人员享受与本单位同类岗位的劳动者同工同酬的工资福利,劳动过程中的风险责任由劳务派遣公司承担。采取签订劳务合同形式用工的,只需要承担双方约定的劳务费用即可,不受最低工资标准的限制,国家法律不过分干涉,且劳动风险责任由提供劳务方自行承担。通过以上对比,L 公司在可以选择的情况下,采取劳务用工的方式,劳务为应税行为,企税凭票扣除,这样处理,法律风险最低。

思考题

1. 小规模纳税人的税收负担较重,这种说法正确吗?为什么?
2. 影响纳税人选择一般纳税人或者小规模纳税人的因素有哪些?
3. 不得抵扣的进项税额和进项税额转出的规定有哪些?
4. 举例说明销售结算方式筹划的方法有哪些?
5. 简述增值税税收优惠筹划的原则和方法。

第四章

消费税的税务筹划

本章要点

消费税是中国流转税体系中三大主体税种之一，在中国税制中占有十分重要的地位。由于消费税是在对所有货物普遍征收增值税的基础上选择少量消费品征收的，因此，消费税税务筹划是针对部分消费品进行的。

本章对消费税税务筹划方法进行了概述，具体介绍了消费税纳税人、计税依据和税率方面的筹划原理。然后详细分析了白酒行业、化妆品和卷烟行业的消费税税务筹划案例，阐释了实践中消费税税务筹划的具体操作。

第一节　消费税筹划方法概述

一、消费税概述

消费税是对我国境内从事生产、委托加工和进口应税消费品的单位和个人，就其销售额或销售数量，在特定环节征收的一种税。简单地说，消费税是对特定的消费品和消费行为征收的一种税。

消费税的计征主要取决于三个因素，即纳税人的选定、税率的高低及销售额的大小。这三项内容也成为消费税税务筹划的主要内容。

消费税是在对货物普遍征收增值税的基础上，选择少数消费品再征收的一个税种，主要是为了调节产品结构、引导消费方向、保证国家财政收入。现行消费税的征收范围主要包括烟、酒、鞭炮焰火、高档化妆品、成品油、贵重首饰及珠宝玉石、高尔夫球及球具、高档手表、游艇、木制一次性筷子、实木地板、电池、涂料、摩托车、小汽车等税目，有的税目还进一步划分若干子目。

二、消费税纳税人的税务筹划

（一）纳税人的法律界定

根据《中华人民共和国消费税暂行条例》的规定，消费税的纳税人，是指在中华人民共和国境内生产、委托加工和进口应税消费品（金银首饰、铂金饰品、钻石饰品除外）的单位和个人。金银首饰、铂金饰品、钻石饰品消费税的纳税人，是指在中华人民共和国境内从事金银首饰、铂金饰品、钻石饰品商业零售的单位和个人；委托加工（另有规定的除外）、委托代销金银首饰、铂金饰品、钻石饰品的，委托方也是纳税人。

1. 生产应税消费品的单位和个人

从事生产应税消费品的各类企业、单位和个人，对用于销售的应税消费品，在销售成立时以销售额为计税依据缴纳消费税。对用于其他方面的应税消费品，视其不同用途区别对待：用于连续生产应税消费品的，不缴纳消费税；用于非应税消费品生产和在建工程、管理部门、非生产机构、提供劳务、馈赠、赞助、集资、广告、样品、职工福利、奖励等方面的，在移送使用时缴纳消费税。

2. 委托加工应税消费品的单位和个人

委托加工应税消费品,以委托方为纳税人,税款由受托方代收代缴(受托方为个人的除外)。受托方为个人的,税款由委托方收回委托加工的应税消费品后,向委托方所在地的税务机关缴纳。委托加工收回的应税消费品如果直接用于销售或生产非应税消费品,不再缴纳消费税;如果用于生产应税消费品或加价销售,已税消费品已经缴纳的消费税可以按照实际领用数从应税消费品的消费税额中扣减。

3. 进口应税消费税的单位和个人

进口应税消费品,由收货人或其代理人在进口环节以组成计税价格为依据计算缴纳消费税。

(二)纳税人的税务筹划

由于消费税是针对特定纳税人征收的,因此可以通过企业的合并把纳税环节向后推,递延纳税时间。

(1)合并会使原来企业间的购销环节转变为企业内部的原材料供应环节,从而递延部分消费税税款。如果两个合并企业之间存在着原材料供应关系,在合并之前,这种原材料供应关系就表现为商品购销关系,应该以正常的购销价格为依据缴纳消费税。而在合并之后,两个企业之间的原材料供应关系就转变为企业内部的原材料供应环节,按照税法规定,这个环节不需要缴纳消费税,直到销售环节才需要缴纳消费税,这样就递延了消费税的纳税时间。

(2)如果合并企业后一环节的消费税税率较前一环节的低,则合并后可直接减轻企业的消费税税负。因为前一环节应当征收的消费税推迟到后一环节征收,而后一环节的消费税适用税率较低,则前一环节的销售额因适用较低的税率而减轻了企业的税负。

【例 4-1】酒厂 H 一直从酒厂 M 购进散装粮食白酒,加工勾兑成新型酒销售,年购进量 1 200 吨,价格为 3 元/斤。如果 H 兼并 M,每年将增加费用支出 150 万元,试分析 H 是否应兼并 M?

分析:如果酒厂 H 不兼并 M,H 每年多纳消费税:

$$1\,200\times2\,000\times3\times20\%+1\,200\times2\,000\times0.5=2\,640\,000(\text{元})$$

酒厂 H 兼并 M 后,H 与 M 成为一个企业,M 生产的散装粮食白酒由 H 勾兑成新型酒,属于自产应税消费品连续生产应税消费品,前一环节可免征消费税。虽然每年将增加费用支出 150 万元,但还是可以获得税收收益 114(264-150)万元,所以酒厂 H 应当选择兼并 M 的经营方式。

【例 4-2】某地区有两家大型酒厂 A 和 B,它们都是独立核算的法人企业。A 主要经营粮食类白酒，以当地生产的高粱和玉米为原料进行酿造，按照消费税法规定，应该适用20%的税率，已知粮食白酒的定额税率为每斤0.5元。B以A生产的粮食酒为原料，生产系列药酒，按照税法规定，应该适用10%的税率。A每年要向B提供价值2亿元、5 000万千克的粮食酒。经营过程中，B由于缺乏资金和人才，无法经营下去，准备破产。此时B欠A共计5 000万元货款。经评估，B的资产恰好也为5 000万元，A企业领导人经过研究，决定对B进行收购，其决策的主要依据如下：

第一，这次收购支出费用较小。由于合并企业前，B的资产和负债均为5 000万元，净资产为零。因此，按照现行税法规定，该购并行为属于以承担被兼并企业全部债务方式实现吸收合并，不视为被兼并企业按公允价值转让、处置全部资产，不计资产转让所得，不用缴纳所得税。此外，两家企业之间的行为属于产权交易行为，按税法规定，不缴纳增值税。

第二，合并可以递延部分税款。合并前，A向B提供的粮食酒每年应该缴纳的税款为：消费税9 000万元（20 000×20%+5 000×2×0.5）；增值税2 600万元（20 000×13%）。合并后，这笔税款一部分可以递延到药酒销售环节缴纳（消费税从价计征部分和增值税），获得递延纳税的好处；另一部分（从量计征的消费税税款）则免于缴纳了。

第三，B生产的药酒市场前景很好，企业合并后可以将经营的主要方向转向药酒生产，而且转向后，企业应缴的消费税税款将减少。由于粮食白酒的消费税税率为20%，而药酒的消费税税率为10%，如果企业转产为药酒生产企业，则税负将会大大减轻。

假定药酒的销售额为2.5亿元，销售数量为5 000万千克。合并前后应纳消费税税款为：

合并前A应纳消费税＝20 000×20%+5 000×2×0.5＝9 000（万元）

合并前B应纳消费税＝25 000×10%＝2 500（万元）

合并前合计应纳税款＝9 000+2 500＝11 500（万元）

合并后应纳消费税＝25 000×10%＝2 500（万元）

合并后节约消费税税款＝11 500−2 500＝9 000（万元）

三、消费税计税依据的税务筹划

(一)计税依据的法律界定

正确掌握计税依据的确定,可以使企业减少不必要的损失,合理合法地承担税负。消费税关于计税依据的规定分为两种情况:一种是以销售额为计税依据从价计税;另一种是以销售数量为计税依据从量计税。

由于消费税和增值税是交叉征收的税种,为了便于管理,消费税销售额的确定和增值税销售额的确定是一样的,为含消费税税款不含增值税税款的销售额,即纳税人出售应税消费品向购买方收取的除增值税税款以外的全部价款和价外费用。

纳税人自产自用应税消费品,用于连续生产应税消费品的不纳税,用于其他方面的,于移送使用环节缴纳消费税。其计税依据为纳税人生产的同类应税消费品的销售价格;没有同类应税消费品销售价格的,按照组成计税价格计算纳税。所谓"同类应税消费品的销售价格",是指纳税人当月或最近时期销售同类应税消费品的平均价格。

实行从价定率方法计算组成计税价格,其计算公式为:

组成计税价格=(成本+利润)÷(1-消费税税率)

实行复合计税方法计算组成计税价格,其计算公式为:

组成计税价格=(成本+利润+自产自用数量×定额税率)÷(1-比例税率)

其中,成本是指应税消费品的产品生产成本;利润是指根据应税消费品的全国平均成本利润率计算的利润。应税消费品的全国平均成本利润率由国家税务总局确定。

委托加工应税消费品,按照受托方同类应税消费品的销售价格计算纳税;没有同类应税消费品销售价格的,按照组成计税价格计算纳税。所谓同类应税消费品的销售价格,是指受托方当月或最近时期销售的同类应税消费品的平均价格。

实行从价定率方法计算组成计税价格,其计算公式为:

组成计税价格=(材料成本+加工费)÷(1-消费税税率)

实行复合计税方法计算组成计税价格,其计算公式为:

组成计税价格=(材料成本+加工费+委托加工数量×定额税率)÷(1-比例税率)

其中,材料成本是指委托方所提供的加工材料的实际成本;加工费是指受托方向委托方收取的全部费用,包括代垫辅助材料的实际成本。

进口应税消费品,实行从价定率征收办法的,按照组成计税价格计算纳税,组成计税价格的计算公式为:

组成计税价格=(关税完税价格+关税)÷(1-消费税税率)

此外,在确定消费税计税依据时,还应注意以下两个特殊规定:一是纳税人通过自设的非独立核算的门市部销售自产应税消费品,以门市部实际对外收取的不含增值税的销售额为计税依据;二是纳税人用于换取生产资料和消费资料以及投资入股和抵偿债务等方面的应税消费品,以其销售的同类应税消费品的最高价格为计税依据。

销售数量的确定主要规定如下:纳税人销售应税消费品的,以销售数量为计税依据;纳税人自产自用应税消费品的,以移送使用数量为计税依据;纳税人委托加工应税消费品的,以加工收回的数量为计税依据;纳税人进口应税消费品的,以海关核定的进口数量为计税依据。

(二)计税依据的税务筹划

消费税征收环节具有单一性,只在消费生产、流通或者消费的某一环节一次性征收而不是道道课征,因此消费税税基都集中在单一的纳税环节。所以,如果纳税人将其应税消费品的计税依据在其应纳税环节予以降低,既能有效降低该环节的消费税税额,也不会将少缴的消费税负担转移到下一环节,从而达到了少缴税的目的。

1. 设立独立核算的经销部、销售公司

消费税的纳税行为发生在生产领域而非流通领域(金银首饰、铂金饰品及钻石饰品除外),如果将生产销售环节的价格降低,则可直接取得节税的利益。因而,生产(委托加工、进口)应税消费品的企业,通过设立销售公司,以相对低的价格将应税消费品销售给销售公司,可以降低销售额,减少应纳消费税税额。

销售公司有独立核算和非独立核算两种形式,两种核算形式的税收处理是大不一样的。纳税人自设非独立核算的销售公司,根据税法规定,应当按照销售公司的对外销售额为计税依据缴纳消费税;纳税人设立独立核算的销售公司,在将产品以低价售给销售公司时,属于工业企业和商业企业之间的交易,可以按照出售给销售公司的销售额为计税依据缴纳消费税,这就大大降低了税负。而独立核算的销售公司,由于处在销售环节,只需缴纳增值税,无须缴纳消费税。

应当注意的是,由于独立核算的销售公司与生产企业之间存在关联关系,按照《中华人民共和国税收征收管理法》(以下简称《税收征收管理法》)的有关规定,企业或者外国企业在中国境内设立的从事生产、经营的机构、场所与其关联企业之间的业务往

来,应当按照独立企业之间的业务往来收取或者支付价款、费用。不按照独立企业之间的业务往来收取或者支付价款、费用,而减少其应纳税的收入或者所得额的,税务机关有权进行合理调整。因此,企业销售给下属销售公司的价格应当参照销售给其他商家当期的平均价格确定。

【例 4-3】某化妆品厂主要生产各种类型的高档化妆品,产品销往全国各地的批发商。按照以往的经验,本地的一些商业零售户、美容店、消费者每年到工厂直接购买的化妆品大约 10 000 盒。企业销售给批发部的价格为每盒(不含税)500 元,销售给零售户、美容店、消费者的价格为每盒(不含税)600 元。经过筹划,企业在本地设立了一个独立核算的经销部,企业按销售给批发商的价格销售给经销部,再由经销部销售给零售户、美容店及消费者。已知该高档化妆品的比例税率为 15%。

直接销售给零售户、美容店、消费者的化妆品应纳消费税:

$$600\times10\ 000\times15\%=900\ 000(\text{元})$$

销售给经销部的化妆品应纳消费税:

$$500\times10\ 000\times15\%=750\ 000(\text{元})$$

节约消费税:

$$900\ 000-750\ 000=150\ 000(\text{元})$$

2. 选择合理的加工方式

委托加工应税消费品和自行加工应税消费品的计税依据不同导致各自的税负不同,因而纳税人可以结合本企业的实际情况选择合理的加工方式进行税务筹划。

委托加工时,受托方(个体工商户除外)代收代缴税款,计税依据为当期同类产品的销售价格或组成计税价格;自行加工时,计税依据为产品的实际销售价格。在通常情况下,委托方收回委托加工的应税消费品后,要以高于成本的价格售出以求盈利。高于受托方计税价格出售的,不属于直接出售,需按规定申报缴纳消费税。

作为价内税的消费税,企业在计算应税所得时,可以作为扣除项目在税前列支,因此,消费税的多少,会进一步影响所得税,进而影响企业的税后利润和所有者权益的数额。

在进行此类筹划时,应注意委托加工产品与自制产品的区别。税法明确规定:委托加工产品是指由委托方提供原材料或主要材料,受托方只收取加工费和代垫部分辅助材料加工的产品。由受托方提供原材料或受托方先将原材料卖给委托方,再接受加工的产品，以及由受托方以委托方名义购进原材料生产的产品，不论企业在财务上是否做销售处理，都不是委托加工，都应按自制产品缴纳消费税。所以，纳税人在进行筹划时，应细心研究税法，不要违反税法；否则，不仅达不到节税目的，还会带来严重后果。

四、消费税税率的税务筹划

消费税税率档次较多，税率形式既有比例税率又有定额税率。应税消费品不同，税率就不同，即便同种应税消费品，也会因为原材料构成不同或销售价格不同而适用不同的税率。因此，纳税人应针对消费税的税率多档次的特点，根据税法的规定，正确进行必要的合并核算和分开核算，以求达到节税目的。

纳税人生产销售应税消费品，如果不是单一经营某一税率的产品，而是经营多种不同税率的产品，就属于兼营行为。对于这种兼营行为，税法明确规定，应当分别核算不同应税消费品的销售额、销售数量，未分别核算销售额、销售数量，或者将不同税率的应税消费品组成成套消费品销售的，从高适用税率。纳税人在进行筹划时，应在企业会计核算中做到账目清楚，分别核算不同税率应税消费品的销售额、销售数量，尽量避免将不同税率应税消费品组成成套产品销售，以免给企业造成不必要的税收负担。

另一种税率的筹划方法是根据税法的有关规定对不同等级的应税消费品进行定价筹划，应税消费品的等级不同，消费税的税率不同。例如，卷烟每条调拨价在 70 元以下，税率 36%加 0.003 元/支；每条调拨价在 70 元以上，税率 56%加 0.003 元/支。又如，啤酒每吨出厂价 3 000 元以下，税额 220 元/吨；每吨出厂价 3 000 元以上，税额 250 元/吨。

第二节　白酒行业的消费税筹划

一、白酒行业涉税分析

（一）白酒行业税负沉重

从我国各类税收政策中可以看出，白酒行业属于我国不鼓励发展的行业，尤其是国家近几年针对白酒行业逐步出台并实施了一系列税法措施，其中主要是消费税的调整，对白酒行业的各家企业来说，税负压力越来越大。

(二)白酒行业监管严格

由于白酒这种消费饮品本身具有特殊性,其可能会影响消费者的身体健康和生命安全,近年白酒发生质量问题的消息也层出不穷。因此,国家层面、地方政府及食品药品监督管理局等相关机构对白酒企业的监管越来越严格。

然而,通过2016年白酒行业分析报告可知,白酒行业市场容量仍然很大。2016年数据显示,我国白酒行业的市场规模位居食品饮料板块的第一名,销售收入已超过6 000亿元人民币。

二、案例分析——Y白酒公司的涉税情况①

白酒公司在生产经营中的涉税范围广,涉税环节多。Y白酒公司涉税环节主要包括采购、生产、销售环节。在这些环节中涉及的税种主要有增值税、消费税、个人所得税、企业所得税、印花税和城市维护建设税等。其中,增值税、消费税和企业所得税是占据企业税收负担最重的税种,消费税税额往往是所有税种中占比最大的。因此,本节主要针对消费税进行税收分析和筹划。

(一)加工方式的筹划

对于白酒企业而言,加工粮食白酒的方式大体有两种,第一种为委托加工,第二种为自行加工。而委托加工还分三种不同情况,分别是委托加工成酒精取回后继续加工、委托加工成半成品取回后继续加工、委托加工成成品取回后直接出售。对企业来说,选择的加工方式不同所缴纳的消费税税额也不同。因此,企业可以通过选择不同的加工方式来进行有效的纳税筹划。

对于选择委托加工方式,国家有专门的税收规定。税法规定委托加工的产品为应税消费品的,在交货时由受托方代收代缴消费税税款,并且其计税价格没有同类消费品的要按照组成计税价格计算代收代缴的消费税。同时规定,企业若选择委托加工收回后直接按照受托方计税价格出售的,企业不用再自己缴纳消费税;若以高于计税价格出售的,企业需要自己申报缴纳消费税,计税依据为企业的销售价格。

近年来,国家不断调整白酒行业的税收政策,税法规定从2014年12月1日起,取消对酒精征收消费税,将酒精和酒在税法中合并成"酒"。因此,企业作为委托方委托受托方加工成酒精收回后继续加工成白酒的这种委托加工环节,不需要再缴纳消费税了。这样一来,企业可以不需要避免委托加工成酒精收回后继续加工成白酒的生产方式,但

① 王贝.Y白酒公司纳税筹划研究[D].西安:西安石油大学,2018.

仍需避免委托加工成半成品(如高度白酒)后收回继续加工成白酒(如低度白酒)的生产方式。

面对上述税收政策,企业应准确计算委托加工和自行加工的应纳税额、加工成本以及税后利润并进行对比,从而选出最优方案。

以 Y 白酒公司 2019 年 7 月 1 日的一项订单为筹划对象,Y 白酒公司接到一笔生产 200 吨白酒的业务合同,协议订立合同中散称白酒单价为每吨 2 万元,则这笔订单的销售额共计 400 万元。要求在 2020 年 9 月 1 日前交货。由于交货时间紧迫,Y 白酒公司有以下四种生产方案:

方案一:Y 白酒公司委托 W 酒厂加工成酒精,然后由 Y 白酒公司收回后继续加工成白酒成品销售。在此委托中,Y 白酒公司用 100 万元的原材料委托 W 酒厂加工成酒精,加工费为 60 万元,加工成 120 吨酒精然后运回 Y 白酒公司,Y 白酒公司再将这 120 吨酒精加工成 200 吨本品牌的散称白酒产品销售,每吨 Y 品牌成品白酒的售价为 2 万元,Y 公司收回后自己继续加工产生的加工成本以及相关费用合计为 30 万元。

方案二:Y 白酒公司委托 W 酒厂加工成高纯度白酒,即委托加工成半成品,然后由 Y 白酒公司取回后继续加工成白酒成品销售。在这项委托方式中,Y 白酒公司以 100 万元的原材料委托 W 酒厂加工成高纯度白酒,加工费为 80 万元,加工成 150 吨高纯度白酒运回 Y 白酒公司后,再由 Y 白酒公司加工成 200 吨本品牌的散装白酒成品销售,同样,Y 白酒公司的销售单价为每吨 2 万元,其取回后自己加工阶段产生的加工成本以及相关费用合计为 20 万元。

方案三:Y 白酒公司委托 W 酒厂直接加工成最终可销售的产品,收回后 Y 白酒公司直接销售。在这种全部委托的方式下,Y 白酒公司将 100 万元原材料和酿酒所需所有原料都交给 W 酒厂,由 W 酒厂完成所有的制作过程,即 Y 白酒公司从 W 酒厂收回后的产品就是指定的本品牌可出售的白酒,其加工费为 100 万元。

方案四:由 Y 白酒公司自己加工生产自有品牌的散装白酒然后出售。这就属于 Y 白酒公司正常的生产流程和生产加工方式。自行生产加工中所发生的生产成本及各项费用共计 100 万元,恰好等于委托 W 酒厂加工成产成品的加工费。

W 酒厂无同类消费品的销售价格,在本次订单中,为了方便起见及保证本品牌白酒的质量和口感一致,Y 白酒公司选择了委托加工成高度白酒,取回后再加工成自有品牌的白酒的方式,即方案二。

以下是四种方案中 Y 白酒公司的应纳消费税和税后利润:

(1)方案一:Y 白酒公司在向 W 酒厂支付加工费的同时,由于 2014 年 12 月 1 日后酒精不再征收消费税,因此,此方案中 Y 白酒公司不需要再向 W 酒厂支付其代收代缴的消费税。Y 白酒公司销售白酒后应缴纳的消费税和税后利润计算如下:

应纳消费税 = 400×20% + 200×1 000×2×0.5÷10 000 = 100(万元)

应缴纳城建税及教育费附加 = 100×(7%+3%) = 10(万元)

税后利润 = (400-100-60-30-100-10)×(1-25%) = 75(万元)

(2)方案二:Y 白酒公司在向 W 酒厂支付加工费的同时,需要向 W 酒厂支付由其代收代缴的消费税,其代扣代缴的消费税计算如下:

消费税组成计税价格 = (100+80+150×1 000×2×0.5÷10 000)÷(1-20%) = 243.75(万元)

应纳消费税 = 243.75×20% + 150×1 000×2×0.5÷10 000 = 63.75(万元)

Y 白酒公司将继续加工的白酒销售后,其应纳消费税为:

应纳消费税 = 400×20% + 200×1 000×2×0.5÷10 000 = 100(万元)

应缴纳城建税及教育费附加 = (63.75+100)×(7%+3%) = 16.375(万元)

由于委托加工的是半成品高度白酒,因此 Y 白酒公司相当于缴纳两次消费税:

税后利润 = (400-100-80-20-63.75-100-16.375)×(1-25%) = 14.908 75(万元)

(3)方案三:Y 白酒公司在向 W 酒厂支付加工费的同时,需要向 W 酒厂支付由其代收代缴的消费税,Y 白酒公司出售时是否需要再次缴纳消费税取决于其出售价格和组成计税价格是否一致,计算如下:

消费税组成计税价格 = (100+100+200×1 000×2×0.5÷10 000)÷(1-20%) = 275(万元)

应纳消费税 = 275×20% + 200×1 000×2×0.5÷10 000 = 75(万元)

由于销售额为 400 万元,大于 275 万元,属于委托方以高于受托方的计税价格出售的情况,因此 Y 白酒公司在销售时需要再次缴纳消费税,而 W 酒厂代扣代缴的部分可以在税前扣除。Y 白酒公司应缴纳的消费税和税后利润计算如下:

应纳消费税 = 400×20% + 200×1 000×2×0.5÷10 000 - 75 = 25(万元)

应缴纳城建税及教育费附加 = (75+25)×(7%+3%) = 10(万元)

税后利润 = (400-100-100-75-25-10)×(1-25%) = 67.5(万元)

(4)方案四:自己加工的生产成本为 100 万元。Y 白酒公司应纳消费税和税后利润为：

$$应纳消费税 = 400\times20\% + 200\times1\ 000\times2\times0.5\div10\ 000 = 100(万元)$$

$$应缴纳城建税及教育费附加 = 100\times(7\% + 3\%) = 10(万元)$$

$$税后利润 = (400-100-100-100-10)\times(1-25\%) = 67.5(万元)$$

对比四种方案，从缴纳消费税情况来看，方案一、方案三和方案四的节税效果一样；从企业税后净利润来看，方案一的税后净利润最高。因此，在此次订单中，Y 白酒公司应该在能力允许的范围内选择方案一的方式。

（二）成立独立核算销售机构的筹划

白酒销售在生产环节缴纳消费税，按照销量或者移交量 0.5 元/斤从量计征和销售时的售价或者委托加工时的组成计价的 20%从价计征。白酒生产企业可通过设立独立核算的销售机构，先以较低的价格将白酒销售给其独立核算的销售机构，再由销售公司对外销售，则消费税以此较低的销售额为基础计征，从而降低企业整体的消费税税负，并且增值税销项税额不变。

然而白酒生产企业不可以随意压低价格销售给虽独立核算但和自己有关联关系的销售公司。2009 年税法规定：白酒计税价格在销售给销售公司的价格 70%以上的，按照销售给销售公司的价格计价，否则，由税务机关核定消费税最低计税价格。这一规定压缩了白酒企业消费税的筹划空间，但白酒企业可以通过设立多级销售公司，增加销售的流通环节，通过多级加价来实现降低白酒消费税的目的。

目前，各大上市白酒企业都已先后成立了自己独立的销售公司，消费税都得到了很好的筹划。而 Y 白酒公司目前还采用直销店经营模式，无疑没有利用好这种筹划空间，因此，公司需要尽快成立自己独立的销售公司。

以 Y 白酒公司 2020 年上半年销售给西凤酒股份有限公司的原浆酒为筹划对象。原浆价格为每斤 10 元（不含税），2020 年西凤酒厂从 Y 白酒公司购进原浆约 500 吨。在 20%的从价税率和从量 0.5 元/斤的计税方式下：

$$公司应纳消费税税额 = 10\times500\times1\ 000\times2\times20\% + 500\times2\times1\ 000\times0.5 = 2\ 500\ 000(元)$$

若 Y 白酒公司成立销售公司，以税法规定的 70%的定价依据，即每斤 7 元销售给其独立核算的销售机构，销售机构再以每斤 10 元销售给西凤酒厂，则：

$$应纳消费税税额 = 7\times500\times2\times1\ 000\times20\% + 500\times2\times1\ 000\times0.5 = 1\ 900\ 000(元)$$

成立独立核算销售公司可以节税 600 000 元(2 500 000-1 900 000),并且在这项业务筹划中,筹划前后增值税金额不变。

(三)成套酒消费品的纳税筹划

《消费税暂行条例》规定,对于按不同税率的应税消费品组成成套消费品销售的,按照其中最高计税税率产品的计税方式来对整体计税。

Y 白酒公司在每年年末都进行促销活动,会对果酒和白酒进行礼盒包装再销售,那么果酒也就要按照白酒的计税方式来缴纳消费税,这明显会增加公司税负。因此,对于不同税率产品组成的成套消费品进行纳税筹划的思路就是"先销售后包装",既可减轻消费税税负,同时增值税税负也不会变。

具体操作是:将产品分开销售给零售商并给其包装礼盒,零售商对外销售时再进行包装。这样一来,公司就可以分别核算各类产品,按其各自的税率分别计税,从而避免按最高税率纳税。Y 白酒公司生产的葡萄酒、草莓酒都属于其他酒,适用税率为 10%。

以 Y 白酒公司将白酒与葡萄酒组成礼品套装进行销售为筹划对象。2020 年 12 月,该企业对外销售 2 万套套装酒,每套礼盒有白酒和葡萄酒各 1 瓶,且都为 1 斤装,单价为 130 元/套(其中,白酒 60 元/瓶,葡萄酒 70 元/瓶)。白酒适用的比例税率为 20%,定额税率为 0.5 元/斤;葡萄酒适用比例税率 10%,且不再从量征收。

如果 Y 白酒公司采取先包装后销售的方式,则对礼盒里的两种酒都按白酒的计税方式来计税。如果 Y 白酒公司采取先销售后包装的方式,即先将白酒和葡萄酒分别销售给零售商,并且分别核算两种产品的销售收入,再由零售商销售时进行包装,则要按各自的税率分别计税。以下为两种方式的具体筹划:

方案一:先包装后销售。将葡萄酒看作白酒纳税,按 20%的比例税率从价计税且按 0.5 元/斤的定额税率从量计税。此时应纳消费税计算如下:

$$\text{应纳消费税税额}=20\,000\times130\times20\%+20\,000\times2\times0.5=540\,000(\text{元})$$

方案二:先销售后包装。将白酒和葡萄酒分品种销售给代理商,分别核算白酒和葡萄酒的销售收入,再由零售商包装成套装酒后对外销售,葡萄酒只需按 10%的比例税率从价计税。此时应纳消费税计算如下:

$$\text{应纳消费税税额}=60\times20\,000\times20\%+20\,000\times0.5+70\times20\,000\times10\%=390\,000(\text{元})$$

由此可见,销售给代理商,由其负责成套包装再出售,更节税。

（四）折扣方式的纳税筹划

商业折扣是销售业务发生时，卖方给予购买方的一种优惠，其增值税销项税额按照折扣后金额来计算。现金折扣同商业折扣一样，都是一种折扣优惠，但不同的是，现金折扣作为融资性质的理财费用，折扣额不能扣除计税，而要按折扣前的总销售额计征增值税，所以现金折扣方式会加重企业税负。因此，Y 白酒公司变现金折扣为商业折扣方式，便可产生降低纳税成本的效果。

Y 白酒公司为促进销售，在与买方签订的销售合同中规定，每瓶（1 斤装）白酒 48 元（不含税），共 3 万瓶，合计金额为 144 万元，采用现金折扣销售方式，合同规定付款期为 20 天。对方假如在 10 天内付款，则给予 18%的折扣；若在 20 天内付款，则不给折扣。此时的折扣额是不能从销售额中扣除的，公司应按 144 万元全额计算消费税。

$$应纳消费税税额=144\times20\%+3\times0.5=30.3（万元）$$

若变现金折扣为商业折扣，即公司降低该批白酒的销售价格，将销售金额降为 118.08 万元，相当于给予对方 18%折扣之后的金额。同时约定，买方超过 10 天付款则不享受折扣并多付 5 万元的滞纳金。这种变化下，企业收入并未受到本质影响。若对方在 10 天内付款，则应纳消费税税额 $=118.08\times20\%+3\times0.5=25.116$（万元），比现金折扣方式少纳消费税 5.184 万元（30.3−25.116）。若对方未在 10 天之内付款，公司按照全部价款 144 万元计算消费税，应纳消费税税额与现金折扣的税负是一样的。但是，买方因不愿多付滞纳金，一般会选择在 10 天内付款。也就是说，商业折扣减少缴纳消费税 5.184 万元。

此项筹划考虑增值税的话，现金折扣下增值税销项税额为 24.48 万元，商业折扣下增值税销项税额为 20.07 万元，相比之下，商业折扣下更小。增值税销项税额减少了 4.41 万元，也达到了降低增值税纳税金额的目的。

（五）变白酒为药酒的纳税筹划

当前消费者保健意识日益增强，根据不同药方泡制而成的药酒具备不同的保健功能，因而得到消费者的喜爱。而药酒属于其他酒类，不从量计税，从价税率也较低，仅为销售价格的 10%。所以，白酒生产企业通过将部分白酒转变为药酒生产，既能减轻消费税税负，也能增加销量。由于药酒领域的前景很好，Y 白酒公司在近两年已经开始筹备药酒生产线。

第三节　化妆品的消费税筹划

一、化妆品行业的涉税分析

(一)我国化妆品消费税的政策演变

在我国,化妆品消费税的征收形式是单一环节征收,这意味着只在生产、委托加工和进口环节征收消费税,由于化妆品已经从最初高消费的奢侈品逐渐成为现在大部分人的日常生活必需品,所以2016年2月之后化妆品的消费税税率由30%降为15%,税目名称也由化妆品消费税变为高档化妆品消费税,征收的方式仍然是价内税。这样的改变,主要是因为征收30%的化妆品消费税已经违背了通过征收消费税来减少化妆品消费的目的,也违背了税制的公平性原则,而且征收30%的化妆品消费税不利于化妆品行业的健康持续发展。

(二)我国化妆品行业消费税纳税筹划现状

消费税的征收主要是为了调整产品结构,引导消费动态,保证国家收入。消费税是对以消费品流转额为征税对象的各类税收的总称。消费税的征收只存在于消费品的生产、加工和进口等环节。在后续的批发、零售环节不再征收消费税,因为消费税属于价内税,价款中已经包含了消费税,最终的税款由消费者承担。随着经济的不断发展,在消费税制度中出现了越来越多的实际问题。

第一,"缺位"和"越位"并存。"越位"主要体现在没有对化妆品给予明确的划分,以至于一些生活的必需品也被纳入消费税的征收范围中。而"缺位"主要表现在三个方面:首先是实践中消费税的征收范围只包含了少数高档奢侈品;其次是很难在消费税的征收过程中体现出对环境的保护和促进节能减排,在此方面的作用效果不明显;最后是仍然有一些不规范、不道德的行为没有被纳入消费税的征收范围之中。

第二,消费税的税率优化仍有不足。

第三,化妆品企业采用转移定价的策略为其偷税漏税提供了机会。化妆品企业会通过设立独立的销售机构来降低定价,后续再由独立销售公司高价卖出,这样做不仅可以降低税负,还能够为企业带来高额利润。

二、化妆品行业消费税纳税筹划①

(一)生产环节的纳税筹划

我国化妆品企业的生产方式主要有以下三种:自产自销、委托加工、外购已税化妆品进行连续生产。企业会针对自己的生产方式、消费税缴纳时间和计税依据等实际情况进行纳税筹划。

【例4-4】甲化妆品公司准备生产一批价值为500万元的高档化妆品,各种生产方式的成本都相等,现有四种生产方式可供选择:①自产自销,甲公司将投入80万元作为生产材料成本,投入20万元作为其他费用。②委托加工收回后直接用于销售,甲公司向受托方支付80万元作为生产材料成本、20万元作为其他费用。③委托加工收回后用于连续加工,向受托方提供价值80万元的生产材料和10万元的加工费。④外购用于连续生产,公允价值为120万元(已经包含消费税),并提供10万元作为生产所需费用。

筹划过程如下:

第一,选择自产自销以销售额作为计税基础,应纳消费税税额=500×15%=75(万元),应缴纳城建税及教育费附加=75×(7%+3%)=7.5(万元),税后利润=(500-80-20-75-7.5)×(1-25%)=238.125(万元)。

第二,选择由委托方(非个人)代扣代缴消费税,向受托方提供的80万元生产材料成本和20万元加工费是含税金额,所以应纳消费税税额=(80+20)/(1-15%)×15%=17.65(万元),应缴纳城建税及教育费附加=17.65×(7%+3%)=1.765(万元),税后利润=(500-80-20-17.65-1.765)×(1-25%)=285.436 25(万元)。

第三,由于已经缴纳的消费税可以扣除,因此可以扣除的消费税=(80+10)/(1-15%)×15%=15.88(万元),应纳消费税税额=500×15%-15.88=59.12(万元),应缴纳城建税及教育费附加=59.12×(7%+3%)=5.912(万元),税后利润=(500-80-10-10-15.88-59.12-5.912)×(1-25%)=239.316(万元)。

第四,由于外购的高档化妆品已纳的消费税可以扣除,因此可以扣除的金额=120×15%=18(万元),应纳消费税=500×15%-18=57(万元),应缴纳城建税及教育费附加=57×(7%+3%)=5.7(万元),税后利润=(500-120-10-57-5.7)×(1-25%)=230.475(万元)。

综上所述,要想使企业缴纳的消费税最低、税后利润最大,应当选择第二种生产方式,即委托加工收回后直接销售。如果企业的加工费大于自行加工成本,那么应当通过测算委托加工减少的消费税税额和加工费与自行加工成本之间差额的大小,选择净利

① 张源.试论化妆品加工方式的消费税纳税筹划[J].北京:财务与会计(理财版),2011(1):46-47.

润最高的生产方式。

(二)销售环节的纳税筹划

1. 设立独立核算的销售机构

通过设立独立核算的销售公司,将低价格的高档化妆品卖给独立核算的销售公司,再由销售公司卖给消费者,这样消费税就会以较低的消费额计征,企业缴纳的消费税税额也会相应减少。在独立核算的销售机构以较高的价格对外出售时,这个销售环节只需要缴纳增值税,而不需要缴纳消费税。这种做法虽然能够使企业的消费税税负下降,但是对企业的增值税并没有影响。下面将举例说明企业设立独立的核算机构的优势。

【例 4-5】A 化妆品股份有限公司生产高档化妆品,对乙公司的售价为 1 000 元/件,而对 A 公司自设的独立核算销售公司丙公司的供货价为 800 元/件,消费税税率为 15%。筹划过程如下:

方案一:A 公司直接销售给乙公司。每件化妆品的应纳消费税 = 1 000×15% = 150(元)。

方案二:A 公司先将化妆品以每件 800 元的价格出售给其独立核算的销售公司丙公司,再由丙公司以每件 1 000 元的价格销售给乙公司。每件化妆品的应纳消费税 = 800×15% = 120(元)。

与方案一相比,方案二少缴纳了 30 元(150-120)的消费税。所以,说应当优先选择方案二即设立独立的销售机构。

化妆品企业要根据自身的实际条件,选择是否要设立独立的销售公司,因为设立独立的销售机构可以起到节税的作用。但是,化妆品企业销售给独立销售机构的价格一定要合理,否则就会受到税务机关相应的惩罚。此外,企业要衡量设立独立销售机构发生的支出和企业能够少缴纳的税额之间的差额,最终做出相对完美的决策。

2. 对普通化妆品和高档化妆品要有明确的划分

有些化妆品生产企业存在并非单一生产高档化妆品的情况,一般会同时经营普通化妆品和高档化妆品。针对这样的企业,首先要做的就是把普通化妆品和高档化妆品区分开来核算。税法规定,对于没有分别核算或者将普通化妆品和高档化妆品一同成套销售的,要按照全部的销售额征收 15%的消费税。特别是在一些中小化妆品企业中,商品相对来说没有秩序,没有明确的划分,加上企业的会计人员对税法的了解不全面,往往会将普通化妆品当作高档化妆品缴纳消费税,增加企业的税负。

第四节 卷烟行业的消费税筹划

一、卷烟加工相关的消费税政策

根据《消费税暂行条例》的规定，委托加工的应税消费品，除受托方为个人外，由受托方在向委托方交货时代收代缴税款。委托加工的应税消费品，委托方用于连续生产应税消费品的，凡属于税法所列举的 11 种情况，所纳税款准予按规定抵扣。由于委托加工已税烟丝生产的卷烟属于税法所列举的 11 种情况，因此在计算卷烟的消费税时委托加工烟丝已纳的消费税税款可以扣除。《消费税暂行条例实施细则》进一步规定，委托加工的应税消费品收回后直接出售的，不再征收消费税。

消费税的税率是卷烟加工的另一项重要的消费税政策。目前，我国对卷烟采用的是定额税率和比例税率相结合的双重征收形式，甲类卷烟按照 56%加 0.003 元/支的税率进行征收，乙类卷烟按照 36%加 0.003 元/支的税率进行征收。烟丝适用的是 30%的比例税率。

二、加工应税消费品纳税筹划的基本原理及内容

（一）消费税纳税筹划的基本原理

消费税是价内税，可以在计算企业所得税应纳税所得额时予以扣除，消费税及其相关的城市维护建设税及教育费附加的金额大小会影响企业所得税金额，进而会影响企业的净利润。因此，企业可以将净利润最大化作为消费税纳税筹划方案选择的主要依据，即在存在多个方案的情况下，选择税后利润最大的方案。

（二）加工应税消费品纳税筹划的内容

应税消费品有两种基本的加工方式，即自行加工和委托加工。委托加工方式又可具体分为委托加工产成品和委托加工半成品后继续加工。在不同的加工方式下，消费税的计税依据是不同的。自行加工方式下以企业不含增值税在内的应税消费品的销售价格和价外收费作为计税依据。委托加工方式下应区分以下两种情况分别确定计税销售额：

1. 受托方有同类消费品销售价格的委托加工应税消费品

在这种情况下，一般应按受托方当月销售的同类消费品销售价格为计税销售额；如

果受托方当月同类消费品各期销售价格高低不同的，应按销售数量加权平均计算计税销售额；但受托方销售的应税消费品无销售价格或者销售价格明显偏低而又无正当理由的，不得列入加权平均计算；如果受托方当月无销售或当月未完结，应按同类消费品上月或最近月份的销售价格为计税销售额。

2. 受托方没有同类消费品销售价格的委托加工应税消费品

在这种情况下，应以组成计税价格为计税销售额。

虽然委托加工的加工费用较高，但企业自行加工所负担的消费税一般高于委托加工成产成品负担的消费税。因此，加工应税消费品纳税筹划的内容就是选择应税消费品的加工方式，以实现企业净利润的最大化。

三、卷烟加工的消费税纳税筹划方案选择

根据前面的分析，我们可以得到，卷烟加工消费税纳税筹划的关键就是选择卷烟的加工方式，即在全部自行加工卷烟、委托加工烟丝后继续加工卷烟和全部委托加工卷烟3种方式中做出选择。下面通过例子来说明选择的具体思路。

【例 4-6】①假定蓝天卷烟厂为增值税一般纳税人，具有自行加工卷烟的能力。2019年1月接到一张甲类卷烟的订单，交货日期为2019年5月1日，全部交货价格为6 000万元。据蓝天卷烟厂有关负责人估算，该烟厂自行加工可以按时交货。若委托东方卷烟厂（也是增值税一般纳税人）进行加工，也可以按时交货。现有如下三种方案可供选择：

方案一：全部自行加工，预计生产费用为900万元。

方案二：委托东方卷烟厂加工成烟丝，收回后再自行加工成卷烟。预计委托加工费用为470万元，继续加工费用为400万元。

方案三：委托东方卷烟厂直接加工成卷烟后销售，预计加工费用为1 090万元。

假设不同方案下所带原材料即烟叶均为1 000万元，蓝天卷烟厂适用的城市维护建设税税率为7%，教育费附加税率为3%，企业所得税税率为25%。暂不考虑与卷烟有关的从量税。

根据上述条件可计算出三种方案下消费税的应纳税额及税后净利润，计算过程如下：

方案一：自行加工。应缴纳消费税＝6 000×56%＝3 360（万元），应缴纳城建税及教育费附加＝3 360×（7%＋3%）＝336（万元），此时税后净利润＝（6 000－1 000－900－3 360－336）×（1－25%）＝303（万元）。

---

① 申艳艳，苏明．卷烟加工的消费税纳税筹划研究［J］．内蒙古科技与经济，2011（16）：31-32.
孙佳珍．浅谈卷烟消费税的纳税筹划［J］．中国乡镇企业会计，2016（4）：71-72.

方案二：受托加工成烟丝收回后继续加工。由受托方代收代缴消费税 =（1 000+470）÷（1-30%）×30% = 630（万元），城建税及教育费附加 = 630×（7%+3%）= 63（万元），蓝天卷烟厂销售后应纳消费税 = 6 000×56%-630 = 2 730（万元），应缴纳城建税及教育费附加 = 2730×（7%+3%）= 273（万元），税后净利润 =（6 000-1 000-470-400-630-63-2 730-273）×（1-25%）= 325. 5（万元）。

方案三：受托加工成卷烟。由受托方代收代缴消费税 =（1 000+1 090）÷（1-56%）×56% = 2 660（万元）。受托方计税价格为 4 750 万元，委托方销售价格为 6 000 万元，应就差额部分征收消费税，（6 000-4 750）×56% = 700 万元，城建税及教育费附加共计 =（2 660+700）×（7%+3%）= 336（万元），蓝天卷烟厂的税后净利润 =（6 000-1 000-1 090-2 660-336-700）×（1-25%）= 160. 5（万元）。

对比三种方案可以看出，不同加工方式下企业的税负程度及税后净利润不尽相同。方案三的税负最低、税后净利润最高。方案一的税负最重、税后净利润最低。方案二的税负和方案一相同，但净利润较之稍高。综合税负及税后净利润情况，蓝天卷烟厂选择方案三最为有利。由于将委托加工烟丝收回后继续加工成卷烟对外销售时，已经缴纳的消费税允许扣除，如果企业在将烟丝加工成卷烟环节的生产费用较低，可以弥补多付出的消费税，那么，方案二也是可行的。在自行加工情况下，不但税基高且不能抵扣任何项目，所以在有可能委托加工的情况下，企业不宜采用这种方案。

思考题

1. 消费税的纳税环节有什么特点？如何根据这个特点进行纳税筹划？
2. 在消费税筹划中，委托加工和自行加工应如何选择？
3. 怎样利用包装物来进行消费税的筹划？
4. 如何利用消费税的税率进行筹划？
5. 试分析高档化妆品的筹划方法。

第五章

关税的税务筹划

本章要点

随着世界贸易不断发展,关税在各国贸易中的作用越来越重要。关税在各国一般属于国家最高行政单位指定税率的高级税种,对于对外贸易发达的国家而言,关税往往是国家税收乃至国家财政的主要收入。关税的税务筹划,不仅需要了解各国之间的贸易等协定,还需要把握本国对于不同国家的关税税收政策。本章通过介绍关税税率、计税依据和税收优惠三个方面,探讨了关税税务筹划的方法。

第一节 关税筹划概述

关税是海关依法对进出境货物、物品征收的一种税。所谓“境”指关境,又称“海关境域”或“关税领域”,是国家海关法全面实施的领域。

一、关税的相关法律规定

(一)征税对象

关税的征税对象是准许进出境的货物和物品。货物是指贸易性商品;物品是指入境旅客随身携带的行李物品、个人邮递物品、各种运输工具上的服务人员携带进口的自用物品、馈赠物品以及其他方式进境的个人物品。

(二)纳税义务人

此处纳税义务人的定义实际上包括两层意思:一是现行海关有关法律法规对纳税单位和个人范围的界定,即哪些单位和个人有资格成为关税的纳税人;二是纳税人必须是建立在缴纳关税的基础上,这就涉及关税的征收范围的问题,即进出口哪些货物和物品的人才可能成为关税的纳税人。

根据我国现行关税法律法规的规定,负有向海关缴纳关税义务的单位和个人是进出口关税的纳税义务人。

目前,我国有自营进出口业务资格的单位(即具有自理报关资格的单位)具体包括以下几类:

(1)外贸专业进出口总公司及其子公司的所属省、自治区、直辖市(包括扩权市)级分公司,经批准有进出口经营权的外贸分支公司。

(2)有进出口经营权的工贸(农贸、技贸)公司。

(3)有进出口经营权或部分经营权的其他全国性和地方性的各类进出口公司。

(4)有进出口经营权的生产企业、企业联合体、外贸企业和生产企业的联合公司。

(5)信托投资公司、经济技术开发公司、技术引进公司和租赁公司。

(6)中国成套设备出口公司,各地区、各部门的国际经济技术合作公司,对外承包工程公司。

(7)中外合资(合作)经营企业、外商独资企业。

(8)免税品公司、友谊商店、外汇商店、侨汇商店。

(9)各类保税工厂、保税仓库(油库),外国商品维修服务中心及其附属。

(10)经海关认可,直接办理进出口手续的经营对外加工装配和中短补偿贸易企业。

(11)接受外国的组织、外国政府或非政府组织无偿援助项目,并在相当时期内常有进出口物资的单位。

(12)其他经常有进出口业务的企业(如某些进出口服务公司、展览公司、中国电影合作制片公司等)。

(三)税率

自2002年1月1日起,我国进口税则设有最惠国税率、协定税率、特惠税率、普通税率、关税配额税率等税率。对进口货物在一定时期内可以实行暂定税率。

我国对进口商品基本上都实行从价税,即以进口货物的完税价格作为计税依据,以应征税额占货物完税价格的百分比作为税率。从1997年7月1日起,我国对原油、啤酒、胶卷进口分别以重量、容量、面积计征从量税;对录像机、放像机、摄像机、数字照相机和摄录一体机实行复合税;对关税配额外进口一定数量的棉花实行滑准税。

我国出口税则为一栏税率,即出口税率。国家仅对少数资源性产品及易于竞相杀价、盲目进口、需要规范出口秩序的半制成品征收出口关税。

除了进口关税和出口关税外,我国还采用特别关税政策。特别关税包括报复性关税、反倾销税与反补贴税、保障性关税。征收特别关税的货物、适用国别、税率、期限和征收办法,由国务院关税税则委员会决定,海关总署负责实施。

(四)应纳税额的计算

关税的征税基础是关税的完税价格。进口货物以海关审定的成交价值为基础的到岸价格为关税完税价格;出口货物以该货物销售与境外的离岸价格减去出口税后,经过海关审查确定的价格为完税价格。

1. 从价税应纳税额

关税税额=应税进(出)口货物数量×单位完税价格×适用税率

2. 从量税应纳税额

关税税额=应税进(出)口货物数量×单位货物税额

3. 复合税应纳税额

我国目前实行的是复合税，先计征从量税，再计征从价税。

关税税额=应税进(出)口货物数量×单位货物税额+
应税进(出)口货物数量×单位完税价格×适用税率

4. 滑准税应纳税额

关税税额=应税进(出)口货物数量×单位完税价格×滑准税税率

(五)关税的税收优惠

关税的税收优惠分为法定减免税、特定减免税和临时减免税。关税减免是对某些纳税人和征税对象给予鼓励和照顾的一种特殊调节手段。

法定减免税是税法中明确列出的减税或免税。符合税法规定可予减免税的进出口货物，纳税义务人无须提出申请，海关可按规定直接予以减免税。适用的货物、物品有：关税税额在人民币50元以下的一票货物；无商业价值的广告品和货样；外国政府、国际组织无偿赠送的物资；进出境运输工具装载的途中必需的燃料、物料和饮食用品；在海关放行前损失的货物；在海关放行前遭受损坏的货物；我国缔结或者参加的国际条约规定减征、免征关税的货物、物品；法律规定减征、免征关税的其他货物、物品。

特定减免税也称政策性减免税，是在法定减免税之外，国家按照国际通行规则和我国实际情况，制定发布的有关进出口货物减免关税的政策。实行特定减免税的货物、物品有：科教用品、残疾人专用品、慈善性捐赠物资、加工贸易产品、边境贸易进口物资等。

临时减免税是指法定减免税和特定减免税之外的其他减免税，即由国务院根据《海关法》对某个单位、某类商品、某个项目或某批进出口货物的特殊情况，给予特别照顾，一案一批，专文下达的减免税。

二、关税的筹划方法

(一)关税税率的筹划

1. 从关税税率结构角度进行税务筹划

虽然关税税率是不可变的，但是通过观察我国进口商品的税率结构便可发现其中有筹划空间。目前进口商品的税率结构主要体现为产品加工程度越深，关税税率越高，即在不可再生性资源、一般资源性产品及原材料、半成品、制成品中，不可再生性资源税率较低，制成品税率较高。因此，企业可以考虑进口原材料和零部件进行加工生产，从而降低关税税负。

2. 利用保税制度进行税务筹划

保税制度是海关对进口复出口的货物暂时免征关税(或称予以保税)的海关监管制度。

该制度可以简化手续、便利通关,有利于促进对外加工、装配贸易等外向型经济的发展。目前我国的保税制度包括保税仓库、保税工厂和保税区等制度。从宏观上看,保税制度浑然一体;从微观上看,它又是由众多环节组成的过程。因为保税制度的基本条件是进口货物最终将复运出口,则其基本环节就是进口和出口,所以我们应该从这两个环节进行税务筹划设计。

在货物进口和出口时,进出口企业都必须向海关报关,在其所填写的报关报表中都有单耗费几个单位的原料,通常有以下三种形式:一是度量衡单位/度量单位,如米/米、吨/立方米等;二是度量衡单位/自然单位,如吨/块、米/套等;三是自然单位/自然单位,如件/套、次/件等。度量衡单位容易测量,但自然单位要具体操作则很困难,所以企业可以利用第三种计量形式进行关税筹划。

3. 充分利用原产地标准进行税务筹划

2002 年 1 月 1 日起,我国进口税则设有最惠国税率、协定税率、特惠税率、普通税率共四栏税率。最惠国税率适用原产于与我国共同适用最惠国待遇条款的 WTO 成员方的进口货物,或原产于与我国签订有相互给予最惠国待遇条款的双边贸易协定的国家或地区进口的货物,以及原产于我国境内的进口货物;协定税率适用原产于我国参加的含有关税优惠条款的区域性贸易协定有关缔约方的进口货物,特惠税率适用原产于与我国签订有特殊优惠关税协定的国家或地区的进口货物,普通税率适用于原产于上述国家或地区以外的其他国家或地区的进口货物。

因此,同一种进口货物的原产地不同,适用的税率有很大区别。而我国关于原产地的规定基本上采用了“全部产地生产标准”和“实质性加工标准”两种国际上通用的原产地标准。一般来讲,利用全部产地生产标准进行筹划的空间较小,而利用实质性加工标准进行筹划则具有较大的空间。从前面对关税的政策解读中我们已经了解,“实质性加工”是指产品加工后,在进出口税则中四位数税号一级的税则归类已经有了改变,或者加工增值部分所占新产品总值的比例已超过 30%及以上的。就第一个条件来说,从税收角度来看,重要的是它必须表现出税目、税率的改变。就第二个条件来说,就是“加工增值部分所占新产品总值的比例已超过 30%及以上”,这样可视为实质性加工。许多跨国公司在全球不同国家设立了分支机构,这些机构在某种商品的生产过程中承担了一定的角色,可以说,成品是用在不同国家生产的零部件组装起来的,那么最后组装成最终产品的地点就很重要。一般应选择在同进口国签订有优惠税率的国家或地区,避开进口国征收特别关税的国家和地区。如果已经选择了一个非常有利于节税的国家或地区建立最后产品生产厂,只是加工增值部分达不到新产品总值的30%,企业就可以利用转让定价的方式进行筹划,也就是降低其他地区的零部件生产价格,从而加大最后产品生产厂中增值部分占全部新产品的比重,以达到税务筹划的目的。

(二)关税计税依据的筹划

由于进出口货物的计税依据是进出口货物的完税价格,因此企业可以通过合理控制完税价格来从计税依据的角度进行税务筹划。

《中华人民共和国海关法》规定,进出口货物的完税价格,由海关以该货物的成交价格为基础审查确定;成交价格不能确定的,完税价格由海关依法估定。因此,在审定成交价格时,如何缩小进口货物的申报价格又能被海关审定认可为"正常成交价格"是筹划的关键。因此,利用控制完税价格进行税务筹划时,要选择同类产品中成交价格比较低的,运输、杂项费用相对小的货物进口或出口。同时,企业也可以充分运用海关估定完税价格的有关规定进行筹划。当进口稀缺商品如新产品、新技术、稀缺资源时,由于这些产品进口没有确定的市场价格,而且其预期市场价格要远远高于通常市场类似产品的价格,这样就为其进口完税价格的申报留下了较大的空间。

值得注意的是,我们强调的是利用合理控制完税价格来进行筹划,而不能理解为降低申报价格。如果纳税人为了少缴关税而错误地降低申报价格,将构成偷税行为,从而付出沉重的代价。

(三)关税税收优惠的筹划

1. 关税的税务筹划

利用关税优惠进行筹划是关税税务筹划的重点。我国的关税减免包括法定减免税、特定减免税和临时减免税。纳税人可以通过筹划符合减免的条件,从而达到降低税负的目的。比如,为支持我国海洋和陆上特定地区石油、天然气开采作业,对相关项目进口国内不能生产或性能不能满足要求的,直接用于开采作业的设备、仪器、零附件、专用工具,免征进口关税和进口环节增值税;再如,对国家鼓励发展的国内投资项目和外商投资项目进口设备,在规定范围内免征进口关税和进口环节增值税等。

2. 特别关税的税务筹划

特别关税包括报复性关税、反倾销税与反补贴税、保障性关税。我国的出口型企业在对外贸易过程中,由于廉价能源、原材料、劳动力竞争优势下的合理低价往往被很多国家认定为"倾销",对我国企业征收特别关税,从而使得国内企业承受高额税负。因此,出口企业应采取正确有效的税务筹划,避免不公平的特别关税给企业造成的损失。一般可以从以下几方面来进行筹划:一是尽量减少被控诉的可能,包括提高产品附加值,取消片面的低价策略;组建出口企业商会,加强内部协调和管理,塑造我国出口型企业整体战略集团的形象;分散出口市场,降低受控风险。二是顺利通过调查,选用适当的技术手段灵活地应付,从而避免被认定为倾销。三是避免出口行为被裁定为损害进口国产业,即全面搜集有关资料信息情报,有效地获取进口国市场的商情动态,查证控诉方并未受到损失,以便在应诉中占据主动地位等。

第二节　关税税务筹划案例——有色金属企业

一、公司简介①

Z进出口公司是我国南方的一家国有控股有色金属上市企业的子公司,为了配合母公司的整体业务,为母公司提供进出口业务渠道而设立的子公司。其母公司创办于1956年,2004年在原有色金属冶炼厂的基础上通过股份制改造,于同年4月在上海证券交易所发行A股上市。2007年通过定向增发,实现了公司的整体上市。其母公司是国家级高新技术企业,生产的铅、锌、银三种产品获得了国际认证,锌和锌合金产品为国家出口免验产品;公司分别于1996年、2002年和2005年通过ISO 9001质量体系、ISO 14001国际环境管理体系和OHSMS 18001职业健康安全体系认证,在铅锌行业率先通过三大体系认证,为全国第一批循环经济和"两型建设"试点企业。2014年,营业收入151亿元,净利润3 983万元,净利润同比增长71%。

Z进出口公司是从事有色金属生产、经营的母公司下属子公司,成立于1956年,主要经营铅、锌、锡、锑矿及其相关合金产品的进出口业务。Z进出口公司在广州和香港分别设立了分支机构和分公司,其财务核算相对独立。Z进出口公司从事的经营业务主要是为了配合母公司的整体业务开展,为母公司从原材料、先进的生产技术、有色金属产品、对外投资等领域与国际市场接轨建立一个可靠的出海通道。Z进出口公司有独立法人,为母公司控股公司,注册资本8 000万元。2014年资产总额11.3亿元,净资产7 300万元,实现营业收入25.8亿元,获得净利润444.5万元。

① 余幸. 有色金属企业Z进出口公司税务筹划研究[D]. 湘潭:湘潭大学,2015.

二、相关关税分析

根据我国海关(Customs Tariff)关税税则,对进出口商品进行系统分类,适用税率有普通税率、优惠税率和协定税率三种。对没有与我国订有关税互惠条款的国家进口货物,按照普通税率征税;对与我国订有关税互惠贸易条约的国家的进口货物,按照优惠税率征税;协定税率则是根据我国签订的贸易协定或条约而制定的关税税率。

我国已与东盟、韩国、澳大利亚等组织和国家签署了自由贸易区协定,绝大部分进出口货物实行免关税或协定税率,与世界诸多国家和地区建立了贸易合作关系,并与100多个国家(地区)签订贸易协定和相关的关税优惠条约。出口关税基本保持稳定,对煤炭、原油、化肥、有色金属等高能耗、高污染的资源型"两高一资"产品征收出口暂定关税,对部分稀有金属出口暂定关税提高至25%以上。

我国进出口关税由海关部门负责征收,主要包括进口税、出口税和过境税,同时负责进口商品增值税和消费税的代征。我国加入WTO以后,关税政策的制定必须符合WTO协议的相关要求,关税水平出现大幅度下降,基本控制在10%以下。对有色金属行业来说,2011年9月30日,国务院下发了《关于修改〈中华人民共和国资源税暂行条例〉的决定》,为体现国有资源有偿使用的原则,大幅提高了焦煤、稀土矿和有色金属的资源税定额征收标准,从而使我国有色金属资源滥采滥开的现象得到了根本性的扭转。2019年,十三届全国人大常委会第十二次会议经表决又通过了资源税法。

目前,我国有色金属企业使用的铜精矿、铅精矿、锌精矿、锑精矿原料除少量自产或国内采购外,大部分以进口贸易方式从国外购入。2015年4月14日,国务院关税税则委员会发布了《关于调整部分产品出口关税的通知》,对铝加工材等产品出口实施零税率,尽可能加大对东南亚各国的贸易出口。目前我国已经按照协定税率对铅、锌、锑有色金属精矿原料进口大部分实行了零进口关税,对铅、锌、锑及合金产品出口也实行零出口关税。

三、Z进出口公司关税筹划方案

Z进出口公司是一家面向全球的外向型公司,进出口贸易是其最主要的经济活动。对于有色金属的进口,企业应当重视原材料的质量和对人体的健康影响,对进出口加工贸易方式,需要进行综合考虑。

(一)利用不同关税税率进行筹划

进口商品的税率结构主要体现为产品加工程度越深,关税税率越高,即在不可再生性资源、一般资源性产品及原材料、半成品、制成品中，不可再生性资源税率较低，制成品税率较高。所以，进口原材料、半成品等可以适用较低的关税税率，从而降低税负。

(二)利用加工贸易税收政策进行筹划

近年来，我国进出口加工贸易非常活跃。对于进出口加工贸易企业来说，对进口材料进行加工之后再出口的货物，可以采用两种加工贸易方式及其对应的纳税方式：

一是来料加工方式。来料加工是由外商提供一定的原材料或技术设备，出口企业根据要求在国内购买辅材，进行装配加工，将成品全部出口，加工企业收取一定加工费用的一种贸易方式。来料加工出口货物实行免征增值税、消费税办法，加工企业取得的工缴费收入免征增值税、消费税，出口货物所耗用国内原料支付的进项税额不得抵扣，转入生产成本，其国内配套的辅助原材料的已征税款也不予退税。

二是进料加工方式。进料加工是出口企业用外汇从国外购进原材料，经生产加工后复出口的一种贸易方式。进料加工自营或委托代理出口的货物生产企业增值税执行"免、抵、退"税办法，其应税消费品免征消费税，外贸企业增值税执行"免、退"税办法，其应税消费品退还消费税。

因此，公司可以选择进口原材料和零部件进行加工，从而降低关税的税负。

思考题

1. 如何利用原产地标准进行关税的筹划？
2. 进行关税税后筹划时，应注意哪些问题？
3. 如何选择关税税务筹划的切入点？
4. 请说明关税的税务筹划方法。
5. 如何利用保税制度进行关税的筹划？

第六章

企业所得税的税务筹划

本章要点

企业所得税作为我国第二大税种,涵盖企业生产经营的全过程,是公认筹划空间较大的税种。本章从税制要素的角度介绍了企业所得税税务筹划的基本方法,并针对不同行业的不同特点分别对制造业、高新技术企业和建筑业的税务筹划思路做了全面介绍。每个行业均列举相关案例,有助于读者更好地从行业的视角掌握企业所得税税务筹划的方法,从而对企业所得税的税务筹划有一个立体全面的了解。

企业所得税是以企业为纳税人,并以企业的生产经营所得和其他所得为课税对象而征收的一种税。企业所得税税额的确定涵盖企业生产经营活动的全部过程,同时与企业会计核算密切相关,是公认的筹划空间较大的税种。在我国现行税制体系中,企业所得税是仅次于增值税的第二大税种。与原先内外两套制度并行的企业所得税体系相比,新税法的核心内容,包括纳税人、计税依据、税率以及税收优惠等方面,都有了许多实质性的变化。作为税务筹划的关键和重点,这些变化势必给企业所得税的筹划提出新的要求。

知识链接

2007 年 3 月 16 日,第十届全国人民代表大会第五次会议通过《中华人民共和国企业所得税法》;2007 年 12 月 6 日,国务院批准了《中华人民共和国企业所得税法实施条例》。新税法和条例自 2008 年 1 月 1 日起施行,结束了长期以来我国内、外资企业所得税区别对待的局面。"两法合并"是我国"十一五"期间税制改革的开局大作。

2017 年 2 月 24 日,第十二届全国人民代表大会常务委员会第二十六次会议通过了《全国人民代表大会常务委员会关于修改〈中华人民共和国企业所得税法〉的决定》,对《中华人民共和国企业所得税法》进行修改。

根据 2018 年 12 月 29 日第十三届全国人民代表大会常务委员会第七次会议关于修改《中华人民共和国电力法》等四部法律的决定进行第二次修正。

第一节 企业所得税税务筹划方法概述

一、企业所得税纳税人的税务筹划

(一)企业所得税纳税人的法律规定

《企业所得税法》在纳税人的规定上,主要包括以下内容:

1. 企业和其他取得收入的组织为企业所得税的纳税人

这条规定包括两层含义,首先,纳税人的认定以是否具有法人资格为标准;其次,将取得经营收入的单位和组织都纳入了征收范围。

2. 个人独资企业、合伙企业不作为企业所得税纳税人

个人独资企业和合伙企业不是法人实体,不以企业的名义对外承担责任,而由所有者对外承担责任,不缴纳企业所得税,而是个人所得税的纳税人。

3. 企业分为居民企业和非居民企业

居民企业是指依法在中国境内成立,或者依照外国(地区)法律成立但实际管理机构在中国境内的企业。非居民企业是指依照外国(地区)法律成立且实际管理机构不在中国境内,但在中国境内设立机构、场所,或者在中国境内未设立机构、场所,但有来源于中国境内所得的企业。居民企业承担全面纳税义务,就其来源于我国境内外的全部所得纳税;非居民企业承担有限纳税义务,一般只就其来源于我国境内的所得纳税。

(二)企业所得税纳税人筹划的空间

结合上述规定,企业所得税在纳税人方面,可筹划的空间主要包括以下方面:

(1)企业设立附属机构时,可就附属机构的组织形式,在子公司或分公司之间进行选择,能带来不同的税收待遇。

(2)个人独资企业、合伙企业缴纳个人所得税,不缴纳企业所得税。与公司/法人企业相比,可以避免对投资者的重复征税。因此,不同企业组织形式的实际所得税负担不同,一般情况下,前者的总体所得税负担会低于后者。

(3)居民企业和非居民企业的纳税义务不同,税收负担也不同。居民企业和非居民企业的划分依据是“注册地标准”和“实际管理机构标准”。不管是不是中国的法人单位,只要符合这两个标准,都是我国的居民企业,都负有全面纳税义务。

(三)纳税人筹划的内容和方法

1. 联属机构设立的选择

在设立联属机构时,可综合考虑总分公司和母子公司不同形式选择所带来的税收待遇的差异。子公司是独立法人,而分公司不是独立法人。按照新税法的规定,不具有法人资格的分公司、办事处,可以享受与总机构汇总纳税的待遇,可在总分公司之间实现盈亏互抵,减少当期的应纳税所得额。而在母子公司的形式中,作为联属机构的子公司是独立的企业所得税纳税人,不得与母公司汇总纳税,二者各自用自己的所得来弥补亏损。两相对比,即使不考虑税法规定的弥补亏损的年限制约,前者也可以得到税款的时间价值。因此,在能够选择联属机构的组织形式时,从所得税角度可以考虑选择设立

分公司而不是子公司。不过分公司和子公司的法律地位不同，其设立程序、章程、会计核算、财务管理、利润分配乃至生产经营各方面都会有差异，企业在选择时应综合考虑各方面因素，不能单纯考虑汇总纳税的利益，因为税收利益最大化是服从股东整体利益最大化的，这也是税务筹划的一个基本原则。

知识链接

税款的时间价值，也就是通过税款的推迟实现，来获得相当于税款金额部分的货币（或资金）的时间价值。税收利益最大化是税务筹划的主要目标之一，而获得税款的时间价值是实现目标的重要途径之一，因此推迟税款的实现成为税务筹划常见的手段之一。

2. 企业性质的选择

企业性质的选择，主要是针对法人性质的公司企业和非法人性质的个人独资企业、合伙企业在所得税税收待遇上的差异来考虑，一般只对准备投资兴办企业者有筹划空间。对投资者来说，举办非法人性质的企业，只就该企业的生产经营所得缴纳个人所得税，而举办法人性质的企业，在缴纳企业所得税后，还要对分得的股息、红利缴纳个人所得税，存在重复征税。不过，由于企业所得税和个人所得税在税额计算上，包括扣除项目、适用税率以及税收优惠政策上都各不相同，需要结合实际情况来对税收负担进行综合比较。此外，生产经营规模、日常资金、行政管理以及利润分配模式本身也制约着对企业性质的选择，这就要求投资者进行全面系统的筹划。

3. 居民、非居民身份的选择

根据《企业所得税法》的规定，居民企业身份负有全面纳税义务；非居民企业身份负有有限纳税义务。非居民企业不仅需要在中国境外注册，还必须保证实际管理机构不在中国境内。根据《企业所得税法实施条例》的规定，“实际管理机构”是指对企业的生产经营、人员、账务、财产等实施实质性全面管理和控制的机构。

《企业所得税法》还规定，非居民企业在中国境内未设立机构、场所的，或者虽设立机构、场所，但取得的所得与其所设机构、场所没有实际联系的，应当就其来源于中国境内的所得缴纳企业所得税，而且该所得适用20%的税率并可以减征、免征。《企业所得税法实施条例》规定，对此类所得，减按10%的税率征收企业所得税。因此，减少所得与所设机构、场所之间的联系，也可以享受到税收优惠。

二、企业所得税计税依据的税务筹划

(一)应纳税所得额的法律规定

1. 应纳税所得额的确定

企业所得税的计税依据就是应纳税所得额,它是决定税收负担的主要因素,是税务筹划的重点环节。税法对应纳税所得额的确定有两条基本规定:其一,企业每一纳税年度的收入总额,减除不征税收入、免税收入、各项扣除以及允许弥补的以前年度亏损后的余额,为应纳税所得额。其二,企业实际发生的与取得收入有关的、合理的支出,包括成本、费用、税金、损失和其他支出,准予在计算应纳税所得额时扣除。也就是说,收入和扣除,是确定应纳税所得额的核心因素。

企业应纳税所得额的计算,以权责发生制为原则,属于当期的收入和费用,不论款项是否收付,均作为当期的收入和费用;不属于当期的收入和费用,即使款项已经在当期收付,均不作为当期的收入和费用。

2. 收入的确定

(1)收入的内容和形式:企业以货币形式和非货币形式从各种来源取得的收入,为收入总额,包括销售货物收入、提供劳务收入、转让财产收入、股息、红利等权益性投资收益、利息收入、租金收入、特许权使用费收入、接受捐赠收入和其他收入。

(2)收入确认的时间:

①一般情况下,以权责发生制为原则。

②对一些特殊的应税收入项目,《企业所得税法》分别规制其确认收入实现的原则和标准。此类项目主要包括:股息、红利等权益性投资收益;利息收入;租金收入;特许权使用费收入;接受捐赠收入;分期收款方式销售货物取得的收入;受托加工制造大型机械设备、船舶、飞机,以及从事建筑、安装、装配工程业务或者提供其他劳务等,持续时间超过12个月的;采取产品分成方式取得收入的等。

3. 扣除项目的确定

(1)税前扣除的基本原则。从所得税的立法精神来看,税前扣除遵循如下几条基本原则:

①真实性原则,是指除税法规定的加计费用扣除外的任何支出,除非确属已经真实发生,否则,不得在税前扣除。真实性原则还要求,企业实际发生的有关支出,不得重复扣除。它是税前扣除的首要条件。

②相关性原则,是指纳税人税前扣除的支出从性质和根源上必须与取得的应税收入直接相关。企业的不征税收入用于支出所形成的费用或者资产,不得扣除或者计算

对应的折旧、摊销扣除。

③合理性原则，是指扣除的支出必须是符合生产经营活动常规，应当计入当期损益或者有关资产成本的必要和正常的支出。

④合法性原则，是指必须符合税法有关扣除的规定。国家出于税收利益的考虑，会对扣除项目做出必要的限制，即使按照财务会计法规或制度规定可以作为费用扣除，如果不符合税收法律、行政法规的规定，也不得在企业所得税前扣除。

⑤区分收益性支出和资本性支出原则，是指企业发生的支出应当区分收益性支出和资本性支出。收益性支出在发生当期直接扣除；资本性支出应当分期扣除或者计入有关资产成本，不得在发生当期直接扣除。

⑥确定性原则，是指纳税人可扣除的费用不论何时支付，其金额必须是确定的。除税法特别规定外，一般不允许按估计的支出额在税前扣除。

(2)税前扣除的基本内容：企业实际发生的与取得收入有关的、合理的支出，包括成本、费用、税金、损失和其他支出，准予在计算应纳税所得额时扣除。

成本，是指企业在生产经营活动中发生的销售成本、销货成本、业务支出以及其他耗费。

费用，是指企业在生产经营活动中发生的销售费用、管理费用和财务费用，已经计入成本的有关费用除外。

税金，是指企业发生的除企业所得税和允许抵扣的增值税以外的各项税金及其附加。

损失，是指企业在生产经营活动中发生的固定资产和存货的盘亏、毁损、报废损失，转让财产损失，呆账损失，坏账损失，自然灾害等不可抗力因素造成的损失以及其他损失。

其他支出，是指除成本、费用、税金、损失外，企业在生产经营活动中发生的与生产经营活动有关的、合理的支出。

(3)税前扣除的具体规定：除了一些原则性的规定，《企业所得税法》及其实施条例还对税前扣除的有关具体项目进行了明确规定。

①符合有关条件和按照规定计算的项目，准予据实扣除，包括固定资产折旧、无形资产摊销费用、长期待摊费用、使用或销售存货的成本、转让资产的净值、工资薪金支出、借款费用、利息支出、汇兑损失、财产保险费、环境保护、生态恢复等方面的专项资金、租赁费、劳动保护支出等。

②符合有关条件，可按规定的规模和比例扣除的项目，包括公益性捐赠支出、基本社会保险费和住房公积金、补充养老和医疗保险费、职工福利费、工会经费、职工教育经费、业务招待费、广告费和业务宣传费等。

(二)应纳税所得额的筹划空间

一般情况下,对应纳税所得额进行筹划的原则应该是尽量减少或压缩应纳税所得额的规模,从而降低应纳税额的数量。其筹划空间,从应纳税所得额的计算过程来看,包括收入和扣除两个方面,一方面是尽量压缩收入规模和延迟确认收入的时间,另一方面是对税法允许扣除的项目应该及时和足额地安排扣除。而对于享受定期税收优惠(如在一定时期内享受税额减免、低税率、税额抵免等政策)的企业来说,则应尽量将优惠期外的应纳税所得安排在优惠期内实现,或者提前实现应纳税所得,把纳税义务前移到优惠期,以获得更多的税收利益。在实际操作中,可以通过对生产经营活动和财务会计核算的合理安排来实现筹划目标。

(三)应纳税所得额筹划的内容和方法

1. 收入的筹划

(1)明确界定不征税收入和免税收入,清晰划分,分别核算。

知识链接

不征税收入包括:财政拨款,依法收取并纳入财政管理的行政事业性收费、政府性基金,国务院规定的其他不征税收入(即规定专项用途并经批准的财政性资金)。

免税收入包括:国债利息收入,符合条件的居民企业之间的股息、红利等权益性投资收益,在中国境内设立机构、场所的非居民企业从居民企业取得与该机构、场所有实际联系的股息、红利等权益性投资收益,符合条件的非营利组织的非营利收入。

不征税收入和免税收入的获得受企业生产性质和经营内容的限制,筹划空间不大。但是企业必须清晰掌握不征税收入和免税收入的范围,如果本企业有此类收入,务必做到与应税收入清晰划分、分别核算,并注意保证相应的凭证资料的真实性、合法性。

(2)应税收入的筹划:应税收入的大小直接决定了应纳税所得额的大小,由于企业利润最大化目标的限制,压缩应税收入规模的筹划空间不大。但可以在收入确认的时间上进行合理的安排,尽量推迟应税收入确认的时间,使企业获得更多的货币时间价值,从而达到筹划目标。

一般情况下，收入确认以权责发生制为原则，但企业所得税法及其实施条例对以下收入做出了具体规定：

①股息、红利等权益性投资收益，除国务院财政、税务主管部门另有规定外，按照被投资方做出利润分配决定的日期确认收入的实现。

②利息收入，按照合同约定的债务人应付利息的日期确认收入的实现。

③租金收入，按照合同约定的承租人应付租金的日期确认收入的实现。

④特许权使用费收入，按照合同约定的特许权使用人应付特许权使用费的日期确认收入的实现。

⑤接受捐赠收入，按照实际收到捐赠资产的日期确认收入的实现。

⑥企业的下列生产经营业务可以分期确认收入的实现：以分期收款方式销售货物的，按照合同约定的收款日期确认收入的实现；企业受托加工制造大型机械设备、船舶、飞机，以及从事建筑、安装、装配工程业务或者提供其他劳务等，持续时间超过 12 个月的，按照纳税年度内完工进度或者完成的工作量确认收入的实现。

⑦采取产品分成方式取得收入的，按照企业分得产品的日期确认收入的实现，其收入额按照产品的公允价值确定。

其中，利息收入、租金收入、特许权使用费收入、分期收款方式销售货物的，都是按照合同约定的日期确认收入的实现。这就需要在签订合同时，把税务筹划的目标考虑在内，在综合考虑其他制约因素或负面影响的基础上，尽可能将约定日期推后。

其他几种收入的确认是与企业的生产经营状况或与相关方面具体行为发生日期相关联的，都有筹划的空间。比如，股息、红利收益，可以和被投资方协商利润分配日期；接受捐赠也可以和捐赠方协商安排实际收到捐赠物的日期；而对受托加工制造大型机械设备、船舶、飞机，以及从事建筑、安装、装配工程业务或者提供其他劳务等，持续时间超过 12 个月的，可以通过生产进度或完成工作量的安排来调节收入确认的时间。当然，这些安排是有制约的，需要根据应税收入的金额、可推迟的时间计算出可能获得的货币时间价值，作为综合考虑各方面得失的因素。

2. 扣除项目的筹划

一般来说，税前扣除的项目筹划应依次考虑如下因素：

其一，准予扣除的项目首先要做到名实相符，有关支出必须符合税法的相关条件和规定。

其二，对准予据实扣除的项目，可以通过对其数量规模的安排达到对应纳税所得额和应纳税额的控制。

其三，对税法规定了扣除规模或比例的项目，应尽量在规定范围内安排支出，尽量减少因超出标准的纳税调整；在不违背财务会计规定的前提下，可以将此类项目的支出向允许据实扣除的项目转化,以增加企业对纳税的调控能力。

其四,企业不能单纯为了降低企业所得税负担一味多安排支出,而必须结合税后净收益指标来考虑。

(1)固定资产折旧:固定资产折旧筹划的方法有三个,一是选择税法规定的最低折旧年限;二是缩短折旧年限;三是采用加速折旧的方法。

①选择税法规定的最低折旧年限。《企业所得税法实施条例》对固定资产计算折旧的最低年限做出了明确规定:房屋、建筑物,为20年;飞机、火车、轮船、机器、机械和其他生产设备,为10年;与生产经营活动有关的器具、工具、家具等,为5年;飞机、火车、轮船以外的运输工具,为4年;电子设备,为3年。

一般情况下,选择税法规定的最低折旧年限进行固定资产的折旧,就可以在一定程度上获得货币的时间价值。

②缩短折旧年限。《企业所得税法》规定,企业的固定资产由于技术进步等原因,确需加速折旧的,可以缩短折旧年限。

可以采取缩短折旧年限的固定资产包括:由于技术进步,产品更新换代较快的固定资产;常年处于强震动、高腐蚀状态的固定资产。采取缩短折旧年限方法的,最低折旧年限不得低于前述规定的最低折旧年限的60%。最低折旧年限一经确定,不得改变。

企业可以根据本单位固定资产的实际状况,在符合《企业所得税法》规定的条件下,采取缩短折旧年限的方法。

③采用加速折旧方法。《企业所得税法》规定,固定资产按照直线法计算的折旧,准予扣除。企业的固定资产由于技术进步等原因,确需加速折旧的,可以采取加速折旧的方法。

采取加速折旧方法的固定资产包括:由于技术进步,产品更新换代较快的固定资产;常年处于强震动、高腐蚀状态的固定资产。采取加速折旧方法的,可以采取双倍余额递减法或者年数总和法。

与直线法相比,加速折旧方法的实质也是尽早多扣除折旧额,从而获得资金的时间价值。

企业在2024年1月1日至2027年12月31日期间新购进的设备、器具,单位价值不超过500万元的,允许一次性计入当期成本费用,在计算应纳税所得额时扣除,不再分年度计算折旧;单位价值超过500万元的,仍按企业所得税法实施条例、《财政部、税务总局关于完善固定资产加速折旧企业所得税政策的通知》(财税〔2014〕75号)、《财政部、税务总局关于进一步完善固定资产加速折旧企业所得税政策的通知》(财税〔2015〕106号)等相关规定执行。

(2)无形资产摊销:无形资产摊销的税务筹划空间,集中在自行开发的无形资产的计价上。实施条例规定,自行开发的无形资产,以开发过程中该资产符合资本化条件后至达到预定用途前发生的支出为计税基础。这就涉及无形资产开发过程中相关支出的资本化的范围。也就是说,哪些支出是需要计入无形资产的初始成本分期摊销的,哪些支出是可以在支出发生时据实税前扣除的。对企业内部研究开发项目的支出,企业会计准则规定应当区分研究阶段支出与开发阶段支出。企业内部研究开发项目研究阶段的支出,应当于发生时计入当期损益,予以税前扣除。企业可以在一定程度上掌握研究开发支出的归属,对相关费用进行分配,因此也可以在一定程度上控制无形资产的计价,由此获得税收的时间价值。

(3)存货。存货是指企业持有以备出售的产品或者商品,处在生产过程中的在产品、在生产或者提供劳务过程中耗用的材料和物料等。税法规定,企业使用或者销售存货,按照规定计算的存货成本,准予在计算应纳税所得额时扣除。存货成本的确定方法,税法有明确规定,因而筹划空间不大。

企业使用或销售存货的成本计价方法,可以在先进先出法、加权平均法、个别计价法中选用一种。计价方法一经选用,不得随意变更。

(4)工资薪金及三项费用。根据《国家税务总局关于企业工资薪金及职工福利费扣除问题的通知》(国税函〔2009〕3 号)的规定,“合理工资薪金”按以下原则判定:

①企业制定了较为规范的员工工资薪金制度;

②企业所制定的工资薪金制度符合行业及地区水平;

③企业在一定时期所发放的工资薪金是相对固定的,工资薪金的调整是有序进行的;

④企业对实际发放的工资薪金,已依法履行了代扣代缴个人所得税义务;

⑤企业有关工资薪金的安排,不以减少或逃避税款为目的。

工资薪金是指企业每一纳税年度支付给在本企业任职或者受雇的员工的所有现金形式或者非现金形式的劳动报酬,包括基本工资、奖金、津贴、补贴、年终加薪、加班工资,以及与员工任职或者受雇有关的其他支出。企业发生的合理的工资薪金支出,准予扣除。

工资薪金总额是指企业实际发放的工资薪金总和,不包括企业的职工福利费、职工教育经费、工会经费以及养老保险费、医疗保险费、失业保险费、工伤保险费、生育保险费等社会保险费和住房公积金。

根据《国家税务总局关于企业工资薪金和职工福利费等支出税前扣除问题的公告》(国家税务总局公告 2015 年第 34 号)第一条的规定,列入企业员工工资薪金制度、固定与工资薪金一起发放的福利性补贴,符合《国家税务总局关于企业工资薪金及职工福利费扣除问题的通知》(国税函〔2009〕3 号)第一条规定的,可作为企业发生的工资薪金支出，按规定在税前扣除。不能同时符合上述条件的福利性补贴，应作为国税函〔2009〕3号文件第三条规定的职工福利费，按规定限额在税前扣除。

另外，国有企业的工资薪金，不得超过政府有关部门给予的限定数额，超过部分，不得计入企业工资薪金总额，也不得在计算企业应纳税所得额时扣除。因此，国有企业在进行税务筹划时应关注该项限定数额。

企业发生的职工福利费、工会经费和职工教育费支出，即所谓的"三项费用"，其税前扣除的基数由原先的"计税工资"改为"工资薪金总额"，比例分别为14%、2%和2.5%，对职工教育经费，规定超过比例的部分，准予在以后纳税年度结转扣除。自2018年1月1日起，企业发生的职工教育经费支出比例从2.5%提高至8%。基数的改变是核心，工资薪金总额大，则三项费用可扣除的金额也大，从而提高了工资薪金支出筹划的权重。

《国家税务总局关于企业工资薪金和职工福利费等支出税前扣除问题的公告》（国家税务总局公告2015年第34号）中还规定，企业接受外部劳务派遣用工，应分两种情况按规定在税前扣除：按照协议（合同）约定直接支付给劳务派遣公司的费用，应作为劳务费支出；直接支付给员工个人的费用，应作为工资薪金支出和职工福利费支出。其中，属于工资薪金支出的费用，准予计入企业工资薪金总额的基数，作为计算其他各项相关费用扣除的依据。

仅从减轻企业所得税税收负担的角度来看，可以在企业承受能力范围内从高发放工资薪金，这样做还可以激发员工的工作积极性、提高企业的凝聚力。但从高发放工资薪金时，仍须注意符合《企业所得税法实施条例》中关于合理工资薪金的问题。

一是需要在税法规定的合理的范围内进行。从税务机关的角度来看，过分背离市场工资水平、缺乏根据地发放工资可以被界定为不合理的侵蚀税基的手段，税务机关有权进行纳税调整。企业在确定工资薪金水平时，必须考虑与市场工资水平挂钩的各种因素，比如，地区/行业的可比工资水平、岗位性质、工作数量、工作质量和复杂程度、工作条件、个人教育和工作背景等。

二是需要统筹考虑或安排工资薪金发放的形式和数量。企业所得税的工资薪金是指企业每一纳税年度支付给在本企业任职或者受雇的员工的所有现金形式或者非现金形式的劳动报酬，包括基本工资、奖金、津贴、补贴、年终加薪、加班工资，以及与员工任职或者受雇有关的其他支出。工资薪金不同的发放形式和数量，还直接关系到员工的税收利益——个人所得税。企业在进行税务筹划时应该考虑或兼顾员工个人的税收负担，使二者在税收利益上尽量协调一致。

（5）公益性捐赠。与原税法相比，公益性捐赠税前扣除的规定发生了一些变化，主要内容包括：

第一，对公益性捐赠的界定。与原先的“公益、救济性捐赠”相比，新税法中的“公益性捐赠”是指企业通过公益性社会团体或者县级以上人民政府及其部门，用于《中华人民共和国公益事业捐赠法》规定的公益事业的捐赠。这是一个全新的概念。

第二，扣除的基数和比例。新税法规定，企业发生的公益性捐赠支出，在年度利润总额12%以内的部分，准予在计算应纳税所得额时扣除。其中，年度利润总额是指企业依照国家统一会计制度的规定计算的年度会计利润。自 2017 年 1 月 1 日起，超过年度利润总额 12%的部分，准予在结转以后三年内计算应纳税所得额时扣除。

第三，明确规定了公益性社会团体的范围和条件。公益性社会团体是指同时符合下列条件的基金会、慈善组织等社会团体：依法登记，具有法人资格；以发展公益事业为宗旨，且不以营利为目的；全部资产及其增值为该法人所有；收益和营运结余主要用于符合该法人设立目的的事业；终止后的剩余财产不归属任何个人或者营利组织；不经营与其设立目的无关的业务；有健全的财务会计制度；捐赠者不以任何形式参与社会团体财产的分配；国务院财政、税务主管部门会同国务院民政部门等登记管理部门规定的其他条件。

企业实施公益性捐赠或者进行公益性捐赠筹划时，应考虑如下因素：

其一，捐赠本身必须属于“公益性捐赠”，能满足税法对公益性捐赠的范围、条件的规定，比如，所通过的社会团体和政府及其部门，以及捐赠的目的和对象要符合相关规定。

其二，捐赠数量的控制。超出年度利润总额 12%的部分，需要做纳税调整，并入应纳税所得额中征税。因此，企业在进行公益性捐赠时，如果超过这个比例，应考虑能否不在同一个会计年度进行，或者说将其分摊到不同的会计年度中，从而能够避免时间性差异的产生。

（6）业务招待费。《企业所得税法实施条例》对业务招待费的税前扣除的规定，虽然提高了扣除比例，规定最高不得超过当年销售（营业）收入的 5‰，但同时增加了一个新标准，即按照发生额的 60%扣除。而对从事股权投资业务的企业（包括集团公司总部、创意投资企业等），其从被投资企业所分配的股息、红利以及股权转让收入，可以按规定的比例计算业务招待费扣除限额。企业在发生业务招待费用时，即使在年销售（营业）收入的 5‰以内，也不是据实扣除，而是按照发生额的 60%扣除，因此这部分费用应该尽量压缩支出规模，以减少纳税调整的幅度。同时，可以考虑能否将有关支出的内容和形式向税前扣除规定比较宽泛的项目转化——如业务宣传费和广告费。例如，可以取消或减少对客户或关系单位的宴请，而向其赠送有广告或宣传本单位商品、服务性质的礼品，将这些支出作为广告费、业务宣传费核算，因为广告费和业务宣传费税前扣除的比例更高。

(7)广告费和业务宣传费。企业发生的符合条件的广告费和业务宣传费支出,除国务院财政、税务主管部门另有规定外,不超过当年销售(营业)收入15%的部分,准予扣除;超过部分,准予在以后纳税年度结转扣除。企业发生相关支出时应注意,上述15%的扣除比例是对广告费和业务宣传费两项合并计算的,但是,非广告性质的赞助支出不在扣除之列。因此,企业的赞助支出,应尽量赋予广告宣传企业的元素或功能,以避免发生非广告性质的赞助支出。

另外,企业在筹建期间,发生的广告费和业务宣传费支出,可按实际发生额计入企业筹办费,并按有关规定在税前扣除。

(8)借款费用。借款费用是指企业为经营活动借入资金而需要承担的利息性质的费用。借款费用首先应该看其是否需要资本化。企业为购置、建造固定资产、无形资产和经过12个月以上的建造才能达到预定可销售状态的存货发生借款的,在有关资产购置、建造期间发生的合理的借款费用,应当作为资本性支出计入有关资产的成本;有关资产交付使用后发生的借款利息,可在当期扣除。而企业在生产经营活动中发生的合理的不需要资本化的借款费用,应准予扣除。

企业通过发行债券、取得贷款、吸收保户储金等方式融资而发生的合理的费用支出,符合资本化条件的,应计入相关资产成本;不符合资本化条件的,应作为财务费用,准予在企业所得税前据实扣除。

借款费用的筹划,主要包括以下环节和内容:

①债权人的选择以及相关事项。《企业所得税法实施条例》规定,企业在生产经营活动中发生的下列利息支出,准予扣除:非金融企业向金融企业借款的利息支出、金融企业的各项存款利息支出和同业拆借利息支出、企业经批准发行债券的利息支出;非金融企业向非金融企业借款的利息支出,不超过按照金融企业同期同类贷款利率计算的数额的部分。也就是说,向非金融企业借款,或者说企业间的资金拆借,利息支出按照金融企业同期、同类贷款利率计算的部分是允许税前扣除的。且向银行或其他金融机构借款的利息支出是允许据实扣除的,且向银行借款的利率是可以在一定幅度内浮动的,这也为企业与银行协议确定利率从而间接影响借款费用提供了一个筹划空间。

②借款费用资本化的筹划空间和方法:

第一,需要资本化的利息支出的范围和计量。会计准则将需要资本化的借款确认为专门借款,除此之外的借款为一般借款。为购建或生产符合资本化条件的资产占用了一般借款的,企业应该按照会计准则确定的方法来计算确定一般借款应予资本化的利息金额。由于企业在一定程度上可以调控一般借款的用途,所以存在一个筹划的空间。

第二,对建造存货发生的借款资本化的控制。企业可以通过对建造时间的掌握(12个月上下),在一定程度上控制其借款费用是否资本化,从而达到控制税前扣除借款费用的数量的目的。

第三,借款费用暂停资本化的时间。符合资本化条件的资产在购建或生产过程中发生非正常中断且中断时间连续超过3个月的,应当暂停借款费用的资本化,中断期间发生的借款费用,直接在当期扣除。由此可见,企业对非正常中断有一定程度的控制力。

第四,借款费用停止资本化的时间。购建或者生产的符合资本化条件的资产达到预定可使用或者可销售状态时,借款费用应当停止资本化;购建或者生产的资产分别建造、分别完工,每部分在其他部分继续建造过程中可供使用或者可对外销售,且为使该部分资产达到预定可使用或可销售状态所必要的购建或者生产活动实质上已经完成的,应当停止与该部分资产相关的借款费用的资本化。同样,企业在这方面有一定的主观控制力。也就是说,通过对购建或生产的进度安排,来调节借款费用资本化的时间,可以达到筹划的目的。

(9)租赁费。《企业所得税法实施条例》根据租赁的性质,对企业的租赁费支出规定了不同的扣除方法:以经营租赁方式租入固定资产发生的租赁费支出,按照租赁期限均匀扣除;以融资租赁方式租入固定资产发生的租赁费支出,按照规定构成融资租入固定资产价值的部分应当提取折旧费用,分期扣除,租赁费不得在当期直接扣除。对于经营租赁和融资租赁的划分,企业会计准则中有明确的界定。

相对于自行购建固定资产,租赁的最大优点是可以减轻企业短期的资金压力,简单快捷地得到资产的使用权,保存企业的举债能力;从税收角度来看,租赁费的税前扣除的抵税作用明显。租赁双方可以在合同中约定租赁的具体内容和形式,以谋求各自利益的最大化。如果双方存在关联关系,还可以通过租赁来谋求共同利益的最大化。虽然税法加强了反避税的力度,增加了特别纳税调整的条款,但由于租赁项目、租赁对象可能具有的特殊性,使得纳税调整的规定无法完全覆盖。

经营租赁的租赁费是按照租赁期限均匀扣除的。企业采取经营租赁方式租入固定资产,由出租方计提折旧,承租方租赁费扣除的税收效果比较直观,相对来说,融资租赁要复杂一些。《企业所得税法实施条例》规定,融资租入的固定资产,以租赁合同约定的付款总额和承租人在签订租赁合同过程中发生的相关费用为计税基础,租赁合同未约定付款总额的,以该资产的公允价值和承租人在签订租赁合同过程中发生的相关费用为计税基础。从经济实质来看,融资租入固定资产与具有融资实质的分期付款购入固定资产相似,所以承租方应为此承担一部分利息费用。对这部分费用,税法的精神是予以资本化,然后按照折旧的形式分期扣除。

3. 弥补亏损的筹划

《企业所得税法》规定的用所得弥补以前年度亏损的年限是5年,但所得和亏损确

认的方法略有变化。企业在用所得弥补亏损或者确认所得、亏损时,需要注意两点:

首先,企业每一纳税年度的收入总额,减除不征税收入、免税收入、各项扣除以及允许弥补的以前年度亏损后的余额,为应纳税所得额。这个次序将不征税收入和免税收入在各项扣除之前先行扣除,避免可能对免税收入的课征。因此,企业在确认所得或亏损时,务必按照新税法明确的方法和顺序来进行。

其次,最大限度使用弥补亏损政策。在亏损弥补时限的临界区间,尽量将弥补时限以外的所得确认或实现在弥补期限以内,使这部分所得可以弥补亏损,以避免因超过期限而纳税。具体做法是,提前确认收入(与购货方议定合适的结算方式,或者通过销售折扣刺激对方提前付款)或者推迟有关支出项目的扣除。

三、企业重组的筹划

《企业所得税法实施条例》第七十五条规定,除国务院财政、税务主管部门另有规定外,企业在重组过程中,应当在交易发生时确认有关资产的转让所得或者损失,相关资产应当按照交易价格重新确定计税基础。该条款是对企业重组过程中有关资产税务处理的原则性规定。下面专门介绍关于企业重组的处理原则和有关规定,并依据已有规定对典型事项的筹划空间和方法进行分析。

(一)重组的定义和内容

企业重组是指企业在日常经营活动以外发生的使法律结构或经济结构发生重大改变的交易,包括企业法律形式改变,债务重组,股权收购,资产收购,合并,分立等。

(1)企业法律形式改变是指企业注册名称、住所以及企业组织形式等的简单改变,但符合《财政部、税务总局关于企业重组业务企业所得税处理若干问题的通知》规定其他重组的类型除外。

(2)债务重组是指在债务人发生财务困难的情况下,债权人按照其与债务人达成的书面协议或者法院裁定书,就其债务人的债务做出让步的事项。

(3)股权收购是指一家企业(以下称为收购企业)购买另一家企业(以下称为被收购企业)的股权,以实现对被收购企业控制的交易。收购企业支付对价的形式包括股权支付、非股权支付或两者的组合。

(4)资产收购是指一家企业(以下称为受让企业)购买另一家企业(以下称为转让企业)实质经营性资产的交易。受让企业支付对价的形式包括股权支付、非股权支付或两者的组合。

(5)企业合并是指一家或多家企业(以下称为被合并企业)将其全部资产和负债转让给另一家现存或新设企业(以下称为合并企业),被合并企业股东换取合并企业的股权或非股权支付，实现两个或两个以上企业的依法合并。

（6）企业分立是指一家企业（以下称为被分立企业）将部分或全部资产分离转让给现存或新设的企业（以下称为分立企业），被分立企业股东换取分立企业的股权或非股权支付，实现企业的依法分立。

（二）税务处理原则

《财政部、税务总局关于企业重组业务企业所得税处理若干问题的通知》（财税〔2009〕59号）第三条规定，企业重组的税务处理区分不同条件分别适用特殊性税务处理和一般性税务处理。

1. 企业重组同时符合下列条件的，适用特殊性税务处理

（1）具有合理的商业目的，且不以减少、免除或者推迟缴纳税款为主要目的；

（2）被收购、合并或分立部分的资产或股权比例符合规定的比例；

（3）企业重组后的连续12个月内不改变重组资产原来的实质性经营活动；

（4）重组交易对价中涉及股权支付金额符合规定的比例；

（5）企业重组中取得股权支付的原主要股东，在重组后连续12个月内，不得转让所取得的股权。

2. 企业重组除适用特殊性税务处理外，应适用一般性税务处理

（1）企业由法人转变为个人独资企业、合伙企业等非法人组织，或将登记注册地转移至中华人民共和国境外（包括港澳台地区），应视同企业进行清算、分配，股东重新投资成立新企业。企业的全部资产以及股东投资的计税基础均应以公允价值为基础确定。

企业发生其他法律形式简单改变的，可直接变更税务登记，除另有规定外，有关企业所得税纳税事项（包括亏损结转、税收优惠等权益和义务）由变更后企业承继，但因住所发生变化而不符合税收优惠条件的除外。

（2）企业债务重组，相关交易应按以下规定处理：

①以非货币资产清偿债务，应当分解为转让相关非货币性资产、按非货币性资产公允价值清偿债务两项业务，确认相关资产的所得或损失。

②发生债权转股权的，应当分解为债务清偿和股权投资两项业务，确认有关债务清偿所得或损失。

③债务人应当按照支付的债务清偿额低于债务计税基础的差额，确认债务重组所得；债权人应当按照收到的债务清偿额低于债权计税基础的差额，确认债务重组损失。

④债务人的相关所得税纳税事项原则上保持不变。

（3）企业股权收购、资产收购重组交易，相关交易应按以下规定处理：

①被收购方应确认股权、资产转让所得或损失。

②收购方取得股权或资产的计税基础应以公允价值为基础确定。

③被收购企业的相关所得税事项原则上保持不变。

(4)企业合并,当事各方应按下列规定处理:

①合并企业应按公允价值确定接受被合并企业各项资产和负债的计税基础。

②被合并企业及其股东都应按清算进行所得税处理。

③被合并企业的亏损不得在合并企业结转弥补。

(5)企业分立,当事各方应按下列规定处理:

①被分立企业对分立出去的资产应按公允价值确认资产转让所得或损失。

②分立企业应按公允价值确认接受资产的计税基础。

③被分立企业继续存在时,其股东取得的对价应视同被分立企业分配进行处理。

④被分立企业不再继续存在时,被分立企业及其股东都应按清算进行所得税处理。

⑤企业分立时相关企业的亏损不得相互结转弥补。

特殊性税务处理,不确认有关交易资产的转让所得或者损失,是为了减少对企业正常的投资和重组行为的税收影响,以体现税收中性。发达国家税法中对企业重组也有"应税重组"和"免税重组"的相关规定。

我国特殊性税务处理只是对重组中涉及的非现金资产交易所得给予暂免征税的待遇。为了保证特殊性税务处理重组资产的增值,不致因转让而免除税收义务,税法一般规定接受资产的企业,不能按有关资产的评估价值调整其计税基础。特殊性税务处理实际上是一种递延纳税的待遇:待资产受让方将资产隐含的增值或损失最终实现时,才履行纳税义务。各国实施免税重组是有条件的,一般条件是要求受让企业保持经营的连续性,并要求转让资产的企业或其股东应通过持有接受资产企业的股权,继续保持对有关资产的控制,即所谓的"权益的连续性"。这样做可以在一定程度上规避企业单纯税收目的的重组行为。

四、企业所得税税收优惠的筹划

(一)法律规定的优惠政策

《企业所得税法》的主要改革内容之一就是统一和规范税收优惠政策,建立"产业优惠为主、区域优惠为辅"的新税收优惠体系。税法规定的税收优惠有以下几类:

(1)企业的下列收入为免税收入:国债利息收入;符合条件的居民企业之间的股息、红利等权益性投资收益;在中国境内设立机构、场所的非居民企业从居民企业取得与该机构、场所有实际联系的股息、红利等权益性投资收益;符合条件的非营利组织的收入。

(2)企业的下列所得,可以免征、减征企业所得税:从事农、林、牧、渔业项目的所得;从事国家重点扶持的公共基础设施项目投资经营的所得;从事符合条件的环境保护、节能节水项目的所得;符合条件的技术转让所得;非居民企业在中国境内未设立机构、场所的,或者虽设立机构、场所但取得的所得与其所设机构、场所没有实际联系的来源于中国境内的所得;企业取得的2009年以后年度发行的地方政府债券利息所得。

(3)符合条件的小型微利企业,减按20%的税率征收企业所得税。《财政税、税务总局关于小微企业和个体工商户所得税优惠政策的公告》(2023年第6号)规定,自2023年1月1日至2024年12月31日,对小型微利企业年应纳税所得额不超过100万元的部分,减按25%计入应纳税所得额,按20%的税率缴纳企业所得税。《财政部、税务总局关于进一步支持小微企业和个体工商户发展有关税费政策的公告》(2023年第12号)规定,对小型微利企业减按25%计算应纳税所得额,按20%的税率缴纳企业所得税政策,延续执行至2027年12月31日。

小型微利企业,是指从事国家非限制和禁止行业,且同时符合年度应纳税所得额不超过300万元、从业人数不超过300人、资产总额不超过5000万元等三个条件的企业。

(4)国家需要重点扶持的高新技术企业,减按15%的税率征收企业所得税。

(5)民族自治地方的自治机关对本民族自治地方的企业应缴纳的企业所得税中属于地方分享的部分,可以决定减征或者免征。

(6)企业的下列支出,可以在计算应纳税所得额时加计扣除:企业发生的研究开发费,未形成无形资产计入当期损益的,在按照规定据实扣除的基础上,按照研究开发费发生额的100%加计扣除;形成无形资产的,按照无形资产成本的200%摊销;安置国家鼓励安置的其他就业人员所支付的工资(国务院另行规定)。

(7)创业投资企业优惠。公司制创业投资企业采取股权投资方式直接投资于种子期、初创期科技型企业(以下简称初创科技型企业)满2年(24个月,下同)的,可以按照投资额的70%在股权持有满2年的当年抵扣该公司制创业投资企业的应纳税所得额;当年不足抵扣的,可以在以后纳税年度结转抵扣。有限合伙制创业投资企业(以下简称合伙创投企业)采取股权投资方式直接投资于初创科技型企业满2年的,该合伙创投企业的合伙人是法人合伙人的,可以按照对初创科技型企业投资额的70%抵扣法人合伙人从合伙创投企业分得的所得;当年不足抵扣的,可以在以后纳税年度结转抵扣。

初创科技型企业,应同时符合以下条件:

在中国境内(不包括港、澳、台地区)注册成立、实行查账征收的居民企业;

接受投资时,从业人数不超过300人,其中具有大学本科以上学历的从业人数不低于 30%；资产总额和年销售收入均不超过 5 000 万元；

接受投资时设立时间不超过 5 年(60 个月)；

接受投资时以及接受投资后 2 年内未在境内外证券交易所上市；

接受投资当年及下一纳税年度，研发费用总额占成本费用支出的比例不低于 20%。

享受税收政策的创业投资企业，应同时符合以下条件：

在中国境内(不含港、澳、台地区)注册成立、实行查账征收的居民企业或合伙创投企业，且不属于被投资初创科技型企业的发起人；

符合《创业投资企业管理暂行办法》(发展改革委等 10 部门令第 39 号)规定或者《私募投资基金监督管理暂行办法》(证监会令第 105 号)关于创业投资基金的特别规定，按照上述规定完成备案且规范运作；

投资后 2 年内，创业投资企业及其关联方持有被投资初创科技型企业的股权比例合计应低于 50%。

享受税收政策的投资，仅限于通过向被投资初创科技型企业直接支付现金方式取得的股权投资，不包括受让其他股东的存量股权。

(8)企业的固定资产由于技术进步等原因，确需加速折旧的，可以缩短折旧年限或者采取加速折旧的方法。

(9)企业综合利用资源，生产符合国家产业政策规定的产品所取得的收入，可以在计算应纳税所得额时减计收入。

(10)企业购置用于环境保护、节能、节水、安全生产等专用设备的投资额，可以按一定比例实行税额抵免。

(11)根据国民经济和社会发展的需要，或者由于突发事件等原因对企业经营活动产生重大影响的，国务院可以制定企业所得税专项优惠政策。

(12)对设在西部地区国家鼓励类产业企业，在 2021 年 1 月 1 日至 2030 年 12 月 31 日期间，减按 15%的税率征收企业所得税。

(13)在 2024 年 1 月 1 日至 2027 年 12 月 31 日期间，对符合条件的从事污染防治的第三方企业减按 15%的税率征收企业所得税。

(14)对企业投资者持有 2024—2027 年发行的铁路债券取得的利息收入，减半征收企业所得税。

(15)对中国保险保障基金有限责任公司根据《保险保障基金管理办法》取得的符合规定的收入，免征企业所得税；

(16)对企业出资给非营利性科学技术研究开发机构、高等学校和政府性自然科学基金用于基础研究的支出，在计算应纳税所得额时可按实际发生额在税前扣除，并可按 100%在税前加计扣除。对非营利性科研机构、高等学校接收企业、个人和其他组织机构基础研究资金收入，免征企业所得税。

（二）筹划空间

税收优惠政策是税务筹划一贯关注的重点，利用优惠政策进行筹划也是企业最常见的手段。其核心内容就是最大限度地享受优惠政策，以减轻企业的税收负担。从上述企业所得税的优惠政策可以看出，优惠方式总共有 7 种，即免税收入、定期减免税、降低税率、加计扣除、加速折旧、减计收入、税额抵免。相对于不同的优惠方式，企业的筹划空间或者筹划的重点环节，也各有不同。

（1）免税收入政策，对国债利息收入和符合条件的非营利组织的收入，筹划空间不大；有对外直接投资项目时，企业应尽量安排向享受低税率或减免税优惠政策的企业投资，这样可以获得税收负担较低的权益性投资收益。

（2）特定项目减免税的政策，需要企业的经营项目或所得内容符合国家政策要求，如果企业同时有正常应税项目和享受减免税的项目，在收入确认和费用分摊上，尽量将应纳税所得额向有减免税优惠的项目上倾斜。此外，享受定期减免税的，如享受“三免三减半”政策的企业，应安排企业的所得在优惠期内更多地实现，尤其是费用分摊，应尽量推迟，能在免税期实现的所得，避免在减半期间实现；能在减半期间实现的所得，避免在优惠期结束之后实现。

（3）优惠税率政策，应确保纳税人身份符合有关要求，并尽量满足其他相关条件，如小型微利企业的应纳税所得额。

（4）加计扣除的政策，企业可以在自身条件许可的情况下多支出相关项目，以取得加计扣除产生的抵税效果。

（5）加速折旧的政策，需要企业对符合条件的固定资产主动采取缩短折旧年限或加速折旧的方法。

（6）减计收入的政策，需要企业生产相关产品时，尽量多地安排符合规定的资源作为主要原材料，以达到相应的标准。

（7）投资额抵扣应纳税所得额的政策，企业开展实业投资前，利用创投企业投资额抵扣应纳税所得额的优惠政策，先设立创投企业，以该企业为投资主体，然后再投向实体经营企业，可以对冲未来应税所得。

（8）税额抵免政策，需要企业在购置和使用相关专用设备时，尽量在国家规定的优惠目录中选择，同时要尽量在 5 个纳税年度内实现全部抵免。

（9）区域性优惠政策主要指民族自治地方决定减征或者免征本地方的企业应缴纳的企业所得税中属于地方分享的部分。区域性政策的筹划主要是将企业设立在相关优惠区域内以享受优惠政策。

(10)过渡期优惠政策的筹划：

①对原享受低税率优惠的企业，逐年递增向法定税率过渡。此类企业的筹划，可以通过尽早确认收入、推迟支出扣除的办法来将税款实现在税率较低的年份。

②对原享受企业所得税"两免三减半""五免五减半"等定期减免税优惠的企业，其筹划空间和筹划原则应与上述享受低税率优惠及定期减免税政策的企业相同。

③对保留的西部大开发企业所得税的优惠，其筹划空间与区域性优惠的筹划一样，可在区内投资举办相应的企业和项目，或者对区内的企业尽量安排有税收优惠的经营活动或项目。

五、境外所得税抵免的筹划

《企业所得税法》对境外所得税抵免，规定了直接抵免和间接抵免。

直接抵免是指企业直接作为纳税人就其境外所得在境外缴纳的所得税在我国应纳税额中抵免。直接抵免适用于企业就来源于境外的营业利润所得在境外所缴纳的企业所得税，以及就来源于或发生于境外的股息、红利等权益性投资所得、利息、租金、特许权使用费、财产转让等所得在境外被扣缴的预提所得税。

间接抵免是指境外企业就分配股息前的利润缴纳的外国所得税额中，由我国居民企业就该项分得的股息性质的所得间接负担的部分，在我国的应纳税额中抵免。间接抵免仅适用于居民企业从其符合《财政部、税务总局关于企业境外所得税收抵免有关问题的通知》(财税〔2009〕125 号)规定的三层境外子公司取得的股息、红利等权益性投资收益所得。

根据《财政部、税务总局关于完善企业境外所得税收抵免政策问题的通知》(财税〔2017〕84 号)第二条的规定，自 2017 年 1 月 1 日起，企业在境外取得的股息所得，在按规定计算该企业境外股息所得的可抵免所得税额和抵免限额时，由该企业直接或者间接持有 20%以上股份的外国企业，限于按照财税〔2009〕125 号文件第六条规定的持股方式确定的五层外国企业。

第一层：企业直接持有 20%以上股份的外国企业。

第二层至第五层：单一上一层外国企业直接持有 20%以上股份，且由该企业直接持有或通过一个或多个符合财税〔2009〕125 号文件第六条规定持股方式的外国企业间接持有总和达到 20%以上股份的外国企业。财税〔2009〕125 号文件第六条规定的"持股方式"，是指各层企业直接持股、间接持股以及为计算居民企业间接持股总和比例的每一个单一持股，均应达到 20%的持股比例。

间接抵免方法，自 2017 年 1 月 1 日起，企业可以选择按国(地区)别分别计算[即"分国(地区)不分项"]，或者不按国(地区)别汇总计算[即"不分国(地区)不分项"]其来源于境外的应纳税所得额，并按照财税〔2009〕125号文件第八条规定的税率，分别计算其可抵免境外所得税税额和抵免限额。上述方式一经选择，5年内不得改变。

企业在开展境外投资时，首先需要根据境外投资的盈利能力发展状况，在直接抵免和间接抵免中选择能使境外所得税抵免程度最大的方法，进而合理规划境外投资的组织形式，即选择采用海外分公司还是海外子公司。其次，如果企业的海外投资地既有高税负国家，又有低税负国家，分国不分项抵免导致在高税负国家和低税负国家的实际缴纳税额不能相互抵免，出现超出抵免限额无法抵免的情况；若采用不分国不分项抵免，则在高税负国家和低税负国家的实际缴纳税额可以相互抵免，企业海外投资的抵免更加充分。在境内总公司不存在亏损、境外分支机构存在亏损的情况下，分国不分项抵免更利于抵免；在境内总公司以及境外各分支机构均不存在亏损的情况下，不分国不分项抵免能够使企业获得更充分的抵免。此外，在境外投资存在多层架构时，优化海外公司的投资层数及各层级的持股比例，合理设置海外投资平台公司注册地或管理机构所在地，可以提高间接抵免的水平。

六、特别纳税调整项目的筹划

《企业所得税法》专设了"特别纳税调整"一章，这一章是专门针对避税行为在实体法上的全面立法，标志着我国反避税立法水平的提高。梳理和分析反避税的有关政策规定，来发现和明晰企业纳税筹划的空间界限，规避企业纳税筹划的风险，对征纳双方都有积极的意义。下面对特别纳税调整项目进行分析，提供一个原则性的意见，作为企业在相关方面进行纳税筹划的参考框架。

（一）关联方业务往来

《企业所得税法》第四十一条规定，企业与其关联方之间的业务往来，不符合独立交易原则而减少企业或者其关联方应纳税收入或者所得额的，税务机关有权按照合理方法调整。企业与其关联方共同开发、受让无形资产，或者共同提供、接受劳务发生的成本，在计算应纳税所得额时应当按照独立交易原则进行分摊。

1. 关联方企业的认定

对关联方的认定是反避税的核心——转让定价税制的法律起点。《企业所得税法实施条例》对关联方的界定如下：是指与企业有下列关联关系之一的企业、其他组织或者个人在资金、经营、购销等方面存在直接或者间接的控制关系；直接或者间接地同为第三者控制；在利益上具有相关联的其他关系。

我国的《企业会计准则第36号——关联方披露》对关联方认定提供了一个更为明晰的界定：一方控制、共同控制另一方或对另一方施加重大影响，以及两方或两方以上同受一方控制、共同控制或重大影响的,构成关联方。同时列举出下列各方构成企业的关联方:该企业的母公司;该企业的子公司;与该企业受同一母公司控制的其他企业;对该企业实施共同控制的投资方;对该企业施加重大影响的投资方;该企业的合营企业;该企业的联营企业;该企业的主要投资者个人及与其关系密切的家庭成员;该企业或其母公司的关键管理人员及与其关系密切的家庭成员;该企业主要投资者个人、关键管理人员或与其关系密切的家庭成员控制、共同控制或施加重大影响的其他企业。

企业会计准则还规定,仅仅存在下列关系的各方,不构成企业的关联方:与该企业发生日常往来的资金提供者、公用事业部门、政府部门和机构;与该企业发生大量交易而存在经济依存关系的单个客户、供应商、特许商、经销商或代理商;与该企业共同控制合营企业的合营者。

《企业所得税法》对关联方判定仅规定了一个原则框架,而企业会计准则的规定则较为详尽,这些规定为纳税筹划提供了一些空间,从中可以得出企业要规避成为关联方应该注意的事项。现实中,与该企业发生大量交易而存在经济依存关系的单个客户、供应商、特许商、经销商或代理商,已经具备了进行实际关联交易的前提,只要通过一些合理的安排,就可以避免成为企业的关联方。这主要可以规避一些有经济、法律和血缘关系的事实,如尽量避免母子公司、投资、联营、合营各方以及家庭成员各方关系的出现。

2. 独立交易原则

独立交易原则是转让定价税制的核心原则,也是世界各国通用的原则,具体是指没有关联关系的交易各方,按照公平成交价格和营业常规进行业务所遵循的原则。其中,公平成交价格是指独立企业之间进行业务往来所采用的在市场上由价值规律所决定而形成的价格。现实中,有些产品或服务项目没有成熟的可比市场价格,而有些市场价格存在较大幅度的波动空间,在这种情况下,交易双方就拥有一定程度转让定价的空间,通过双方的协议来安排税收负担的转移,并通过税收负担的转移来换取经济利益或其他利益。

3. 税务调整方法

《企业所得税法》规定,对不符合独立交易原则而减少企业或者其关联方应纳税收入或者所得额的,税务机关有权按照以下合理方法调整:

(1)可比非受控价格法是指按照没有关联关系的交易各方进行相同或者类似业务往来的价格进行定价的方法。

(2)再销售价格法是指按照从关联方购进商品再销售给没有关联关系的交易方的价格,减除相同或者类似业务的销售毛利进行定价的方法。

(3)成本加成法是指按照成本加合理的费用和利润进行定价的方法。

(4)交易净利润法是指按照没有关联关系的交易各方进行相同或者类似业务往来

取得的净利润水平确定利润的方法。

(5)利润分割法是指将企业与其关联方的合并利润或者亏损在各方之间采用合理标准进行分配的方法。

(6)其他符合独立交易原则的方法。

上述方法在具体采用时，可以根据具体情况来选择最合适的方式。最重要的是，纳税人可以参与方法的选择，以使税企双方都能够接受，纳税人可选择自己认为最有利的方式。

(二)成本分摊协议

《企业所得税法》规定，企业与其关联方共同开发、受让无形资产，或者共同提供、接受劳务发生的成本，在计算应纳税所得额时应当按照独立交易原则进行分摊。《企业所得税法实施条例》规定，企业可以按照独立交易原则与其关联方分摊共同发生的成本，达成成本分摊协议。

企业与其关联方分摊成本时，应当按照成本与预期收益相配比的原则进行分摊，并在税务机关规定的期限内，按照税务机关的要求报送有关资料。通过成本分摊协议来有效扣除相关支出项目，比起向关联方支付特许权使用费或者服务费的做法，减少了企业与其关联方之间应税服务的销售。

(三)预约定价

预约定价是当前国际上比较普遍采用的针对转让定价的一种税务安排，它是一种双方在谈判基础上对关联交易涉税事宜的事前约定。预约定价安排是指企业就其未来年度关联交易的定价原则和计算方法，向税务机关提出申请，与税务机关按照独立交易原则协商、确认后达成的协议。

由于对自身交易信息的掌握和有关事项预期的相对准确程度，纳税人在整个协议过程中具有更多的主动性和灵活性，是掌握信息更多、更准确的一方。因此，可在整个过程中通过筹划来实现预期目标，或者对结果实施积极影响，从而实现利益最大化。

纳税人在预约定价协议过程中享有的权利包括：要求税务机关认可事先约定的有关定价事项，税务机关不能单方终止或撤销本安排；要求税务机关为企业在预约定价安排相关事项的过程中所获得的信息情况保密；要求税务机关不得将协商过程中所获得的非事实性信息(如各种提议、推理、观念和判断等)用于以后对该预约定价安排涉及的关联交易的审计；在预约定价安排的执行和解释中，企业和税务机关发生分歧，企业享有陈述和申辩权，企业对协调结果或决定仍不能接受的，有权考虑终止安排的执行。纳税人应该在自身合法权利的范围内采取积极行动。

另外,《企业所得税法》规定,税务机关在进行关联业务调查时,企业及其关联方,以及与关联业务调查有关的其他企业,应当按照规定提供相关资料,包括:与关联业务往来有关的价格、费用的制定标准、计算方法和说明等同期资料;关联业务往来所涉及的财产、财产使用权、劳务等的再销售(转让)价格或者最终销售(转让)价格的相关资料;与关联业务调查有关的其他企业应当提供的与被调查企业可比的产品价格、定价方式以及利润水平等资料;其他与关联业务往来有关的资料。这些资料也是在预约定价过程中企业谈判的依据和主要法律文本的重要内容,因此需要企业进行充分、科学的准备。

(四)受控外国企业

受控外国企业规则是防止受控外国企业保留利润不做分配或对利润做不合理分配引发的避税行为的一种管理制度。《企业所得税法》规定,由居民企业,或者由居民企业和中国居民控制的设立在实际税负明显低于我国法定税率水平的国家(地区)的企业,并非由于合理的经营需要而对利润不做分配或者减少分配的,上述利润中应归属于该居民企业的部分,应当计入该居民企业的当期收入。

其中所称控制,包括:居民企业或者中国居民直接或者间接单一持有外国企业10%以上有表决权股份,且由其共同持有该外国企业50%以上股份;居民企业,或者居民企业和中国居民持股比例没有达到前述标准,但在股份、资金、经营、购销等方面对该外国企业构成实质控制。

其中所称实际税负明显低于我国法定税率水平,是指低于法定税率的50%,也就是12.5%。

从上述规定可以看出,我国的受控外国企业规则的建设仍处于起步阶段,仅有一个原则性的框架,而且有关标准也相对宽泛。对企业来说,存在一定的筹划空间,可以在不违背规则的基础上,通过利润分配的安排,获得一定程度的避税收益。

(五)资本弱化

所谓资本弱化是指企业集团通过操纵融资方式来增加利息扣除并减少对股息课税,从而降低集团整体税收负担的一种避税方式。《企业所得税法》规定,企业从其关联方接受的债权性投资与权益性投资的比例超过规定标准而发生的利息支出,不得在计算应纳税所得额时扣除,推定为对投资人的股息分配。

《企业所得税法实施条例》进一步明确,债权性投资是指企业直接或者间接从关联方获得的,需要偿还本金和支付利息,或者以其他具有支付利息性质的方式予以补偿的融资。企业间接从关联方获得的债权性投资包括:关联方通过无关联第三方提供的债权性投资;无关联第三方提供的、由关联方担保且负有连带责任的债权性投资;其他间接从关联方获得的具有负债实质的债权性投资。权益性投资是指企业接受的不需要偿还本金和支付利息,投资人对企业净资产拥有所有权的投资。

混合金融工具同时具有债权和股权的双重属性,有的国家在税收上将其认定为债权,而有的国家将其认定为股权,这种对混合金融工具性质判定上的差异,导致债权性投资与权益性投资金额认定上的差异,进而对超标准利息支出的判定产生不确定性影响。因此,发行混合金融工具进行融资,成为资本弱化避税的新途径。

(六)一般反避税条款

《企业所得税法》规定,企业实施其他不具有合理商业目的的安排而减少其应纳税收入或者所得额的,税务机关有权按照合理方法调整。

《企业所得税法实施条例》进一步明确,不具有合理商业目的,是指以减少、免除或者推迟缴纳税款为主要目的。具体而言,"不具有合理商业目的的安排"应该同时满足以下三个条件:一是必须存在一个安排,是指人为规划的一个或一系列行动或交易;二是企业必须从该安排中获取"税收利益",即减少企业的应纳税收入或者所得额;三是企业将获取税收利益作为其从事某种安排的唯一或主要目的。

那么从纳税人角度来讲,从事税务筹划时应避免同时满足这三个条件,或者应该尽量避免发生对这三个条件进行判断的情况。

第二节 制造业企业所得税的税务筹划

制造业是指拥有一定的劳动资料、劳动对象,应用现代化生产技术,从事物质产品生产的行业。制造业是社会财富的主要创造者,其主要财税特征如下:

(1)制造业以产品生产经营为核心,其经营过程即企业的设立过程、采购活动、生产活动和销售活动表现出明显的周期性,而企业的投资、筹资活动则贯穿于企业的整个经营周期。因此,要在不同的活动中考虑财税管理和税务筹划,并且考虑财税管理周期的协调性。

(2)制造业一般属于资本密集型产业,制造企业的再生产活动对资金存量和资金周转情况较为敏感,资金管理是制造业运作的重心。

(3)制造业成本、费用在产出中的比重较高,财务核算规律性强。

(4)制造业涉及社会经济生活的多个层面,是现行各税种的主要纳税人。

(5)资本运营与税务筹划的结合,也是制造企业理财的要求。制造业庞大的规模和巨额的资金,使得资本运营更易于运作,兼并收购、资产重组是制造企业生存与发展的关键环节。

一、制造业企业所得税的税务筹划思路

(一)合理选择厂址

对于投资设立企业,从税负角度讲,在企业选址的时候,主要应考虑企业所得税的因素。在其他投资条件相同的情况下,一般主要考虑在税负低的经济特区、高新技术开发区、浦东新区、滨海新区、西部开发区以及国家确定的"老、少、边、穷"地区进行投资。

(二)合理使用优惠政策

制造业涉及许多税收优惠政策,可合理使用这些税收优惠政策,以获取依法节税的好处。

(1)环境保护、节能减排企业享受所得税减免政策。

(2)技术转让享受税收减免政策。

(3)高新技术企业按15%的税率征税。

(三)合理设立分支机构

许多制造业公司在对外扩张中,在外地设立了分支机构。针对不同情况,可分别采取不同的筹划策略:

(1)在外地设立的分支销售机构属于子公司的,则母公司与子公司之间属于正常的销售行为,要单独结算价款。

站在税务筹划的角度,对于上述情况,公司采取赊销、分期收款或委托代销方式,可以达到递延纳税的目的。对于销售方式的选用,务必签订经济合同,注明销售方式,按规定进行账务处理,并严格按照税法确定的纳税义务发生时间计缴税金。

(2)在外地设立的分支销售机构属于分公司性质的,实行独立核算。

对于这种情况,公司采取与子公司基本相同的筹划策略,即通过赊销、分期收款或委托代销方式递延缴纳流转税。对于企业所得税,在总公司出具证明的前提下,可以实现在总部汇总缴纳。

(3)在外地设立的分支销售机构,在纳税方面应尽量避免在总公司、分公司之间货

物转移时缴纳增值税,尽量实现增值税和企业所得税在总公司统一计算缴纳。

(四)固定资产折旧方法的纳税筹划

固定资产的折旧方法除了基本的直线法之外,还有年数总和法和双倍余额递减法等。企业持有固定资产期间,不同的折旧方法会形成不同的税前可抵扣或可结转扣除的折旧费用,固定资产折旧额越大,可抵扣的应纳税额越多,筹划效果越明显。譬如,当企业享受国家“两免三减半”的税收优惠政策时,企业可选择直线法计提折旧,适当延长折旧期限,降低优惠期间可税前扣除的折旧,提高非优惠期间可税前扣除的折旧,以提高折旧的抵税效果。固定资产折旧方法的筹划,需要综合考虑加速折旧对提前收回投资的现金流改善效应。

二、制造业案例分析

(一)设立分支机构的筹划

汽车有限公司 K 是专业生产各种类型客车的大型公司。K 公司下属的车桥厂,主要生产、销售车桥及配件。自 2021 年成立至 2024 年 4 年间的生产经营情况如表 6-1 所示。

表 6-1 2021—2024 年车桥厂生产经营状况 单位:元

项目	2021 年	2022 年	2023 年	2024 年
营业收入	780 368 818. 91	701 284 297. 38	897 972 867. 20	927 982 467. 24
净利润	-8 067 942. 56	-7 756 256. 18	-6 535 741. 24	-6 057 947. 44

2021 年,会计师事务所预计 2025 年车桥厂的亏损降至 2 987 992. 43 元,2027 年将扭亏为盈。

根据上述资料,我们可对车桥厂组织形式的选择进行复盘,假如 2021 年 K 公司可将车桥厂设定为分公司;等到 2027 年,分公司的生产经营状况扭亏为盈时,再将该分公司改组为子公司。

复盘后,经过筹划,车桥厂作为分公司,其亏损可以抵顶 K 公司的盈利,不考虑其他纳税调整事项,可减少 K 公司应纳税所得额 28 417 887. 42 元,节约应纳税额 4 262 683. 11元。

通过上述复盘分析可以看出,企业在设立分支机构时,分支机构盈亏状况是总公司税务筹划考虑的重要方面。一般情况下,若分支机构处于亏损状态,则可以采取分公司形式;若分支机构处于盈利状态,则可以采取子公司形式。

(二)税额抵免的筹划

某企业购置使用一套符合政策规定的节能专用设备500万元,在不考虑该套设备折旧金额情况下,假设从购置当年开始的10年中,每年实现应纳税所得额为100万元;假设企业可以选择A、B两方案,A方案设备折旧年限为5年,B方案设备折旧年限为10年,在企业采取直线折旧法且不考虑残值的情况下,企业10年中的应纳税额情况如表6-2和表6-3所示。

表6-2 方案A应纳税额测算 单位:万元

年份	折旧前所得	应扣除折旧额	应纳税所得	抵免前应纳税额	可抵免税额	应纳税额
1	100	100	0	0	0	0
2	100	100	0	0	0	0
3	100	100	0	0	0	0
4	100	100	0	0	0	0
5	100	100	0	0	0	0
6	100	0	100	25	25	0
7	100	0	100	25	0	25
8	100	0	100	25	0	25
9	100	0	100	25	0	25
10	100	0	100	25	0	25

表6-3 方案B应纳税额测算 单位:万元

年份	折旧前所得	应扣除折旧额	应纳税所得	抵免前应纳税额	可抵免税额	应纳税额
1	100	50	50	12.5	12.5	0
2	100	50	50	12.5	12.5	0
3	100	50	50	12.5	12.5	0
4	100	50	50	12.5	12.5	0
5	100	50	50	12.5	0	12.5
6	100	50	50	12.5	0	12.5

续表

年份	折旧前所得	应扣除折旧额	应纳税所得	抵免前应纳税额	可抵免税额	应纳税额
7	100	50	50	12.5	0	12.5
8	100	50	50	12.5	0	12.5
9	100	50	50	12.5	0	12.5
10	100	50	50	12.5	0	12.5

可以看出，方案 A 每年扣除折旧 100 万元，在前 5 个纳税年度提完折旧并无应纳税额，其后每年应纳税额为 25 万元，但只在第 6 年享受抵免，其后 4 年全额纳税，10 年应纳税额共计 100 万元；方案 B 每年扣除折旧 50 万元，每年应纳税额 12.5 万元，在前 4 个纳税年度充分享受了 50 万元的税额抵免，10 年应纳税额共计 75 万元。两相比较，前者比后者多纳税 25 万元。

假设贴现率为 10%，方案 A 的应纳税额的现值 $=25\times(0.513+0.467+0.424+0.386)=44.75$（万元），而方案 B 的应纳税额的现值 $=12.5\times(0.621+0.564+0.513+0.467+0.424+0.386)=37.19$（万元）。也就是说，考虑资金的时间价值，方案 A 仍比方案 B 多纳税 7.56 万元。

虽然方案 A 采用缩短折旧年限的办法，将应纳税义务推后，能够得到一部分资金的时间价值；但由于放弃了一部分税额抵免的权利，反而使纳税成本提高。

（三）弥补亏损的筹划

某企业 2019—2023 年的应纳税所得额分别是 -600 万元、120 万元、100 万元、50 万元、180 万元，假定 2024 年 12 月 25 日，企业已实现应纳税所得 100 万元，同时有一项销售意向，预计可实现销售利润为 50 万元。此时，如果按照常规做法，财务部门准备年度结账，该销售业务放在次年初进行处理；还有一种选择，在 12 月 31 日前采取现金折扣促成销售实现，确认收入和利润。

按照常规做法，该销售业务放在 2025 年处理，则 2024 年实现的应纳税所得全部用于弥补亏损后，还有 50 万元的未弥补亏损已超过后转 5 年的限制；在不考虑其他因素的情况下，2025 年的这笔业务应纳所得税为 $50\times25\%=12.5$（万元）。

如果在 2024 年 12 月 31 日前促成销售实现，确认收入和利润，那么该笔业务的利润将全部用于弥补以前年度亏损，没有所得税负担；即使采取现金折扣的方式，只要现金折扣额低于 12.5 万元，两者的差额就可看作筹划带来的税收利益。

(四)境外所得税抵免的税务筹划

假设甲企业有境外投资项目,投资选择地分别是甲国和乙国,两国的企业所得税税率分别为20%和30%,预计来自境外的税前年所得为500万元,境内年所得为800万元,那么投资甲国和乙国,在税收待遇上会有哪些差异?

由于两国的税率不同,税收负担不同,抵免的情况也不同,下面具体分析:

方案A:投资于甲国:

$$该笔所得在甲国已纳税额=500\times20\%=100(万元)$$

$$抵免限额=500\times25\%=125(万元)$$

在甲国已纳税额小于抵免限额,可全部抵免。

$$甲企业在我国应纳所得税税额=(500+800)\times25\%-100=325-100=225(万元)$$

整体所得税税负为225+100=325(万元)。

方案B:投资于乙国:

$$该笔所得乙国已纳税额=500\times30\%=150(万元)$$

$$抵免限额=500\times25\%=125(万元)$$

在乙国已纳税额大于抵免限额,可抵免125万元。

$$甲企业在我国应纳所得税税额=(500+800)\times25\%-125=325-125=200(万元)$$

整体所得税税负为200+150=350(万元)。

对比可以看出,投资于税率较低的甲国,国外税款可获全额抵免,但须补缴税率差额部分的税额,因此,企业在我国境内所得税税负高于投资于乙国;不过从整体税负的情况来看,却低于投资于乙国。投资于乙国的情况下,乙国政府获得了更多的税收收益,即使超出抵免限额的部分在以后年度可以抵扣,相比之下损失了资金的时间价值。因此,在其他条件一致的情况下,建议选择税率较低的甲国进行投资。

上述案例有一个前提假设,就是甲乙两国和我国的税法在确定应纳税所得方面是一致的,仅有税率差异。在现实中,需要考虑投资地区的实际税收负担或政策,因为各国税法规定的差异,法定税率或名义税率并不代表实际的税收负担。上面案例中,如果乙国确定所得税税基的政策更为宽松,如税前扣除更宽松,或者有许多优惠政策,那么即使名义税率高于甲国,在相同的资本投入和经营策略下,实际税收负担也会低于甲国。而可以抵免的税额是企业按照所在国法律计算并实际缴纳的税款。

第三节　建筑业企业所得税的税务筹划

建筑行业是一个涉及面较广的综合型行业，经营管理活动项目和税收种类也相对较多。现阶段，我国建筑行业的税务筹划种类繁多，但是不同程度地存在着一些问题。

一、建筑行业企业所得税涉税分析

（一）建筑行业特点分析

建筑安装工程作业，简称建筑业，主要是通过砌筑方式进行的基础工程性活动，建造的工程项目与土地固定不能移动。建筑活动主要有以下几个行业特点：

（1）通常情况下，建筑工程工期较长，耗费时间较多，一般都是分期结算。举个简单的例子，在土木工程作业中，建筑一栋楼往往要花费几个月甚至几年的时间，为了能够保持建筑公司的资金周转，在与发包方签订合同时，往往会要求以预付款和分期结算的方式来保证作业的有效进行。

（2）跨区域作业的现象时常出现。现阶段，大多数建设工程都采取招标的方式来确定建筑公司，而且建设条例明确规定招投标时不能有地方保护主义行为，有资质的建筑公司为了开拓市场，经常参加异地投标，进行跨区域施工。

（3）劳动力是建筑公司的关键生产要素，也是制约企业收益的核心。我国现阶段的建筑水平依然处在以人力投入为主要因素的时代，如果建筑企业雇用了大量劳动力，加之企业管理体制不完善、人力监管力度不够，必然导致生产率不高，建筑企业利润下降。

（4）建筑公司的整体核算能力偏低，挂靠经营现象屡见不鲜。为了进一步规范建筑施工作业，国家规定只有具备相应建筑资质的企业才可以进行生产施工。但是，这也导致了一些无资质或资质等级不够的企业寻求挂靠资质，通过这种方式去承揽建筑工程。由于很多建筑工程项目标的比较大，一家建筑公司往往难以独立完成，经常需要转包、分包其他附属工程。这些因素都直接或间接地拉低了建筑企业的核算能力，有些企业甚至连基本的账务都不健全。

（二）建筑行业企业所得税涉税分析

根据相关税法，企业所得税的征收规定是：在年收入总额中扣除不征税收入、免税收入、弥补以前年度亏损,就纳税调整后的所得额征收企业所得税,法定税率为25%,如果建筑企业符合小型微利企业、高新技术企业、西部大开发企业等税收优惠政策条件,将执行企业所得税优惠税率。下面就所得税征收方式简单概括如下:

1. 企业所得税预缴与汇算清缴

《国家税务总局关于印发〈跨地区经营汇总纳税企业所得税征收管理办法〉的公告》(2012年第57号)对于相关跨地区建筑企业的税收行为进行了规定,明确了相关税收的管理策略和方案,对建筑企业实行“统一计算、分级管理、就地预缴、汇总清算、财政调库”的企业所得税征收管理办法。

建筑企业所属二级或二级以下分支机构直接管理的项目部(包括与项目部性质相同的工程指挥部、合同段等,下同)不就地预缴企业所得税,其经营收入、职工工资和资产总额应汇总到二级分支机构统一核算,由二级分支机构按规定预缴企业所得税。

建筑企业总机构应汇总计算企业应纳所得税,按照以下方法进行预缴:

(1)总机构只设跨地区项目部的,扣除已由项目部预缴的企业所得税后,按照其余额就地缴纳。

(2)总机构只设二级分支机构的,按规定计算总、分支机构应缴纳的税款。

(3)总机构既有直接管理的跨地区项目部,又有跨地区二级分支机构的,先扣除已由项目部预缴的企业所得税后,再按规定计算总、分支机构应缴纳的税款。

建筑企业总机构应按照有关规定办理企业所得税年度汇算清缴,各分支机构和项目部不进行汇算清缴。总机构年终汇算清缴后应纳税所得额小于已预缴的税款时,由总机构主管税务机关办理退税。

2. 跨区域涉税事项报验管理

《国家税务总局关于创新跨区域涉税事项报验管理制度的通知》(税总发〔2017〕103号)规定,自2017年10月30日起,纳税人跨区域经营前不再开具相关证明,改为填报《跨区域涉税事项报告表》;取消跨区域涉税事项报验管理的固定有效期;实行跨区域涉税事项报验管理信息电子化。建筑企业总机构直接管理的跨地区设立的项目部,应按项目实际经营收入的0.2%按月或按季由总机构向项目所在地预分企业所得税,并由项目部向所在地主管税务机关预缴。

3. 税款征收方式

企业所得税征收方式主要有查账征收和核定征收两种方式。跨地区经营建筑企业开具外出经营活动税收管理证明,必须建立健全账务核算。对于账务不健全的建筑企业,要依据《国家税务总局关于印发〈企业所得税核定征收办法(试行)〉的通知》进行企业所得税的核定征收。经本书统计,查账征收企业所得税负担普遍轻于核定征收企业,因此,推荐建筑企业尽量申请查账征收企业所得税。

二、建筑行业企业所得税税务筹划思路

建筑行业进行税务筹划的方式多种多样，表现形式也不同，然而其最终目的有两个：第一，在减少税负的基础上，利用降低税基和税率的手段，在不同的纳税策略中选取成本最小的策略；第二，延长纳税时间，在税法允许的范围内，尽量推迟纳税义务发生时间，利用资金的时间价值获得税收基本收益，从而降低企业税收负担。

（一）努力缩小相关税基

所谓税基，就是税收的计税根据或者是计税依据，如营业税中的营业利润。在税率保持一定的时候，税基和税额存在正向关系，税基越大，税额越高。企业设法减少税基，在某种程度上也会减少企业的应缴税金，最终实现降低税负的目标。

（二）合理选择纳税义务发生时间

无论是企业取得的预付款还是约定的收讫款项，税法都有明确的纳税义务时间，经过企业合理调整业务方式，可以有效地控制纳税义务时间。建筑企业通过会计核算，可以实现对纳税义务时间的有效性控制，从而做出合理、高效的纳税筹划。

（三）争取较低适用税率

现阶段我国的税收法律中除了个别税种只能按照单一税率缴纳外，其他大部分的税收种类都有不同的税率。这些不同的税率也给企业提供了很多可操作空间。企业可以利用税务筹划的手段，对不同方面的业务和工作模式进行合理的设计和管控，最终实现降低税率成本的目标。

（四）延缓相关税收纳税时间

因为资本使用过程中具有时间特性，建筑企业利用建筑工程时间上的改善，就能够延缓不同税收种类的最终纳税义务时间。假如是利用理性改善业务的预估方式，延缓工程支出的最终确定日期，就可以延缓纳税时间，获得资本时间价值带来的节税收益。如果处在通货膨胀期间，延缓纳税义务时间的方法将带来更大的节税效益。

（五）合理转嫁税负

合理进行税负转嫁也是建筑企业常用的手段之一。建筑企业纳税人主动通过提高商品销售价格或压低商品购进价格，将税负转移给相关纳税人，这里牵涉到课税商品的定价问题，税负的转嫁和商品的定价有直接关联。例如，在工程包装中，利用建筑业总

分包手段，将建筑安装工程收入在总包和分包单位之间转移，从而改善建筑企业应该缴纳的税收，顺利实现企业所得税在不同企业间的转移。

企业所得税是国家参与利润分配的重要手段，所得税筹划也是每个企业关注的焦点。从建筑企业的业务特点来看，其所得税的筹划可以从固定资产折旧和改良维修支出、筹资方式上做文章。通过调整固定资产中的折旧费用和后续支出费用，通过调整企业融资利息支出，通过关联企业转移定价，通过改变企业注册类型模式等，均可降低企业应纳税所得额。而针对某些地区、某些产业、某些规模的企业，国家也给出了相关企业所得税减免优惠政策，同样可以实现降低应纳税额的效果。

三、案例分析

（一）产权重组的税务筹划[①]

建筑安装业竞争加剧，面临着行业重组的必然。因此，对施工企业进行产权重组可以产生意想不到的效果。产权重组一般通过合并、分立、股权转让等形式实现资源的优化配置，在产权重组中，还可以获取一定的税收利益。譬如，兼并亏损企业，通过重组改变纳税地点与企业性质，从而改变纳税状况。

乙公司生产建材产品，由于经营不善，已连续亏损 3 年，亏损额达 500 万元，实收资本 500 万元，总资产 5 000 万元，总负债 5 000 万元，所有者权益为零。经当地政府部门批准，同意由甲施工企业对乙公司实施兼并，负责安置员工及承担所有债务。

乙公司有 40 亩土地，账面价值为 200 万元，评估后的价值为 800 万元，增值 600 万元。用于安置员工以及处理不良资产损失约为 600 万元。对于甲施工企业而言，通过兼并表面上看没有收益，但实际上获得了如下税收利益：

其一，乙公司 500 万元的亏损额，按规定是可以抵减甲施工企业所得税的，节约税额计算如下：

$$节约企业所得税 = 500\times25\% = 125（万元）$$

其二，取得了 40 亩土地，对企业下一步的成片开发极为有利。

（二）投资业务的税务筹划[②]

建筑安装企业在投资时，需要选择合适的地区进行投资，可以考虑企业的设立注册地点、开

① 盖地．税务筹划[M]. 7 版.北京：高等教育出版社，2019.

② 盖地．税务筹划[M].7 版.北京：高等教育出版社，2019.

发项目的地理位置,以享受税收优惠政策。对于土地的投资,也是一项重要的筹划决策。

甲公司5年前购得一块200亩的土地,账面价值为1 600万元,由于该公司没有房地产开发资质,只能将其变卖或进行投资。该土地被评估机构评估的价值为5 000万元。

按土地评估价值向乙房地产公司投资。甲公司投入土地,乙房地产公司出资并实施房地产开发。开发利润5∶5分成,双方共担风险。甲、乙双方签订了投资协议和合作建房协议。双方约定合作期限为5年,企业所得税要按其增值额计算缴纳。

甲施工企业投资时的账务处理为:

借:长期股权投资　　50 000 000

　贷:无形资产——土地使用权　　16 000 000

　　资本公积——评估增值准备　　34 000 000

$$应纳企业所得税=(5\ 000-1\ 600)\times 25\%=850(万元)$$

(三)拆借资金的税务筹划[①]

建筑安装企业需要大量的资金支持,选择合适的融资方式意义重大。因此,需要比较不同融资方式的优劣以及对税收的影响。另外,利用集团统一融资然后转贷给内部成员企业,可以合理实现利息费用的税前扣除。

黄河建筑安装集团公司有控股企业近10个,基本上都属于建筑房地产及相关行业的企业,过去都是由集团公司统一向金融机构贷款,然后转贷给各控股企业,向各控股企业收取利息(在金融机构利率基础上加收10%)。该集团2023年向银行融资6亿元,支付利息3 600万元,应向各控股企业收取利息3 960万元(3 600×110%)。利息均不含税,不考虑城市维护建设税和教育费附加,有两种涉税处理方案可供选择:

方案一:由黄河集团公司向控股公司收取利息3 960万元,黄河集团公司按金融业税目缴纳增值税,则:

$$应纳增值税=3\ 960\times 6\%=237.6(万元)$$

控股公司支付的利息超过金融机构利率,应缴纳企业所得税,则:应纳企业所得税=(3 960-3 600)×25%=90(万元),应纳税额合计=237.6+90=327.6(万元)。

方案二:由黄河集团公司与各控股企业签订转贷款合同。黄河集团公司收取与金融机构一致的利息3 600万元;黄河集团公司再向控股公司收取管理费360万元,主管集团公司的税务机关已同意各控股公司在税前扣除。如果黄河集团公司统一向金融机构贷款,为所属企

① 盖地. 税务筹划[M].7版.北京:高等教育出版社,2019.

业使用,按金融机构利率向所属企业收取利息的,黄河集团公司不缴纳增值税。

黄河集团公司收取管理费按其他服务业税目征税:

$$应纳增值税 = 360×6\% = 21.6(万元)$$

控股公司向黄河集团公司缴纳的管理费可在税前扣除,向黄河集团公司支付的利息不超标。因此,涉税金额为0。

比较两个方案,方案二节税额为306万元(327.6-21.6)。

思考题

1. 企业设立从属机构时有哪些选择?相应的税收待遇有什么区别?
2.《企业所得税法实施条例》对企业重组的税务处理原则是如何规定的?
3. 企业合并时,什么情况下可以享受免税合并的待遇?是否应该争取免税合并,为什么?
4. 试说明企业所得税应纳税所得额筹划的原则和空间。
5. 固定资产折旧筹划的方法有哪些?
6. 说明企业所得税税收优惠的筹划空间。
7. 对享受定期减免税优惠的企业,其所得税筹划方法有什么特点?
8. 我国《企业所得税法》中的特别纳税调整项目的主要内容是什么?

第七章

个人所得税的税务筹划

本章要点

本章阐述了个人所得税税务筹划的方法，主要包括个人所得税纳税人的税务筹划、个人所得税计税依据的税务筹划、个人所得税项目的划分与筹划、个人所得税专项附加扣除的筹划以及个人所得税税收优惠政策的税务筹划。

个人所得税是以自然人取得的各类应税所得为征税对象而征收的一种所得税，是政府利用税收对个人收入进行调节的一种手段。个人所得税的纳税人不仅包括个人，还包括具有自然人性质的企业。从世界范围看，个人所得税的税制模式有三种：分类征收制、综合征收制与混合征收制。分类征收制就是将纳税人不同来源、性质的所得项目，分别规定不同的税率征税；综合征收制是对纳税人全年的各项所得加以汇总，就其总额进行征税；混合征收制是对纳税人不同来源、性质的所得先分别按照不同的税率征税，然后将全年的各项所得进行汇总征税。三种不同的征收模式各有其优缺点。目前，我国个人所得税的征收采用的是第三种模式，即混合征收制。个人所得税在组织财政收入、增强公民纳税意识，尤其在调节个人收入分配差距方面具有重要作用。

对个人所得税进行纳税筹划，就是根据政府的税收政策导向，通过对个人取得收入的经济活动的安排，对纳税方案进行优化选择，以获得更多的税收优惠政策，从而减轻纳税负担，取得正当的税收利益。更具体地说，个人在纳税前，经过一些人为的调整，对个人收入的来源方式和途径进行比较和选择，以获得最大的税收减免，减轻纳税人的税收负担。

第一节　个人所得税纳税人的税务筹划

一、个人所得税的纳税人范围

个人所得税是对个人（自然人）取得的各项应税所得征收的一种税。个人所得税的纳税人包括中国公民、个体工商户以及在中国有所得的外籍人员（包括无国籍人员，下同）和香港、澳门、台湾同胞。按照国际通常的做法，依据住所和居住时间两个标准，个人所得税的纳税人区分为居民和非居民，并分别承担不同的纳税义务。

（一）居民纳税义务人

在中国境内有住所，或者无住所而一个纳税年度内在中国境内居住累计满 183 天的个人，为居民个人。

居民纳税义务人负有无限纳税义务，其取得的应纳税所得，无论是来源于中国境内还是境外任何地方，都要在中国缴纳个人所得税。满足以下两个条件之一即为个人所得税的居民纳税义务人：

（1）"在中国境内有住所"，即指因户籍、家庭、经济利益关系而在中国习惯性居住。

（2）"在中国境内居住满183天"，即指在一个纳税年度（即公历1月1日起至12月31日止）内，在中国居住满183天。

除国务院财政、税务主管部门另有规定外，下列所得，不论支付地点是否在中国境内，均为来源于中国境内的所得：

因任职、受雇、履约等在中国境内提供劳务取得的所得；

将财产出租给承租人在中国境内使用而取得的所得；

许可各种特许权在中国境内使用而取得的所得；

转让中国境内的不动产等财产或者在中国境内转让其他财产取得的所得；

从中国境内企业、事业单位、其他组织以及居民个人取得的利息、股息、红利所得。

（二）非居民纳税义务人

在中国境内无住所又不居住，或者无住所而一个纳税年度内在中国境内居住累计不满183天的个人，为非居民个人。

非居民纳税义务人承担有限纳税义务，只就其来源于中国境内的所得，向中国境内税务机关缴纳个人所得税。非居民纳税义务人的判定条件是以下两条必须同时具备：

（1）在我国无住所。

（2）在我国不居住或居住不满183天。根据《关于在中国境内无住所个人居住时间判断标准的公告》（财税〔2019〕34号）规定，自2019年1月1日起，对中国境内无住所的个人居住时间的判定标准如下：

①无住所个人一个纳税年度在中国境内累计居住满183天的，如果此前六年在中国境内每年累计居住天数都满183天而且没有任何一年单次离境超过30天，该纳税年度来源于中国境内、境外所得应当缴纳个人所得税；如果此前六年的任一年在中国境内累计居住天数不满183天或者单次离境超过30天，该纳税年度来源于中国境外且由境外单位或者个人支付的所得，免予缴纳个人所得税。

此前六年，是指该纳税年度的前一年至前六年的连续六个年度，此前六年的起始年度自2019年（含）以后年度开始计算。

②无住所个人一个纳税年度内在中国境内累计居住天数，按照个人在中国境内累计停留的天数计算。在中国境内停留的当天满24小时的，计入中国境内居住天数，在中国境内停留的当天不足24小时的，不计入中国境内居住天数。

二、个人所得税纳税人身份的筹划

(一)居民纳税义务人与非居民纳税义务人的筹划

《个人所得税法》规定,居民纳税义务人所取得的应纳税所得,无论是来源于中国境内还是境外任何地方,都要在中国缴纳个人所得税。非居民纳税义务人仅就其来源于中国境内的所得,自中国缴纳个人所得税。居民个人每一纳税年度的综合所得,包括工资薪金所得、劳务报酬所得、稿酬所得、特许权使用费所得,实行平时按月或分次预扣预缴,年终按综合所得办理汇算清缴的综合征收法,适用个人所得税税率表(一),见表7-1。

表7-1 个人所得税税率表(一)

(综合所得适用)

级数	全年应纳税所得额	税率(%)	速算扣除数(元)
1	不超过36 000元的部分	3	0
2	超过36 000元至144 000元的部分	10	2 520
3	超过144 000元至300 000元的部分	20	16 920
4	超过300 000元至420 000元的部分	25	31 920
5	超过420 000元至660 000元的部分	30	52 920
6	超过660 000元至960 000元的部分	35	85 920
7	超过960 000元的部分	45	181 920

注:1. 本表所称全年应纳税所得额是指依照《个人所得税法》第六条的规定,居民个人取得综合所得以每一纳税年度收入额减除费用六万元以及专项扣除、专项附加扣除和依法确定的其他扣除后的余额。

2. 非居民个人取得工资薪金所得、劳务报酬所得、稿酬所得和特许权使用费所得,依照本表按月换算后的税率表(详见表7-2)计算应纳税额。

非居民纳税义务仅就其来源于中国境内的所得,向中国缴纳个人所得税。非居民个人取得工资薪金所得、劳务报酬所得、稿酬所得、特许权使用费所得,分所得项目按月或按次计算个人所得税,统一适用个人所得税税率表(五),见表7-2。

居民从中国境内外取得的工资薪金所得、劳务报酬所得、稿酬所得、特许权使用费所得实行综合征收,汇总后可能适用高级数的税率。非居民仅就来源于中国境内的工资薪金所得、劳务报酬所得、稿酬所得、特许权使用费所得实行分类征收,不汇总。纳税人取得的收入主要是工资薪金所得、劳务报酬所得、稿酬所得、特许权使用费所得等所得时,利用税法对居民和非居民身份的认定差异,合理规划在中国境内停留时间,避免成为中国的居民纳税人，可以有效降低四项收入的综合税负。筹划的主体主要是外国人。

表 7-2　个人所得税税率表(五)

(非居民个人工资薪金所得、劳务报酬所得、稿酬所得、特许权使用费所得适用)

级数	应纳税所得额	税率(%)	速算扣除数(元)
1	不超过3 000元的部分	3	0
2	超过3 000元至12 000元的部分	10	210
3	超过12 000元至25 000元的部分	20	1 410
4	超过25 000元至35 000元的部分	25	2 660
5	超过35 000元至55 000元的部分	30	4 410
6	超过55 000元至80 000元的部分	35	7 160
7	超过80 000元的部分	45	15 160

注：相对于综合所得税率表，本表也称为月度税率表。

(二)经营所得的税务筹划

经营所得是指个体工商户从事生产、经营活动取得的所得，个人独资企业投资人、合伙企业的个人合伙人来源于境内注册的个人独资企业、合伙企业生产、经营的所得；个人依法从事办学、医疗、咨询以及其他有偿服务活动取得的所得；个人对企业、事业单位承包经营、承租经营以及转包、转租取得的所得；个人从事其他生产、经营活动取得的所得。经营所得适用 5%~35%的五级超额累进税率，见表 7-3。

表 7-3　个人所得税税率表(二)

(经营所得适用)

级数	应纳税所得额	税率(%)	速算扣除数(元)
1	不超过30 000 元的部分	5	0
2	超过30 000 元至90 000 元的部分	10	1 500
3	超过90 000 元至300 000 元的部分	20	10 500
4	超过300 000 元至500 000 元的部分	30	40 500
5	超过500 000 元的部分	35	65 500

《个人所得税法》所称成本、费用是指生产、经营活动中发生的各项直接支出和分配

计入成本的间接费用以及销售费用、管理费用、财务费用；所称损失是指生产、经营活动中发生的固定资产和存货的盘亏、毁损、报废损失，转让财产损失，坏账损失，自然灾害等不可抗力因素造成的损失以及其他损失。

从事生产、经营活动，未提供完整、准确的纳税资料，不能正确计算应纳税所得额的，由主管税务机关核定应纳税所得额或者应纳税额。

个人对企事业单位承包、承租经营后，工商登记改为个体工商户的，应按个体工商户的生产经营所得计征个人所得税，不再征收企业所得税。

个人对企事业单位承包、承租经营后，工商登记仍为企业的，不论其分配方式如何，均应先按照《企业所得税法》的有关规定缴纳企业所得税，然后根据承包、承租经营者按合同（协议）规定取得的所得，依照《个人所得税法》的有关规定缴纳个人所得税。具体如下：

（1）承包、承租人对企业经营成果不拥有所有权，仅按合同（协议）规定取得一定所得的，应按工资、薪金所得征收个人所得税。

（2）承包、承租人按合同（协议）规定只向发包方、出租人缴纳一定费用，缴纳承包、承租后的企业的经营成果归承包、承租人所有的，其取得的所得，按企事业单位承包经营、承租经营所得征收个人所得税。

也就是说，纳税人对企事业单位的承包、承租经营方式是否变更营业执照将直接决定纳税人税负的轻重。若使用原企业的营业执照，要多征一道企业所得税；如果变更为个体营业执照，则只征一道个人所得税。

【例 7-1】A 企业是一家原材料生产企业，由于经营管理不善，造成了大量的产品积压，在近几个纳税年度内均为亏损。该企业的管理层决定将企业对外租赁来避免企业破产的风险。吴某通过竞标得以出资经营该 A 企业。合同规定，吴某平时不拿工资，从企业净利润中缴纳承包费 200 000 元，剩余的部分全部归吴某本人所有。2023 年 A 企业预计生产经营所得 500 000 元。吴某应如何进行税务筹划？

筹划前：若吴某不改变企业性质，仍然使用原企业经营执照，按我国税法规定，其所得应先缴纳企业所得税，然后就其取得的所得按承包、承租经营所得缴纳个人所得税，则吴某应缴纳税额为：

$$\text{A 企业应缴纳企业所得税}=500\ 000\times25\%=125\ 000(\text{元})$$

$$\text{吴某承包 A 企业经营所得}=500\ 000-125\ 000-200\ 000=175\ 000(\text{元})$$

$$\text{吴某应纳个人所得税}=(175\ 000-5\ 000\times12)\times20\%-10\ 500=12\ 500(\text{元})$$

$$\text{吴某税后所得}=175\ 000-12\ 500=162\ 500(\text{元})$$

筹划后：若吴某改变企业的性质，将原A企业的工商登记改为个体工商户，则只需要对其承包经营取得的所得缴纳个人所得税，享受减半征收优惠。

吴某应纳个人所得税＝[（500 000－200 000－5 000×12）×20%－10 500]×（1－50%）＝18 750（元）

吴某税后所得＝500 000－200 000－18 750＝281 250（元）

相比筹划前，筹划后吴某的税后所得增加118 750元（281 250－162 500）。

对比两种投资方式我们可以发现，一般来说，在收入相同的情况下，公司制企业的税负最重，其不仅要缴纳企业所得税，还要对个人承包、承租经营的所得缴纳个人所得税。因此，将公司制企业改为个体工商户的税务筹划方法可以大大减轻企业的税收负担，有利于企业的经营和发展。

需要指出的是，在实际操作中，税务部门判断承包、承租人对企业经营成果是否拥有所有权，一般是按照对经营成果的分配方式进行的。如果是定额上交，成果归己，则属于承包、承租所得；如果对经营成果按比例分配，或者承包、承租人按定额取得成果，其余成果上交，则属于工资、薪金所得。因此，纳税人可以根据预期的经营成果测算个人所得税税负，然后确定具体的承包、分配方式，以达到减轻税负的目的。此外，还要考虑税务筹划方案带来的非税成本问题。

（三）利用借款安排进行税务筹划

对于纳税人来说，利用契约可以在更大范围内更主动地统筹安排纳税事宜。《关于规范个人投资者个人所得税征收管理的通知》（财税〔2003〕158号）规定，个人投资者从其投资企业（个人独资企业、合伙企业除外）借款，在一个纳税年度内未归还又未用于企业生产经营的，应视为企业对个人投资者的红利分配，征收20%的个人所得税。对此，可利用契约变更进行税务筹划方案的设计：

（1）由借款人于年底用周转金还上，进入第二个年度再签订借款合同借出该笔款项。这种处理模式要求每年办理借款协议，以契约形式约定。

（2）在借款时就转变契约，以他人名义办理借款，从而可以摆脱上述政策的约束，超过一个纳税年度的借款也不用缴纳任何税款。

第二节　个人所得税计税依据的税务筹划

我国的个人所得税自2019年1月1日起，开始实行按劳动所得综合征税，将工资薪金、劳务报酬、稿酬和特许权使用费四项劳动性所得综合征税；将减除费用标准提高至每月5 000元，全年6万元；除税前可扣除五险一金及企业年金外，首次增加了子女教育支出、继续教育支出、大病医疗支出、赡养老人支出、住房贷款利息和住房租金等专项附加扣除，并优化调整了税率结构，扩大了工资薪酬的个人所得税税率较低档的税率级距。

下列各项个人所得，应当缴纳个人所得税：工资、薪金所得；劳务报酬所得；稿酬所得；特许权使用费所得；经营所得；利息、股息、红利所得；财产租赁所得；财产转让所得；偶然所得。居民个人取得第一至第四项所得（以下称综合所得），按纳税年度合并计算个人所得税；非居民个人取得第一项至第四项所得，按月或者按次分项计算个人所得税。利息、股息、红利所得，财产租赁所得，财产转让所得和偶然所得，按月或分次分项计算个人所得税，适用20%比例税率。

一、综合所得的扣缴

（一）工资、薪金所得的累计预扣预缴

根据《国家税务总局发布关于〈个人所得税扣缴申报管理办法（试行）〉的公告》（2018年第61号）的规定，扣缴义务人向居民个人支付工资、薪金所得时，应当按照累计预扣法计算预扣税款，并按月办理扣缴申报。

累计预扣法是指扣缴义务人在一个纳税年度内预扣预缴税款时，以纳税人在本单位截至当前月份工资、薪金所得累计收入减除累计免税收入、累计减除费用、累计专项扣除、累计专项附加扣除和累计依法确定的其他扣除后的余额为累计预扣预缴应纳税所得额，适用个人所得税率表（三）（见表7-4），计算累计应预扣预缴税额，再减除累计减免税额和累计已预扣预缴税额，其余额为本期应预扣预缴税额。余额为负值时，暂不退税。纳税年度终了后余额仍为负值时，由纳税人通过办理综合所得年度汇算清缴，税款多退少补。

表 7-4　个人所得税税率表(三)
(居民个人工资、薪金所得预扣预缴适用)

级数	累计预扣预缴应纳税所得额	预扣率(%)	速算扣除数(元)
1	不超过36 000元的部分	3	0
2	超过36 000元至144 000元的部分	10	2 520
3	超过144 000元至300 000元的部分	20	16 920
4	超过300 000元至420 000元的部分	25	31 920
5	超过420 000元至660 000元的部分	30	52 920
6	超过660 000元至960 000元的部分	35	85 920
7	超过960 000元的部分	45	181 920

具体计算公式如下：

本期应预扣预缴税额=(累计预扣预缴应纳税所得额×预扣率-速算扣除数)-累计减免税额-累计已预扣预缴税额

累计预扣预缴应纳税所得额=累计收入-累计免税收入-累计减除费用-累计专项扣除-累计专项附加扣除-累计依法确定的其他扣除

其中,累计减除费用,按照5 000元/月乘以纳税人当年截至本月在本单位的任职受雇月份数计算。自2020年7月1日起,对首次取得工资、薪金所得的居民个人,是指自纳税年度首月起至新入职时,未取得工资、薪金所得或者未按照累计预扣法预扣预缴过连续性劳务报酬所得个人所得税的居民个人,扣缴义务人在预扣预缴个人所得税时,可按照5 000元/月乘以纳税人当年截至本月月份数计算累计减除费用。

(二)劳务报酬所得、稿酬所得、特许权使用费所得的按次或者按月预扣预缴

根据《国家税务总局关于发布〈个人所得税扣缴申报管理办法(试行)〉的公告》(2018年第61号)的规定,扣缴义务人向居民个人支付劳务报酬所得、稿酬所得、特许权使用费所得时,应当按照以下方法按次或者按月预扣预缴税款：

(1)劳务报酬所得、稿酬所得、特许权使用费所得以收入减除费用后的余额为收入额;其中,稿酬所得的收入额减按70%计算。

(2)减除费用:预扣预缴税款时,劳务报酬所得、稿酬所得、特许权使用费所得每次收入不超过4 000元的,减除费用按800元计算;每次收入4 000元以上的,减除费用按

收入的 20%计算。

(3)应纳税所得额:劳务报酬所得、稿酬所得、特许权使用费所得,以每次收入额为预扣预缴应纳税所得额,计算应预扣预缴税额。劳务报酬所得适用表(四)(见表 7-5),稿酬所得、特许权使用费所得适用 20%的比例预扣率。

表 7-5　个人所得税税率表(四)

(居民个人劳务报酬所得预扣预缴适用)

级数	预扣预缴应纳税所得额	预扣率(%)	速算扣除数(元)
1	不超过20 000元的部分	20	0
2	超过20 000元至50 000元的部分	30	2 000
3	超过50 000元的部分	40	7 000

根据《国家税务总局关于完善调整部分纳税人个人所得税预扣预缴方法的公告》(2020 年第 13 号)的规定,正在接受全日制学历教育的学生因实习取得劳务报酬所得的,扣缴义务人预扣预缴个人所得税时,可按照国家税务总局公告 2018 年第 61 号规定的累计预扣法计算并预扣预缴税款。

居民个人办理年度综合所得汇算清缴时,应当依法计算劳务报酬所得、稿酬所得、特许权使用费所得的收入额,并入年度综合所得计算应纳税款,税款多退少补。

二、居民个人综合所得的税务筹划

(一)将劳务报酬转化为经营所得

1. 劳务报酬所得和经营所得的区别

《个人所得税法实施条例》第六条第二项规定:"劳务报酬所得,指个人从事劳务取得的所得,包括从事设计、装潢、安装、制图、化验、测试、医疗、法律、会计、咨询、讲学、新闻、广播、翻译、审稿、书画、雕刻、影视、录音、录像、演出、表演、广告、展览、技术服务、介绍服务、经纪服务、代办服务以及其他劳务取得的所得。"

《个人所得税法实施条例》第六条第五项规定,经营所得是指:

(1)个人通过在中国境内注册登记的个体工商户、个人独资企业、合伙企业从事生产、经营活动取得的所得。

(2)个人依法取得执照,从事办学、医疗、咨询以及其他有偿服务活动取得的所得。

在新个税法下,对个人从事劳务活动,是按照劳务报酬所得还是经营所得纳税,主要看是否取得营业执照。

2. 个税法对筹划的影响

在将劳务报酬所得筹划为经营所得的过程中，关键的一点就是个人所得税的核定征收。在此之前，对个体工商户（含个人独资企业、合伙企业）经营所得进行核定征收是非常普遍的，核定征收最大的好处是不设置账簿，不核算实际利润，操作简便、税负低。然而，在"范冰冰税案"后，各地税务机关明显收紧了核定征收的范围。

将劳务报酬所得筹划为经营所得，无论是在原个税法下，还是在新个税法下，合法性都是没有问题的，只需由个人成立一家个体工商户或个人独资企业（合伙企业），就可以将劳务报酬所得转化为经营所得。

根据《国家税务总局海南省税务局关于经营所得核定征收个人所得税有关问题的公告》（2018 年第 15 号）的规定，海南省经营所得核定征收个人所得税有关问题公告如下：

"一、凡不符合查账征收条件的个体工商户业主、未办理个体工商户注册登记但取得生产、经营所得的自然人，其经营所得采用定额方式征收个人所得税。应纳税额计算公式：

应纳税额＝应税收入×附征率

上款所称的应税收入是核定的收入总额或纳税人申请开具发票的金额。

二、凡不符合查账征收条件的个人独资企业和合伙企业自然人投资者、企事业单位承包承租经营者，其经营所得采用核定应税所得率方式征收个人所得税。应纳税额计算公式：

应纳税所得额＝应税收入×应税所得率

应纳税所得额＝成本费用支出额/（1－应税所得率）×应税所得率

应纳税额＝应纳税所得额×经营所得 5 级累进税率

上款所称的应税收入是每一纳税年度的收入总额，成本费用支出额是每一纳税年度的成本费用支出总额。

三、凡不符合查账征收条件的个体工商户业主，核定的应税收入不高于 90 000 元/季的，附征率为 0；核定的应税收入高于 90 000 元/季的，全额征收个人所得税。

四、纳税人经营多业的，无论其经营项目是否单独核算，按其主营业务所属行业（以实际营业额占总营业额最大比例为标准）确定适用的附征率或应税所得率。"

根据海南省税务局发布的政策，在海南设立合伙企业或个人独资企业会是一个不错的选择。《财政部、税务总局关于权益性投资经营所得个人所得税征收管理的公告》（2021 年第 41 号）规定：持有股权、股票、合伙企业财产份额等权益性投资的个人独资企业、合伙企业，一律适用查账征收方式计征个人所得税。因此，前述筹划方法还要考虑41号公告对地方政策的影响。

（二）全年一次性奖金的筹划

全年一次性奖金是指行政机关、企事业单位等扣缴义务人根据其全年经济效益和对雇员全年工作业绩的综合考核情况，向雇员发放的一次性奖金。全年一次性奖金也叫年终奖，但不限于年终发放，可以是一年发放一次的综合性奖金，包括年终加薪、实行年薪制和绩效工资办法的单位根据考核情况兑现的年薪和绩效工资，不包括半年奖、季度奖、加班奖、先进奖、考勤奖。

依据《国家税务总局关于调整个人取得全年一次性奖金等计算征收个人所得税方法问题的通知》（国税发〔2005〕9号），年终一次性奖金的个人所得税采用如下计算方法：

将雇员个人当月内取得的全年一次性奖金，按适用税率和速算扣除数计算征税，计算公式如下：

（1）如果雇员当月工资薪金所得高于（或等于）税法规定的费用扣除额的，适用公式为：

应纳税额＝雇员当月取得全年一次性奖金×适用税率－速算扣除数

（2）如果雇员当月工资薪金所得低于税法规定的费用扣除额的，适用公式为：

应纳税额＝（雇员当月取得全年一次性奖金－雇员当月工资薪金所得与费用扣除额的差额）×适用税率－速算扣除数

根据《关于个人所得税法修改后有关优惠政策衔接问题的通知》（财税〔2018〕164号）和《财政部、税务总局关于延续实施全年一次性奖金等个人所得税优惠政策的公告》（2021年42号）中的规定，居民个人取得全年一次性奖金，符合《国家税务总局关于调整个人取得全年一次性奖金等计算征收个人所得税方法问题的通知》（国税发〔2005〕9号）规定的，在2023年12月31日前，不并入当年综合所得，以全年一次性奖金收入除以12个月得到的数额，按照按月换算后的综合所得税率表，确定适用税率和速算扣除数，单独计算纳税。计算公式为：

应纳税额＝全年一次性奖金收入×适用税率－速算扣除数

【例7-2】中国公民张某2023年工资薪金所得为80 000元，专项附加扣除合计为63 000元，发年终奖40 000元，下面我们对奖金按月发放和年度一次性发放两种不同方式进行比较。

第一种情况,单独纳税:40 000×10%-210=3 790(元);

第二种情况,并入综合所得纳税:40 000+80 000-60 000-63 000=-3 000(元),不用纳税。

在相同条件下,假设张某年终奖金增长到 100 000 元,纳税人同样有两种选择。

第一种情况,单独纳税:100 000×10%-210=9 790(元);

第二种情况,并入综合所得纳税:100 000+80 000-60 000-63 000=57 000(元),57 000×10%-2 520=3 180(元)。

当然,该纳税人如果做税务筹划,比如将 100 000 元拆开,21 000 元作为年终奖金单独核算,21 000×3%=630(元),79 000 元并入综合所得计税,800 00+79 000-123 000=36 000(元),36 000×3%=1 080(元),合计纳税=1 080+630=1 710(元)。比第一种情况节税 8 080 元,比第二种情况节税 1 470 元。①

(三)工资薪金筹划

取得高薪可以提高每个人的消费满足程度,但是由于工资薪金个人所得税的税率是累进的,随着收入的提高,税收负担也会加重,当累进到一定程度时,新增薪金带给纳税人的可支配现金将会逐步减小。所以,把纳税人现金性工资转为提供福利,这样不但可以增加其满足程度,还可以减轻税负。

【例 7-3】北京某公司会计师张先生 2023 年每月从公司取得工资、薪金 10 000 元,由于张先生本人及配偶在北京没有住房,采取租房的形式,张先生为承租人,每月租金 2 200元。不考虑其他扣除事项,住房租金每个月可以扣除 1 500 元。

张先生综合所得 2023 年应缴纳个人所得税=(10 000×12-5 000×12-1 500×12)×10%-2 520=1 680(元)。

如果公司为张先生提供住房,公司每月支付住房租金 1 200 元,每月向张先生收取租金 200 元,每月工资下调为 9 000 元,则张先生综合所得 2023 年应缴纳个人所得税=(9 000×12-5 000×12-1 500×12)×3%=900(元)。

筹划后,张先生可节省个人所得税 780 元(1 680-900),而公司没有增加支出。

但是需要注意的是,个人所得的形式,包括现金、实物、有价证券和其他形式的经济利益。所得为实物的,应当按照取得的凭证上所注明的价格计算应纳税所得额,无凭证的实物或者凭证上所注明的价格明显偏低的,需参照市场价格核定应纳税所得额;所得为有价证券的,根据票面价格和市场价格核定应纳税所得额;所得为其他形式的经济利益的,需参照市场价格核定应纳税所得额。另外,企业也可向员工提供各种福利设施,

① 资料来源:杨红军,2019 新个税年终奖黑洞解析与简单筹划,http://www.shui5.cn/article/31/125153.html。

只要其不能转化为现金，则不会被视为工资收入，从而不用计算缴纳个人所得税。

第三节　个人所得项目的划分与筹划

一、财产租赁所得改为个体工商户生产经营所得

（一）对转租房产的筹划

根据《国家税务总局关于个人转租房屋取得收入征收个人所得税问题的通知》（国税函〔2009〕639号）的规定："有关财产租赁所得个人所得税前扣除税费的扣除次序调整为：（一）财产租赁过程中缴纳的税费；（二）向出租方支付的租金；（三）由纳税人负担的租赁财产实际开支的修缮费用；（四）税法规定的费用扣除标准。"

《国家税务总局个体工商户个人所得税计税办法》（国家税务总局令第35号）规定，个体工商户的收入总额包括财产出租收入。因此，如果将财产租赁收入转变为个体工商户从事房产出租而取得的收入，也就是成为个体工商户生产经营所得，那么，对于出租取得的收入就可以先进行相关费用的扣除然后再缴纳个人所得税。

【例7-4】我国居民张某将租入的一幢住房转租，原租入租金每月2 000元（能提供合法支付凭证），转租收取租金每月4 500元（不含增值税）；出租住房每月实际缴纳增值税以外的税费180元（有完税凭据），则其每月应纳个人所得税为：

$$(4\ 500-180-2\ 000-800)\times10\%=1\ 520\times10\%=152(元)$$

如果张某将财产租赁所得转变为个体工商户生产经营所得，那么张某每月应缴纳税费计算如下：

4 500－2 000－180－5 000<0，因此，无需缴纳个人所得税。

筹划后，李某每月少缴纳个人所得税152元。

（二）正常出租房产的筹划

对于正常出租的房产也可以按照上面的思路来进行筹划。具体来说，对个人取得的房产租赁收入征收个人所得税时，税法规定不得扣除房产折旧，但是如果按照个体经营所取得的房产租赁收入，就可以从应纳税所得额中扣除折旧，从而达到降低税负的

目的。

【例 7-5】张某 2023 年 3 月从银行贷款 12 万元购买了一处小商铺并出租给他人经营,每月收取租金 1 500 元。根据财政部、税务总局公告 2023 年第 1 号、第 19 号的规定,自 2023 年 1 月 1 日起至 2027 年 12 月 31 日,对月销售额 10 万元以下(含本数)的增值税小规模纳税人免征增值税。张某每月出租商铺租金收入 1 500 元,无需缴纳增值税。

每月应纳财产租赁个人所得税 = [1 500/(1+5%)-800]×20% = 125.71(元)

如果张某领取营业执照,并在税务机关登记,从事个体经营,那么房产折旧就可以从应纳税所得额中扣除(假设房产的折旧年限为 10 年),具体计算过程如下:

每月房产可提取折旧 = 120 000÷10÷12 = 1 000(元)

每月张某应缴纳的个人所得税 = 1 500/(1+5%)-1 000-5 000<0

因此,张某不需要缴纳个人所得税。筹划后,每月共节约个人所得税 125.71 元。

二、个人独资企业财产出租、转让的筹划

《个人所得税法》规定,个人独资企业按"生产经营所得"征收个人所得税,不再征收企业所得税。对于个人独资企业来说,企业的财产就是个人的财产,但是个人的财产和企业的财产是有区别的,如果将两者的财产加以区别,就可以分开计算,如果都是按企业的财产出租、转让则要并入企业的生产、经营所得一并征收个人所得税。这就提供了税务筹划的空间。

【例 7-6】某个人独资企业 2023 年度实现生产经营所得 16 000 元,出租固定资产取得不含税租金收入 60 000 元,与之相关的税费为每月 275 元,每月租金 5 000 元。

方案一:将出租固定资产作为企业财产,租金收入并入生产经营所得统一纳税。

应纳税所得额 = 60 000-275×12 = 56 700(元)

2023 年个人独资企业投资者应纳个人所得税 = (16 000+56 700)×10%-1 500 = 5 770(元)

方案二:将该财产作为投资者个人的其他财产,则租赁收益按"财产租赁所得"单独纳税。

财产租赁所得应纳个人所得税 = [(5 000-275)×(1-20%)]×20%×12 = 9 072(元)

生产经营所得应纳税额 = 16 000×5% = 800(元)

个人独资企业投资者合计应纳个人所得税=9 072+800=9 872(元)

可以看出,方案一比方案二节约税款 4 102 元(9 872-5 770)。

【例 7-7】某个人独资企业 2023 年度实现生产经营所得 280 000 元,转让固定资产取得不含税收入 150 000 元,其原值为 300 000 元,已提折旧 200 000 元,转让过程中发生税费 8 300 元。

方案一:将该财产作为企业财产,转让收入并入生产经营所得统一纳税。

该固定资产转让收益=150 000-(300 000-200 000)-8 300=41 700(元)

该个人独资企业投资者应纳个人所得税=(280 000+41 700)×30%-40 500=56 010(元)

方案二:将该财产作为投资者个人的其他财产,转让收益按“财产转让所得”单独纳税。该固定资产转让收益计算同上,为 41 700 元。

财产转让所得应纳个人所得税=41 700×20%=8 340(元)

个人独资企业投资者应纳个人所得税=280 000×20%-10 500=45 500(元)

合计应纳个人所得税=8 340+45 500=53 840(元)

方案二比方案一可降低个人所得税 2 170 元(56 010-53 840)。

因此,将财产转让收益与个人独资企业投资者的生产经营所得分开纳税能否有效降低税负,要视税率状况而定。如果将财产转让收益与个人独资企业投资者生产经营所得合并后适用的最高税率为 20%,则分开计算不能降低税负。无论是财产转让所得还是个人独资企业投资者生产经营所得,适用的税率都是 20%,分开核算与合并纳税,税负都不发生变化。

现在假设财产转让发生损失,假定上例中其发生财产转让收入 60 000 元,转让税费 3 300 元,其计算如下:

财产转让损失=60 000-(300 000-200 000)-3 300=-43 300(元)

方案一:将该财产作为企业财产,转让收益并入生产、经营所得统一纳税。

个人独资企业投资者应纳个人所得税=(280 000-43 300)×20%-10 500=36 840(元)

方案二:将该财产作为投资者个人的其他财产,转让收益按“财产转让所得”单独纳税。

财产转让所得应纳个人所得税=0,则:

个人独资企业投资者应纳个人所得税 = 280 000×20% - 10 500 = 45 500(元)

方案二比方案一增加税负 8 660 元(45 500 - 36 840)。由于将财产转让损失与个人独资企业投资者的生产经营收入分开核算,使财产转让损失无法弥补。所以,将财产转让损失与个人独资企业投资者的生产经营收入合并,可以抵减一部分收益,从而降低应纳个人所得税,起到了节约成本的作用。

第四节 个人所得税专项附加扣除的税务筹划

为了规范个人所得税专项附加扣除行为,切实维护纳税人合法权益,根据新修改的《个人所得税法》及其实施条例、《税收征收管理法》及其实施细则、《国务院关于印发个人所得税专项附加扣除暂行办法的通知》(国发〔2018〕41 号)《国务院关于提高个人所得税有关专项附加扣除标准的通知》(国发〔2023〕13 号)的规定,纳税人享受子女教育、继续教育、大病医疗、住房贷款利息或者住房租金、赡养老人 3 岁以下婴幼儿照护专项附加扣除的,自 2023 年 1 月 1 日起,依照规定办理。

一、子女教育专项附加扣除

纳税人的子女接受学前教育和学历教育的相关支出,按照每个子女每年 24 000 元(每月 2 000 元)的标准定额扣除。学前教育包括年满 3 岁至小学入学前教育。学历教育包括义务教育(小学和初中教育)、高中阶段教育(普通高中、中等职业教育)、高等教育(大学专科、大学本科、硕士研究生、博士研究生教育)。

受教育子女的父母分别按扣除标准的 50%扣除;经父母约定,也可以选择由其中一方按扣除标准的 100%扣除。具体扣除方式在一个纳税年度内不得变更。也就是说,对于父母一方而言,扣除比例有三种可能性:0%、50%、100%。

二、继续教育专项附加扣除

纳税人接受学历继续教育的支出,在学历教育期间,按照每年 4 800 元(每月 400 元)定额扣除。纳税人接受技能人员职业资格继续教育、专业技术人员职业资格继续教育支出,在取得相关证书的年度,按照每年 3 600 元定额扣除。

个人接受本科及以下学历(学位)继续教育符合规定扣除条件的,该项教育支出既可以由其父母按照子女教育支出扣除，也可以由本人按照继续教育支出扣除，但不得同时扣除。

因此，在职工选择子女教育支出的扣除比例及子女教育支出如何扣除时，应提醒职工注意做好纳税筹划工作。如果夫妻双方收入水平接近，可以考虑各扣除 50%；如果双方收入差距相差悬殊，应选择由收入高的一方全额扣除。

例如，母亲每月取得工资收入 5 500 元，父亲每月取得工资薪金收入 10 000 元。

第一种情况：两人选择各扣除 50%，即每人扣除 1000 元，母亲应纳所得税额 = 5 500 − 1 000 − 5 000 = −500（元），不需要缴纳个人所得税；父亲应纳税所得额 =（10 000 − 1 000 − 5 000）×10% − 210 = 190（元），两人合计纳税 190 元。

第二种情况：两人决定由父亲单方扣除 2 000 元，母亲应纳所得税额 =（5 500 − 5 000）×3% = 15（元），父亲应纳所得税额 =（10 000 − 2 000 − 5 000）×10% − 210 = 90（元），两人合计纳税 105 元（90+15），比税务筹划前节税 35 元。

三、大病医疗专项附加扣除

一个纳税年度内，在社会医疗保险管理信息系统记录的（包括医保目录范围内的自付部分）由个人负担超过 15 000 元的医药费用支出部分，为大病医疗支出，可以按照每年 80 000 元标准限额据实扣除。大病医疗专项附加扣除由纳税人办理汇算清缴时扣除。纳税人发生的大病医疗支出由纳税人本人扣除。纳税人应当留存医疗服务收费相关票据原件（或复印件）。

四、住房贷款利息专项附加扣除

纳税人本人或配偶使用商业银行或住房公积金个人住房贷款为本人或其配偶购买住房，发生的首套住房贷款利息支出，在偿还贷款期间，可以按照每年 12 000 元（每月 1 000 元）标准定额扣除。非首套住房贷款利息支出，纳税人不得扣除。纳税人只能享受一套首套住房贷款利息扣除。经夫妻双方约定，可以选择由其中一方扣除，具体扣除方式在一个纳税年度内不得变更。纳税人应当留存住房贷款合同、贷款还款支出凭证。

五、住房租金专项附加扣除

纳税人本人及配偶在纳税人的主要工作城市没有住房，而在主要工作城市租赁住房发生的租金支出，可以按照以下标准定额扣除：

（1）承租的住房位于直辖市、省会城市、计划单列市以及国务院确定的其他城市，扣除标准为每年 18 000 元（每月 1 500 元）。

(2)承租的住房位于其他城市的,市辖区户籍人口超过 100 万的,扣除标准为每年 13 200 元(每月 1 100 元)。

(3)承租的住房位于其他城市的,市辖区户籍人口不超过 100 万(含)的,扣除标准为每年 9 600 元(每月 800 元)。

主要工作城市是指纳税人任职受雇所在城市,无任职受雇单位的,为其经常居住城市。城市范围包括直辖市、计划单列市、副省级城市、地级市(地区、州、盟)全部行政区域范围。

夫妻双方主要工作城市相同的,只能由一方扣除住房租金支出。夫妻双方主要工作城市不相同的,且各自在其主要工作城市都没有住房的,可以分别扣除住房租金支出。住房租金支出由签订租赁住房合同的承租人扣除。纳税人及其配偶不得同时分别享受住房贷款利息专项附加扣除和住房租金专项附加扣除。纳税人应当留存住房租赁合同。

六、赡养老人专项附加扣除

纳税人赡养 60 岁(含)以上父母以及其他法定赡养人的赡养支出,可以按照以下标准定额扣除:

(1)纳税人为独生子女的,按照每年 36 000 元(每月 3 000 元)的标准定额扣除。

(2)纳税人为非独生子女的,应当与其兄弟姐妹分摊每年 36 000 元(每月 3 000 元)的扣除额度,分摊方式包括平均分摊、被赡养人指定分摊或者赡养人约定分摊,具体分摊方式在一个纳税年度内不得变更。采取指定分摊或约定分摊方式的,每一纳税人分摊的扣除额最高不得超过每年 18 000 元(每月 1 500 元),并签订书面分摊协议。指定分摊与约定分摊不一致的,以指定分摊为准。纳税人赡养 2 个及以上老人的,不按老人人数加倍扣除。

其他法定赡养人是指祖父母、外祖父母的子女已经去世,实际承担对祖父母、外祖父母赡养义务的孙子女、外孙子女。

七、3 岁以下婴幼儿照护专项附加扣除

纳税人照护 3 岁以下婴幼儿子女的相关支出,按照每个婴幼儿每月 2 000 元的标准定额扣除。

父母可以选择由其中一方按扣除标准的 100%扣除,也可以选择由双方分别按扣除标准的 50%扣除,具体扣除方式在一个纳税年度内不能变更。

第五节　个人所得税优惠政策的税务筹划

一、个人所得税减免税的优惠规定

(一)法定免税项目

根据现行《个人所得税法》及其实施条例相关规定,个人取得的下列所得项目,免征个人所得税:

(1)省级人民政府、国务院部委、中国人民解放军军以上单位,以及外国组织、国际组织颁发的科学、教育、技术、文化、卫生、体育、环境保护等方面的奖金。

(2)国债和国家发行的金融债券利息,即个人持有中华人民共和国财政部发行的债券和经国务院批准发行的金融债券而取得的利息所得。

(3)按照国家统一规定发给的补贴、津贴,即按照国务院规定发给的政府特殊津贴和国务院规定免税的补贴、津贴。

(4)福利费、抚恤金、救济金。

(5)保险赔款。

(6)军人的转业费、复员费。

(7)按照国家统一规定发给干部、职工的安家费、退职费、基本养老金或者退休费、离休生活补助费。

(8)按照中国有关法律规定应当免税的各国驻华使馆、领事馆的外交代表、领事官员和其他人员的所得。

(9)中国政府参加的国际公约、签订的协议中规定免税的所得。

(10)经国务院财政部门批准免税的所得。这是一个概括性项目,主要是针对税法执行中可能出现的一些确需免税的情况而定的。

(二)其他免税项目

1994 年实施新税制以来,国务院、财政部和国家税务总局相继对一些个人取得的所得项目做出了免予缴纳个人所得税的规定,主要包括:

(1)教育储蓄存款利息以及国家财政部门确定的其他专项储蓄存款或者储蓄性专

项基金存款利息。

(2)乡、镇以上人民政府或者经县以上人民政府主管部门批准成立的见义勇为基金会或者类似组织发给见义勇为者的奖金和奖品。

(3)中国科学院和中国工程院院士津贴、资深院士津贴。

(4)企业和个人按照国家或者地方政府规定的比例提取并向指定的金融机构为个人缴付的住房公积金、基本医疗保险费、基本养老保险费、失业保险费,免征个人所得税;超过规定比例缴付的部分,应当并入个人当期的工资、薪金所得计税。个人领取原来提存的上述款项及其利息的时候,也免征个人所得税。

(5)下岗职工从事社区居民服务业取得的经营所得和劳务报酬所得,可以定期免征个人所得税。

(6)军队干部取得的某些特殊补贴、津贴,如军粮差价补贴、夫妻分居补助费等。

(7)个人与用人单位因解除劳动关系而取得的一次性经济补偿收入,相当于当地上年职工平均工资三倍数额以内的部分,免征个人所得税。

(三)暂免征税项目

(1)符合国家规定的外籍专家(如联合国组织直接派往我国工作的专家,根据世界银行专项贷款协议由世界银行直接派往我国工作的专家等)的工资、薪金所得。

(2)外籍个人的某些所得(包括以非现金形式或者实报实销形式取得的住房补贴、伙食补贴、搬迁费、洗衣费;按照合理标准取得的出差补贴;取得的探亲费、语言训练费、子女教育费等,经主管税务机关核准为合理的部分;从外商投资企业取得的股息、红利等项目)。

(3)个人举报、协查各种违法、犯罪行为获得的奖金。

(4)个人按照规定办理代扣代缴税款手续取得的手续费。

(5)个人转让自用5年以上并且是唯一的家庭生活用房取得的所得。

(6)已经达到离休、退休年龄,由于工作需要而留任的享受政府特殊津贴的专家、学者,在其缓办离休、退休期间取得的工资、薪金所得。

(7)转让境内上市公司(含新三板挂牌公司)非限售股股票转让所得。

(8)科研机构、高等学校转化职务科技成果,以股份、出资比例等股权形式给予个人的奖励。

(9)个人购买社会福利有奖募捐奖券和体育彩票,一次中奖不超过1万元的中奖所得。

(10)集体所有制企业改为股份合作制企业时职工个人以股份形式取得的拥有所有权的企业量化资产。

（11）军队干部取得的军人职业津贴、军队设立的艰苦地区补助、专业性补助、基层军官岗位津贴、伙食补贴。

（12）个人从公开发行和转让市场取得的上市公司股票（含新三板挂牌公司股票），持股期限超过1年的，股息红利所得暂免征收个人所得税。个人从公开发行和转让市场取得的上市公司股票，持股期限在1个月以内（含1个月）的，其股息红利所得全额计入应纳税所得额；持股期限在1个月以上至1年（含1年）的，暂减按50%计入应纳税所得额；上述所得统一适用20%的税率计征个人所得税。

（四）不征税项目

不征税项目如下：

（1）独生子女补贴。

（2）执行公务员工资制度未纳入基本工资总额的补贴、津贴差额和家属成员的副食品补贴。

（3）托儿补助费。

（4）差旅费津贴、误餐补贴。

（五）减税项目

纳税人有下列情形的，经批准可以减征个人所得税：

（1）残疾、孤老人员和烈属的所得。

（2）因严重自然灾害造成重大损失的。

（3）其他经国务院财政部门批准减税的。

《财政部、税务总局关于进一步支持小微企业和个体工商发展有关税费政策的公告》（2023年第12号）第一条规定，自2023年1月1日至2027年12月31日，对个体工商户年应纳税额所得额不超过200万元的部分，减半征收个人所得税。个体工商户在享受现行其他个人所得税优惠政策的基础上，可叠加享受本条优惠政策。

二、国外已纳税额的扣除

《财政部、税务总局关于境外所得有关个人所得税政策的公告》（2020年第3号）规定了境外所得的个人所得税政策，适用于2019年度及以后年度相关税收处理事宜。

（1）下列所得，为来源于中国境外的所得：

①因任职、受雇、履约等在中国境外提供劳务取得的所得。

②中国境外企业以及其他组织支付且负担的稿酬所得。

③许可各种特许权在中国境外使用而取得的所得。

④在中国境外从事生产、经营活动而取得的与生产、经营活动相关的所得。

⑤从中国境外企业、其他组织以及非居民个人取得的利息、股息、红利所得。

⑥将财产出租给承租人在中国境外使用而取得的所得。

⑦转让中国境外的不动产，转让对中国境外企业以及其他组织投资形成的股票、股权以及其他权益性资产（以下称权益性资产）或者在中国境外转让其他财产取得的所得。但转让对中国境外企业以及其他组织投资形成的权益性资产，该权益性资产被转让前三年（连续36个公历月份）内的任一时间，被投资企业或其他组织的资产公允价值50%以上直接或间接来自位于中国境内的不动产的，取得的所得为来源于中国境内的所得。

⑧中国境外企业、其他组织以及非居民个人支付且负担的偶然所得。

⑨财政部、税务总局另有规定的，按照相关规定执行。

（2）居民个人应当按照以下方法计算当期境内和境外所得应纳税额：

①居民个人来源于中国境外的综合所得，应当与境内综合所得合并计算应纳税额。

②居民个人来源于中国境外的经营所得，应当与境内经营所得合并计算应纳税额。居民个人来源于境外的经营所得，按照个人所得税法及其实施条例的有关规定计算的亏损，不得抵减其境内或他国（地区）的应纳税所得额，但可以用来源于同一国家（地区）以后年度的经营所得按中国税法规定弥补。

③居民个人来源于中国境外的利息、股息、红利所得，财产租赁所得，财产转让所得和偶然所得（以下称其他分类所得），不与境内所得合并，应当分别单独计算应纳税额。

（3）居民个人在一个纳税年度内来源于中国境外的所得，依照所得来源国家（地区）税收法律规定在中国境外已缴纳的所得税税额允许在抵免限额内从其该纳税年度应纳税额中抵免。

居民个人来源于一国（地区）的综合所得、经营所得以及其他分类所得项目的应纳税额为其抵免限额，按照下列公式计算：

①来源于一国（地区）综合所得的抵免限额=中国境内和境外综合所得依照本公告第二条规定计算的综合所得应纳税额×来源于该国（地区）的综合所得收入额÷中国境内和境外综合所得收入额合计。

②来源于一国（地区）经营所得的抵免限额=中国境内和境外经营所得依照本公告第二条规定计算的经营所得应纳税额×来源于该国（地区）的经营所得应纳税所得额÷中国境内和境外经营所得应纳税所得额合计。

③来源于一国（地区）其他分类所得的抵免限额=该国（地区）的其他分类所得依照本公告第二条规定计算的应纳税额。

④来源于一国（地区）所得的抵免限额=来源于该国（地区）综合所得抵免限额+来

源于该国(地区)经营所得抵免限额+来源于该国(地区)其他分类所得抵免限额。

(4)可抵免的境外所得税税额,是指居民个人取得境外所得,依照该所得来源国(地区)税收法律应当缴纳且实际已经缴纳的所得税性质的税额。可抵免的境外所得税额不包括以下情形:

①按照境外所得税法律属于错缴或错征的境外所得税税额。

②按照我国政府签订的避免双重征税协定以及内地与香港、澳门签订的避免双重征税安排(以下统称税收协定)规定不应征收的境外所得税税额。

③因少缴或迟缴境外所得税而追加的利息、滞纳金或罚款。

④境外所得税纳税人或者其利害关系人从境外征税主体得到实际返还或补偿的境外所得税税款。

⑤按照我国个人所得税法及其实施条例规定,已经免税的境外所得负担的境外所得税税款。

(5)居民个人从与我国签订税收协定的国家(地区)取得的所得,按照该国(地区)税收法律享受免税或减税待遇,且该免税或减税的数额按照税收协定饶让条款规定应视同已缴税额在中国的应纳税额中抵免的,该免税或减税数额可作为居民个人实际缴纳的境外所得税税额按规定申报税收抵免。

(6)居民个人一个纳税年度内来源于一国(地区)的所得实际已经缴纳的所得税税额,低于依照本公告第三条规定计算出的来源于该国(地区)该纳税年度所得的抵免限额的,应以实际缴纳税额作为抵免额进行抵免;超过来源于该国(地区)该纳税年度所得的抵免限额的,应在限额内进行抵免,超过部分可以在以后五个纳税年度内结转抵免。

(7)居民个人从中国境外取得所得的,应当在取得所得的次年3月1日至6月30日内申报纳税。

(8)居民个人取得境外所得,应当向中国境内任职、受雇单位所在地主管税务机关办理纳税申报;在中国境内没有任职、受雇单位的,向户籍所在地或中国境内经常居住地主管税务机关办理纳税申报;户籍所在地与中国境内经常居住地不一致的,选择其中一地主管税务机关办理纳税申报;在中国境内没有户籍的,向中国境内经常居住地主管税务机关办理纳税申报。

(9)居民个人取得境外所得的境外纳税年度与公历年度不一致的,取得境外所得的境外纳税年度最后一日所在的公历年度,为境外所得对应的我国纳税年度。

(10)居民个人申报境外所得税收抵免时,除另有规定外,应当提供境外征税主体出具的税款所属年度的完税证明、税收缴款书或者纳税记录等纳税凭证,未提供符合要求的纳税凭证,不予抵免。

居民个人已申报境外所得、未进行税收抵免,在以后纳税年度取得纳税凭证并申报境外所得税收抵免的，可以追溯至该境外所得所属纳税年度进行抵免，但追溯年度不得超过五年。自取得该项境外所得的五个年度内，境外征税主体出具的税款所属纳税年度纳税凭证载明的实际缴纳税额发生变化的，按实际缴纳税额重新计算并办理补退税，不加收税收滞纳金，不退还利息。

纳税人确实无法提供纳税凭证的，可同时凭境外所得纳税申报表（或者境外征税主体确认的缴税通知书）以及对应的银行缴款凭证办理境外所得抵免事宜。

居民纳税人王某在无境内所得的情况下，于2019年从甲国取得两项应税收入，其中，在甲国任职取得工资薪金收入折合成人民币共计75 600元，平均每月6 300元，已纳所得税折合成人民币500元。同时，王某提供劳务，取得收入折合成人民币共30 000元，已纳所得税折合成人民币1 000元。

$$全部所得全年应纳税额=[75\ 600+30\ 000\times(1-20\%)-60\ 000]\times 10\%-2\ 520=1\ 440(元)$$

因此其境外所得的可抵免税额为1 440元。

由于王某在国外已缴纳税款1 500元，超过了抵扣限额，因此在国内不再纳税，但超过的部分60元（1 500-1 440），可以在今后五年的期限内，从甲国扣除限额的余额中补扣。

在运用国外已纳税额的抵扣方法进行税务筹划时，一定要注重限制时间。同时，纳税人进行抵扣的必须分国办理抵免。

思考题

1. 居民纳税人和非居民纳税人如何进行界定？
2. 如何界定工资、薪金所得与劳务报酬所得？
3. 对于稿酬所得可采用哪几种方法进行税务筹划？
4. 纳税人的公益性捐赠应如何筹划可使税负降低？
5. 关于国外已纳税额的扣除我国税法是怎样规定的？

第八章

其他税种的税务筹划

本章要点

本章围绕土地增值税、资源税、房产税、印花税、契税、车船税、城镇土地使用税、城市维护建设税、环境保护税这九个税种的税务筹划展开分析，阐述各个税种的相关政策依据，同时对税收政策的最新变化进行梳理。

第一节 土地增值税的税务筹划

土地增值税是对转让国有土地使用权、地上建筑物及其附着物并取得收入的单位和个人，就其转让房地产所取得的增值额征收的一种税。自1994年1月1日起，我国的土地增值税依照《中华人民共和国土地增值税暂行条例》进行征收。

一、土地增值税纳税人选择及征税范围的筹划

（一）土地增值税纳税人和征税范围的法律规定

1. 纳税义务人

土地增值税的纳税义务人是转让国有土地使用权、地上建筑物及其附着物并取得收入的单位和个人，包括内外资企业、行政事业单位、中外籍个人等。

2. 征税范围

土地增值税的征税范围包括：

（1）转让国有土地使用权。这里所说的“国有土地”，是指按国家法律规定属于国家所有的土地。

（2）地上建筑物及其附着物连同国有土地使用权一并转让。这里所说的“地上建筑物”，是指建于土地上的一切建筑物，包括地上、地下的各种附属设施。这里所说的“附着物”，是指附着于土地上的不能移动或一经移动即遭损坏的物品。

（3）存量房地产买卖。这里所说的“存量房地产”是指已经建成并已投入使用的房地产，其房屋所有人将房屋产权和土地使用权一并转让给其他单位和个人。

具体来讲，征收土地增值税必须满足三个判断标准：

一是对转让国有土地使用权及其地上建筑物和附着物的行为征税。这里转让的土地，其使用权是否为国家所有，是判定是否属于土地增值税征税范围的标准之一。

二是对国有土地使用权及其地上建筑物和附着物的转让行为征税。土地使用权、地上建筑物及其附着物的产权是否发生转让，是判定是否属于土地增值税征税范围的标准之二。

三是对转让房地产并取得收入的行为征税。是否取得收入，是判定是否属于土地增值税征税范围的标准之三。

3. 税率

土地增值税实行四级超率累进税率:

(1)增值额未超过扣除项目金额50%的部分,税率为30%。

(2)增值额超过扣除项目金额50%,未超过扣除项目金额100%的部分,税率为40%。

(3)增值额超过扣除项目金额100%,未超过扣除项目金额200%的部分,税率为50%。

(4)增值额超过扣除项目金额200%的部分,税率为60%。

上述四级超率累进税率,每级"增值额未超过扣除项目金额"的比例,均包括本比例数,超率累进税率见表8-1。

表8-1 土地增值税四级超率累进税率

单位:%

级数	增值额与扣除项目金额的比率	税率	速算扣除数
1	不超过50%的部分	30	0
2	50%~100%的部分	40	5
3	100%~200%的部分	50	15
4	超过200%的部分	60	35

资料来源:刘颖. 税法[M].北京:北京科学技术出版社,2018.

(二)土地增值税纳税人选择及征税范围的筹划空间

根据上述对土地增值税征税范围的法律界定,只有符合三个判断标准才能征收土地增值税。因此,通过避免符合这三个判断标准可以实现土地增值税的税务筹划。

(1)不发生转让土地使用权、房产产权的行为可不征收土地增值税。例如,建造房屋时可选用房地产的代建房、合作建房等方式,这样不会发生土地使用权或产权的转让行为,不用征收土地增值税;或者将房产、土地使用权租赁给承租人使用,由承租人向出租人支付租金。

(2)发生转让房地产但未取得收入时可不征收土地增值税。例如,以继承、赠与方式无偿转让房地产的行为可免征土地增值税。具体包括以下两种:一是所有人通过境内非营利的社会团体、国家机关将房屋产权、土地使用权赠与教育、民政和其他社会福利、公益事业;二是房产所有人、土地使用权所有人将房屋产权、土地使用权赠与直系亲属或直接赡养义务人。

(3)准确核算房地产销售额。土地增值税对地上建筑物及其附着物连同国有土地使用权一并转让的行为征税,这里所说的“地上建筑物”,是指建于土地上的一切建筑物,包括地上、地下的各种附属设施;这里所说的“附着物”,是指附着于土地上的不能移动或一经移动即遭损坏的物品。因此,应将与上述征收范围无关的其他项目单独转让,避免成为房地产转让收入的一部分。

【例 8-1】某房地产公司出售一栋房屋,房屋总售价为 1 000 万元,该房屋进行了简单装修并安装了简单必备设施。根据税法的相关规定,该房地产开发业务允许扣除的费用为 400 万元,增值额为 600 万元。土地增值率=600/400×100%=150%。根据《中华人民共和国土地增值税暂行条例实施细则》的规定,增值额超过扣除项目金额 100%,未超过 200%的土地增值税税额=增值额×50%-扣除项目金额×15%。因此,应当缴纳土地增值税=600×50%-400×15%=240(万元)。如何对这家公司进行税务筹划?

解析:如果进行税务筹划,可以将该房屋的出售分为两个合同:第一个合同为房屋出售合同,不包括装修费用,房屋出售价格为 700 万元,允许扣除的成本为 300 万元;第二个合同为房屋装修合同,装修费用为 300 万元,允许扣除的成本为 100 万元,不属于土地增值税的征收范围。第一个合同中,房屋出售需缴纳土地增值税,其土地增值率=400/300×100%=133%;应该缴纳土地增值税=400×50%-300×15%=155(万元)。由于分开核算,减少了房地产的销售额,由计算结果可以看出,经过税务筹划的税收负担明显降低。

二、土地增值税计税依据的筹划

(一)土地增值税计税依据的法律规定

土地增值税纳税人转让房地产所取得的收入减除规定的扣除项目金额后的余额(即增值额),是土地增值税的计税依据。

(二)土地增值税计税依据的筹划空间

我们可以通过合理、合法地降低增值额进行税务筹划。由于土地增值税按增值额占扣除项目金额的比率(即增值率的大小)实行四级超率累进税率,在实际工作中,应认真测算增值率,然后再设法调整增值率。企业对增值率的控制,通常通过两条途径来实现:一是控制收入,合理确定房地产的价格;二是控制成本,选择适当的成本、费用计算和扣除方法。

1. 通过提高成本进行税务筹划

【例 8-2】某房地产公司开发一栋普通标准住宅，房屋售价为不含税 1 000 万元，按照税法规定可扣除费用为 800 万元。增值额为 200 万元，增值率 = 200/800 = 25%。该房地产公司需要缴纳土地增值税 = 200×30% = 60(万元)；增值税 = 1 000×9% = 90(万元)；城市维护建设税和教育费附加 = 90×10% = 9(万元)。不考虑企业所得税，该房地产公司的利润 = 1 000−800−60−90−9 = 41(万元)。

该房地产公司如果进行税务筹划，将该房屋进行简单装修，费用为 200 万元，房屋售价增加至 1 200 万元。按照税法规定，可扣除项目增加为 1 000 万元，增值额为 200 万元，增值率 = 200/1 000 = 20%，不需要缴纳土地增值税。该房地产公司需要缴纳增值税 = 1 200×9% = 108(万元)；城市维护建设税和教育费附加 = 108×10% = 10.8(万元)。不考虑企业所得税，该房地产公司的利润 = 1 200−1 000−108−10.8 = 81.2(万元)。该税务筹划降低企业税收负担 40.2 万元(81.2−41)。

2. 通过降低房产售价进行税务筹划

【例 8-3】某房地产开发企业建造一批普通标准住宅，取得土地使用权所支付的金额为 500 万元，开发土地的费用为 100 万元，新建房及配套设施的成本为 1 000 万元，与转让房地产有关的税金为 80 万元，该批住宅以 2 500 万元的价格出售。根据税法的规定，该房地产企业可以扣除的费用除了上述费用以外，还可以加扣(500+100+1 000)×20% = 320(万元)。该房地产企业的增值率 = (2 500−500−100−1 000−80−320)/(500 + 100+1 000+80+320) = 25%。根据税法规定，应该按照 30%的税率缴纳土地增值税，应纳土地增值税 = (2 500−500−100−1 000−80− 320)×30% = 150(万元)。企业税后利润 = 2 500−500−100−1 000−80−320−150 = 350(万元)。

该企业如果进行税务筹划，将该批住宅的出售价格降低为 2 400 万元，则该房地产企业的增值率 = (2 400−500−100−1 000−80− 320)/(500+100+1 000+80+320) = 20%。根据税法的规定，该企业不用缴纳土地增值税。企业税后利润 = 2 400−500−100−1 000−80−320 = 400(万元)。该税务筹划使企业减轻税收负担 150 万元，开发商的收益多了 50 万元(400−350)。

3. 利息支付过程中的纳税筹划

房地产开发企业往往需要利用大量贷款，其中涉及利息的支出。关于利息支出的扣除，我国税法规定了一些限制。《土地增值税暂行条例实施细则》第七条第(三)项规定："财务费用中的利息支出，凡能够按转让房地产项目计算分摊并提供金融机构证明的，允许据实扣除，但最高不能超过按商业银行同类同期贷款利率计算的金额。其他房地产开发费用，按本条(一)(二)项规定计算的金额之和的百分之五以内计算扣除。凡不能按转让房地产项目计算分摊利息支出或不能提供金融机构证明的，房地产开发费用按本条(一)(二)项规定计算的金额之和的百分之十以内计算扣除。上述计算扣除的具体比例,由各省、自治区、直辖市人民政府规定。”这里的(一)项为取得土地使用权所支付的金额,是指纳税人为取得土地使用权所支付的地价款和按国家统一规定交纳的有关费用。这里的(二)项为开发土地和新建房及配套设施(以下简称房地产开发)的成本,是指纳税人房地产开发项目实际发生的成本,包括土地征用及拆迁补偿费、前期工程费、建筑安装工程费、基础设施费、公共配套设施费、开发间接费用。

房地产企业贷款利息扣除的限额分为两种情况:一种是在商业银行同类同期贷款利率的限度内据实扣除;另一种是与其他费用一起按税法规定的房地产开发成本的10%以内扣除。这两种扣除方式就为企业进行纳税筹划提供了空间,企业可以根据两种计算方法所能扣除的费用的不同来决定具体采用哪种扣除方法。

【例 8-4】某房地产企业开发一处房地产,为取得土地使用权支付 1 000 万元,为开发土地和新建房及配套设施花费 1 200 万元,财务费用中可以按转让房地产项目计算分摊利息的利息支出为 200 万元,不超过商业银行同类同期贷款利率。该企业是否应提供金融机构证明?

解析:如果不提供金融机构证明,则该企业所能扣除费用的最高额=(1 000+1 200)×10%=220(万元);如果提供金融机构证明,该企业所能扣除费用的最高额=200+(1 000+1 200)×5%=310(万元)。可见,在这种情况下,提供金融机构证明是有利的选择。

4. 代收费用处理过程中的纳税筹划

根据《财政部、税务总局关于土地增值税一些具体问题规定的通知》(财税〔1995〕48 号)的规定,对于县级及县级以上人民政府要求房地产开发企业在售房时代收的各项费用,如果代收费用是计入房价中向购买方一并收取的,可作为转让房地产所取得的收入计税;如果代收费用未计入房价中,而是在房价之外单独收取的,可以不作为转让房地产的收入。对于代收费用作为转让收入计税的,在计算扣除项目金额时,可予以扣除,但不允许作为加计 20%扣除的基数;对于代收费用未作为转让房地产的收入计税的,在计算增值额时不允许扣除代收费用。

企业是否将该代收费用计入房价对于企业的增值额不会产生影响,但是会影响房地产开发的总成本,也就会影响房地产的增值率,进而影响土地增值税的数额。因此,企业可以利用这一规定进行纳税筹划。

【例 8-5】某房地产开发企业开发一套房地产,取得土地使用权支付费用 300 万元,土地和房地产开发成本为 800 万元,允许扣除的房地产开发费用为 100 万元,转让房地产税费为 140 万元,房地产出售价格为 2 500 万元,为当地县级人民政府代收各种费用为 100 万元。现在需要确定该企业是单独收取该项费用,还是并入房价收取该费用?

解析：如果将该费用单独收取，该房地产可扣除费用=300+800+100+(300+800)×20%+140=1 560(万元)，增值额=2 500-1 560=940(万元)，增值率=940÷1 560=60.25%，应纳土地增值税=940×40%-1 560×5%=298(万元)。

如果将该费用计入房价，该房地产可扣除费用=300+800+100+(300+800)×20%+140+100=1 660(万元)，增值额=2 500+100-1 660=940(万元)，增值率=940÷1 660=56.63%，应纳土地增值税=940×40%-1 660×5%=293(万元)。该纳税筹划减轻土地增值税负担5万元(298-293)。

5. 通过增加扣除项目进行纳税筹划

土地增值税是房地产开发的主要成本之一，而土地增值税在建造普通标准住宅增值率不超过20%的情况下可以免征，企业可以通过增加扣除项目使得房地产的增值率不超过20%，从而享受免税待遇。

【例8-6】某房地产公司开发一栋普通标准住宅，房屋售价为1 000万元，按照税法规定可扣除费用为800万元，增值额为200万元，增值率=200÷800=25%。该房地产公司需要缴纳土地增值税=200×30%=60(万元)。不考虑企业所得税，该房地产公司的利润=1 000-800-60=140(万元)。请提出该企业的纳税筹划方案。

解析：如果该房地产公司进行纳税筹划，将该房屋进行简单装修，费用为200万元，房屋售价增加至1 200万元。则按照税法规定可扣除项目增加为1 000万元，增值额为200万元，增值率=200÷1 000=20%，不需要缴纳土地增值税。不考虑企业所得税，该房地产公司的利润=1 200-1 000=200(万元)。该纳税筹划降低企业税收负担200-140=60(万元)。[①]

三、土地增值税税收优惠的筹划

(一)土地增值税税收优惠的法律规定

1. 建造普通标准住宅的税收优惠

纳税人建造普通标准住宅出售，增值额未超过扣除项目金额20%的，免征土地增值税。对于纳税人既建造普通标准住宅，又建造其他房地产开发的，应分别核算增值额。不分别核算增值额或不能准确核算增值额的，其建造的普通标准住宅不能适用这一免税规定。

① 资料来源：土地增值税有哪些节税筹划方法，http://www.chinaacc.com/zhuceshuiwushi/fxzd/ni1501058475.shtml。

2. 国家征用收回的房地产的税收优惠

因国家建设需要依法征用、收回的房地产，免征土地增值税。

3. 因城市规划、国家建设需要而搬迁由纳税人自行转让原房地产的税收优惠

因城市规划、国家建设的需要而搬迁，由纳税人自行转让原房地产的，免征土地增值税。

4. 对企事业单位、社会团体以及其他组织转让旧房作为公共租赁住房房源的税收优惠

对企事业单位、社会团体以及其他组织转让旧房作为公共租赁住房房源，且增值额未超过扣除项目金额20%的，免征土地增值税。享受上述税收优惠政策的公共租赁住房是指纳入省、自治区、直辖市、计划单列市人民政府及新疆生产建设兵团批准的公共租赁住房发展规划和年度计划，并按照《关于加快发展公共租赁住房的指导意见》（建保〔2010〕87号）和市、县人民政府制定的具体管理办法进行管理的公共租赁住房。

（二）土地增值税税收优惠的筹划空间

税法对土地增值税的征收做了一些免税规定，房产所有人可以利用税收优惠进行筹划，这样既能节税使自己的利益最大化，还响应了国家政策。根据《国务院办公厅转发建设部等部门关于做好稳定住房价格工作意见的通知》（国办发〔2005〕26号）的规定，普通标准住宅的标准为：住宅小区建筑容积率在1.0以上，单套建筑面积在120平方米以下，实际成交价格低于同级别土地上住房平均交易价格1.2倍以下。各省、自治区、直辖市要根据实际情况，制定本地区享受优惠政策普通住房的具体标准。允许单套建筑面积和价格标准适当浮动，但向上浮动的比例不得超过上述标准的20%。

利用税收优惠进行筹划主要有以下几点：

（1）纳税人建造普通标准住宅出售，增值额未超过扣除项目金额20%的，免征土地增值税。企业利用这一点来进行筹划时必须要注意三点：第一，建造房屋必须是符合当地普通标准住宅的居住用住宅；第二，其出售房屋所实现的增值率不得超过20%；第三，纳税人既建普通标准住宅又搞其他房地产开发的，应分别核算增值额。

【例8-7】某开发商有可供销售的普通标准住房1万平方米，在开发这个项目的过程中，共发生以下费用：地皮购买价格300万元，开发成本500万元，其他开发费用40万元，利息支出90万元，其他扣除项目160万元。在进行该商品房的销售价格决策时，决策层出现了两种意见，即每平方米1 400元（不含装修费）、每平方米1 500元（含装修费100元），这两个价格哪种可以使开发商获益最大呢？

如果按1 400元销售，那么该土地开发的增值率=（1 400－1 167）/1 167=19.97%，由于增值率小于20%，又是普通标准住房，符合税收优惠的规定，可以免征土地增值税。

如果按1 500元销售,该土地开发的增值率=(1 500-1 172.5)/1 172.5=27.93%,此时增值率超过20%,所以应缴纳土地增值税=(1 500-1 172.5)×30%=98.25(元)。因此,在该案例中低价格使开发商获益大于高价格,适当的筹划便可节省很多税款。

通过这样的筹划,既符合税法规定,又能达到减轻税负的目的,同时低价格还能吸引更多的客户购买,可谓一举三得。

(2)将房地产作价入股进行投资或作为联营条件,将房地产转让到所投资、联营的企业中时,暂免征收土地增值税。

(3)个人因工作调动或改善居住条件而转让原自用住房,经向税务机关申报核准,凡居住满5年或5年以上的,免予征收土地增值税;居住满3年未满5年的,减半征收土地增值税。居住未满3年的,按规定计征土地增值税。

(4)个人之间互换自有居住房地产的,经当地税务机关核实,可以免征土地增值税。

(5)双方合作建房,建成后按比例分房自用的,暂免征收土地增值税。

(6)企业改制重组过程中涉及的土地增值税政策:

①按照《中华人民共和国公司法》的规定,非公司制企业整体改制为有限责任公司或者股份有限公司,有限责任公司(股份有限公司)整体改制为股份有限公司(有限责任公司),对改制前的企业将国有土地使用权、地上的建筑物及其附着物(以下称房地产)转移、变更到改制后的企业,暂不征土地增值税。整体改制是指不改变原企业的投资主体,并承继原企业权利、义务的行为。

②按照法律规定或者合同约定,两个或两个以上企业合并为一个企业,且原企业投资主体存续的,对原企业将房地产转移、变更到合并后的企业,暂不征土地增值税。

③按照法律规定或者合同约定,企业分设为两个或两个以上与原企业投资主体相同的企业,对原企业将房地产转移、变更到分立后的企业,暂不征土地增值税。

④单位、个人在改制重组时以房地产作价入股进行投资,对其将房地产转移、变更到被投资的企业,暂不征土地增值税。

⑤上述改制重组有关土地增值税政策不适用于房地产转移任意一方为房地产开发企业的情形。

⑥不改变原企业投资主体、投资主体相同,是指企业改制重组前后出资人不发生变动,出资人的出资比例可以发生变动;投资主体存续,是指原企业出资人必须存在于改制重组后的企业,出资人的出资比例可以发生变动。

第二节　资源税的税务筹划

资源税法是指国家制定的用以调整资源税征收与缴纳之间权利及义务关系的法律规范。我国资源税的开征始自1993年12月25日国务院发布《资源税暂行条例》,2011年9月30日国务院对该条例进行修改,公布了《资源税暂行条例》,2011年10月28日财政部、国家税务总局公布《资源税暂行条例实施细则》,2015年7月1日国家税务总局公布《煤炭资源税征收管理办法(试行)》,2016年5月9日财政部、国家税务总局公布《关于全面推进资源税改革的通知》《关于资源税改革具体政策问题的通知》。2019年十三届全国人大常委会第十二次会议8月26日表决通过了资源税法,并于2020年9月1日实施。1993年12月25日国务院发布的《资源税暂行条例》同时废止。

一、资源税纳税人的法律规定

《资源税法》第一条规定:"在中华人民共和国领域和中华人民共和国管辖的其他海域开发应税资源的单位和个人,为资源税的纳税,应当依照本法规定缴纳资源税。"其中,单位是指国有企业、集体企业、私营企业、股份制企业、其他企业和行政单位、事业单位、军事单位、社会团体及其他单位;个人是指个体工商户及其他个人,除上述单位和个人以外,进口矿产品或盐以及经营已税矿产品或盐的单位和个人均不属于资源税纳税人。

二、资源税税目的法律规定

资源税税目包括五大类,在五个税目下又设有若干个子目。见表8-2资源税税目税率表。

表8-2　资源税税目税率表

税　目		征税对象	税　率
能源矿产	原油	原矿	6%
	天然气、页岩气、天然气水合物	原矿	6%
	煤	原矿或者选矿	2%~10%

续表

税目			征税对象	税率
能源矿产	煤成(层)气		原矿	1%~2%
	铀、钍		原矿	4%
	油页岩、油砂、天然沥青、石煤		原矿或者选矿	1%~4%
	地热		原矿	1%~20%或者每立方米1~30元
金属矿产	黑色金属	铁、锰、铬、钒、钛	原矿或者选矿	1%~9%
	有色金属	铜、铅、锌、锡、镍、锑、镁、钴、铋、汞	原矿或者选矿	2%~10%
		铝土矿	原矿或者选矿	2%~9%
		钨	选矿	6.5%
		钼	选矿	8%
		金、银	原矿或者选矿	2%~6%
		铂、钯、钌、锇、铱、铑	原矿或者选矿	5%~10%
		轻稀土	选矿	7%~12%
		中重稀土	选矿	20%
		铍、锂、锆、锶、铷、铯、铌、钽、锗、镓、铟、铊、铪、铼、镉、硒、碲	原矿或者选矿	2%~10%
非金属矿产	矿物类	高岭土	矿物或者选矿	1%~6%
		石灰岩	原矿或者选矿	1%~6%或者每吨(或者每立方米)1~10元
		磷	原矿或者选矿	3%~8%
		石墨	原矿或者选矿	3%~12%
		萤石、硫铁矿、自然硫	原矿或者选矿	1%~8%
		天然石英砂、脉石英、粉石英、水晶、工业用金刚石、冰洲石、蓝晶石、硅线石(矽线石)、长石、滑石、刚玉、菱镁矿、颜料矿物、天然碱、芒硝、钠硝石、明矾石、砷、硼、碘、溴、膨润土、硅藻土、陶瓷土、耐火黏土、铁矾土、凹凸棒石黏土、海泡石黏土、伊利石黏土、累托石黏土	原矿或者选矿	1%~12%

续表

税目			征税对象	税率
非金属矿产	矿物类	叶蜡石、硅灰石、透辉石、珍珠岩、云母、沸石、重晶石、毒重石、方解石、蛭石、透闪石、工业用电气石、白垩、石棉、蓝石棉、红柱石、石榴子石、石膏	原矿或者选矿	2%~12%
		其他黏土(铸型用黏土、砖瓦用黏土、陶粒用黏土、水泥配料用黏土、水泥配料用红土、水泥配料用黄土、水泥配料用泥岩、保温材料用黏土)	原矿或者选矿	1%~5%或者每吨(或者每立方米)0.1~5元
	岩石类	大理岩、花岗岩、白云岩、石英岩、砂岩、辉绿岩、安山岩、闪长岩、板岩、玄武岩、片麻岩、角闪岩、页岩、浮石、凝灰岩、黑曜岩、霞石正长岩、蛇纹岩、麦饭石、泥灰岩、含钾岩石、含钾砂页岩、天然油石、橄榄岩、松脂岩、粗面岩、辉长岩、辉石岩、正长岩、火山灰、火山渣、泥炭	原矿或者选矿	1%~10%
		砂石	原矿或者选矿	1%~5%或者每吨(或者每立方米)0.1~5元
	宝玉石类	宝石、玉石、宝石级金刚石、玛瑙、黄玉、碧玺	原矿或者选矿	4%~20%
水气矿产	二氧化碳气、硫化氢气、氦气、氡气		原矿	2%~5%
	矿泉水		原矿	1%~20%或者每立方米1~30元
盐	钠盐、钾盐、镁盐、锂盐		选矿	3%~15%
	天然卤水		原矿	3%~15%或者每吨(或者每立方米)1~10元
	海盐			2%~5%

在现实中,一个矿床一般不可能仅仅生产一种矿产品,大多是除了一种矿产品外,还有其他矿产品。矿产品加工企业在其生产过程中,一般也不会只生产一种矿产品。根据《关于资源税改革具体政策问题的通知》(财税〔2016〕54号)的规定,为促进共伴生矿的综合利用,纳税人开采销售共伴生矿,共伴生矿与主矿产品销售额分开核算的,对

共伴生矿暂不计征资源税；没有分开核算的，共伴生矿按主矿产品的税目和适用税率计征资源税。因此，企业应该分开核算主矿和共伴生矿，从而达到减少税款的目的。

三、资源税计税依据的筹划

（一）资源税计税依据的法律规定

1. 确定资源税课税对象的基本办法

资源税实行从价定率征收的计税依据为销售额，它是指纳税人销售应税产品向购买方收取的全部价款和价外费用，不包括增值税销项税额。计入销售额中的相关运杂费用，凡取得增值税发票或者其他合法有效凭证的，准予从销售额中扣除。相关运杂费用是指应税产品从坑口或洗选（加工）地到车站、码头或购买方指定地点的运输费用、建设基金以及随运销产生的装卸、仓储、港杂费用。运杂费用应与销售额分别核算，凡未取得相应凭据或不能与销售额分别核算的，应当一并计征资源税。

关于原矿销售额与精矿销售额的换算或折算，为公平原矿与精矿之间的税负，对同一种应税产品，征税对象为精矿的，纳税人销售原矿时，应将原矿销售额换算为精矿销售额缴纳资源税；征税对象为原矿的，纳税人销售自采原矿加工的精矿，应将精矿销售额折算为原矿销售额缴纳资源税。换算比或折算率原则上应通过原矿售价、精矿售价和选矿比计算，也可通过原矿销售额、加工环节平均成本和利润计算。金矿以标准金锭为征税对象，纳税人销售金原矿、金精矿的，应比照上述规定将其销售额换算为金锭销售额缴纳资源税。换算比或折算率应按简便可行、公平合理的原则，由省级财税部门确定，并报财政部、国家税务总局备案。

纳税人自用应税产品应当缴纳资源税的情形，包括纳税人以应税产品用于非货币性资产交换、捐赠、偿债、赞助、集资、投资、广告、样品、职工福利、利润分配或连续生产非应税产品等。

资源税实行从量定额征收的以销售数量为计税依据。销售数量的具体规定为：

（1）销售数量，包括纳税人开采或者生产应税产品的实际销售数量和自用于应当缴纳资源税情形的应税产品数量。

（2）纳税人不能准确提供应税产品销售数量的，以应税产品的产量或者主管税务机关确定的折算比换算成的数量为计征资源税的销售数量。

2. 一些特殊情况下销售额的确定

（1）纳税人开采应税产品由其关联单位对外销售的，按其关联单位的销售额征收资源税。

（2）纳税人既有对外销售应税产品，又有将应税产品自用于除连续生产应税产品以外其他方面的，则自用的这部分应税产品，按纳税人对外销售应税产品的平均价格计算销售额征收资源税。

(3)纳税人将其开采的应税产品直接出口的，按其离岸价格(不含增值税)计算销售额征收资源税。

纳税人开采原煤直接对外销售的，以原煤销售额作为应税煤炭销售额计算缴纳资源税。纳税人将其开采的原煤，自用于连续生产洗选煤的，在原煤移送使用环节不缴纳资源税；自用于其他方面的，视同销售原煤，计算缴纳资源税。纳税人将其开采的原煤加工为洗选煤销售的，以洗选煤销售额乘以折算率作为应税煤炭销售额计算缴纳资源税。纳税人将其开采的原煤加工为洗选煤自用的，视同销售洗选煤。

(二)资源税计税依据的筹划空间

资源税特殊情况课税对象的确定方法为资源税的税务筹划提供了空间，主要有以下筹划方法：

1. 利用准确核算进行税务筹划

《资源税暂行条例》规定，纳税人开采或者生产不同税目应税产品的，应当分别核算不同税目应税产品的销售额或者销售数量；未分别核算或者不能准确提供不同税目应税产品的销售额或者销售数量的，从高适用税率。此外，纳税人的减税、免税项目，应当单独核算销售额或者销售数量；未单独核算或者不能准确提供销售额或者销售数量的，不予减税或者免税。

因此，纳税人可以通过准确核算各税目的课税数量，清楚区分应税与免税项目、数量，分清税率不同的应税资源产品，选择适用税率，以便充分地享受到税收优惠，达到节省资源税税款的目的。

【例8-8】某矿产开采企业2016年3月开采销售原油10 000吨，生产销售原煤5 000吨，开采使用天然气10万立方米(其中，5万立方米为开采原油时伴生，5万立方米为开采煤炭时伴生，该企业未分开核算)。已知原油3 300元/吨，原煤700元/吨，天然气2.35元/立方米，其适用税率为原油6%，原煤2.5%，天然气6%。那么，该企业2016年3月份应缴纳的资源税为：

$$10\ 000\times3\ 300\times6\%+5\ 000\times700\times2.5\%+100\ 000\times2.35\times6\%=2\ 081\ 600(\text{元})$$

根据税法的规定，煤炭开采时生产的天然气免税。因此，如果该企业将采煤时伴生的天然气分开核算，就可以享受免税优惠，节省资源税7 050元(50 000×2.35×6%)。

2. 利用综合回收率和选矿比进行税务筹划

《资源税暂行条例》规定，纳税人不能提供应税产品销售数量的，以应税产品的产量或者主管税务机关确定的折算比换算成的数量为计征资源税的销售数量。对于连续加工前无法正确计算原煤移送使用量的煤炭,可按加工产品的综合回收率,将加工产品实际销售和自用量折算成原煤数量作为课税数量;金属和非金属矿产品原矿,因无法准确掌握纳税人移送使用原矿数量的,可将其精矿按选矿比折算成原矿数量作为课税数量。这些确定课税数量的特殊规定为税务筹划提供了空间。

如果企业明确知道自身煤炭回收率或选矿比低于同行业平均回收率或选矿比,便可不提供应税资源的销售数量或自用数量,这时税务机关就会根据同行业的平均综合回收率或选矿比来折算,计算出来的应税资源的数量就会少于实际使用数量,达到税务筹划的目的。反之,如果企业的加工技术或选矿技术比较先进,本企业煤炭的加工生产综合回收率或金属矿选矿比相对于同行业较高,则应该准确核算回收率或选矿比,向税务机关提供准确的应税产品销售数量或移送数量。

【例 8-9】某铜矿 10 月份销售铜矿石原矿 10 000 吨,移送入选精矿 2 000 吨,选矿比为 20%,该矿山铜矿属于五等,按规定适用 1.2 元/吨单位税额,税务机关确定的选矿比为 25%。该矿山应纳税额计算如下:

(1)按实际选矿比计算:

$$应纳资源税=10\ 000\times1.2+2\ 000\div20\%\times1.2=24\ 000(元)$$

(2)按税务机关确定的选矿比计算:

$$应纳资源税=10\ 000\times1.2+2\ 000\div25\%\times1.2=21\ 600(元)$$

由此可见,两种方法应纳税额相差 2 400 元(24 000-21 600)。

【例 8-10】某煤矿 10 月份对外销售原煤 400 万吨,使用本矿生产的原煤加工洗煤 80 万吨,已知该矿加工产品的综合回收率为 80%,税务机关确定的同行业综合回收率为 60%,原煤适用单位税额为每吨 2 元。该煤矿应纳资源税计算如下:

根据现行税法规定,对洗煤、选煤和其他煤炭制品不征税,但对加工洗煤、选煤和其他煤炭制品的原煤照章征收资源税。对于连续加工前无法正确计算原煤移送使用量的煤炭,可按加工产品的综合回收率,将加工产品实际销量和自用量折算成原煤数量,以此作为课税数量。

(1)按实际综合回收率计算:

$$应纳资源税=400\times2+80\div80\%\times2=1\ 000(万元)$$

（2）按税务机关确定的综合回收率计算：

$$应纳资源税 = 400\times2+80\div60\%\times2\approx1\ 067（万元）$$

比较计算结果可以发现，按实际综合回收率计算可节省税款 67 万元。

因此，当企业实际综合回收率高于税务机关确定的综合回收率时，应当加强财务核算，准确提供应税产品的销售数量或移送数量，方可免除不必要的税收负担。

3. 注意三项政策的合理运用

资源税的下列三项政策对开展税务筹划具有十分重要的意义，纳税人应当合理运用。

（1）纳税人开采的原油中的应税产品（指稠油、高凝油、稀油）划分不清或不易划分的，一律按原油的数量课税。

（2）关于伴生矿、伴采矿、伴选矿的征税规定：

①所谓伴生矿，是指在同一矿床内，除主要矿种外，含其他多种可供工业利用的矿产成本。对于伴生矿，已按主产品作为应税品目，并确定了适用税额，所以不再单独计算纳税。

②所谓伴采矿，是指开采单位在同一矿区内开采主产品时，伴采出来的非主产品元素矿石。对于量大的伴采矿，由省、自治区、直辖市人民政府根据规定对其核定资源税单位税额标准；量小的，在销售时，按照国家对收购单位规定的相应品目的单位税额标准缴纳资源税。

③所谓伴选矿，是指对矿石原矿中所含主产品进行选精矿的加工过程中，以精矿形式伴选出的副产品。对于以精矿形式伴选出的副产品不征收资源税。

（3）中外合作开采陆上、海上石油资源的企业依法缴纳资源税。

2011 年 11 月 1 日前已订立中外合作开采陆上、海上石油资源合同的，在该合同有效期内，继续依照国家有关规定缴纳矿区使用费，不缴纳资源税，合同期满，依法缴纳资源税。

四、资源税税收优惠的筹划

（一）资源税税收优惠的法律规定

1. 免征资源税的情形

有下列情形之一的，免征资源税：

（1）开采原油以及在油田范围内运输原油过程中用于加热的原油、天然气；

（2）煤炭开采企业因安全生产需要抽采的煤成（层）气。

2. 减征资源税的情形

有下列情形之一的,减征资源税:

(1)从低丰度油气田开采的原油、天然气,减征 20%资源税;

(2)高含硫天然气、三次采油和从深水油气田开采的原油、天然气,减征 30%资源税;

(3)稠油、高凝油减征 40%资源税;

(4)从衰竭期矿山开采的矿产品,减征 30%资源税。

(5)对依法在建筑物下、铁路下、水体下通过充填开采方式采出的矿产资源,资源税减征 50%。对实际开采年限在 15 年以上的衰竭期矿山开采的矿产资源,资源税减征 30%。对鼓励利用的低品位矿、废石、尾矿、废渣、废水、废气等提取的矿产品,由省级人民政府根据实际情况确定是否给予减税或免税。

(6)自 2022 年 1 月 1 日至 2024 年底,对增值税小规模纳税人可以在 50%的税额幅度内减征资源税。

(7)自 2023 年 9 月 1 日至 2027 年 12 月 31 日,对充填开采置换出来的煤炭,资源税减征 50%。

(8)自 2015 年 5 月 1 日起.将铁矿石资源税由减按规定税额标准的 80%征收调整为减按规定税额标准的 40%征收。财政部、国家税务总局另有规定的,从其规定。

根据国民经济和社会发展需要,国务院对有利于促进资源节约集约利用、保护环境等情形可以规定免征或者减征资源税,报全国人民代表大会常务委员会备案。

3. 省、自治区、直辖市可以决定免征或者减征资源税的情形

有下列情形之一的,省、自治区、直辖市可以决定免征或者减征资源税:

(1)纳税人开采或者生产应税产品过程中,因意外事故或者自然灾害等原因遭受重大损失。

(2)纳税人开采共伴生矿、低品位矿、尾矿。

前款规定的免征或者减征资源税的具体办法,由省、自治区、直辖市人民政府提出,报同级人民代表大会常务委员会决定,并报全国人民代表大会常务委员会和国务院备案。

4. 水资源的税收优惠政策

(1)下列情形,不缴纳水资源税:

①农村集体经济组织及其成员从本集体经济组织的水塘、水库中取用水的。

②家庭生活和零星散养、圈养畜禽饮用等少量取用水的。

③水利工程管理单位为配置或者调度水资源取水的。

④为保障矿井等地下工程施工安全和生产安全必须进行临时应急取用(排)水的。

⑤为消除对公共安全或者公共利益的危害临时应急取水的。

⑥为农业抗旱和维护生态与环境必须临时应急取水的。

(2)对超过规定限额的农业生产取用水,以及主要供农村人口生活用水的集中式饮水工程取用水,从低确定税额;对回收利用的疏干排水和地源热泵取用水,从低确定税额。

(3)下列情形,予以免征或者减征水资源税:

①规定限额内的农业生产取用水、免征水资源税。

②取用污水处理再生水,免征水资源税。

③除接入城镇公共供水管网以外,军队、武警部队通过其他方式取用水的,免征水资源税。

④抽水蓄能发电取用水,免征水资源税。

⑤采油排水经分离净化后在封闭管道回注的,免征水资源税。

⑥财政部、国家税务总局规定的其他免征或者减征水资源税情形。

5. 其他减税、免税项目

纳税人开采或者生产应税产品过程中,因意外事故或者自然灾害等原因遭受重大损失的,由省、自治区、直辖市人民政府酌情决定减税或者免税。

6. 出口应税产品不退(免)资源税的规定

资源税规定仅对在中国境内开采或生产应税产品的单位和个人征收,进口的矿产品和盐不征收资源税。由于对进口应税产品不征收资源税,相应地,对出口应税产品也不免征或退还已纳资源税。

(二)资源税税收优惠的筹划

企业在缴纳资源税时,要充分利用税收优惠政策进行筹划。比如,根据纳税人的减税、免税项目,应当单独核算课税数量;未单独核算或者不能准确提供课税数量的,不予减税或者免税。因此,纳税人要准确核算各税目的课税数量,清楚区分应税与免税项目、数量。

第三节 房产税的税务筹划

房产税是以房产为征税对象,依据房产价格或房产租金收入向房产所有人或经营人征收的一种税。

对房产征税的目的是运用税收杠杆,加强对房产的管理,提高房产使用效率,控制固定资产投资规模和配合国家房产政策的调整,合理调节房产所有人和经营人的收入。

此外,房产税税源稳定,易于控制管理,是地方财政收入的重要来源之一。因此,房产税的筹划空间相比其他税种较小,但适当的筹划也可为纳税人节省不少的税款。房产税有以下三方面的税务筹划:

一、房产税纳税人及征税对象的筹划

(一)房产税纳税人及征税对象的法律规定

房产税以在征税范围内的房屋产权所有人为纳税人。房产税的征税范围为城市、县城、建制镇和工矿区。房产税的征税范围不包括农村,这主要是为了减轻农民的负担。农村的房屋,除农副业生产用房外,大部分是农民居住用房,对农村房屋不纳入房产税征税范围,有利于农业发展和社会稳定。

房产税的征税对象是房产。所谓房产,是指有屋面和围护结构(有墙或两边有柱),能够遮风避雨,可供人们在其中生产、学习、工作、娱乐、居住或储藏物资的场所。房地产开发企业建造的商品房,在出售前,不征收房产税;但对出售前房地产开发企业已使用或出租、出借的商品房应按规定征收房产税。《房产税暂行条例》中对纳税人及征税对象的规定为房产税的筹划提供了空间。

(二)房产税纳税人及征收对象的筹划

1. 房产税纳税人及征税范围的筹划

房产税的纳税人是在征税范围内的房屋产权所有人,而目前需缴纳房产税的房屋主要是坐落在城市、县城、建制镇和工矿区的房产,在农村兴建的房屋不用缴纳房产税。因此,在不影响正常的经营活动的前提下,把生产经营用房建在农村,可避免成为房产税的纳税人,从而免去房产税的负担。

2. 房产税征税对象的筹划

由于房产税的征税对象是房产,而《房产税暂行条例》已对房产的概念做出明确界定,是指有屋面和围护结构的房产。因此,企业在建造房产时,对于可以露天使用的设施如游泳池、停车场等,就不必再建造为有屋面和围护结构的房产,露天游泳池或露天停车场等不属于房产税的征税对象,从而不必缴纳房产税。

二、房产税计税依据及税率的筹划

(一)房产税计税依据及税率的法律规定

房产税的计税依据是房产的计税价值或房产的租金收入。按照房产计税价值征收的，称为从价计征，按房产原值一次减除10%～30%后的余值计征，税率为1.2%；按照房产租金收入计征的，称为从租计征，按房产出租的租金收入计征，税率为12%。自2001年1月1日起，对个人按市场价格出租的居民住房，用于居住的，可暂减按4%的税率征收房产税。自2008年3月1日起，对个人出租住房，不区分用途，按4%的税率征收房产税。关于房产税计税依据的具体规定如下：

1. 从价计征

《房产税暂行条例》规定，房产税依照房产原值一次减除10%～30%后的余值计算缴纳。各地扣除比例由当地省、自治区、直辖市人民政府确定。

(1)房产原值是指纳税人按照会计制度规定，在账簿“固定资产”科目中记载的房屋原价。没有记载房屋原价的，参照同类房屋确定房产原值。

值得注意的是，自2009年1月1日起，对依照房产原值计税的房产，不论是否记载在会计账簿固定资产科目中，均应按照房产原价计算房产税。房屋原价应根据国家有关会计制度规定进行核算。对纳税人未按国家会计制度规定核算并记载的，应按规定予以调整或重新评估。

自2010年12月21日起，对按照房产原值计税的房产，无论会计上如何核算，房产原值均应包含地价，包括为取得土地使用权支付的价款、开发土地发生的成本费用等。宗地容积率低于0.5的，按房产建筑面积的2倍计算土地面积并据此确定计入房产原值的地价。

(2)房产原值应包括与房屋不可分割的各种附属设备或一般不单独计算价值的配套设施。

(3)纳税人对原有房屋进行改建、扩建的，要相应增加房屋的原值。

(4)对投资联营的房产，在计征房产税时应予以区别对待。

(5)对融资租赁房屋的情况，由于是一种变相的分期付款购买固定资产的形式，所以在计征房产税时应以房产余值计算征收。

(6)自2006年1月1日起，房屋附属设备和配套设施计征房产税按以下规定执行：凡以房屋为载体，不可随意移动的附属设备和配套设施无论在会计核算中是否单独记账与核算，都应计入房产原值，计征房产税；对于更换房屋附属设备和配套设施的，在将其价值计入房产原值时，可扣减原来相应设备和设施的价值，对附属设备和配套设施中易损坏、需要经常更换的零配件，更新后不再计入房产原值。

(7)居民住宅区内业主共有的经营性房产缴纳房产税。

(8)凡在房产税征收范围内的具备房屋功能的地下建筑，包括与地上房屋相连的地下建筑以及完全建在地面以下的建筑、地下人防设施等，均应当按照有关规定征收房产税。

2. 从租计征

所谓房产的租金收入，是房屋产权所有人出租房产使用权所得的报酬，包括货币收入和实物收入。

《房产税暂行条例》规定，房产出租的，以房产租金收入为房产税的计税依据。如果是以劳务或者其他形式为报酬抵付房租收入，应根据当地同类房产的租金水平，确定一个标准租金额从租计征。

（二）房产税计税依据及税率的筹划

对房产税计税依据及税率的筹划是房产税税务筹划的重点。《房产税暂行条例》对房产税计税依据及税率的规定为房产税的筹划提供了很大的空间。具体的筹划方法有以下两个：

1. 对从价计征及从租计征的选择进行筹划

由于从价计征和从租计征的计税依据和税率存在差别，纳税人可以通过对两种方式的成本收益进行分析，计算不同方式所负担的房产税的水平，从而选择税负水平相对较低的方式。

（1）对投资联营的房产，由于投资方式不同房产税计征也不同，从而提供了筹划空间。对于以房产投资联营，投资者参与投资利润分红，共担风险的，被投资方要按房产余值作为计税依据计征房产税，税率为 1.2%；对以房产投资，收取固定收入，不承担联营风险的，实际是以联营名义取得房产租金，应由投资方按租金收入计缴房产税，税率为 12%。纳税人可以进行成本效益分析以决定选择偏好。在不考虑其他投资因素的情况下，纳税人可以通过比较以不同的计税依据计征房产税的税负水平，选择不同的联营形式。

【例 8-11】甲公司和乙公司为同一集团公司的子公司，均为增值税一般纳税人，采用一般计税方法计税。2023 年 5 月 31 日，甲公司将其自有的房产采用投资联营的方式提供给乙公司使用，该房产原账面价值是 1 000 万元。现有两套对外投资方案可供选择：方案一，甲公司向乙公司收取固定收入，不承担风险，当年取得的固定收入共计为 100 万元（不含税）。方案二，甲公司参与投资利润分红，与乙公司共担风险，当年取得分红为 100 万元。当地房产原值减除比例为 30%。具体分析如下：

方案一：收取固定收入，不承担风险。在该方案中，甲公司实际上是以联营名义取得房产租金，应由甲公司（投资方）按租金收入计缴房产税，税率为 12%。

$$2023\text{ 年应缴纳的房产税}=100\times12\%=12(\text{万元})$$

方案二：甲公司参与投资利润分红，共担风险。在该方案中，应由乙公司（被投资方）以房产余值作为计税依据计征房产税，税率为 1.2%。

2023 年应缴纳的房产税 = 1 000×（1−30%）×1.2%×50% = 4.2（万元）

由此可见，方案二比方案一少缴税款合计 7.8 万元（12−4.2），因此，应当选择方案二。

（2）对于房产经营企业出租的房屋，如果出租房屋所需要缴纳的房产税税负重，为降低房产经营业务的税收负担，可进行房屋租赁与库房仓储的转变，房产经营企业只需按从价计征缴纳房产税，定期收取仓储费用，达到降低房产税税负的目的。

【例 8-12】天元商贸实业公司拥有处于 A 市市郊的 10 栋库房，总计房产原值为 24 000万元，且该地区适用 30%的减值比例。2023 年天元公司将 10 栋库房出租，一年就取得不含税租金收入 4 500 万元，现某跨国公司看中这 10 栋库房，意欲与天元公司签订 10 年期的租赁合同用于该跨国公司存储货物。天元公司董事会决定请咨询机构为其进行税务筹划。

咨询机构专家在分析后发现，在不进行税务筹划时，如果按 4 500 万元一年的租金收入来核算，天元公司一年应缴纳的税费为：应纳增值税 = 4 500×9% = 405（万元），应纳房产税 = 4 500×12% = 540（万元），应纳城建税、教育费附加 = 405×（7%+3%+2%）= 48.6（万元）。

相反，如果天元公司与客户进行友好协商，继续利用库房为客户存放商品，但将租赁合同改为仓储保管合同，配备保管人员，为客户提供 24 小时服务。假设提供仓储服务的收入约为 4 500 万元，收入数额不变，但其税收情况会出现很大的变化：应纳增值税 = 4 500×9% = 405（万元），应纳房产税 = 24 000×（1−30%）×1.2% = 201.6（万元），应纳城建税、教育费附加 = 405×（7%+3%+2%）= 48.6（万元）。两者对比，筹划后可减少缴纳房产税 338.4 万元，10 年就是 3 384 万元。

在这个案例中，要降低房产经营业务的税收负担，必须完成房屋租赁与库房仓储的转换，这是关键。在这个环节进行税务筹划，要明确租赁与仓储的含义。不同的经营方式适用不同的税收政策法规进行征税，这就为税务筹划提供了可能。

2. 合理确定房产原值进行筹划

房产原值指房屋的造价，包括与房屋不可分割的各种附属设备或一般不单独计算价值的配套设施。可见，房产原值的大小直接决定房产税的多少，合理地减少房产原值是房产税筹划的关键。根据《房产税暂行条例》对房产原值的规定，可以从下列几方面入手：

（1）附属设备分散筹划，即尽可能地把一些房产附设的设备和配套设施单独核算，作为另一项资产处理，使其价值从房产中独立出来。例如，对新建的房屋，应尽可能地把诸如中央空调以及与房屋无关的露天停车场、露天凉亭等设施独立核算，使其避免成为房屋价值的一部分，减少房产原值，合法地减少应缴纳的房产税。

【例 8-13】江苏华天公司 2023 年初计划兴建一座花园式工厂。工程分为两部分：一部分为办公用房以及辅助设施，包括厂区围墙、水塔、停车场、露天凉亭、游泳池、喷泉设施等建筑物，总计造价 1 亿元；另一部分为厂房。在兴建过程中，董事长发现一个与房产税有关的问题，即房产原值的确认。已知除厂房、办公用房外的建筑物的造价为 800 万元。则该企业如何对房产税进行税务筹划。（扣除比例为 30%）

该案例中对缴纳房产税的问题共有两种不同看法：一是将辅助设施和办公用房、厂房合并计入会计账簿，并且将游泳池等建设为室内的。二是将辅助设施和厂房、办公用房分开计价，辅助设施全部建为露天设施。如果采取第一种方法，那么办公用房及辅助设施都缴纳房产税，每年应纳房产税＝10 000×（1−30%）×1.2%＝84（万元），只要该工厂存在，这 84 万元的税负就不可避免。如果以 20 年计算，就是1 680 万元。

而《房产税暂行条例》规定，房产是以房屋形态表现的财产。房屋是指有屋面结构，可供人们在其中生产、工作、居住或储藏物资的场所，不包括独立于房屋之外的建筑物，如围墙、水塔、变电塔、露天游泳池、露天停车场、露天凉亭、喷泉设施等。因此，把该企业除厂房、办公用房外的建筑物，把停车场、游泳池等都建成露天的，并且将这些独立建筑物的造价同厂房、办公用房的造价分开，在会计账簿中单独记载，则这部分建筑物的造价不计入房产原值，不缴纳房产税。

那么企业就可以按照第二种方法来进行税务筹划，即将企业除厂房、办公用房外的建筑物设计为露天的，并在会计账簿中单独记载，则这部分不缴纳房产税。每年可节省房产税金＝800×（1−30%）×1.2%＝6.72（万元）。

此案例在现实生活中处处可见，企业建造厂房时必须考虑税务筹划的问题，这样可以为企业每年节省大量的税金。

（2）合理选择改善房屋功能和质量的方法。改善房屋功能和质量，可以通过改扩建和修理改良等方式进行。《房产税暂行条例》规定，对原有房屋进行改建、扩建的，应将房产改扩建支出减去改扩建过程中发生的变价收入计入房产原值；但纳税人的固定资产修理支出可在发生当期直接在税前扣除。纳税人的固定资产改良支出，如有关固定资产尚未提足折旧，可增加固定资产的价值；如有关固定资产已提足折旧，可作为递延费用，在不短于 5 年的期间内平均摊销。可见，如果通过对房屋的修理、改良便能达到改善房屋功能和质量的目的，应尽可能使用修改、改良方法而不采取改扩建的方式，以避免房产原值的增加，从而达到税务筹划的目的。

三、房产税税收优惠的筹划

(一)房产税税收优惠的法律规定

房产税的税收优惠是根据国家政策需要和纳税人的负担能力制定的。目前,房产税的税收优惠政策主要有:国家机关、人民团体、军队自用的房产免征房产税;由国家财政部门拨付事业经费的单位,如学校、医疗卫生单位、托儿所、幼儿园、敬老院、文化、体育、艺术这些实行全额或差额预算管理的事业单位所有的,在本身业务范围内使用的房产免税;宗教寺庙、公园、名胜古迹自用的房产免征房产税;个人所有非营业用的房产免征房产税;经财政部批准免税的其他房产。

(二)房产税税收优惠的筹划

利用房产税的税收优惠进行筹划也是税务筹划的重点。《房产税暂行条例》规定,对个人按市场价格出租的居民住房,房产税暂减按4%的税率征收。因此,纳税人在出租房屋时,可使用市场价格,享受税收优惠。又如,《房产税暂行条例》规定,房产大修停用半年以上,经税务机关审核在大修期间可以免税。因此,纳税人理应及时加以利用。总之,纳税人对于税收优惠政策应仔细研究,合理运用,从而达到税务筹划的目的。

第四节　印花税的税务筹划

2021年6月10日第十三届全国人民代表大会常务委员会第二十九次会议通过了《中华人民共和国印花税法》(以下简称《印花税法》),自2022年7月1日起施行。国务院颁布的《中华人民共和国印花税暂行条例》同时废止。印花税是对经济活动和经济交往中书立,领受应税凭证的行为,向征税对象征收的一种税。

印花税是一种具有行为税性质的凭证税,凡发生书立、使用、领受应税凭证的行为,就必须依照《印花税法》的有关规定履行纳税义务。印花税具有覆盖面广、税率低、税负轻、纳税人自行完税的特点。随着经济活动的日益规范和经济合同的大量使用,印花税参与分配的作用也将凸显出来。在纳税人经济交往活动中,如果经济当事人所涉及的凭证金额相对较小,印花税的筹划显然没有必要,但如果金额相对较大,印花税的筹划就会有现实意义。

一、印花税的纳税人和税目的筹划

(一)印花税纳税人和税目的法律规定

印花税纳税人包括单位和个人,按照书立、使用、领受应税凭证的不同,可以分别确定为立合同人、立据人、立账簿人、证券交易人和使用人。

印花税共有合同、产权转移书据、营业账簿、证券交易等四大类税目。合同共有11种,包括借款合同、融资租赁合同、买卖合同、承揽合同、建设工程合同、运输合同、技术合同、租赁合同、保管合同、仓储合同、财产保险合同等。产权转移书据共有4种,包括工地使用权出让书据,土地使用权、房屋等建筑物所有权转让书据(不包括土地承包经营权和土地经营权转移),股权转让书据(不包括应缴纳证券交易印花税的),商标专用权、著作权、专利权、专有技术使用权转让书据。

(二)印花税纳税人和税目的筹划空间

1. 利用借款方式进行税务筹划

利用借款方式进行税务筹划,其思路就是通过选择借款方式避免成为印花税的纳税人,从而达到税务筹划的效果。

对企业来说,筹资是进行一系列生产经营活动的先决条件。没有资金,任何有益的经济活动和经营项目都无法进行,与经营相关的盈利和税收也就谈不上了。一般来说,企业的筹资方法有向金融机构贷款、自我积累、社会集资、企业间拆借、企业内部集资等。从资金角度来看,所有这些筹资方法如果可行的话,都可以满足企业从事生产经营活动对资金的需求。但从纳税的角度来看,这些筹资方式产生的税收结果却有很大差异,某些筹资方式最终的实行效果比其他方式要好。通常来说,自我积累筹资方式所承受的税收负担要重于向金融机构贷款筹资的方式。因为金融机构贷款利息对企业而言可以作为支出,相应的利润会有所减少,应纳税企业所得额会发生一些变化,从而节省企业所得税税款。在这方面,企业向金融机构借款和企业间的同业拆借效果差不多,但考虑到印花税的影响,两种借款方式将有不同的税收结果。

根据有关规定,银行及其他金融机构与借款人(不包括银行同业拆借)所签订的合同,以及只填开借据并作为合同使用、取得银行借款的借据都属于印花税的征税范围,借款人作为纳税人需在借款合同上贴花。而企业之间的借款合同不属于印花税的征税范围,借款人不用贴花。对企业来说,与金融机构签订借款合同和与其他企业签订借款合同在抵扣利息支出上是一样的,而前者要缴纳印花税,后者不用缴纳印花税。如果两者的借款利率是相同的，则向企业借款效果会更好。不过企业在筹划时应注意，企业向企业提供的借款，其利率一般比金融机构提供的借款利率高，企业应相机而动。

2. 利用减少参与人数进行筹划

利用减少参与人数进行筹划的基本思路就是尽量减少书立使用各种凭证的人数，让更少的人成为印花税的纳税人，从而使当事人总体税负下降，达到少缴税款的目的。

《印花税法》规定，同一应税凭证由两方以上当事人书立的，按照各自涉及的金额分别计算应纳税额。因此，如果几方当事人在书立合同时，能够不在合同上出现的当事人不以当事人身份出现在合同上，则税务筹划的效果就达到了。比如，甲、乙、丙、丁四人签订一份合同，乙、丙、丁三人基本利益一致，就可以任选一名代表，让其和甲签订合同，则合同的印花税纳税人只有甲和代表人。这种筹划方法也可以应用到书立产权转移书据的立据人。因为一般来说，产权转移书据的纳税人只有立据人，不包括持据人，持据人只有在立据人未贴或少贴印花税票时，才负责补贴印花税票。但是如果立据人和持据人双方当事人以合同形式签订产权转移书据，双方都应缴纳印花税。因而这时采取适当的方式，使尽量少的当事人成为纳税人，税款自然就会减少。

二、印花税计税依据和税率的筹划

（一）印花税税率的法律规定

印花税的税目税率见表8-3。

表8-3　印花税税目税率表

税目		税率	备注
合同（指书面合同）	借款合同	借款金额的万分之零点五	指银行业金融机构、经国务院银行业监督管理机构批准设立的其他金融机构与借款人（不包括同业拆借）的借款合同
	融资租赁合同	租金的万分之零点五	
	买卖合同	价款的万分之三	指动产买卖合同（不包括个人书立的动产买卖合同）
	承揽合同	报酬的万分之三	
	建设工程合同	价款的万分之三	

续表

税目		税率	备注
合同（指书面合同）	运输合同	运输费用的万分之三	指货运合同和多式联运合同（不包括管道运输合同）
	技术合同	价款、报酬或者使用费的万分之三	不包括专利权、专有技术使用权转让书据
	租赁合同	租金的千分之一	
	保管合同	保管费的千分之一	
	仓储合同	仓储费的千分之一	
	财产保险合同	保险费的千分之一	不包括再保险合同
产权转移书据	土地使用权出让书据	价款的万分之五	转让包括买卖（出售）、继承、赠与、互换、分割
	土地使用权、房屋等建筑物和构筑物所有权转让书据（不包括土地承包经营权和土地经营权转移）	价款的万分之五	
	股权转让书据（不包括应缴纳证券交易印花税的）	价款的万分之五	
	商标专用权、著作权、专利权、专有技术使用权转让书据	价款的万分之三	
营业账簿		实收资本（股本）、资本公积合计金额的万分之二点五	
证券交易		成交金额的千分之一	

（二）印花税计税依据和税率的筹划空间

由于印花税的计税依据是合同金额，因而可以通过缩小计税金额、采取不同核算方式、减少参与合同签订人员等方法，实施税务筹划。具体的方法有以下几种：

1. 利用分开核算进行税务筹划

《印花税法》规定，同一应税凭证载有两个以上税目事项并分别列明金额的，按照各自适用的税目税率分别计算应纳税额；未分别列明金额的，从高适用税率。

【例 8-14】某煤矿公司 2023 年 1 月与铁路部门签订运输合同，所载运输费及保管费共计 200 万元，未进行单独核算。由于该合同中涉及货物运输合同和仓储保管合同两个税目，而且两者税率不同，前者为 0.03%，后者为 0.1%。按照税法规定，未分别记载金额的，按税率高的计税贴花，即按 0.1%贴花，则应纳税额=2 000 000×0.1%=2 000(元)。

如果纳税人进行简单的筹划，便可节省一些税款。假定这份运输保管合同包含货物运输费 150 万元，仓储保管费 50 万元，如果纳税人能在合同上详细注明各项费用及具体数额，便可分别适用税率，则应纳税额=1 500 000×0.03%+500 000×0.1%=950(元)，订立合同双方均可节省 1 050 元的印花税。

2. 利用模糊金额进行税务筹划

模糊金额筹划法，具体来说是指经济当事人在签订数额较大的合同时，在本来能够明确的条件下，有意不确定合同所载金额，以达到暂时少缴印花税税款目的的一种行为。

根据现行规定，对于无法确定计税金额的合同，可在签订时先按定额 5 元贴花，以后结算时再按实际金额计税，补贴印花。这便给纳税人进行纳税筹划创造了条件。在经济交往活动中，经济当事人签订的合同如果本身金额就较小，自然没有筹划的必要，但如果金额相对较大，应纳税额较大时筹划便很有现实意义了。

3. 利用购销合同金额是否含有增值税税款进行税务筹划

买卖合同按照购销金额的 0.3‰贴花，若合同分别列明购销金额及增值税税额，仅就购销金额计算印花税；若购销金额中含有增值税税额，则直接按购销金额计算印花税，不再扣除增值税。

【例 8-15】上海斐乐技术有限公司与福州电器销售公司签订了一笔电器购销合同，在合同中注明的货物含税金额总计 11 300 万元。

购销合同印花税的计税依据为：合同所载金额(即含税金额)。则：

$$应纳印花税=11\ 300\times0.03\%=3.39(万元)$$

税务筹划后，上海斐乐技术有限公司与福州电器销售公司签订的电器购销合同中注明的货物不含税金额为 10 000 万元，增值税税额为 1 300 万元。

购销合同印花税的计税依据为：不含税金额。则：

$$应纳印花税=10\ 000\times0.03\%=3(万元)$$

由此可见，税务筹划后节省印花税=33 900-30 000=3 900(万元)。

对于按合同金额计征印花税的情形，分为三种情况：

(1)如果购销合同中只有不含税金额，以不含税金额作为印花税的计税依据。

(2)如果购销合同中既有不含税金额又有增值税金额,且分别记载的,以不含税金额作为印花税的计税依据。

(3)如果购销合同所载金额中包含增值税金额,但未分别记载的,以合同所载金额(即含税金额)作为印花税的计税依据。①

4. 利用压缩金额进行筹划

压缩金额进行筹划在印花税的筹划中得到广泛的应用,主要有以下两个方法:

(1)压缩应纳税收入金额实施税务筹划。《印花税法》规定,经济合同的纳税人是订立合同的双方或多方当事人,其计税依据是合同所载的金额。因而出于共同利益的考虑,双方或多方当事人可以经过合理筹划,压缩合同的记载金额,达到少缴税款的目的。当然也要注意限度,以免被税务机关调整价格,最终税负反而更重,得不偿失。

(2)采取保守金额实施税务筹划。在实际生活中,预计可能实现或完全能实现的合同,可能会由于种种原因无法实现或无法完全实现,导致合同最终履行的结果与签订合同时有出入。而印花税是一种行为税,只要有签订应税合同的行为发生,双方或多方经济当事人就应当履行纳税义务,无论合同是否兑现或是否按期兑现均应贴花。对已履行并贴花的合同,所载金额与合同履行后实际结算金额不一致的,只要双方未修改合同金额,一般不再办理完税手续。因此,在合同设计时,双方当事人应充分地考虑以后经济交往中可能遇到的种种情况,根据这些情况,确定比较合理、保守的金额,以达到税务筹划的效果。

5. 利用最少转包进行筹划

根据《印花税法》的规定,建筑安装工程承包合同的计税依据为合同上记载的承包金额。施工单位将自己承包的建设项目分包或转包给其他施工单位所签订的分包合同或者转包合同,应按照新的分包合同或转包合同上所记载的金额再次计算应纳税额。因为印花税是一种行为性质的税种,只要有应税行为发生,就应按相关规定纳税。这种筹划方法的核心,就是尽量减少签订承包合同的环节,以书立最少的应税凭证,达到节约部分应缴税款的目的。

三、印花税税收优惠的筹划

(一)印花税税收优惠的法律规定

税收优惠主要有:

(1)应税凭证的副本或者抄本。

① 资料来源:盈科财税,http://www.shui5.cn/article/aa/118463.html。

(2)依照法律规定应当予以免税的外国驻华使馆、领事馆和国际组织驻华代表机构为获得馆舍书立的应税凭证。

(3)中国人民解放军、中国人民武装警察部队书立的应税凭证。

(4)农民、家庭农场、农民专业合作社、农村集体经济组织、村民委员会购买农业生产资料或者销售农产品书立的买卖合同和农业保险合同。

(5)无息或者贴息借款合同、国际金融组织向中国提供优惠贷款书立的借款合同。

(6)财产所有权人将财产赠与政府、学校、社会福利机构、慈善组织书立的产权转移书据。

(7)非营利性医疗卫生机构采购药品或者卫生材料书立的买卖合同。

(8)个人与电子商务经营者订立的电子订单。

根据国民经济和社会发展的需要,国务院对居民住房需求保障、企业改制重组、破产、支持小型微型企业发展等情形可以规定减征或者免征印花税,报全国人民代表大会常务委员会备案。

(二)印花税税收优惠的筹划空间

纳税人应充分利用印花税的优惠规定进行筹划,如对已缴纳印花税的凭证的副本或者抄本,只要不视同正本使用,也就不需要缴纳印花税。总之,通过税收优惠进行筹划是印花税筹划的重点,纳税人应做到熟悉税法规定,充分利用优惠政策进行筹划。

在印花税的征管中,有些纳税人采取隐藏应税凭证的方法偷漏印花税,造成国家税款的流失,这不属于我们纳税筹划的范畴。我们强调的是纳税人应加强纳税意识,在法律允许的范围内进行合理的筹划。

第五节 契税的税务筹划

契税是以所有权发生转移变动的不动产为征税对象,向产权承受人征收的一种财产税。

2020年8月11日,第十三届全国人民代表大会常务委员会第二十一次会议通过《中华人民共和国契税法》(以下简称《契税法》),自2021年9月1日起施行。1997年7月7日国务院发布的《中华人民共和国契税暂行条例》同时废止。

一、契税纳税人及征税对象的筹划

(一)契税纳税人及征税对象的法律规定

契税的纳税义务人是境内转移土地、房屋权属,承受的单位和个人。契税实行3%~5%的幅度税率。契税的征税对象是境内转移土地、房屋权属,具体包括以下五项内容:国有土地使用权出让、土地使用权的转让、房屋买卖、房屋赠与、房屋交换。

土地使用权转让,不包括土地承包经营权和土地经营权的转移。以作价投资(入股)、偿还债务、划转、奖励等方式转移土地、房屋权属的,应当依法缴纳契税。

(二)契税纳税人及征税对象的筹划空间

利用契税纳税人及征税对象进行筹划的核心就是尽可能避免成为契税的纳税人,从而不必缴纳契税。比如,通过隐性赠与纳税筹划法来避免成为契税的纳税人。

赠与行为在现实经济生活中比较常见,如某人向他人赠送纪念物、货币等,这是当事人自主决策的行为。《契税法》规定,当事人赠与土地使用权、房屋,属于应税行为,应该依照规定缴纳契税。原本赠与的目的是使他人(受赠人)获益,由于税收的原因,受赠人却要因此支付一笔税款,无论这笔税款最终实际由谁支付,当事人双方都会感觉这笔税款是额外的负担。比如,甲向乙免费赠送一套住房,该套住房市面价值50万元,再假设适用税率5%,则乙要支付契税税款:50×5%=2.5(万元)。此时,一个筹划办法就是不办理产权转移手续,而由赠与人让出该套住房,以受赠人实际居住的形式占有,只要赠与人不再索回该房屋的所有权就可以了。这种筹划方法可以完全免去应纳税款,但要建立在赠与人信誉较好的前提下。当然这种筹划方法也有一个弱点,那就是出现经济纠纷时,产权归属的界定可能会带来一定的麻烦。当事人利用该法进行筹划时,一定要权衡利弊,以做出最优的选择。

二、契税计税依据的筹划

(一)契税计税依据的法律规定

契税的计税依据为不动产的价格。由于土地、房屋权属转移方式不同,定价方法也不同,因而具体计税依据要视不同情况而定。

国有土地使用权出让、土地使用权出售、房屋买卖,以成交价格为计税依据;土地所有权赠与、房屋赠与,由征收机关参照土地使用权出售、房屋买卖的市场价格核定;土地使用权交换、房屋交换,以所交换的土地使用权、房屋的价格差额为计税依据;以划拨方式取得土地使用权,经批准转让房地产时,由房地产转让者补交契税,计税依据为补交的土地使用权出让费用或土地收益;采取分期付款方式购买房屋附属设施土地使用权、房屋所有权的,应按合同规定的总价款计征契税;承受的房屋附属设施权属如为单独计价的,按照当地确定的适用税率征收契税,如与房屋统一计价的,适用与房屋相同的契税税率;个人无偿赠与不动产行为,应对受赠人全额征收契税。

(二)契税计税依据的筹划空间

利用契税计税依据进行筹划,其核心就是在法律允许的范围内尽量缩减契税的计税依据,从而达到少缴契税的目的。具体的筹划方法是:利用房屋交换进行筹划。《契税暂行条例》规定,土地使用权交换、房屋交换,以所交换的土地使用权、房屋的价格差额为计税依据。也就是说,交换价格相等时,免征契税;交换价格不等时,由多交付的货币、实物、无形资产或者其他经济利益的一方缴纳契税。因此,当纳税人交换土地使用权或房屋所有权时,如果能想办法保持双方的价格差额较小甚至没有,这时以价格为计税依据计算出来的应纳税额就会很少甚至没有。这种筹划方法的核心就是尽量缩小两者的价差。

三、契税税收优惠的筹划

(一)契税税收优惠的法律规定

契税优惠的一般规定包括:国家机关、事业单位、社会团体、军事单位承受土地、房屋用于办公、教学、医疗、科研和军事设施的,免征契税;城镇职工按规定第一次购买共有住房,免征契税;因不可抗力灭失住房而重新购买住房的,酌情减免;土地、房屋被县级以上人民政府征用、占用后,重新承受土地、房屋权属的,由省级人民政府确定是否减免;承受荒山、荒沟、荒丘、荒滩土地使用权,并用于农林牧渔生产的,免征契税;经外交部确认,依照我国有关法律规定以及我国缔结或参加的双边和多边条约或协定,应当予以免税的外国驻华使馆、领事馆、联合国驻华机构及其外交代表、领事官员和其他外交人员承受土地、房屋权属,免征契税;公租房经营单位购买住房作为公租房的,免征契税;对个人购买家庭唯一住房(家庭成员范围包括购房人、配偶以及未成年子女),面积为 90 平方米及以下的,减按 1%的税率征收契税,面积在 90 平方米以上的,减按 1.5%的税率征收契税;对个人购买家庭第二套改善性住房,面积为 90 平方米及以下的,减按 1%的税率征收契税,面积在 90 平方米以上的,减按 2%征收契税。

(二)契税税收优惠的筹划空间

契税的税务筹划重点是利用税收优惠,纳税人通过充分利用优惠政策来为自己筹划,或者当纳税人不满足优惠条件时,可以通过积极策略,为自己享受税收优惠创造条件,来达到节省税款的目的。

比如,有两块地,一块是贫地,另一块是荒滩。荒滩土地经改造,生产能力比贫地还稍好,某农民欲承包这两块地中的一块用于农业生产。如果不从税收方面进行筹划,农民可能会选择可以直接用于农业生产的贫地,但这块土地使用权的获得是要缴纳契税的;如果选择荒滩,则符合免税条件,农民便可以节省税款。

第六节　车船税的税务筹划

车船税是指在中华人民共和国境内的车辆、船舶的所有人或管理人按照《中华人民共和国车船税暂行条例》应缴纳的一种税。

现行车船税的基本规范,是2011年2月25日由中华人民共和国第十一届全国人民代表大会常务委员会第十九次会议通过的《中华人民共和国车船税法》(以下简称《车船税法》)。

一、车船税征税范围和税收优惠的筹划

(一)车船税纳税人和征税范围的法律规定

在中华人民共和国境内的车辆、船舶的所有人或管理者为车船税的纳税人,应当按照《车船税法》的规定缴纳车船税。

车船税的征税范围是在中华人民共和国境内属于《车船税法》所附车船税税目税额表规定的车辆、船舶。

车船税的法定减免规定:对捕捞、养殖渔船,军队、武警专用车船,警用车船;依照法律规定应当予以免税的外国驻华使领馆、国际组织驻华代表机构及其人员的车船,节约能源的车船,减半征收车船税;对使用新能源的车船,免征车船税;省、自治区、直辖市人民政府可以根据当地实际情况,对公共交通车船、农村居民拥有并主要在农村地区使用的摩托车、三轮汽车和低速载货汽车定期减征或者免征车船税。

车船税的特定减免规定:经批准临时入境的外国车船和香港特别行政区、澳门特别行政区、台湾地区的车船,不征收车船税;按照规定缴纳船舶吨税的机动船舶,自《车船税法》实施之日起5年内免征车船税;依法不需要在车船登记管理部门登记的机场、港口、铁路站场内部行驶或作业的车船,自《车船税法》实施之日起5年内免征车船税。

(二)车船税纳税人和征税范围的筹划空间

由于车船税属于财产税,只要拥有应税车船就要纳税,因此纳税人可以充分利用税收优惠进行筹划。比如,我国为了保护环境,对使用新能源的车船免征车船税;为了落实中央建设社会主义新农村的精神,《车船税法》将捕捞养殖渔船列入免税范围,并授权省级人民政府可以对城乡公共交通车船给予定期减税、免税,纳税人应充分利用这些规定进行筹划。

二、车船税税率和计税依据的筹划

(一)车船税税率和计税依据的法律规定

车船税实行定额税率,即对征税的车船规定单位固定税额。车船税确定税额的总原则是:非机动车船的税负轻于机动车船;人力车的税负轻于畜力车;小吨位船舶的税负轻于大船舶。具体的税目税额见表8-4。

表8-4　车船税税目税额

	税　目	计税单位	年基准税额(元)	备　注
乘用车按发动机气缸容量(排气量分档)	1.0升(含)以下的	每辆	60~360	核定载客人数9人(含)以下
	1.0升以上至1.6升(含)的		300~540	
	1.6升以上至2.0升(含)的		360~660	
	2.0升以上至2.5升(含)的		660~1 200	
	2.5升以上至3.0升(含)的		1 200~2 400	
	3.0升以上至4.0升(含)的		2 400~3 600	
	4.0升以上的		3 600~5 400	

续表

	税　目	计税单位	年基准税额（元）	备　注
商用车	客车	每辆	480～1 440	核定载客人数9人（包含电车）以上
	货车	整备质量每吨	16～120	1. 包括半挂牵引车、挂车、客货两用汽车、三轮汽车和低速载货汽车等。 2. 挂车按照货车税额的50%计算
其他车辆	专用作业车	整备质量每吨	16～120	不包括拖拉机
	轮式专用机械车	整备质量每吨	16～120	
摩托车		每辆	36～180	
船舶	机动船舶	净吨位每吨艇	3～6	拖船、非机动驳船分别按照机动船舶税额的50%计算；游艇的税额另行规定
	游艇	身长度每米	600～2 000	

（二）车船税税率和计税依据的筹划空间

1. 利用税率临界点进行筹划

由于对机动船和载货汽车以净吨位为单位、对非机动船以载重吨位为单位分级规定税率，从而产生了应纳车船税税额相对吨位数变化的临界点。在临界点上下，吨位数虽然相差仅1吨，但临界点两边的税额却有很大的变化，这种情况下进行税务筹划十分必要。

【例8-16】假定有两只船，一只船的净吨位是2 000吨，适用税额为每吨4元，另一只船的净吨位是2 001吨（这种情况比较特殊，但能说明问题），适用税额为每吨5元。则第一只船每年应纳车船税＝2 000×4×1＝8 000（元），第二只船每年应纳车船税＝2 001×5×1＝10 005（元）。1吨之差，但由于车船税的全额累计功能，吨位大的船要多缴纳2 005元的税额。

企业和个人在选择购买船只时，一定要考虑该种吨位的船只所能带来的收益和因吨位发生变化所引起的税负增加之间的关系，然后选择最佳吨位的船只。

2. 利用计税依据规定合理筹划

《车船税法》规定，纳税人在购买机动车交通事故责任强制保险时，应当向扣缴义务人提供地方税务机关出具的本年度车船税的完税凭证或减免税证明。不能提供完税凭证或减免税证明的，应当在购买保险时按照当地的车船税税额标准计算缴纳车船税。此外，车辆自重尾数在半吨以下（含半吨），按半吨计算；超过半吨的，按1吨计算。船舶净吨位尾数在半吨以下（含半吨）的不予计算，超过半吨的按1吨计算。1吨以下的小型车船，一律按1吨计算。因此，纳税人应根据计税依据的具体规定并结合实际情况合理地进行税务筹划。

三、车船税征收管理的筹划

（一）车船税征收管理的法律规定

车船税的按年申报，由地方税务机关负责征收。此外，还有其他管理规定。

（二）车船税征收管理的筹划空间

《中华人民共和国车船税法实施条例》第十九条第二款规定：在一个纳税年度内，已完税的车船被盗抢、报废、灭失的，纳税人可以凭有关管理机关出具的证明和完税证明，向纳税所在地的主管税务机关申请退还自被盗抢、报废、灭失月份起至该纳税年度终了期间的税款。纳税人可以充分利用该条款进行筹划。

第七节　城镇土地使用税的税务筹划

城镇土地使用税是以开征区域内的国家所有和集体所有的土地为征税对象，对拥有土地使用权的单位和个人征收的一种税。

开征城镇土地使用税，有利于通过经济手段，加强对土地的管理，变土地的无偿使用为有偿使用，促进合理、节约使用土地，提高土地使用效益；有利于适当调节不同地区、不同地段之间的土地极差收入，促进企业加强经济核算，理顺国家与土地使用者之间的分配关系。

一、城镇土地使用税纳税义务人和征税范围的筹划

(一)城镇土地使用税纳税义务人和征税范围的法律规定

在城市、县城、建制镇、工矿区范围内使用土地的单位和个人,为城镇土地使用税的纳税人。因此,城镇土地使用税的征税范围,包括在城市、县城、建制镇和工矿区内的国家所有和集体所有的土地。

(二)城镇土地使用税纳税义务人和征税范围的筹划空间

由于土地使用税的征税范围包括在城市、县城、建制镇和工矿区内的国家所有和集体所有的土地,建立在城市、县城、建制镇和工矿区之外的企业则不需要缴纳城镇土地使用税。城镇土地使用税征税范围的有限性,意味着筹划主体可以通过选择投资地点进行该税种的税务筹划。一般而言,税务筹划主体如果将生产经营场所设立在城镇土地使用税的课征范围之外,就可以彻底地规避城镇土地使用税负担。具体来讲,一些对城镇依赖性较强的企业(如一般制造业、仓储业等)就可选择设立在位于城镇之外,但又与之相毗邻的地区;至于那些对城镇依赖性较弱的企业,则具有更为广泛的选择余地。例如,以农产品为原料的加工企业,就可以原料产地为依托,设立在农村地区。由于我国城镇土地使用税与房产税的课征区域范围一致,而且这两个税种课征范围之外的地区又恰好属于城市维护建设税的低税负区域(适用税率1%),因此,采取上述方法进行筹划能够收到一举多得的效果。

二、城镇土地使用税计税依据和税率的筹划

(一)城镇土地使用税计税依据和税率的法律规定

城镇土地使用税以纳税人实际占用的土地面积为计税依据,土地面积计量标准为每平方米。城镇土地使用税采用定额税率,即采用有幅度的差别税额,按大、中、小城市和县城、建制镇、工矿区分别规定每平方米土地使用税年应纳税额。具体如表8-5所示。

表8-5　城镇土地使用税税率

级　别	人口(人)	每平方米税额(元)
大城市	50万以上	1.5~30
中等城市	20万~50万	1.2~24

续表

级　别	人口(人)	每平方米税额(元)
小城市	20万以下	0.9～18
县城、建制镇、工矿区		0.6～12

各省、自治区、直辖市人民政府可根据市政建设情况和经济繁荣程度在规定税额幅度内，确定所辖地区的适用税额幅度。

(二)城镇土地使用税计税依据和税率的筹划空间

由于土地使用税实行幅度税额，大城市、中等城市、小城市、县城、建制镇、工矿区的税额各不相同；即使在同一地区，由于不同地段的市政建设情况和经济繁荣程度有较大的区别，土地使用税额规定也不相同，最大的相差20倍。经济落后地区，土地使用税的适用税额标准可适当降低，但降低额不得超过上述规定最低税额的30%。纳税人在投资设厂时就可以进行筹划，选择不同级别的土地。

【例8-17】某复合材料集团公司想要扩大生产基地，由于总部在北京，所以董事会初步决定的方案是将生产基地建在北京郊区，面积10 000平方米，选用的土地为四级土地，每平方米土地每年需缴纳土地使用税9元，因此每年需缴纳土地使用税90 000元。后来，经过多方考察，最终决定将生产基地建在江苏省沿海城市，这样，不但能享受其他税种的优惠政策(如所得税的优惠，方便出口贸易)，单是每年的土地使用税也可节约不少。由于该地区土地使用税每平方米仅0.9元，所以每年只需缴纳城镇土地使用税9 000元。

三、城镇土地使用税税收优惠的筹划

(一)城镇土地使用税税收优惠的法律规定

城镇土地使用税的税收优惠有法定免缴土地使用税的优惠以及省、自治区、直辖市地方税务局确定减免土地使用税的优惠。

法定免缴土地使用税的优惠有：国家机关、人民团体、军队自用的土地；由国家财政部门拨付事业经费的单位自用的土地；宗教寺庙、公园、名胜古迹自用的土地；市政街道、广场、绿化地带等公共用地；直接用于农、林、牧、渔业的生产用地；经批准开山填海整治的土地和改造的废弃土地，从使用的月份起免征土地使用税5年至10年；对非营利性医疗机构、疾病控制机构和妇幼保健机构等卫生机构自用的土地，免征城镇土地使用税；企业办的学校、医院、托儿所、幼儿园，其用地能与企业其他用地明确区分的；免税单位无偿使用纳税单位的土地(如公安、海关等单位使用铁路、民航等单位的土地)，免征城镇土地使用税。纳税单位无偿使用免税单位的土地,纳税单位应照章缴纳城镇土地使用税。纳税单位与免税单位共同使用、共有使用权土地上的多层建筑,对纳税单位可按其占用的建筑面积占建筑总面积的比例计征城镇土地使用税;对行使国家行政管理职能的中国人民银行总行(含国家外汇管理局)所属分支机构自用的土地,免征城镇土地使用税;为了体现国家的产业政策,支持重点产业的发展,对石油、电力、煤炭等能源用地,民用港口、铁路等交通用地和水利设施用地,三线调整企业、盐业、采石场、邮电等一些特殊用地,划分了征免税界限和给予政策性减免税照顾;物流企业的办公、生活区用地及其他非直接从事大宗商品仓储的用地,不属于优惠范围,应按规定征收城镇土地使用税。符合减税条件的物流企业需持相关材料向主管税务机关办理备案手续。至于减免税由各省、自治区、直辖市地方税务局确定。

省、自治区、直辖市地方税务局确定的土地使用税减免优惠有:个人所有的居住房屋及院落用地;房产管理部门在房租调整改革前经租的居民住房用地;免税单位职工家属的宿舍用地;集体和个人办的各类学校、医院、托儿所、幼儿园用地。

(二)城镇土地使用税税收优惠的筹划空间

土地使用税的纳税人应充分利用税收优惠进行筹划,比如,利用改造废弃土地进行筹划。《中华人民共和国城镇土地使用税暂行条例》规定,经批准开山填海整治的土地和改造的废弃土地,从使用的月份起免缴土地使用税 5 年至 10 年。因此,纳税人可以充分利用城市、县城、建制镇和工矿区的废弃土地或进行开山填海利用土地,以获得免税机会。又如,企业办的学校、医院、托儿所、幼儿园,其用地能与企业其他用地明确区分的,免征土地使用税。因此,纳税人可以通过准确核算用地进行筹划,从而充分享受土地使用税设定的优惠条款。

第八节　城市维护建设税的税务筹划

2020 年 8 月 11 日,第十三届全国人民代表大会常务委员会第二十一次会议通过《中华人民共和国城市维护建设税法》,并于 2021 年 9 月 1 日起施行。1985 年 2 月 8 日国务院发布的《中华人民共和国城市维护建设税暂行条例》同时废止。

城市维护建设税是对在中国境内缴纳增值税、消费税(以下简称“两税”)的单位和个人,就其实际缴纳的“两税”税额为计税依据而征收的一种税。

一、城市维护建设税的纳税义务人和税率的筹划

(一)城市维护建设税的纳税义务人和税率的法律规定

城市维护建设税的纳税义务人是负有缴纳“两税”义务的单位和个人，但目前对外商投资企业和外国企业缴纳的“两税”不征收城市维护建设税。

城市维护建设税的税率，是指纳税人应纳的城市维护建设税税额与纳税人实际缴纳的“两税”税额之间的比率。城市维护建设税按纳税人所在地的不同，设置了三档地区差别比例税率：纳税人所在地为市区的，税率为7%；纳税人所在地为县城、镇的，税率为5%；纳税人所在地不在市区、县城或者镇的，税率为1%。

(二)城市维护建设税的纳税义务人和税率的筹划空间

税法规定，由受托方代扣代缴、代收代缴“两税”的单位和个人，其代扣代缴、代收代缴的城市维护建设税按受托方所在地适用税率执行。因此，纳税人在进行委托时，可以选择城市维护建设税税率低的非市区、县城或者镇的受托单位。

【例8-18】保洁公司2023年拟委托加工一批总价值400万元的化妆品，受托加工单位位于市区，由受托加工单位代扣代缴消费税200万元，也就是说加工单位同时必须代征代扣城市维护建设税14万元(200×7%)。那么保洁公司如何筹划?

解析：一个可行的办法就是利用选择委托加工单位来筹划。如果保洁公司委托某县城的加工企业加工化妆品，则只需缴纳城市维护建设税10万元(200×5%)；若是委托某乡的乡镇企业加工，则缴纳的城市维护建设税仅为2万元(200×1%)。

二、城市维护建设税计税依据的筹划

(一)城市维护建设税计税依据的法律规定

城市维护建设税的计税依据是纳税人实际缴纳的“两税”税额。城市维护建设税以“两税”税额为计税依据并同时征收，如果要免征或减征“两税”，也就要同时免征或减征城市维护建设税。

(二)城市维护建设税计税依据的筹划空间

由于城市维护建设税的计税依据是实际缴纳的“两税”税额，如果一个企业从事“两税”免税业务的生产、经营，就不存在城市维护建设税的计税依据，因而能够享受免征城市维护建设税的待遇；如果从事享受减征“两税”的业务，也会按照相同的比例享受减征

城市维护建设税的税收优惠待遇。因此,企业在投资决策环节,可以通过合理选择生产经营内容,实现城市维护建设税的税务筹划,即凡能够用以减轻和规避“两税”税负的办法,也是城市维护建设税的税务筹划办法。

三、城市维护建设税税收优惠的筹划

(一)城市维护建设税税收优惠的法律规定

城市维护建设税原则上不单独减免,但因城市维护建设税具有附加税性质,当主税发生减免时,城市维护建设税相应发生税收减免。城市维护建设税的税收减免具体有以下几种情况:城市维护建设税按减免后实际缴纳的“两税”税额计征;对于因减免税而需进行“两税”退库的,城市维护建设税也可同时退库;海关对进口产品代征的增值税、消费税,不征收城市维护建设税等。

(二)城市维护建设税税收优惠的筹划

纳税人可以利用城市维护建设税的税收优惠来筹划。比如,由于海关对进口产品代征的增值税、消费税不征收城市维护建设税,所以纳税人在购买货物时,可以权衡各项成本,考虑通过进口方式取得货物。

第九节　环境保护税的税务筹划

环境保护税是对在我国领域以及管辖的其他海域直接向环境排放应税污染物的企事业单位和其他生产经营者征收的一种税。

国家制定的调整环境保护税征收与缴纳相关权利及义务关系的法律规范包括:2016 年 12 月 25 日第十二届全国人民代表大会常务委员会第二十五次会议通过的《中华人民共和国环境保护税法》(以下简称《环境保护税法》)、2017 年 12 月 30 日国务院发布的《中华人民共和国环境保护税法实施条例》等。

一、环境保护税的纳税义务人和税率的筹划

(一)环境保护税的纳税义务人和税率的法律规定

环境保护税的纳税义务人是在中华人民共和国领域和中华人民共和国管辖的其他海域直接向环境排放应税污染物的企业事业单位和其他生产经营者。

应税污染物是指《环境保护税法》所附环境保护税税目税额表、应税污染物和当量值表所规定的大气污染物、水污染物、固体废物和噪声。

环境保护税税目包括大气污染物、水污染物、固体废物和噪声四大类,采用定额税率。其中,对应税大气污染物和水污染物规定了幅度定额税率,具体适用税额的确定和调整由省、自治区、直辖市人民政府统筹考虑本地区环境承载能力、污染物排放现状和经济社会生态发展目标要求,在规定的税额幅度内提出,报同级人民代表大会常务委员会决定,并报全国人民代表大会常务委员会和国务院备案。

(二)环境保护税的纳税义务人和税率的筹划空间

1. 利用税率差异

根据《环境保护税法》的规定,大气、水污染物每污染单位征收的环境保护税税额标准,由各省、自治区、直辖市在规定范围内自行确定。施行的结果是:各省、自治区、直辖市之间,甚至省内不同市州之间,关于大气污染物、水污染物适用税额标准都可能有不小差异。这种地区差异,特别是邻近地区之间的水污染物税率标准差异,可以通过一定方式利用起来,降低企业的实际税负。

2. 利用抽样测算方法差异

根据《环境保护税法》的规定,确定污染物排放量的方法之一是抽样测算方法,由各省、自治区、直辖市环境保护部门制定并公布。相应地,各省、自治区、直辖市地税局(国地税合并前)也需要公布当地的核定征收办法。通过利用这种地区差异,可以降低企业环境保护税税负。

二、环境保护税税收优惠的筹划

(一)环境保护税税收优惠的法律规定

1. 暂免征税项目

下列情形,暂予免征环境保护税:

(1)农业生产(不包括规模化养殖)排放应税污染物的。

(2)机动车、铁路机车、非道路移动机械、船舶和航空器等流动污染源排放应税污染物的。

(3)依法设立的城乡污水集中处理、生活垃圾集中处理场所排放相应应税污染物，不超过国家和地方规定的排放标准的。

(4)纳税人综合利用的固体废物，符合国家和地方环境保护标准的。

(5)国务院批准免税的其他情形。

2. 减征税额项目

(1)纳税人排放应税大气污染物或者水污染物的浓度值低于国家和地方规定的污染物排放标准30%的，减按75%征收环境保护税。

(2)纳税人排放应税大气污染物或者水污染物的浓度值低于国家和地方规定的污染物排放标准50%的，减按50%征收环境保护税。

(二)环境保护税税收优惠的筹划

1. 利用生活污水处理

《环境保护税法》规定，依法设立的城乡污水集中处理、生活垃圾集中处理场所排放相应应税污染物，不超过国家和地方规定的排放标准的，免税。对于既处理工业污水又处理生活污水且可以达标排放的，免税。

2. 利用排放量计算规则

《环境保护税法》规定了四种计算污染物排放量的方法：自动监测、机构监测、排污系数和物料衡算、抽样测算。其中，排污系数和物料衡算为并列关系，多数观点认为其无优先顺序要求。但是同样工艺、产品计算污染物排放量时，两者的结果可能比较大。若环保部门无强制要求，企业可以根据实际情况对部分污染物选择适用最有利的其中一种方法。①

思考题

1. 从纳税人选择角度如何筹划土地增值税？
2. 对资源税进行筹划时有哪几种方法？
3. 对房产税进行筹划时如何确定房产原值？
4. 对印花税进行税务筹划时应注意哪些事项？
5. 对环境保护税进行筹划时主要涉及哪些污染物？

① 资料资源：http://huanbao.bjx.com.cn/news/20180329/888476.shtml。

第九章

国际税务筹划

本章要点

在跨国企业的生产经营过程中，国际税务筹划不仅要严格依据各个国家的税法进行税务筹划和管理，还要对各类应税经营活动进行科学合理的安排，在此基础上才能最大限度地降低跨国企业税负。

本章首先介绍与国际税务筹划相关的国际税收常识，然后详细介绍目前普遍采用的国际税务筹划方法。最后，从跨国公司经营管理的不同层面，说明跨国企业如何合法、合理地减轻税负。

20 世纪 90 年代以来，经济全球化的发展极大地拓展了各国企业的市场空间，各国市场的开放程度不断提高，开放的范围也不断扩大。这种趋势既加剧了企业间的竞争，也要求跨国经营企业不仅在国内范围进行税务筹划，更要重视国际税务筹划。由于涉及两个以上国家的税收管辖权，世界各国的税收制度又有着巨大的差别，所以国际税务筹划不只是国内税务筹划的简单延伸，而要涉及一些国内税务筹划未涉及的领域，使用一些独特的筹划方法。本章首先介绍学习国际税务筹划必备的国际税收常识，然后介绍国际税务筹划的一些基本策略，最后介绍有关跨国公司和中国企业进行国际税务筹划的具体操作方法。

第一节　国际税务筹划概述

一、国际税务筹划概念

随着经济全球化趋势的不断深入，企业越来越多的经济活动超越了国界，企业的纳税活动也随之超越国界。在跨国经营中，由于企业经营需要涉及两个以上国家的税收管辖权，纳税人面临着就同一纳税对象向有关国家双重纳税的风险，但也可以在不同国家的税收制度中寻求轻缓税收负担的机遇。由于国际税务筹划涉及不同国家的税收制度和国际税收协定，国际税务筹划在原理、方法等方面与国内税务筹划存在差异，因此，了解国际税务筹划的知识对企业纳税人有着重要意义。

国际税务筹划就是在不违反相关国家的有关法律(主要是税法和税收协定)和国际公认准则(惯例)的前提下，跨国纳税义务人为实现企业全球财务目标，而进行旨在使全球税收负担最小化的一种税收谋划或规划。需要特别注意的是，为了保护自身的税收利益，包括中国在内的许多国家在税法和国际税收协定中不断制定并更新反国际避税条款，一些国家还专门出台有反国际避税法。所以，进行国际税务筹划时，必须对这些法律、法规予以特别关注，确保税务筹划的合法性、不违法性。

(一)国内税务筹划与国际税务筹划的联系

1. 动因相同

在市场经济条件下，企业行为的动因都是追求企业财务利益最大化。与国内税务筹划一样，纳税人进行国际税务筹划的动因也是对自身利益的追求。

2. 目标一致

企业的目标都是通过税收负担的最小化(即减轻总体税收负担,核算所有应税管辖区内所有应缴的税收,寻找最为合理的方法来减轻这些税收等),来实现企业全球所得的最大化。

3. 互相依存

国内税务筹划是国际税务筹划的基础,进行跨国经济活动的企业必须在经营所涉及的各个国家先进行国内税务筹划,并以此为基础进行国际税务筹划。国际税务筹划的某些特征不仅适用于进行跨国经营活动的企业,也适用于在自己管辖区内实现税收支出最小化的国内企业。对于那些并不直接从事跨国经济活动的纳税人来说,税收支出最小化的方法之一是:在具有合理商业目的的前提下,将所得转移到具有税收优惠政策的国家(如国际低税地)。国际税务筹划为国内税务筹划提供了更多的备选方案。

4. 方法、技术相同或相似

国内税务筹划的许多方法、技术在国际税务筹划中仍然适用,只是适用的环境和条件有区别。例如,国内税务筹划中的免税技术、抵免技术、分割技术在国际税务筹划中依然有广泛的使用。

【例 9-1】中德两国签订的《对所得和财产避免双重征税和防止偷漏税的协定》规定:“缔约国一方居民转让其在缔约国另一方居民公司的股份取得的收益,如果该居民在转让行为前的 12 个月内,曾经直接或间接拥有该公司至少 25%的股份,可以在该缔约国另一方征税。”“转让第一款至第五款所述财产以外的其他财产取得的收益,应仅在转让者为其居民的缔约国一方征税。”某中国企业集团将在德国参股一家子公司,持有其 40%的股权,并考虑在 1 年后转让。如果中国企业集团希望在转让德国企业股权时避免缴纳德国所得税,在参股时可以考虑由集团下属的两家公司各参股 20%,从而适用于中德税收协定而无须在德国纳税。从这个例子可以看出,国际税务筹划与国内税务筹划一样,都可以使用分割技术。

(二)国内税务筹划与国际税务筹划的区别

国际税务筹划与国内税务筹划相比,有其自身的独特性,在筹划的客观原因、筹划对纳税人的意义和筹划的方式上,与国内税务筹划有所区别。

1. 客观原因不同

国内税务筹划的客观原因是一个国家内部各税种及其要素之间的差异,而国际税务筹划的客观原因则是各国税收制度之间的差别。

2. 对纳税人的意义不同

当企业纳税人只在一个国家内部进行经济活动时,它只受该国家的税收管辖权约束;当企业纳税人进行跨国经济活动时,就要涉及两个以上国家的税收管辖权,从而一方面使企业可能面临国际双重纳税的风险,加重企业的税收负担,另一方面又为降低企业税收负担提供了较国内筹划更为广阔的空间。所以,国际税务筹划对跨国企业纳税人有着更重要的意义。

3. 税务筹划的方式、方法有所不同

与国内税务筹划相比,国际税务筹划更多地利用各国税制的不同,往往利用“人”和“物”流动的各种方法进行筹划。此外,由于国际税务筹划要涉及一些国内税务筹划未涉及领域,也有一些独特的筹划方法,如适用税收协定法等,详见本章第二节。

二、税收管辖权

跨国纳税人必须同时与两个或两个以上国家在其各自的权力管辖范围内发生税收征纳关系,因此税收管辖权概念是国际税务筹划中一个根本性的问题。税收管辖权是一个国家在税收管理方面形成的在一定范围内的征税权力,属于国家主权在税收领域的体现。

目前,世界上的税收管辖权分为居民管辖权、公民管辖权和地域管辖权。其中,居民管辖权、公民管辖权属于属人原则,即一个国家以人的概念为标准行使征税权力;地域管辖权(又称收入来源地管辖权)属于属地原则,即一个国家以地域的概念为标准行使征税权力(见表 9-1)。

表 9-1 世界上的税收管辖权分类

行使原则	管辖权种类	定 义
属人原则	居民管辖权	指一个国家对凡是属于本国居民取得的来自世界范围的全部所得行使的征税权力
	公民管辖权	指一个国家对凡是属于本国公民取得的来自世界范围的全部所得行使的征税权力
属地原则	地域管辖权 (收入来源地管辖权)	指一个国家对发生于其领土范围内的一切应税活动和来源于或被认为是来源于其境内的全部所得行使的征税权力

各国实行不同的税收管辖权,既让纳税人面临国际双重纳税的风险,也为纳税义务人提供了利用不同的税收管辖权进行国际税务筹划的机遇。

【例 9-2】甲跨国公司同时在 A、B 两国开展业务,A、B 两国都行使居民管辖权,但是 A、B 两国对判定公司法人的居民身份有不同的标准。A 国采用登记注册地标准,B 国采用总机构所在地标准。如果甲跨国公司在 A 国登记注册,同时将总机构设在 B 国,在

A、B 两国没有签订国际税收协定的情况下,甲跨国公司同时是 A、B 两国的居民,甲跨国公司来自世界范围的全部所得,既要向 A 国又要向 B 国缴税,即国际双重纳税。相反,如果甲跨国公司在 B 国登记注册,同时将总机构设在 A 国,理论上,甲跨国公司不具备任何一国居民公司的身份地位,因而不需要承担 A、B 两国中任何一国的无限纳税义务,降低了税收负担。

三、国际双重征税

国际税务筹划的基本任务之一就是消除企业所得存在国际双重纳税的风险。国际双重纳税与国际双重征税相对应,是指同一纳税人或不同跨国纳税人的同一跨国纳税对象或税源,向两个或两个以上国家的不同课税主体缴税的行为。所谓国际双重征税,又称国际重复征税,就是指两个或两个以上国家的不同课税主体,对同一纳税人或不同跨国纳税人的同一跨国纳税对象或税源所进行的重复征税,一般包括法律性双重征税和经济性双重征税两种类型。

法律性双重征税属于狭义的国际双重征税,是指由于两个或两个以上国家的税收管辖权的重叠,同时拥有对同一纳税人的同一跨国纳税对象或税源进行征税的权力。经济性双重征税属于广义的国际双重征税,是指两个或两个以上国家对不同跨国纳税人的同一经济渊源的所得或收益同时拥有进行征税的权力。

知识链接

> 经济性双重征税的典型例子是,对股份公司的利润和股东个人分得的公司股息分别进行征税。
>
> 本书所指的国际双重征税主要是法律性双重征税。

国际双重征税发生的根本原因是税收管辖权的重叠,具体有以下几种形式:

第一,居民(公民)管辖权和地域管辖权的重叠。这是最典型、历史最长的国际双重征税的来源(参见例 9-3)。

第二,居民管辖权和公民管辖权的重叠。

第三,地域管辖权和地域管辖权的重叠。这是由于有关国家对收入来源地的理解和规定不同造成的。

第四,居民管辖权和居民管辖权的重叠。这是由于有关国家对居民确定的标准不同,因而出现居民身份的双重化,引起居民管辖权的冲突(参见例 9-2)。

【例 9-3】乙跨国公司是 C 国的居民公司，同时在 C、D 两国开展业务，C 国行使居民管辖权，D 国行使地域管辖权。假设乙跨国公司在某年度内的营业所得总计为 40 000 元，其中 8 000 元来自 D 国，32 000 元来自 C 国，在 D 国已纳所得税额为 2 400 元。C 国实行超额累进税率，所得在 10 000 元以下税率为 20%，所得超过 10 000 元至 32 000 元税率为 30%，所得超过 32 000 元税率为 40%。

在 C、D 两国没有签订国际税收协定的情况下，乙跨国公司在 D 国的所得既要向 D 国纳税，又要作为其来自世界范围的全部所得的一部分而向 C 国纳税，即对 C、D 两国双重纳税。

乙跨国公司在 C 国应纳税 = 10 000×20%+(32 000-10 000)×30%+(40 000-32 000)×40% = 11 800(元)

乙跨国公司全球范围内所得总税负 = 11 800+2 400 = 14 200(元)

近年来，许多发达国家的居民企业在发展中国家进行投资，对这些企业来说，国际双重征税还有一个特殊的问题，就是发展中国家提供的税收优惠是否能真正降低企业的税收负担。大多数发展中国家为了鼓励和吸引发达国家的居民企业来本国投资，往往给予不同程度的减免税，特别是减免所得税的优惠。如果发达国家实行居民管辖权，且不承认发展中国家的税收优惠，则这些发达国家的居民企业并不能享受到税收优惠，只不过将本应交给发展中国家的税款转交给了其居住国税收当局。

四、国际税收协定

国际税务筹划与国际税收协定有着密切的关系：第一，解决国际双重征税的最有效的方式是由有关国家通过谈判、协商，达成一致后签订国际税收协定；第二，是否违反国际税收协定的反逃税、反避税条款是判定国际税务筹划工作成功与否的重要标准之一；第三，适用国际税收协定是国际税务筹划的一种特殊的、重要的方法，进行国际税务筹划必须对国际税收协定有很好的了解。

国际税收协定是指两个或两个以上的主权国家或地区，为了协调相互之间的税收分配关系，本着对等的原则，在有关税收事务方面通过谈判所签订的一种书面协议。截至 2018 年 6 月，全世界生效的避免国际双重征税协定达到 3 322 个①。国际税收协定主要有两个作用：一是避免国家间双重征税；二是防止国际逃税。

为了解决国际双重征税的问题，国际税收协定往往规定有以下三项内容：

① United Nations Conference on Trade Development. World Investment Report 2018. https://unctad.org/en/PublicationsLibrary/wir2018_en.pdf.

（一）划分各项所得，明确所得概念

一般来说，大部分国际双重征税问题来源于对所得的征税。由于所得的种类繁杂，对每一种所得征税的方法也不相同。国际税收协定就要按照国际惯例，逐项划分并明确各项所得包括的内容和范围，避免在执行协定时发生争议。

（二）明确征税范围，协调税收管辖权

首先，国际税收协定中明确各缔约国行使税收管辖权的合理范围，即规定对所涉及的纳税人应由哪一国行使居民（公民）管辖权，应由哪一国仅能行使地域管辖权，哪些税种的征收符合协定的要求，以避免由于范围不清而造成执行协定时的争议。其次，国际税收协定中明确地域管辖权行使的地理范围和征税范围。尽管世界上大多数国家同时行使地域管辖权和居民（公民）管辖权，但各国普遍承认地域管辖权可以优先征税，所以有必要明确地域管辖权行使的地理范围和征税范围。

（三）明确避免国际双重征税的具体方法

国际税收协定中要明确避免国际双重征税的具体方法。对已由非居住国优先征收的税款，居住国应采取避免双重征税的方法，以保证跨国纳税人不承担过重的税负。在发达国家与发展中国家签订的税收协定中，往往还有专门的关于税收饶让的条款。

税收饶让是指居住国政府在对本国居民纳税人计税时，对有关非居住国给予纳税人减免税优惠措施进行配合，即对非居住国减免的那部分税收视同纳税人已实际缴纳的外国税收予以抵免。税收饶让不是一种独立的避免国际双重征税的方法，它只是抵免法的附加。税收饶让的存在使跨国纳税人能真正享受到非居住国特别是广大发展中国家提供的税收优惠。

在发达国家同发展中国家所签订的税收协定中，有一些国家对配合税收饶让采取了积极的赞同态度，如英国、日本、德国、法国、丹麦和瑞典等。中国在绝大多数对外签订的综合性国际税收协定中，都规定了对方国家对我国提供的减免税优惠承担税收饶让的义务（虽然在范围和适用税率的规定上有所不同）。当然，也存在对税收饶让采取消极态度的发达国家，典型的为美国。

知识链接

1984 年中国政府在同美国政府谈判签订双边税收协定时提出了税收饶让要求，但没有被美国政府接受，至今美国政府也没有向中国承诺承担税收饶让义务。

五、各国(地区)之间的税制差异

国际税务筹划的客观原因是各国税收制度之间存在差异,如果各国的税制完全相同,国际税务筹划也就失去其存在意义。所以,了解各国税收制度之间的差异对国际税务筹划十分重要。

(一)税收管辖权约束范围的差异

世界各个国家和地区实行的税收管辖权是不同的,有的同时实行地域管辖权和居民管辖权(如中国、日本、德国);有的同时实行地域管辖权和公民管辖权(如罗马尼亚、菲律宾);有的单一实行地域管辖权(如中国香港特别行政区、巴拿马、阿根廷);有的同时实行地域管辖权、居民管辖权和公民管辖权(如美国、墨西哥)。

即使实行同种税收管辖权的国家,管辖权的约束范围也存在许多差异。例如,在判定一笔所得是否来源于本国境内的问题上,各国采用的标准就不统一,有的以劳务提供地为准,有的以合同签订地为准,还有的以权利的使用地为准。跨国纳税义务人可以利用这些标准的差异,使自己的收入变为来源于其他国家境内的收入,从而不受本国地域管辖权的管辖。又如,在法人居民身份的确认上,各国采用的标准也不同。有些国家采用登记注册地标准,有些国家采用实际管理控制中心所在地标准,还有些国家采用总机构所在地标准。跨国纳税义务人完全可以利用这些标准的差异,将自己的居民身份确定在最有利的国家(地区)。

(二)税收负担和税率差异

世界各国的税收负担和税率有着巨大的差异,而这一差异是国际税务筹划的基础之一。从宏观上看,国际上公认的衡量一国税收负担高低的标准是:税收总额(T)占国内生产总值(GDP)的比值。以 T/GDP 为衡量指标,世界各国税收负担总水平大体可划分为以下三类:第一类,高税负国。大多数经济发达国家属于此类,T/GDP 比值一般在35%以上。第二类,中等税负国。大多数国家属于此类,T/GDP 比值一般在 20%~30%。第三类,低税负国。T/GDP 比值不超过 20%,大多在 15%上下,有的还不到 10%。

低税负国又可分为三类:第一类属于实行低税模式的“国际避税地”;第二类属于经济不发达的国家,这些国家税源小,财政收支紧张;第三类是靠非税收收入为主的资源国,特别是石油输出国,非税收收入比重大,税收收入占财政收入的比重低。在税率上,同样征收同一税种的国家,税率也有很大的差异。以同样征收所得税为例,高税负国的税率在 30%~60%,低税负国的税率一般都低于 30%。在“国际避税地”国家或地区,政府甚至不征所得税或税率很低。当一个国家的税率较其他国家的税率低时,居住在高税率国家的跨国纳税人就会设法将其收入转移到这个国家，以获得低税待遇，减轻原所在国的高额税负。

（三）税基的差异

所得税税基为应税所得，但在计算应税所得时，各国对各种扣除项目的规定差异往往很大。一般来说，扣除越多，税基越小；反之则越大。在税率一定的条件下，税收负担的轻重就取决于税基的大小。各国税法在税基上的不同规定，意味着跨国纳税人的某项所得在一国不能扣除或扣除较少，而在另一国却可能获得扣除或扣除较多，这为国际税务筹划提供了机会。

第二节　国际税务筹划的基本方法

国际税务筹划的基本方式就是跨国纳税人通过利用或适用有关国家税法和国际税收协定，利用其对企业经营有利的规定，以及利用其差别、漏洞、特例和缺陷，避免国际双重纳税，避免纳税主体和纳税客体的纳税义务。

知识链接

> 由于各国税制存在很大差异，书中介绍国际税务筹划的一般方法，并非在任何一个国家都能使用，这些方法在一些国家会受到限制，甚至在一些国家被视为违法行为。纳税人在应用这些方法时，要注意相关国家的税法和税收协定的有关规定，特别是与这些方法有关的反避税条款。

纳税人一般是企业法人，这里简称为“人”；征税对象一般指资金投放、劳务付出或货物交换而产生的收益或所得，这里简称为“物”。本节主要介绍避免国际双重纳税的基本方法、人的流动税务筹划法、人的非流动税务筹划法、物的流动税务筹划法、物的非流动税务筹划法。这里的“流动”指的是纳税人或征税对象发生的运动；“非流动”指的是纳税人或征税对象虽然没有发生运动，但通过采取某种手段，达到发生运动的效果。[①]对于适用国际税收协定这一常用的国际税务筹划方法，由于其是一种人的变相流动方法，将其放在人的非流动税务筹划法介绍。

一、避免国际双重纳税的基本方法

在各国税法和国际税收协定中，往往使用三种基本方法使跨国纳税人避免国际双重纳税：免税法、扣除法和抵免法。此外，在存在对外国投资进行税收优惠的情况下，国际税务筹划还要考虑税收饶让条款。

（一）免税法

免税法是指实行居民管辖权的国家，对本国居民来源于国内的所得免税，只对其来源于国内的所得征税。免税法的指导原则是：承认非居住国地域管辖权优先执行的地位，对本国居民来源于国外并已在国外纳税的那部分所得，在一定条件下，放弃行使居民管辖权，以避免国际双重征税。免税法又分为全额免税法和累进免税法两种。

全额免税法是指居住国政府在确定其居民应纳税额时，对来源于国外的所得完全不予考虑，既不征税也不与本国所得税的税率相联系。其计算公式可表示如下：

$$在本国应纳税额=国内所得\times本国税率$$

累进免税法是指居住国政府在确定其居民应纳税额时，对国外所得虽然给予免税，但在本国居民国内所得适用的累进税率方面要综合考虑。也就是说，居住国一方面对居民的境外所得予以免税，另一方面在确定居民纳税人国内来源所得的适用税率时，将其境外所得一并加以考虑，按国内、国外所得总额在税率表中查找对应税率计征税款。其计算公式可表示如下：

$$在本国应纳税额=国内外所得总额\times本国税率\times(国内所得\div国内外所得总额)$$

【例 9-4】如果在例 9-3 中，其他条件不变，C 国使用全额免税法来避免对乙跨国公司的国际双重征税。则乙跨国公司在 C 国应纳税：

$$10\ 000\times20\%+(32\ 000-10\ 000)\times30\%=2\ 000+6\ 600=8\ 600(元)$$

$$乙跨国公司全球范围内所得总税额=8\ 600+2\ 400=11\ 000(元)$$

① 梁蓓，罗勇翔．国际税收[M]．北京：对外经济贸易大学出版社，2003：176.

【例 9-5】如果在例 9-3 中,其他条件不变,C 国使用累进免税法来避免对乙跨国公司的国际双重征税。则乙跨国公司在 C 国应纳税:

$$[10\ 000\times20\%+(32\ 000-10\ 000)\times30\%+(40\ 000-32\ 000)\times40\%]\times(32\ 000\div40\ 000)=9\ 440(元)$$

乙跨国公司全球范围内所得总税额 = 9 440 + 2 400 = 11 840(元)

由于在执行免税法的过程中,当居住国的税率高于收入来源国时,其实际免除的税额会大于国外已纳税额,从而使居住国少征部分税款,因此,采用此法的国家并不多,即使采用此法,也往往要附加一些限制性条款。

(二)扣除法

扣除法是指实行居民管辖权的国家,对本国居民已经缴纳的外国所得税额,允许其从来自世界范围内的应税总所得中作为费用扣除。扣除法的指导原则是对本国居民有限度地放弃居民管辖权。其计算公式可表示如下:

在本国应纳税额 =(国内外所得总额 - 国外已纳所得税额)× 本国税率

【例 9-6】如果在例 9-3 中,其他条件不变,C 国使用扣除法来避免对乙跨国公司的国际双重征税。

乙跨国公司全球范围内应税所得=32 000+8 000-2 400=37 600(元)

则乙跨国公司在 C 国应纳税:

$$10\ 000\times20\%+(32\ 000-10\ 000)\times30\%+(37\ 600-32\ 000)\times40\%$$
$$=2\ 000+6\ 600+2\ 240=10\ 840(元)$$

乙跨国公司全球范围内所得总税额=10 840+2 400=13 240(元)

由于扣除法对本国居民的国外已纳税额只是给予一部分照顾,没有真正避免纳税人国际双重纳税的负担,目前采用此法的国家并不多。

(三)抵免法

抵免法是目前国际上普遍采用的避免纳税人国际双重纳税的方法。抵免法是指实行居民管辖权的国家,对其居民来自世界各国的所得征税时,允许居民把已经缴纳的外国税额从其应向本国缴纳的税额中扣除。抵免法的指导原则是:兼顾收入来源国、居住国和纳税人三方利益的同时，对本国居民有限度地放弃居民管辖权。其计算公式可表示如下：

在本国应纳税额=国内外所得总额×本国税率-国外已纳所得税额

在理论上，抵免法可以分为全额抵免和普通抵免两大类。全额抵免是指对纳税人在国外实际缴纳的税款，不加任何限制条件地全部从本国应纳税额中扣除。普通抵免，又称限额抵免，即居住国对可以从本国税款中扣除的外国税款规定了限额，以外国所得额乘以本国税率计算出的税额为限。这一限额称为抵免限额，为外国税款的最高扣除额。抵免限额的计算公式可表示如下：

抵免限额=（国内外所得总额×本国税率）×（来自非居住国应税所得÷国内外应税所得总额）

在税收抵免计算中，确定允许抵免的已缴外国税额时，要通过抵免限额与已缴外国税额相比较来确定，即“两者取其小”。当抵免限额大于已缴外国税额时，表明跨国纳税人已缴外国政府的税额不足以抵免限额，出现了抵免余额，需要向其所在国政府补缴其不足限额部分的税款；当抵免限额小于已缴外国税额时，即跨国纳税人已缴外国政府的税额超过了抵免限额而出现了超限额，这个限额部分是不予抵免的。除了一般的抵免限额外，许多国家还实行分国限额法、综合限额法、专项限额法、非专项限额法等具体抵免限额措施。

由于抵免法同时兼顾了居住国的居民管辖权、非居住国的地域管辖权和纳税人的税收负担三方面的利益关系，所以抵免法被世界上绝大多数国家所采用，成为使跨国纳税人避免国际双重纳税的普遍方法。在各国的实践中，由于普通抵免真正体现抵免法兼顾收入来源国、居住国和纳税人三方利益的原则，而全额抵免在收入来源税率高于居住国税率时会造成居住国利益的损失，实行抵免法的国家实际上都采用有限额的抵免，即普通抵免。

【例 9-7】丙公司是 E 国的居民公司，某年在 E 国获取所得 500 万元，E 国的所得税税率为 40%；丙公司在 F 国设有分公司，同年获取所得 150 万元，F 国的所得税税率为 60%，已向 F 国政府缴纳所得税 90 万元。

（1）全额抵免：

丙公司应缴 E 国所得税额 = (500 + 150) × 40% − 90 = 170(万元)

这种计算结果，比丙公司在没有其分公司的 150 万元所得的情况下，所计算的应缴所得税税款（500 万元 × 40% = 200 万元）还少 30 万元。

(2)限额抵免:

$$丙公司应缴E国所得税额 = (500 + 150) \times 40\% - 150 \times 40\% = 200(万元)$$

这种方法避免了E国税收利益的损失。

通过规定抵免限额,实施限额抵免保障本国的税收利益,成为各国在采用抵免法时的一致选择。

二、人的流动税务筹划法

人的流动税务筹划法是指一个国家税收管辖权下的纳税人迁移出该国,成为另一个国家税收管辖权下的纳税人,或没有成为任何一个国家税收管辖权下的纳税人,以降低或减轻其总体纳税义务的国际税务筹划方法。对于这种纯粹为了税务筹划而进行国与国间真正迁移的现象,国际上称之为"税收流亡"。其具体方法主要有:

(一)纳税人住所的真正迁移——成为低税国居民

一般来说,高税国的纳税人所承担的纳税义务,要比低税国的纳税人所承担的纳税义务重。纳税人住所的真正迁移可以使一个高税国的纳税人成为一个低税国的纳税人。在现实生活中,这类国际税务筹划又分为以下几种:

1. 永久迁移法

永久迁移法,指纳税人把其住所永久性地迁往低税国的国际税务筹划方法。一个住所在高税国的企业纳税人,需要缴纳的企业所得税、财产税、预提税等税款,相对来说要比在低税国缴纳的税款多得多。这时,作为一个跨国企业纳税人,可以通过把住所迁往低税国,用成为低税国法人居民的方式来降低税收负担。例如,一个总部设在高税国的跨国公司,把其总部迁到一个投资环境良好的低税国,就是典型的永久迁移法税务筹划。

2. 短期迁移法

短期迁移法,指纳税人把其住所非永久性地迁往低税国的国际税务筹划方法。

3. 部分迁移法

部分迁移法,指纳税人把法律规定构成住所的部分迁往低税国的国际税务筹划方法。各国对构成住所的条件都要在法律上加以规定,但每个国家的规定均有所不同。"部分"迁移是指纳税人利用法律的不完善,只把法律规定构成住所的部分迁往低税国,在高税国还保留着其他一些构成其住所的东西。

(二)纳税人住所的真正迁移——成为高税国非居民

纳税人除了可以用迁出高税国成为低税国居民的方法来进行国际税务筹划外,还可以用成为高税国非居民的方法来进行国际税务筹划。非居民身份有时对跨国企业纳税人非常有利，因为它意味着跨国企业纳税人对高税国只负有非居民纳税义务。

例如，一个高税国的跨国企业法人，利用该国税法的缺陷把其实际管理机构总机构或注册地迁移到其他国家，便可以只就其来源于高税国的那部分所得负有纳税义务了。

（三）纳税人住所的真正迁移——合并（分立）迁移

由于世界各国的税法和税收协定对不同组织形式、不同规模、不同资本结构等的企业税收待遇是不同的，有时差别甚至很大，因此很容易被跨国企业法人利用来进行国际税务筹划。

1. 合并迁移法

合并迁移法又称“化零为整”法，是指企业在合并或联合后迁往其他国家的国际税务筹划方法。例如，一些国家为吸引大型跨国公司，制定了对大公司有利的税收政策，一些公司在迁往那里时，往往建立联合关系或组成公司集团。又如，一些公司在避免国际双重纳税时，为了能享受间接抵免税额，在把其子公司迁往其他国家时，往往也要合并其属下的一些小公司，以使其在子公司的股份达到规定的限额。

2. 分立迁移法

分立迁移法又称“化整为零”法，是指企业进行重组分设后迁往其他国家的国际税务筹划方法。例如，一些国家对小企业有诸多税收优惠，包括较轻的税率、较宽松的税前扣除等，那么，跨国公司就可以把一个企业分立成满足该国小企业条件的几个企业后迁往该国。

三、人的非流动税务筹划法

人的非流动税务筹划法是指一个国家税收管辖权下的纳税人并没有迁移出该国，但已不再是该国税收管辖权下的纳税人或改变了纳税人性质，以降低或减轻其总体纳税义务的国际税务筹划方法。

一般来说，纳税人要降低其纳税义务，就要设法迁移。但利用有关国家税法和税收协定的漏洞或缺陷，纳税人有时不迁移也可以规避或减轻其纳税义务。

（一）纳税人住所的虚假迁移

虚假迁移是指纳税人法律上已迁出了高税国，但实际上并没有在其他任何国家取得住所。如果一个高税国的企业纳税人有足够证据证明它不是这个国家的居民，而是另一个国家的居民，那么尽管实际上它是这个国家的居民，它的纳税义务还是可以减轻甚至消除的。利用这种手法达到减轻税负的目的有时并不难，因为各个国家关于住所或居所的法律规定并不一样,法律解释也不相同,使得企业纳税人利用住所或居所的虚假迁移进行国际税务筹划成为可能,但一些国家的税法或税收协定会对这种方法制定严格的反避税措施。

【例 9-8】法国斯弗尔钢铁股份有限公司以下列手段和方式避免在英国具有居所和成为英国纳税义务人:

(1)该公司中的英国股东不允许参加管理活动,英国股东的股份与影响和控制公司管理权力的股份分开。他们只享有收取股息、参与分红等权利。

(2)选择非英国居民做管理工作,如经理、董事会的成员等。

(3)不在英国召开董事会或股东大会,所有与公司有关的会议材料、报告等均在英国领土外进行,档案也不放在英国国内。

(4)以电报、电讯等方式向英国发布有关命令。

(5)为应付紧急情况附带发生的交易行为等特殊需要,该公司在英国境内设立一个单独的服务性公司,并按照核定的利润率缴纳公司税,以免引起英国政府的不满。

(二)纳税人不迁移住所

不迁移住所是指纳税人的住所没有迁出高税国,但却可以降低其纳税义务。一般来说,一个企业纳税人要真正把住所从高税国迁往低税国,其付出的代价将是很大的:它要搬到一个可能非常陌生的地方,需要用很大的精力与低税国社会融为一体;它要支付各种拆迁费,而且很有可能还要就自己的资本利得向高税国缴纳一大笔资本利得税。除非这个企业法人有很大的亏损,以至于超过资本利得,或者刚好抵销资本利得,否则仅这种代价就可能阻止高税国法人采用国际迁移的方法来进行国际税务筹划。

不过,高税国的纳税人,有时不迁出高税国也能够降低或减轻纳税义务。其主要方法如下:

1. 成为低税国非居民

成为低税国非居民是指纳税人不迁出高税国,而通过成为低税国非居民进行国际税务筹划的方法。如果一个高税国的跨国企业法人成为一个低税国的非居民,而这个低税国与这个高税国又签订有对低税国非居民有利的税收协定,那么这个跨国企业法人就可以享受这个低税国的许多税收好处,从而达到减轻税收负担的目的。例如,一个高税国的企业纳税人利用其居住国与某个低税国缔结的对成为低税国非居民有利的税收协定,如对该国居民已经缴纳低税国所得税的所得免税等,有意以该低税国的非居民身份取得一部分收入,这样其一部分所得就可以避免高税国的税收。

2. 利用信托形式

利用信托形式是指纳税人通过建立信托财产或者其他信托关系进行国际税务筹划的方法。信托形式被大量地应用于个人和家庭的税务筹划,但企业法人也可以利用信托形式进行国际税务筹划。

信托是指委托人将其财产所有权转让给受托人,并委托受托人为其指定的受益人的受益而对财产加以保管和经营。一项信托通常由三方面关系组成:一是委托人,又称信托人;二是受托人;三是受益人。

信托可以从法律上改变资产或权益的所有人,使受托人成为该资产或权益的所有人,资产或权益原来的所有人不再是该项资产或权益的纳税主体,这为纳税人提供了进行税务筹划的可能:一是可能改变纳税主体,使高税国的纳税主体变成低税国的纳税主体;二是可能分割所得和财产,降低累进税的适用税率。

此外,企业纳税人还可以运用订立各种形式的信托合同进行国际税务筹划。例如,一个高税国跨国企业法人向国外贷款,其利息所得可能要向高税国缴纳一大笔所得税。如果这个跨国法人通过与一个低税国居民银行签订信托合同,那么只要利息所得留在低税国增值,就可能降低高税国的所得税;如果利息所得要汇回高税国,而这个高税国与利息支付国之间没有相互减征利息预提税的税收协定,若该纳税人与某个与利息支付国有相互减征利息预提税的国家的居民银行签订信托合同,也可以降低这笔利息的汇出较重的利息预提税。

建立信托财产不但可以被用来从事消极的降低所得税的活动,还可以被用来掩盖股东在公司的股权,从事积极投资的国际税务筹划活动。例如,一个高税国的跨国纳税人,在低税国建立了一个持股公司从事海外的积极投资。由于该纳税人在持股公司的股份是“大量”的,因此公司的所得或部分所得还是可能被高税国视为该纳税人的所得而征税。这时,纳税人可以把持股公司信托给一个低税国银行或信托公司进行管理。这样,持股公司的股权就合法地归银行或信托公司所有,持股公司的所得也不再被视为高税国纳税人的所得。但实际上持股公司财务利益的真正所有者还是信托人兼受益人的高税国纳税人。这是一种典型的“低税地信托财产”的国际税务筹划方法。

(三)纳税人的变相流动——套用税收协定

1. 套用税收协定的概念

本章第一节已经阐明了各个国家间签订双边税收协定是避免企业国际双重纳税负担的最有效途径。在税收协定中,缔约国双方都要做出相应的约束和让步,于是形成对缔约国双方居民适用的优惠条款。因此,任何一个税收协定中都规定,只有缔约国一方或双方居民才有资格享受协定的待遇。

套用税收协定(Treaty Shopping)是指非缔约国居民利用国际税收协定的某些优惠条款,设法使自己的应税行为符合有关规定,以此全部或部分得到税收协定提供的本不应由其享有的税收优惠待遇,从而进行国际税务筹划的方法。

套用税收协定是纳税主体(人)变相流动的一种特殊的税务筹划方式。从前面的介绍可以看出,人的流动和非流动的税务筹划方式的主要特征都是要规避高税国的居民管辖权来减轻无限纳税义务,而套用税收协定则是跨国纳税人设法获得或利用中介体的居民身份,主动"靠"上某国的居民管辖权来享受税收协定待遇,从而减轻在另一非居住国的有限纳税义务,这是对地域管辖权的规避行为。值得注意的是,在双边税收协定中,通常是在股息、利息和特许权使用费等这些消极所得的预提税上,缔约国互相给予减税或免税的待遇。因此,非缔约国居民套用税收协定,主要集中在减轻或降低非居住国对消极投资所得征收的预提税方面。

2. 套用税收协定的常见方式

套用税收协定进行税务筹划的方式,是以设置中介体为主要特征,大体可归纳为以下三类:

(1)建立直接导管公司。直接导管公司(Direct Conduit Companies)是指为获取某一特定税收协定待遇的好处,而在某一缔约国中建立的一种具有居民身份的中介体公司。例如,A国公司原打算在B国拥有一子公司,但B国要对B国公司汇往A国的股息征收较高的35%的预提税。B国与C国有相互减按6%征收股息预提税的税收协定,A国与C国也签订有相互减按6%征收股息预提税条款的税收协定。此时,A国公司便可以在C国建立一个持股公司,通过C国持股公司收取来自B国公司的股息。这样,A国公司就可以减轻其股息所得的总纳税义务,这是一种典型的套用税收协定进行国际税务筹划的方法。由于A国公司通过C国公司就能得到C国与A、B两国签订的税收协定的税收优惠,C国公司犹如一根直接吸取缔约国公司税收优惠的导管,因此被形象地称为直接导管公司。

(2)建立脚踏石导管公司。脚踏石导管公司(Stepping Stone Conduit Companies)是指为获取某些特定税收协定待遇的好处,而在相关缔约国中建立的两个或两个以上具有居民身份的中介体公司。这是在设立直接导管公司不能直接奏效的情况下,所采取的一种更间接、更迂回的税务筹划方式,在两个或两个以上国家设立子公司来利用有关国家所签订的两个或两个以上税收协定。

例如,A国公司原打算在B国拥有一公司,但B国要对B国公司汇往A国的股息征收较高的35%的预提税,而B国与C国、A国与D国都缔结有相互减按6%征收股息预提税的税收协定,C国与D国则签订相互对持股公司免征股息预提税的税收协定。此时,A国公司便可以在D国建立一个持股公司,通过D国持股公司在C国建立一个持股公司,再通过C国持股公司在B国建立一个子公司。这样,A国公司就可以减轻其股息所得的总纳税义务。这也是一种典型的套用税收协定进行国际税务筹划的方法。由于A国公司一定要通过建立C国公司和D国公司才能取得B国公司股息并降低税负,C国公司和D国公司在其中犹如两块到达目的地所必需的脚踏石,通过它们作为中介获取C国与D国、C国与B国税收协定所给予的税收优惠减轻税负,因此被形象地称为脚踏石导管公司。

(3)直接利用双边关系设置低股权控股公司。由于一些国家对外签订的税收协定中有明确规定,缔约国一方居民向缔约国另一方居民支付股息、利息和特许权使用费享受协定优惠的必要条件是:该公司由同一外国投资者控制的股权不得超过一定比例。因此,这些国家的跨国公司在缔约国另一方建立子公司时,往往把公司分立成几个公司,使每个公司持有该子公司的股份都在限额以下,以便使股息能够享受到优惠。这种做法实际上是分割技术在国际税务筹划中的应用。

四、物的流动税务筹划法

通过人的流动和非流动进行国际税务筹划因为具有主动性,容易引起有关税务当局的警觉。在各国移民法、公司法及有关法律的限制下,这种国际税务筹划方式受到很大的约束。相比之下,通过物的流动和非流动进行国际税务筹划,是按照跨国纳税人的精心安排,通过日常经济交往中的各类交易实现的,因此具有普遍性、多发性和隐蔽性的特点。这里的"物"的流动,不仅是指纳税客体自身——各类所得、收益等的流动,更重要的是指那些与形成最终所得、收益相关的要素,即资金、货物、劳务、费用等有形与无形要素的流动。

由于物的流动税务筹划法要比人的流动税务筹划法复杂,涉及问题较多,本节只做概述,利用国际低税地和转移价格这两个重要问题,将在以后章节进行详尽的介绍。

物的流动税务筹划法是指一个国家税收管辖权下的纳税客体转移出该国,成为另一个国家税收管辖权下的纳税客体,或没有成为任何一个国家税收管辖权下的纳税客体,以降低或减轻其总体纳税义务的国际税务筹划方法。

(一)避免成为常设机构

在确定对非居民的营业利润是否征税上,各国习惯沿用常设机构的概念,即构成常设机构的,就可以认定其所得来源于该国境内,可以行使地域管辖权,可以对该所得征税;不构成常设机构的,就不对其所得征税。

在国际税收协定中,常设机构是指企业进行全部或部分经营活动的固定场所,一般常设机构包括:

①管理场所分支机构、办事处、工厂和作业场所。

②矿场、油井或气井、采石场或其他开采自然资源的场所。

③建筑工地,建筑装配或安装工程,或者与其有关的监督管理活动,但这种工地、工程或活动,应以连续超过一定时间为限。

④企业通过雇员或其他非独立代理人在非居住国从事经常的营业活动,即使并未设立固定营业场所,也应视为设有常设机构。

⑤企业通过授权非独立代理人在对方国家经常代表该企业签订合同的,也可视为设有常设机构。

在许多税收协定中,有一些不视为常设机构征税的特殊规定存在,这些特殊规定为税务筹划提供了机会。例如,2013 年中国和英国修订的《对所得和财产收益避免双重征税和防止偷漏税的协定》第五条规定,"常设机构"一语应认为不包括:

(1)专为储存、陈列或者交付本企业货物或者商品的目的而使用的设施。

(2)专为储存、陈列或者交付的目的而保存本企业货物或者商品的库存。

(3)专为由另一企业加工的目的而保存本企业货物或者商品的库存。

(4)专为本企业采购货物或者商品,或者搜集情报的目的所设的固定营业场所。

(5)专为本企业进行其他准备性或辅助性活动的目的所设的固定营业场所。

(6)专为上述(1)和(5)所述活动的结合所设的固定营业场所,如果由于这种结合使该固定营业场所全部活动属于准备性质或辅助性质。

跨国纳税人可以利用这些规定,依靠从事一项或多项免税活动来进行税务筹划。例如,当我国某毛皮加工公司想了解英国关于裘皮服装行业对毛皮的需求情况并寻求合作伙伴时,就可以在英国设立一家专门为该公司搜集英国裘皮服装信息的机构。根据中英双边税收协定,毛皮加工公司可利用该机构来承担除代表本公司签字之外的有关订货合同的全部谈判协商任务,从而成功地回避英国的税收管辖权,以达到减轻税负的目的。

许多国家对非居民公司的留存时间做了规定,在留存时间内对非居民公司的所得免税。一些企业依靠技术水平的提高和生产周期的缩短,可以在政府规定的免税期间完成其经营活动,避免作为常设机构在非居住国纳税。

(二)利用常设机构转移收入与费用

在无法避免常设机构的情况下,巧妙地安排总机构与常设机构、常设机构与常设机构之间的交易,也是常用的国际税务筹划的方式。在实践中,这一方式主要体现在总机构与常设机构、常设机构与常设机构之间的利润分配上,也就是收入和费用的分配上。

1. 利用常设机构转移营业资产

一个跨国企业法人通常可以利用转出方与转入方所在国对营业资产评估、计算和税率规定上的差异,通过总、分机构或两个常设机构之间营业资产的转移,尽量减轻当期或未来的纳税义务。

2. 利用常设机构转移利息、特许权使用费和其他类似的费用

利息、特许权使用费和其他类似的费用都可能由一个跨国企业法人的不同机构支付,但其中有一个"真实"支付和"虚假"支付的问题。总、分机构或两个常设机构之间的支付,通常被认为是"虚假"的支付。只有对第三方企业的支付,才被认为是"真实"的支付。许多国家的税法和税收协定规定,"真实"支付可以在纳税时作为费用扣除,"虚假"支付对支付方不准作纳税扣除,收取方也不计入利润。但这些规定也有一些例外,如银行或其他金融机构的支付和具有垫付性质的向第三方的"转手"支付,也可以在纳税时作为费用扣除。

但是这些规定在实际工作中有时很难准确把握,在不予扣除和允许扣除之间存在许多模糊空间,跨国纳税人可以对此进行税务筹划,以达到减轻税负的目的。

3. 利用常设机构转移管理费用

常设机构支付给总机构的管理费用,在弥补成本之后,是否应包含利润因素?如果包含利润,则合理的利润又应是多少?在这个问题上,各个国家很难找到统一的办法。由于总机构管理费用分配上有很大弹性,各国税制之间又存在着差异,跨国企业法人就可以利用这一点进行税务筹划。例如,尽量对高税国中的常设机构多分配一些费用,相应地就可以减少该常设机构的利润和税负。

4. 利用常设机构之间的劳务收费

总、分机构或常设机构之间往往相互提供劳务,这些劳务是否应当收费,收费中能否包含利润因素?在这个问题上,各个国家也很难找到统一的办法。利用各国税法关于这些劳务费用是否给予扣除以及劳务收入是否计入利润方面的差异,跨国企业法人就可以进行税务筹划。

5. 利用常设机构的亏损

跨国企业法人通常都要在其居住国计算损益,其国外常设机构的当年损益也一并汇总计算,但其高税国常设机构的亏损和低税国常设机构的亏损有时会给该企业带来不同的结果。由于各国对待企业亏损的规定相差很大,所以利用最有利国家的一个常设机构在最有利的时候出现的亏损,是有效的国际税务筹划方法。

6. 利用常设机构所在国之间的汇率变化

一个跨国企业法人的各个常设机构很可能是以不同的货币进行结算的,而各种货币的汇率会经常发生波动,波动的幅度还会很大,这就为进行国际税务筹划提供了机会。

（三）利用关联企业间转移价格转移收入和费用

一个跨国企业法人在进行对外投资经营活动时，除了采用常设机构形式外，更常见的形式是建立具有独立法人资格的子公司，或者通过合资、参股等形式取得对国外企业的控制权。许多跨越国境的交易，实际上是在跨国公司内部关联企业之间进行的。跨国公司利用这种特殊关系，通过转移价格来影响关联企业的收入与费用的分配，是国际税务筹划中的主要和常见方式之一。该方式内容较多，将在以后章节进行详细介绍。

（四）利用国际低税地

高税居住国中的跨国纳税人，若想从物的流动中获得更大的收益，一般都会考虑对国际低税地的利用，利用特殊的国际税务筹划手段，将资金、货物和劳务等纳税客体，在形式上或名义上转移到国际低税地。国际低税地不仅吸引着“物”（纳税客体），也是“人”（纳税主体）转移的重要地区，因而形成了特殊的国际低税地模式（详见本章第三节）。

五、物的非流动税务筹划法

物的非流动税务筹划法是纳税客体在形式上并没有发生跨越国境或税境的流动，但通过跨国纳税人的精心安排，仍可起到纳税客体转移的国际税务筹划方式。它属于物的流动的一种特殊变体。一般来说，物的非流动税务筹划是在有先行一步的纳税主体或纳税客体转移的基础上，伴随着跨国纳税人的某些经营决策发生的。

（一）利用延期纳税的规定

在利用物的非流动进行国际税务筹划方面，跨国纳税人采用的有效方法之一是利用各国税法中有关延期纳税的规定，通过在低税国或国际低税地组建的一个实体（通常应具有独立的法人资格），进行所得和财产的积累。在积累的所得和财产中，也包含了先前物的流动因素。

在国际税务筹划中，延期纳税是指实行居民管辖权的国家，对本国居民建立在国外的子公司所取得的利润等收入，在没有以股息形式汇回母公司（或股东）之前，对本国母公司（或股东）不就其外国子公司的利润征税。显然，这种对子公司利润的处理，采用了现金收付制的原则。

利用延期纳税的先决条件，是跨国纳税人在合适的低税国或国际低税地建立子公司（一般是完全控股的公司），然后再利用其他物的流动手段，使利润在该子公司得以形成和积累。这些利润可能根本就不必汇回母公司，也可能在拖延时间后，再以股息形式汇回。对于高税居住国中的跨国纳税人来说，延期纳税相当于获得一笔无息贷款，增加了公司整体的流动资金。

(二)精心选择国外经营方式

当一个跨国企业法人决定在国外投资和从事经营活动时,可以在设立常设机构或组建子公司两种主要方式中选择一种。从国际税务筹划的角度看,如何在分支机构与子公司这两种经营方式之间做出选择,取决于许多非财务性或财务性(包括税收)条件。在本书中,我们不对非财务性条件进行探讨,而着重分析这两种经营方式与税负有关的利弊条件。

财务性考虑是多方面的,尤其是对企业利润或亏损所做的预测、有关国家最新企业开办期的优惠政策、确定税基范围的大小、适用税率的高低、税收协定的影响等。在实践中,从税务角度分析,分支机构与子公司各有利弊。表 9-2 反映了设立分支机构的有利条件与不利条件。

表 9-2　设立国外分支机构的有利条件与不利条件

有利条件	不利条件
登记注册简单、快捷,可以不缴纳资本注册税和相应的印花税	在东道国没有独立的法人地位,无资格享受当地政府向当地法人企业提供的免税期或其他投资鼓励措施
在签订双边税收协定的情况下,当境外分公司将利润汇回境内时,可以享受免税或较低的协定优惠预提所得税税率	一旦取得利润,总机构在同一纳税年度要就这些境外利润向其居住国纳税,当国外税率低于居住国税率时,无法获得延期纳税的好处
费用和亏损可以冲抵总公司的利润	总机构应承担国外分支机构的所有义务
有可能利用避免国际双重纳税中最有利的形式——免税法	假如在今后转变成子公司,可能产生资本利得税

相比之下,子公司与分支机构恰好利弊颠倒,但税率发生的变化,可能改变上述有利条件或不利条件中的某一项。当外国税率提高到与居住国税率相近或更高时,跨国纳税人通过在国外子公司保留利润所获得的延期纳税的好处便消失了。此外,由于各国的具体规定不同,分支机构或子公司的有利条件和不利条件在各国也不尽相同,跨国纳税人往往要反复权衡利弊,才能做出有利的选择。高税居住国跨国纳税人一种常见的选择方案是在国外经营初期以分支机构形式从事经营活动,因为由此产生的亏损可以及时冲抵总机构的利润,以减少在居住国的纳税;当分支机构由亏损转为盈利之后,再适时转变为子公司,从而享受延期纳税的好处。

(三)利用税收优惠和低税点

在税务筹划中,往往将有助于减轻税负的投资经营形式和收入项目称为低税点。

跨国纳税人在对外投资经营中,十分注重利用非居住国中的低税点。低税点大量存在于各项税收优惠中,诸如加速折旧、投资抵免、差别税率、专项免税、亏损结转、减免税期间等。如果其所从事投资经营活动的非居住国与其居住国之间签订有包含税收饶让条款的税收协定,跨国纳税人就可以从这些低税点的利用中获得收益。

在国际税务筹划的四种基本方法中,也可以将流动与非流动的方法结合起来。流动与非流动的结合也有四种形式:人的流动与物的流动;人的流动与物的非流动;人的非流动与物的流动;人的非流动与物的非流动。国际税务筹划的实践经验表明,流动—非流动—流动—非流动,这种不断的交叉与结合是实现筹划目的的重要方式和途径。

第三节　利用国际低税地的税务筹划

国际低税地是国际税务筹划活动的中心,跨国纳税人的国际税务筹划活动,特别是避税活动,有许多是利用国际低税地进行的。国际低税地的存在及其对国际资本流动、跨国公司收入与费用分配的影响,受到了各方面极大的关注。

一、国际低税地的概念

国际低税地(Tax Havens)是指具有如下特征的国家和地区:不课征某些所得税和一般财产税,或者课征的所得税和一般财产税的税率远较国际一般负担水平低,或者向非居民提供特殊税收优惠,在这些国家和地区能够进行降低整体税负等国际税务筹划活动。典型的低税地国家和地区有低税、面积小、地理位置特殊和财政规模小的特点。

知识链接

低税港与自由港也是有区别的。

自由港是指一国边境之内、关境之外,可以在免征进口税、出口税、转口税的情况下,从事自由转口、进口、仓储、加工、组装、包装、重新包装、制造、出口等经济活动的港口或港区,其关键是免征关税;而低税港的特点是免征所得税和一般财产税,它们的性质和功能完全不同。

一个自由港可以同时是低税港,如中国的香港特别行政区;一个自由港也可以不是低税港,如德国汉堡自由港区;同样,一个低税港可以是或不是自由港。

国际低税地与提供一般税收优惠的国家和地区是有区别的。当今世界各国政府对跨国纳税人,或多或少总要提供一些税收优惠,能够提供各种各样税收优惠的经济特区更是数以千计,但不能说世界上所有国家都是低税地,应把提供一般税收优惠的国家与提供远较国际一般负担水平低的税收优惠的国家区分开来。

二、国际低税地的类型

当今世界的国际低税地大体可以分为三种类型:

(一)纯国际低税地

在这些国家和地区,完全不征个人所得税、公司所得税、资本税、净财富税、继承税、遗产税等直接税。属于这一类型国际低税地的国家和地区有百慕大、开曼群岛、巴哈马、瑙鲁、瓦努阿图、特克斯和凯科斯、新喀里多尼亚、索马里、圣皮埃尔和密克隆。

以开曼群岛为例,该岛位于加勒比海西北部,毗邻美国,是著名的离岸金融中心和"避税天堂"。全岛面积264平方公里,人口6万多人。那里课征的税种只有进口税、印花税、工商登记税、旅游者税等简单的几种,至今未开征过直接税。一个外国人如果到开曼群岛组建公司或银行,只需要向当地部门注册登记,并每年缴纳一定的注册费,这个外国人和他的公司或银行的账目不受当局审查,对其经营活动,当局也不加以过问和干预。

(二)完全放弃居民(公民)管辖权,只行使地域管辖权

在这些国家和地区,不征收某些所得税和一般财产税,或只征收某些所得税和一般财产税,但税率远低于国际一般水平。这种低税地通常称为普通低税地,是国际税务筹划中经常使用的低税地。属于这一类型国际低税地的国家和地区有安提瓜、泽西岛、巴林、巴巴多斯、以色列、英属维尔京群岛、列支敦士登、荷属安的列斯群岛、中国澳门特别行政区、中国香港特别行政区、新加坡、利比里亚和哥斯达黎加等。

例如,我国香港特别行政区对来源于香港以外的收益或所得,一律不征所得税。

(三)有规范税制,但有某些税收特例,有发达的税收协定网络或提供某些特殊税收优惠的国家和地区

这些国家和地区在按照国际规范制定税法的同时,又制定了某些税收特例,拥有发达的税收协定网络,或提供某些特殊税收优惠。属于这一类型国际低税地的国家和地区有卢森堡、荷兰、瑞士、比利时、爱尔兰、英国等。

例如,荷兰已同澳大利亚、德国、法国、日本、韩国、美国、俄罗斯等几十个国家缔结

了全面税收协定。荷兰财政部在 2017 年发布的税收预算案中，对《荷兰股息预提所得税法》完成进一步修订，扩大向欧盟（EU）、欧洲经济区（EEA）或与荷兰签署含股息条款的税收协定的国家或地区（如中国、中国香港）境内的股息接收方收到从荷兰分配股息的荷兰股息预提税的免税范围。

三、利用国际低税地的税务筹划

一般情况下，将常设机构或子公司设在国际低税地，减轻税收负担的渠道通常有四种：第一，税后所得最好经由国际低税地转移到与其有税收协定关系的国家，可以享受较低的预提税税率；第二，税前所得最好多体现在国际低税地，这样税收负担低，甚至可能为零税率；第三，因课征低税率的劳务报酬所得税，从而减轻税负；第四，在国际低税地多保留税后所得，可享受税收递延的好处。

跨国企业法人在国际低税地的税务筹划活动，会发挥一种“分离”和“隔离”功能，将一部分所得从高税居住国纳税人的收入中分割出来，从而隔绝高税居住国对这部分收入实行的居民管辖权。由这些转移来的纳税客体所形成的利润，可以在低税甚至无税的条件下，在跨国公司位于国际低税地的常设机构或子公司的账面上积累起来。当跨国企业法人需要时，再被用于新的投资。这就是所谓国际低税地的积累功能和资金转盘作用。

（一）通过国际低税地常设机构进行税务筹划

1. 在国际低税地建立常设机构

一个跨国公司可以通过在其他国家设立管理机构、分支机构、办事机构、分厂、分店、车间等常设机构扩展其国际业务。常设机构所在国一般至少要对归属于常设机构的所得征税，而同样的所得在国际低税地的税负要轻。选择与总公司所在国签订有可利用的税收协定的国际低税地，建立最适合于国际税务筹划的常设机构，是国际税务筹划常用的手法。

2. 通过收入与费用的分配向国际低税地常设机构转移应税所得

一个总分机构形式的跨国公司，其收入与费用要在各个机构之间进行分配，以便进行正确核算。如果跨国公司在高税国与国际低税地常设机构之间的分配上进行适当筹划，会极大地减轻跨国公司整体的税收负担。前面所述的“物的流动税务筹划法”，已经阐明通过收入与费用分配向低税国常设机构转移应税所得的国际税务筹划方法。例如，利用转让营业财产，利用提供劳务，利用支付利息、特许权使用费和其他类似费用，利用支付管理费用，利用常设机构亏损等，向低税国常设机构转移应税所得。这里的低税国往往指的就是国际低税地。跨国纳税人利用国际低税地的常设机构通过收入与费用的人为分配，把应税所得转移到国际低税地，从而避免和减轻纳税义务。

（二）通过基地公司进行税务筹划

1. 在国际低税地建立具有独立法人地位的基地公司

通过基地公司进行税务筹划，就是利用国际低税地的"基地作用"来建立基地公司。基地公司（Base Company）是国际税务筹划中的一个重要概念，它是从基地国概念引申出来的。一个对其本国法人来源于国外的收入只征收轻微所得税或资本税，或不征这类税，从而被外国公司用作国外经营活动基地的国家，称为基地国，出于向第三国进行投资或经营的目的而在基地国中组建的法人，称为基地公司。

所谓"向第三国进行投资或经营"，包括通过代理人和分支机构进行的营业，以及借助控股公司收取外国子公司支付的股息、利息或特许权使用费这两方面的活动在内。在国际税务筹划中，基地国有时成为低税国或国际低税地的代名词，基地公司也随之成了国际低税地公司的同义语。

基地公司有这样几个基本特征：涉及两国或多国之间的关系；经济利益全部或部分处于基地国之外，基地公司的经济职能是充当资金的中转站和提供资金的迂回途径；税务因素决定着公司建立的地点选择；必须具有法人资格；是一个单独的纳税主体，不受高税国无限纳税义务的制约；可以被基地国之外的企业加以合法利用。

基地公司又分为典型和非典型两种。假定 A 国甲公司想在 C 国进行投资或经营，那么，它可先在国际低税地 B 国建立基地公司乙，然后通过乙公司向 C 国投资或从事交易，乙公司即为出于向第三国进行投资或经营的目的而建立的典型基地公司（见图 9-1）。

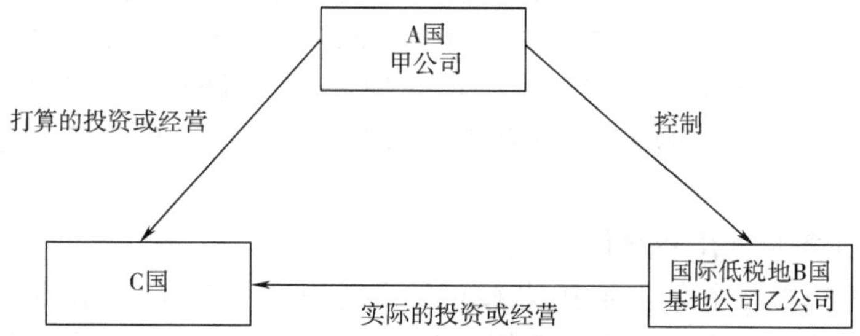

图 9-1　典型基地公司

如果再假定 A 国甲公司想在本国进行再投资或经营，而 A 国只对外来投资给予税收优惠。那么，它可以在国际低税地 B 国建立基地公司乙公司，然后通过在乙公司进行的积累,将资金再投向 A 国,即把对本国的投资,通过基地公司乙公司以外资形式来进行,以谋取税收优惠。这时,乙公司就是非典型基地公司(见图 9-2)。

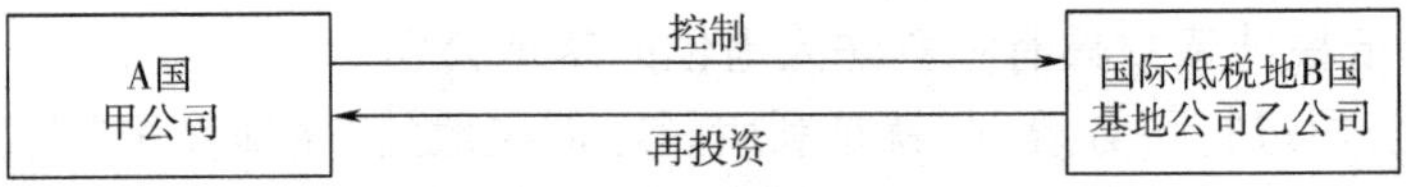

图 9-2 非典型基地公司

典型基地公司和非典型基地公司的主要区别在于:前者用于对外国进行投资或经营,后者则用于对母公司所在国进行投资。

基地公司的受控的独立法人身份是其进行国际税务筹划的关键特征。如果在国际低税地建立的是不具备法人地位的分支机构,因为分支机构的经营成果仍然处在总机构居住国税收管辖权的控制范围内,所以并不会带来很大的税收利益。只有通过在国际低税地建立受控的法人实体,使纳税主体变相转移,才能使利润转移出去,并体现在国际低税地实体手中,既能够摆脱高税国居民管辖权的直接制约,又可以保证其利润仍归该跨国企业法人所有。

2. 基地公司开展中介业务

跨国企业纳税人在国际低税地建立各种基地公司,使其成为国际经济交易链条中的重要一环,通过国际低税地公司进行的业务,通常称为中介业务。基本做法是母公司将本应直接销售或提供给另一国子公司的原材料、产品、技术和劳务等,通过国际低税地中的受控基地公司转手进行,将所得的一部分甚至全部转入并滞留在国际低税地,借以降低在高税国应承担的税负。积累下来的资金,可能以贷款或投资等方式,在享受利息扣除或投资优惠的条件下,重新流回高税国,或者投向别的国家。

在实践中,基地公司与其关联企业间许多商品买卖交易的中介业务,只是一种账面上的数字游戏,并不涉及货物的接收、保管、装配加工、仓储和发运等实际业务,不过是转手开一道发票,记录收支账目,真正的业务活动实际上也许是在千里之外的其他国度进行的。

3. 在中介业务中使用转移价格手段

跨国企业纳税人在中介业务中,若按正常交易原则制定价格,就会使中介业务丧失作用。虽然国际低税地公司的介入会使一些利润向国际低税地转移,但在正常交易价格下,这种利润转移的作用十分有限。只有实行低进高出的转移价格政策,才能充分发挥国际低税地的国际税务筹划功能。

第四节　跨国公司的税务筹划

一、跨国公司与税务筹划

1983年,联合国跨国公司中心在发表的《世界发展中的跨国公司》中对跨国公司做了定义。跨国公司是指这样一种企业:第一,包括设在两个或两个以上国家的实体,不管这些实体的法律形式和领域如何;第二,在各决策体系中进行经营,能通过一个或几个决策中心采取一致对策和共同战略;第三,各实体通过股权或其他方式形成的联系,使其中的一个或几个实体有可能对别的实体施加重大影响,特别是同其他实体分享知识资源和分担责任。

跨国公司税务筹划是跨国公司财务管理的一部分,跨国公司税务筹划必须服从于财务管理的总体目标。跨国公司税务筹划的目标是:通过税收负担的最小化来实现企业全球所得的最大化。在大多数发达国家跨国公司中,财务管理的总体目标是"股东财富最大化"。"税收负担最小化"和"股东财富最大化"这两个目标在大多数情况下是一致的,但在有些特殊的情况下,两者也会出现矛盾。当两个目标出现矛盾时,跨国公司就会做出"增加税收负担但也增加股东财富"的税务筹划选择,这种做法被称为"逆向税务筹划"。本章第五节将结合中国的一些实际情况,介绍"逆向税务筹划"。

跨国公司一般都设有专门的内部税务组织,进行国际税务筹划。例如,以生产日用化学用品闻名于世的跨国公司联合利华(Unilever),其总部分别设在英国伦敦和荷兰鹿特丹,拥有高级税务专家45人,主要任务就是研究税务筹划。又如,德国拜耳公司是一家拥有12万名员工、年销售额达395.86亿欧元的制药公司,为了进行税务筹划,拜耳公司在内部设置了专门的税务组织,见图9-3。

作为跨国企业纳税人,由于人的流动和非流动的方法容易引起有关国家税务当局的不满,跨国公司在税务筹划中主要使用物的流动和非流动的方法。跨国公司税务筹划的主要方法有:

(1)根据有关国家的税法、税收协定避免国际双重纳税。

(2)利用有关国家为吸引外资而采取的优惠政策,实现最多的纳税减免。

(3)利用国际低税地减少税收,特别是通过在国际低税地设立基地公司和导管公司,减轻税收负担。

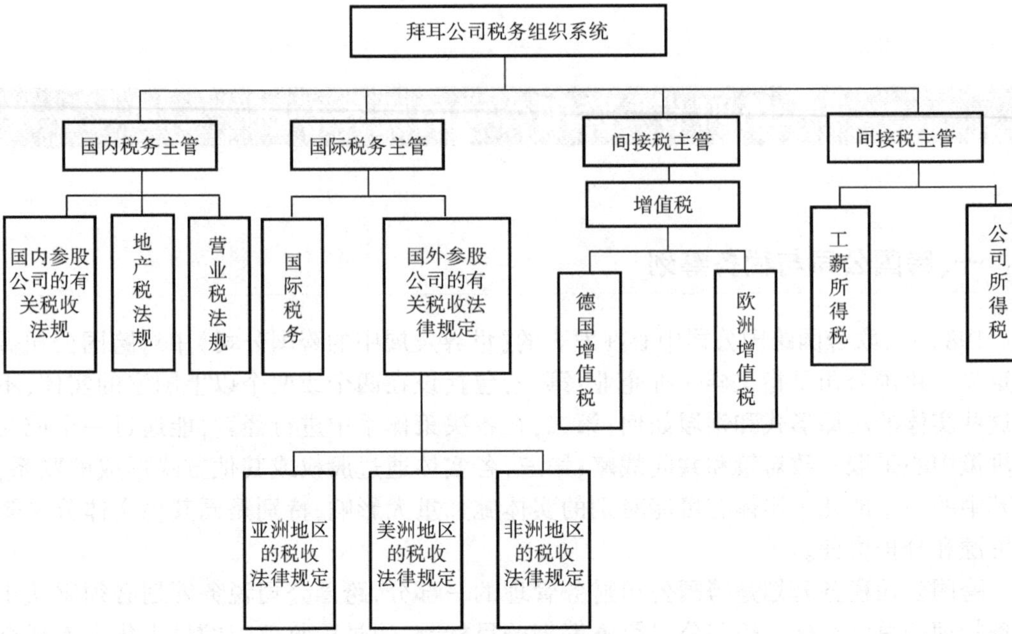

图 9-3 德国拜耳公司的税务组织系统

(4)利用转移价格将利润转移到低税国或低税地区。

转移价格是跨国公司进行税务筹划最重要和最常用的方法,这一方法与跨国公司的金字塔形组织结构和关联企业之间的关联交易有关。

二、跨国公司的组织结构与税务筹划

跨国公司的全球组织结构可以因行业和公司战略的不同而有多种不同形式,本书只从税务筹划的角度介绍跨国公司的组织结构。

一般而言,跨国公司需要建立有效的组织结构来完成税务筹划的战略任务,依靠母公司与子公司或分公司之间内部企业的链条,实现集团资金的运转和税收负担的最小化。在这样的组织结构中,控股公司和各个企业的关联关系是跨国公司税务筹划的关键。跨国公司的组织结构呈现一种金字塔状态,母公司位于塔顶,即跨国公司主要的战略中心;而塔基是各个活动领域中的专业子公司,金字塔中连接母公司与下属公司的中介环节往往是控股公司,见图 9-4。

控股公司是以控制而不是以投资为目的,拥有其他一个或若干个公司的大部分股票或证券的公司。建立控股公司,既可以控制其他公司,实现资本的集中与垄断,也可

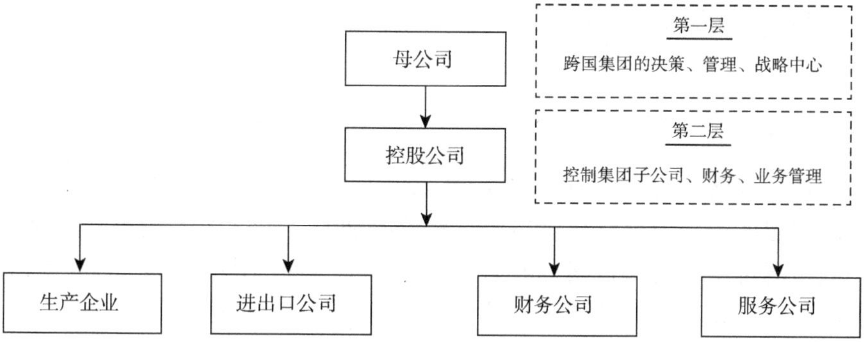

图 9-4 跨国公司的组织结构

以作为实现税务筹划的一种工具。控股公司的主要用途有：一是通过持有多数股份来控制下属公司；二是发挥投资基金的作用；三是以发行流动债券所获得的资金，为本集团的公司提供资金来源；四是收取以股息、贷款利息、特许权使用费等构成的消极所得。

为税务筹划而利用控股公司的机会，主要产生于上述后三种用途中。为税务筹划而建立控股公司的最佳地点是国际低税地，以及与许多国家签订了国际税收协定的其他低税国，欧洲的列支敦士登、卢森堡、荷兰和瑞士等就是建立控股公司的理想地点。在国际低税地，有许多基地公司是跨国公司的控股公司。跨国公司通过把资产转移到其下控制的一个控股公司账目中，能够在控股公司的居住国达到减轻税负的目的。控股公司作为介于母公司与子公司之间的中继站，利用自己有利的免税条件，可以发挥一种转盘作用，通过把筹集来的资金用于再投资，以赚取新的免税收入。在母公司所在国没有实行反避税法规的情况下，通过在国际低税地建立控股公司形式的基地公司，可以起到推延母公司所在国对外国子公司股息和出售外国子公司的利得进行征税的作用。例如，跨国集团兰克·施乐公司的组织结构有三个层次：第一层次是母公司美国的施乐公司和英国的兰克公司；第二层次是由第一层次公司控制的四家控股公司，分别建立在百慕大、英国和荷兰，负责特定地区的销售、生产与合资企业的业务；第三层次是由这四家控股公司控制的各个从事生产研究和服务业务的子公司。兰克·施乐公司的四家控股公司中至少有三家可以被视为基地公司，有效地发挥了减轻税收负担的作用。①

跨国公司组织结构中各个层次的母公司、控股公司、子公司或分公司之间，互相形成了典型的关联企业关系。跨国公司的关联企业之间进行的内部交易称为关联方交易。跨国公司在关联方交易中转移价格是进行跨国公司税务筹划最重要和最常用的方法。

① 朱洪仁．国际税务筹划[M]．上海：上海财经大学出版社，2000：184.

三、跨国公司的转移价格

(一)关联企业与转移价格

转移价格又称转让定价,是指公司内部以及有其他关联关系的各单位之间,对相互交易所专门制定的一种内部结算价格。这种价格通常不同于其在对外部经济往来中所适用的一般市场价格。转移价格一般通过以下五个方面的内部交易体现:货物购销;贷款往来;提供劳务;无形资产的使用与转让;固定资产购置与租赁。

转移价格不同于一般市场价格的原因在于,交易双方关联企业的特殊关系,使其置身于同一利益共同体内,排斥了相互之间的竞争,从而其内部结算价格可以低于或高于会计成本,在某些情况下,甚至与实际成本没有直接联系。

转移价格可以起到转移利润、减轻税收负担的作用,是税务筹划的一种重要方法,既可以用于国内税务筹划,也可以用于国际税务筹划。但转移价格在国际税务筹划特别是跨国公司税务筹划中,发挥着更加重要的作用,这是因为:

(1)各国之间的税收制度差异比国内行业、部门之间的差异大,而且这种差异在各个方面都可以显示出来。

(2)跨国公司的母、子公司之间,各个子公司之间或总机构与国外常设机构之间,一方面具有相对独立的形式,另一方面彼此之间具有广泛的业务、财务联系,使跨国公司关联企业间有较大的余地实现转移价格。

【例 9-9】中国台湾某服装生产公司,利用其位于国际低税地巴哈马群岛的贸易中介基地公司,通过自己的销售网络,向加拿大销售产品。如果它利用转移价格的原理,就能减轻整个跨国公司的税收负担。在这种情况下,公司利润被人为地集中在巴哈马群岛贸易基地公司的账上,而加拿大和中国台湾却征收不到任何税收,见图 9-5。

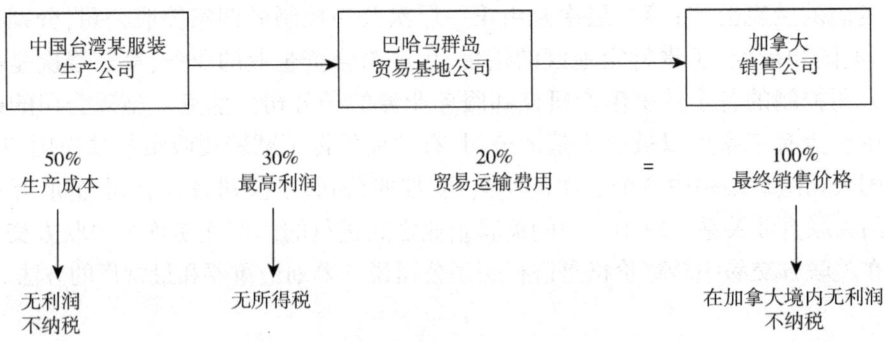

图 9-5 利用转移价格进行税务筹划

(二)转移价格的动机

跨国公司制定转移价格不仅是为了进行税务筹划单一的动机,还具有多方面的动机。这些动机大致可以分为税务动机和非税务动机。

1. 税务动机

(1)减轻跨国公司总体所得税负担。转移价格的税务动机与公司所得税的关系最为密切。跨国公司利用各国所得税税率的巨大差异,在进行内部交易时,使其高税国一方关联企业降低对低税国一方关联企业的货物售价,压低收入和费用分配标准;或者使其低税国一方关联企业提高对高税国一方关联企业的货物售价,扩大收入和费用分配标准,借此将一部分应在高税国关联企业实现的利润转移到低税国关联企业。通过操纵内部交易价格,交易双方总计的应税所得不变,但却使总体的所得税负担减轻,税后利润增加。此外,在实践中常常可以看到,在两个税率相近的国家(尤其是高税国)中的关联企业之间的交易,往往不是直接进行,而是通过一个国际低税地或低税国迂回进行,利用转移价格转移利润。

【例 9-10】乙国 B 公司是甲国 A 公司的子公司。甲国公司所得税税率为 30% ,乙国公司所得税税率为 50%。A 公司生产 100 000 件集成电路板,每件成本为 10 美元,并将这些集成电路板转售给 B 公司,B 公司再以每件 22 美元的价格将其销售给公司非关联企业。如表 9-3 所示,无论 A、B 公司间的转移价格如何变化,A、B 公司合并后的税前利润不变。

表 9-3　不同转移价格的税务效果　　单位:万美元

项　目	A 公司	B 公司	A、B 公司合并
转移价格 = 15 美元			
主营业务收入	150	220	220
主营业务成本	100	150	100
主营业务利润	50	70	120
其他各项费用	10	10	20
利润总额	40	60	100
所得税	12	30	42
净利润	28	30	58
转移价格 = 18 美元			
主营业务收入	180	220	220

续表

项　目	A 公司	B 公司	A、B 公司合并
主营业务成本	100	180	100
主营业务利润	80	40	120
其他各项费用	10	10	20
利润总额	70	30	100
所得税	21	15	36
净利润	49	15	64

当 A、B 公司间的转移价格由每件 15 美元提高到每件 18 美元时，从表 9-3 中可以发现，A 公司的税前利润由 40 万美元上升到 70 万美元，B 公司的税前利润由 60 万美元下降到 30 万美元。由于 A 公司的所得税税率低，A、B 公司合并后的税收负担由 42 万美元下降到 36 万美元，合并后的净利润由 58 万美元上升到 64 万美元。

(2)减轻预提税。大多数国家对非居民公司在本国境内取得的股息、利息、特许权使用费等所得征收预提税。利用转移价格，可以使跨国公司在一定程度上减轻预提税负担。例如，乙国 B 公司是甲国 A 公司的子公司，B 公司当年有 100 万美元的股息需要支付给 A 公司，乙国预提税为 20%。如果采取股息直接汇回方式，需缴纳 20 万美元的预提税。若 B 公司将价值 300 万美元的零部件以 200 万美元的价格销售给 A 公司，用低价供货代替支付股息，可以避免缴纳这笔 20 万美元的预提税。

(3)减轻关税的影响。在跨国公司关联企业之间进行交易时，向实行高从价关税的国家发货的关联企业压低售价，可降低收货方关联企业的进口额，节省从价进口税开支。另外，利用各类自由贸易区的规定，也可以获得关税降低的好处。欧洲自由贸易区规定，如某种商品的价值一半以上是在贸易区内成员国中增值，则该商品在贸易区内运销时可免缴关税。因此，不属于该贸易区内成员国的关联企业在与贸易区内关联企业交易时，可以通过压低零部件的价格，提高当地的增加值比例，来满足自由贸易区免税的要求，与由自由贸易区外企业直接销往该贸易区或以较高价格销售给贸易区关联企业的结果相比，可获得较大的关税节约。

(4)增加外国税收抵免限额。在跨国公司母公司所在国采用抵免法避免国际双重征税，并实行综合限额时，利用转移价格可以起到增加当年国外税收抵免限额的作用。

2. 非税务动机

(1)支持关联企业打入和控制市场。为了改善关联企业的产品价格竞争优势，抢占市场，跨国公司可以较低的价格将中间产品销售给国外关联企业，从而降低其成本。

(2)调节利润,改变子公司在当地的形象。当国外子公司出于改善在当地市场的知名度或信贷地位时,可通过转移价格来提高其利润率;当子公司利润率偏高,引起当地政府不满,工会组织要求提高工资待遇时,人为降低子公司的利润率,可以改善其讨价还价的实力。

(3)规避外汇管制和转移资金。有些国家实行严格的外汇管制,对外国公司的当地子公司汇出利润有所限制时,外国母公司可以利用向子公司发运货物或提供劳务中抬高价格的手段变相从该国调出资金。有些国家制定的投资法规限制外国公司的子公司在当地取得资金时,外国母公司就可以通过转移价格,使其子公司得到资金融通。

(4)避免外汇风险和政治风险。在跨国公司的经营中,汇率变化会直接影响其盈利水平。当预期东道国的货币即将贬值时,母公司在向子公司发运货物或提供劳务时,就采取操纵性转移高价,提前转出子公司的利润,避免或减少货币贬值的损失。在政局动荡的国家,跨国公司的正常权益往往难以保障,资产安全面临危险,在这种情况下,通过操纵性的转移价格可以将部分资产转移出来。

(5)加速成本回收和利润汇回。为了加速对子公司投资成本的回收和利润的汇回,母公司可以通过操纵性的转移价格将资金转移到母公司。当子公司所在国投资前景暗淡时,常常会促使跨国公司使用这种转移价格手法。

(6)在合资企业中获得过分利益。以合资经营形式组建的子公司,必然会涉及东道国的当地合作者,所以合资企业的利润分配机制也构成跨国公司操纵转移价格的诱因。跨国公司控制外部的进货来源渠道和出口渠道,通过提高合资企业原材料购入价、压低成品销售价的方法,使跨国公司从中获得的利益远远超过其股权的比例。

(三)转移价格的限制因素

跨国公司虽然可以通过转移价格来进行税务筹划,但是其操纵价格的行为也不是无限度的,而是要受到各种因素的制约。

1. 转移价格的内部限制因素

(1)内部交易复杂性的限制。跨国公司操纵转移价格时,需要考虑外在环境的各种现实和潜在情况,组织人力、物力对国际转移价格策略进行集中计划管理,并需要根据环境的变化及时调整,这样必然会引起跨国公司内部管理成本的上升。在跨国公司规模较大、关联企业众多时,这种情况更为突出。

(2)各成员公司自身利益的限制。即使是跨国公司内部的交易活动,交易双方既有共同利益也有各自利益。特别是分布于不同国家的子公司,由于有当地公司管理部门和当地股东的存在,通过转移价格减少子公司利润的做法,会侵害当地股东和管理阶层的利益,最终会影响公司在当地的事业,并引发子公司之间、子公司与母公司之间的矛盾。

(3)公司雇员积极性的限制。跨国公司操纵转移价格会使子公司的经营状况与其盈利状况脱节,不利于激励子公司的管理人员和生产服务人员,如果长期使子公司利润减少甚至亏损,会使员工丧失工作积极性,难以有效管理。

(4)公司业绩考核的限制。在大量制定公司内部转移价格的情况下,传统的利润中心分析的业绩考核方法会显得束手无策。当跨国公司以企业的盈利状况来考核企业经营业绩时,转移价格造成的经营状况与其盈利状况脱节会使考核失去意义。为了进行合理考核,跨国公司需要对各子公司按市场价格另设一套账目,这要耗费大量的人力和时间。

2. 转移价格的外部限制因素

(1)国际双重征税的威胁。跨国公司的转移价格会引起相关国家的税收利益冲突,如果转移价格明显背离市场价格,则可能引起一国对之加以调整而另一国不给予相应补偿调整的风险,从而导致国际双重征税。

(2)部门间收入冲突的威胁。转移价格也会在同一国家内的不同政府主管部门之间造成冲突。外汇管制部门和征收所得税的部门希望交易中的进口价格低一些,而关税和反倾销部门则希望进口价格高一些,这些冲突使跨国公司难以制定转移价格政策。

(3)注册会计师审计的威胁。跨国公司的财务报告一般由能运用全球调查手段的国际著名会计师事务所进行审计。出于维护事务所信誉和取得各国政府部门信任的需要,往往会要求跨国公司对偏离正常交易价格的转移价格进行调整。

(4)各国的反国际避税法规的限制。各国政府为了保护自己的税收利益,纷纷制定了限制转移价格的法律、法规,形成了对跨国公司转移价格实施政策目标控制和管理的方法和措施。

(四)各国政府对转移价格的调整方法

由于转移价格有可能对跨国公司关联企业所在国家的税收利益产生重大影响,所以有关国家都制定了限制转移价格的反避税法律、法规。在这些法律、法规中,核心的问题是对转移价格行为的认定和对不合理转移价格的调整,进行国际税务筹划必须对世界各国主要的转移价格认定标准和调整方法有所了解。

各国政府判定转移价格是否合理的关键是:看它是否偏离正常交易价格。正常交易价格(Arm's Length Price)是在市场机制和供求关系作用下的公开市场中,在相同或类似条件下,从事相同或类似交易的无关联方之间应达成的价格。一旦确认转移价格偏离正常交易价格,各国政府都要对其进行调整。主要的调整方法有以下五种:

(1)可比非受控价格法,通过参考无关联买主与卖主之间非受控销售中的可比价格,来确定关联企业之间的货物交易价格。

(2)转售价格法,即我国原有的“批发倒扣价格法”,将购自关联企业的产品,按照转售给独立企业的价格,减去适当的毛利额。

(3)成本加成法,指按照成本加合理的费用和利润进行定价的方法,即将关联企业中卖方的商品(产品)成本加上正常的利润作为公平成交价格。

(4)交易净利润法,即按照没有关联关系的交易各方进行相同或者类似业务往来取得的净利润水平确定利润。

(5)利润分割法,即将企业与其关联方的合并利润或者亏损在各方之间采用合理标准进行分配。

以上五种方法虽然是普遍实行的基本方法,但目前世界各国对转移价格的调整方法已十分丰富。我国2018年实施的《企业所得税法》第四十一条第一款规定,企业与其关联方之间的业务往来,不符合独立交易原则而减少企业或者其关联方应纳税收入或者所得额的,税务机关有权按照合理方法调整。依据此条款的规定,税务机关不仅有权调整被调查企业的应纳税收入或者所得额,而且有权调整关联方的应纳税收入或者所得额。也就是说,转移价格调整,不仅影响被调查企业的税负,而且影响关联方的税负,对企业集团将产生重大影响。

上述转移价格调整方法都属于事后调整,这种事后调整在各国的实践中,有许多弊端:一是调整的价格难以确定;二是难以找到调整所需的全部资料;三是跨国公司面临新的国际双重纳税的风险。通过对转移价格的调整,增加了企业的应纳税收入或者所得额,而对方关联企业未做相应的调整,会造成新的国际双重纳税,引起税务争议。因此,以预约定价制为代表的事先确认方法的出现,使跨国公司的转移价格税务筹划进入了一个新的阶段。

(五)预约定价制

预约定价制(Advance Pricing Agreement,APA),实际上是纳税人事先将其和境外关联企业之间的内部交易与财务收支往来所涉及的转移价格制定方法向税务机关报告,经审定认可,作为计征所得税的会计核算依据并免除事后税务机关对转移价格进行调整的协议。

预约定价制将事后调整改为事先确认,从跨国公司经营的角度出发,有以下几个优点:第一,保护跨国公司的合法经营,有利于企业进行经营决策,避免国家税收对企业的过度干预;第二,有利于消除与相关国家税务当局的争议;第三,使跨国公司从事后调整所要求的烦琐的审计工作中解脱出来,提高效率,降低纳税成本。从相关国家税务当局的角度出发,预约定价也避免了国际双重征税,提高了征税效率,降低了对转移价格调整的不确定性。

正因为如此,预约定价制一出台就受到重视,最先由美国于 1991 年实行,澳大利亚、加拿大、日本、西班牙、英国等国随之先后实行,新西兰和韩国也自 1997 年起开始实行。经济合作与发展组织(OECD)在 1995 年通过的《关于跨国企业和税务当局的新转让定价准则》中肯定了预约定价制,1999 年又发布了《相互协议程序下制定预约定价安排指南》,明确规定了预约定价制的基本原则、基本内容和基本程序。在实践中,虽然预约定价制也遇到了一些困难,而且并不是每一家跨国公司都适用这一体制,但是可以预见,随着跨国公司在全球的进一步发展,预约定价制有可能被纳入更多国家的所得税法和税收协定条款,成为税收法规的一个组成部分。

我国《企业所得税法》在加大转让定价监管力度的同时,也引入了预约定价机制。企业可以向税务机关提出与其关联方之间业务往来的定价原则和计算方法,税务机关与企业协商确认后,达成预约定价安排。建立预约定价制的目的是为企业关联交易营造一个相对稳定、可以预见的税收环境,降低转让定价调查的成本。

第五节　跨国企业在中国的税务筹划

一、税务筹划的常用方法

为避免与本章第二节所述内容重复,本节只介绍外商投资企业的国际税务筹划。外商投资企业在中国进行税务筹划,必须熟悉有关的税收环境,即对中国的税收法规、税收征管水平及其他各种与税务筹划有关的制约因素有很好的了解。在中国,与外商投资企业有关的税收环境有以下特点:

(1)税收负担轻,税收优惠多。目前实行的《企业所得税法》规定,中国内、外资企业所得税税率统一为 25%,低于世界上大多数国家的所得税税率,如果企业属于国家重点扶持的高新技术企业,还可以享受 15%的所得税税率。

(2)部分地方政府有自己的税收优惠政策。除中央政府之外,中国部分地方政府为了吸引外资,也制定了地方性的税收优惠政策。但这些政策往往超出了《企业所得税法》的规定,基本上得不到国际税收协定的承认。

(3)税收制度仍存在一些漏洞与空白,各项政策不配套。尽管中国税收政策在不断完善,法规中已明确列示了反避税条款,但现行的一些税收优惠政策仍存在漏洞,税收管理中仍然存在税费不分的现象，企业承担大量税收之外的政府收费负担。一些与税收相关的政策（如财政、信贷、价格、审计、工商政策等），往往与税收政策不统一、不一致。与国外注册会计师对跨国公司转移价格进行调整的惯例不同，国内的会计师事务所往往不将转移价格作为审计重点。

（4）初步形成了国际税收协定网络。截至 2022 年 6 月底，我国已对外正式签署 109 个避免双重征税协定，其中 105 个协定已生效，和香港、澳门两个特别行政区签署了税收安排，与台湾地区签署了税收协议。① 协定规定了避免中国外商投资企业双重纳税负担的条款，大多数国家对中国外商投资企业享受的税收优惠给予税收饶让待遇。

（5）征收管理水平有待提高。目前，中国的税收征管，特别是其中的涉外税收管理，面临人才素质与技术水平的挑战，与其他国家的国际税收合作和情报交换不多。

中国税收环境的这些特点，对外商投资企业进行国际税务筹划，既存在有利的一面，也有不利的一面。有利的一面体现在：一是中国各级政府提供的税收优惠政策可以大幅度降低税收负担；二是外商投资企业的母公司大多数来自经济发达的国家或地区，税务筹划经验丰富，国内目前税制的漏洞、空白和税收征管水平，为其国际税务筹划提供了较大的空间；三是中国政府签订的国际税收协定保证了外商投资企业避免国际双重纳税。不利的一面体现在：一是部分地方性税收优惠政策不被国际税收协定承认，不能降低实际税收负担；二是中国税收法规政策不健全和税费不分现象限制了国际税务筹划的效果。

知识链接

> 外商投资企业的国际税务筹划主要是降低所得税和预提税负担。在税务筹划实践中，外商投资企业首先要充分利用中国的税收优惠政策和避免国际双重纳税，在此基础上，主要筹划方法有转移价格、重构技术转让价款和融资结构筹划。其中转移价格是最重要的方法。

（一）转移价格

利用转移价格进行税务筹划可以归纳为：在高税国关联企业实行“高价进、低价出”政策，在低税国实行“低价进、高价出”政策。中国外商投资企业利用转移价格进行国际税务筹划有多种形式，可从以下五个方面加以归纳：

① 资料来源：http://www.chinatax.gov.cn/n810341/n810770/index.html，最后查询于 2019 年 3 月 20 日。

1. 货物购销

中国大多数外商投资企业属于“两头在外”的生产加工型企业,即原材料或中间产品由国外进口,产品销往国际市场,其中大部分交易属于跨国公司的内部交易。通过制定内部交易转移价格,可以将利润转移到低税国家或地区。

2. 贷款往来

中国外商投资企业与国外关联企业之间,通过提供贷款,利用利率的高低来影响公司税前利润的金额。

3. 劳务提供

中国外商投资企业与国外关联企业之间,经常需要互相提供设计、维修、广告、科研、咨询等劳务活动,这些劳务费用的高低可以影响公司税前利润。

4. 无形资产的使用与转让

中国外商投资企业与国外关联企业之间通过相互之间对专利、专有技术、商标、版权等无形资产的使用与转让,可提高或降低特许权使用费,进而影响公司税前利润。

5. 固定资产购置、租赁与投资

固定资产购置额的高低,在以固定资产作价投资的情况下既影响企业的股权份额,也影响折旧费的摊销。在设备租赁领域中,各国对国际租赁业务应由哪一方计提折旧、由谁承担风险等问题的规定不尽一致。因此,中国外商投资企业与国外关联企业之间通过固定资产购置、租赁与投资,可以影响公司税前利润。

(二)重构技术转让价款

包括中国在内的许多国家税法规定,转让技术收取的特许权使用费应缴纳预提税。中国很多外商投资企业与国外关联企业相互进行设备转让或投资时,既有转让或投资的设备,又有专有技术。由于专有技术价格缺乏可比性,企业可以通过提高设备价款,压低技术转让价,将技术转让价款附着于设备价款之中,从而降低预提税。

(三)融资结构筹划

融资结构筹划是指跨国纳税人为了减少应纳税额,采用债权替代股权方式进行的投资或者融资。根据我国《企业所得税法》的规定,外商利用贷款投资在一定范围内能享受股份投资不能得到的税收待遇。股东通过股份投资方式取得的股息是公司税后利润的分配,不能从公司的应税所得中事先扣除,而以贷款投资形式所收取的利息,可作为税前费用,从公司应税所得中扣除,显然采用追加贷款方式的税基比完全利用股份投资要窄得多。另外,分配的股息往往经历两次征税,即作为税后利润的股息在汇出时还要课征预提所得税,而利息只在汇出时征收一次预提税。许多国家的税法在这方面与中国相同或相似,跨国公司在中国建立外商投资企业时,可以考虑采用在资本结构中增加债权融资的方法进行税务筹划。之所以强调只能在“一定范围内”享受节税利益,是因为我国 2018 年修订的《企业所得税法》专门对此行为(从反避税角度又称之为“资本弱化”)予以限制,第四十六条规定:“企业从其关联方接受的债权性投资与权益性投资的比例超过规定标准而发生的利息支出,不得在计算应纳税所得额时扣除。”

因此,外商投资企业在采用这些国际税务筹划方法时,特别要注意不能违反中国的法律,特别是有关反避税的法规。在国际税务筹划中,转移价格作为最重要的方法,外商投资企业需要决定利润的转移方向。一般来说,通过转移价格转移利润肯定是“水往低处流”,即利润向低税国或低税地区流动,也就是“顺向税务筹划”。而中国外商投资企业往往出现“逆向税务筹划”,即将利润从低税的中国转移到一些高税国或高税地区。这种现象既与跨国公司在中国投资能否真正享受税收优惠有关,也与跨国公司的母国实行的避免国际双重征税的方法和是否给予税收饶让有关。

二、中国的税收优惠与跨国公司的税收负担

中国的税收优惠确实能够降低在华外商投资企业的税收负担,这一点是毫无疑问的。但是,中国外商投资企业的外国投资人往往是跨国公司,中国的税收优惠是否能降低这些跨国公司的全球总体税收负担,则要取决于跨国公司母国的避免国际双重征税的方法及其母国与中国签订的税收协定的情况。

(一)避免国际双重征税方法对中国税收优惠效果的影响

如果根据《企业所得税法》第五十七条的规定,部分跨国公司在中国的投资仍然能够享受过渡性税收优惠,这些跨国公司在中国面临的税率往往低于其居住国税率。表面上看,跨国公司会从这一政策中获得税收利益,但实践中,由于跨国公司通常受两个以上税收管辖权的制约,只有少数跨国公司能从中国税收优惠中得到税收利益。跨国公司在中国设立外商投资企业,其来源于中国的所得不仅要在中国纳税,还要向其居住国纳税。跨国公司居住国采用的避免国际双重征税的方法,直接影响中国税收优惠对跨国公司总体税收负担的影响。

前面介绍了国与国间避免双重征税的三种基本方法,这三种方法可以避免跨国公司的国际双重纳税风险。

1. 采用扣除法

如果跨国公司居住国采用扣除法,对本国居民的国外已纳税额只是给予了一部分照顾,并没有真正避免跨国公司国际双重纳税,即中国的税收优惠没有降低跨国公司的税收负担。

2. 采用免税法

如果跨国公司居住国采用免税法，对本国居民来源于国外的所得免税，则外商投资企业在中国的所得，在缴纳中国的所得税后，不必再向居住国纳税，即中国的税收优惠真正降低了跨国公司的税收负担。

3. 采用抵免法

如果跨国公司居住国采用抵免法，尽管跨国公司在中国享受了低于其居住国的税率，但是由于居住国只是对本国居民有限度地放弃居民管辖权，只将中国外商投资企业所缴的所得税进行抵免，也就是中国对其征税越少，其居住国对其征税越多，跨国公司的实际税率仍然是居住国的税率，只不过税收利益从中国转移到跨国公司的居住国。目前绝大多数国家采用此方法避免国际双重征税。三种方法的比较见表 9-4。

表 9-4　三种避免国际双重征税方法的比较

方　法	扣除法	免税法	抵免法
避免跨国公司国际双重纳税的程度	低	很高	较高
是否从中国税收优惠中得到税收利益	否	是	否
采用的国家	很少	很少	绝大多数

【例 9-11】乙跨国公司是 C 国的居民公司，在中国设立了外商投资企业丙公司，目前丙公司为高新技术企业，适用税率是 15%，C 国的公司所得税税率是 35%。假设乙跨国公司在某年度之内的营业所得总计为 200 万元，其中来自中国丙公司 100 万元，其余所得均来自 C 国，丙公司在中国缴纳了所得税 15 万元。设乙跨国公司在 C 国应纳税额为 X，乙跨国公司全球范围内所得总税负为 Y。在不同的避免国际双重征税的方法下，乙跨国公司的税收负担有很大的区别：

(1) 扣除法：

$$X = (200 - 15) \times 35\% = 64.75(\text{万元})$$
$$Y = 64.75 + 15 = 79.75(\text{万元})$$

(2) 免税法：

$$X = (200 - 100) \times 35\% = 35(\text{万元})$$
$$Y = 35 + 15 = 50(\text{万元})$$

(3)抵免法：

$$X = 200 \times 35\% - 15 = 55(\text{万元})$$
$$Y = 55 + 15 = 70(\text{万元})$$

从三种方法的比较可以看出：扣除法下，中国外商投资企业面临部分的国际双重纳税，中国税收优惠对跨国公司无效；抵免法下，中国税收优惠对跨国公司无效；免税法下，中国税收优惠能充分降低跨国公司的税收负担。

(二)国际税收饶让对中国税收优惠效果的影响

截至2022年6月底，我国已对外正式签署109个避免双重征税协定，其中绝大多数都规定了对方国家对中国提供的减免税优惠所减少的征税应承担饶让抵免义务(尽管在范围和适用税率的规定上有所不同)。但给予税收饶让的税收协定都对税收优惠的内容予以限制，即将税收优惠限制在我国企业所得税法及其实施细则的范围内。中国部分地方政府制定的地方性税收优惠政策，如果超出了我国企业所得税法及其实施细则的规定，就得不到国际税收协定的承认，得不到对方国家的饶让抵免的义务。对此，外商投资企业在进行国际税务筹划时，一定要加以考虑。此外，中国有些地区的外商投资企业虽然享有众多的税收优惠，但也承担了大量税收之外的政府收费负担。这些政府收费得不到国际税收协定的承认，在跨国公司居住国不能抵免，增加了跨国公司的总体负担。

美国等少数发达国家没有在税收协定中承诺对中国承担饶让抵免的义务。在这种情况下，中国提供的减免税优惠对美国跨国公司投资的外商投资企业就没有任何实际效果。例如，在中国的美资软件企业，虽然从开始获利年度起，第一年和第二年免缴所得税，但是由于美国在与中国的税收协定中不承担抵免饶让义务，这两年在中国减免的税收负担变成了美国的财政收入，该美国跨国公司仍须按美国的税率对来源于中国的所得纳税，没有降低跨国公司的总体税收负担。

(三)国际税务筹划技术与中国税收优惠效果

从上可知，如果中国外商投资企业的外国母公司的居住国采用扣除法或抵免法避免国际双重征税，或者不承担国际税收饶让抵免的义务，中国的税收优惠并不能降低外国母公司的总体税收负担。但是，通过一些国际税务筹划技术，仍可以使跨国公司在中国的投资充分享受中国的税收优惠。

1. 采用延期纳税技术

采用延期纳税技术，推迟将利润汇回母国，可以在跨国公司居住国采用抵免法和没有承担税收饶让的情况下,使跨国公司享受中国的税收优惠。它作为“物的非流动”税务筹划方法中的一种,在本章第二节已做介绍。

由于大多数实行居民管辖权的国家,对本国居民建立在国外子公司所取得的利润等收入,在没有以股息形式汇回母公司之前,对本国母公司不就其外国子公司的利润征税。在中国的外商投资企业的母公司,只要不将利润汇回居住国,即使居住国采用抵免法且没有承担税收饶让,也可以推迟缴纳居住国的所得税的时间,相当于得到一笔无息贷款。如果该公司在中国的发展前景良好,可以用利润再投资,获得中国的再投资退税优惠。

【例 9-12】A 跨国公司是 E 国的居民公司,是世界领先的信息技术公司,在中国设立了外商投资企业 M 公司。M 公司是软件企业,自获利年度起,第一年和第二年免缴企业所得税,第三年至第五年减半缴纳企业所得税。E 国的公司所得税税率是 35%。E 国采用抵免法作为避免国际双重征税的方法,而且在与中国签订的税收协定中不承诺承担税收饶让抵免义务。M 公司从开始获利年度起,至今已经连续 5 年盈利,盈利金额和在中国缴纳所得税额见表 9-5。

表 9-5　M 公司连续 5 年盈利金额和在中国缴纳所得税额

单位:万元人民币

年度	1	2	3	4	5
盈利	1 000	1 000	1 000	1 000	1 000
所得税	0	0	125	125	125

M 公司连续 5 年的盈利始终留在中国,没有汇回 E 国,而且由于 A 跨国公司对中国市场前景十分看好,决定将累计全部利润在中国进行再投资。在该方案下,设 A 跨国公司来源于中国所得的税收负担为 X_1:

$$X_1 = 125 \times 3 = 375\text{(万元)}$$

如果 M 公司连续 5 年将全部盈利汇回 E 国,设 A 跨国公司来源于中国所得的税收负担为 X_2:

$$X_2 = (1\ 000 \times 5) \times 35\% = 1\ 750\text{(万元)}$$

可以看出,第一个方案相对于第二个方案节省了(至少推迟纳税)1 375 万元人民币的税款。

2. 在国际低税地或低税国建立控股公司

在国际低税地或低税国建立控股公司,由该控股公司作为中国外商投资企业的母公司,使跨国公司享受中国的税收优惠。在跨国公司居住国采用抵免法和没有承担税收饶让的情况下,跨国公司可以先在国际低税地或低税国建立一家控股公司,由该控股公司作为中国外商投资企业的母公司,中国外商投资企业的利润以股息的形式汇往该控股公司,该控股公司作为介于母公司与子公司之间的中继站,利用自己有利的免税条件,发挥一种转盘作用,通过把汇来的股息和筹集来的资金用于再投资,以赚取新的免税收入。通过这种控股公司形式的基地公司,可以起到推延跨国公司居住国对中国外商投资企业股息征税的作用,使跨国公司享受到中国的税收优惠。

三、逆向税务筹划

将利润转移到低税国家或地区,从而降低税收负担,属于"顺向税务筹划";而中国外商投资企业往往出现"逆向税务筹划",即经常通过转移价格的方法,将利润从低税的中国转移到一些高税国家或地区。

世界上大多数国家的企业所得税税率为30%~35%。而目前我国内、外资企业所得税税率统一为25%,低于世界上大多数国家的所得税税率,并且企业如果属于国家重点扶持的高新技术企业,还可以享受15%的所得税税率。因此,根据纳税人最大限度减轻纳税义务的税务筹划动机,外商应将利润转移到我国。但是,我国外商投资企业亏损面普遍很高,许多外商都将利润隐蔽地转移到了境外,以达到避税的目的。我国外商投资企业在这样低税率的情况下进行的避税筹划,无疑属于"逆向税务筹划"。

"逆向税务筹划"既有税务动机,也有非税务动机。税务动机就是跨国公司在居住国采用抵免法和没有承担税收饶让的情况下,其在中国设立外商投资企业并不能享受税收优惠。但是,"逆向税务筹划"往往有以下重要的非税务动机:

(一)减少投资风险,追求整体战略利益

跨国公司税务筹划的目标是跨国公司财务管理目标的子目标之一,必须服从财务管理的总体目标——股东财富最大化。跨国公司税务筹划的目标是:通过税收负担的最小化,实现企业全球所得的最大化。"税收负担的最小化"和"股东财富最大化"这两个目标在大多数情况下是一致的,但在有些特殊的情况下,两者会因为一些原因出现矛盾。

作为全球经营的跨国公司并不局限于某一分(子)公司的局部得失,而是以减少投资风险,追求整体利益和股东财富最大化为目标。一些跨国公司在中国投资有明显的试探性行为和短期行为的特征,即一般以低收入、高报酬、快速回收作为早期投资准则,并通过"逆向税务筹划"将利润转移到居住国,以尽早收回投资,减少投资风险,使其整体战略利益极大化。

(二)追求资金灵活流动

转移价格税务筹划的基本功能之一是转移资金,“逆向税务筹划”中这一作用更加突出。跨国公司作为跨国投资者,将全球作为其经营场所,安排其投资、生产、销售等活动,这就要求他们能够跨国界灵活调度资金。由于我国实行外汇管制,人民币不能自由汇兑,资本项目没有开放,对跨国公司汇出利润有种种限制,跨国公司在收入汇出上感到不便。因此,外商为规避我国外汇管制,便利用转移价格来转移资金,客观上造成了“成本费用内流、收益资金外流”的“逆向税务筹划”结果。

(三)在合资企业中谋取过分利益

跨国公司与中国企业合资是外商投资企业的普遍形式,根据合资企业法律的有关规定,中外双方须按投资比例共负盈亏。部分跨国公司为了追求其自身利益最大化,充分利用其掌握的先进技术设备、原材料来源及外销渠道的优势,通过控制合资企业的境外购销权,在转让定价上采取提高进口设备和原材料价款、压低外销或包销价格等方法,将合营利润甚至超过合营利润的收益转移到境外。跨国公司虽然增加了一定的税负,但可独占所谋取的高额利润,自身利益获得最大化。

四、中国的反国际避税措施

外商投资企业在中国进行国际税务筹划,必须遵守中国法律,特别要注意不能违反中国的反避税法规。与发达国家相比,中国目前虽然还没有形成完善的反避税税制,但在一些税收法规(如《企业所得税法》)中制定了反国际避税的措施。这些措施主要反映在限制外商投资企业利用转移价格和资本弱化减轻税收负担方面。

中国政府为了防止一些外商投资企业在与其境外关联企业的业务往来中利用不合理的转移价格,转移利润,逃避纳税,在《企业所得税法》及其实施细则和《特别纳税调整实施办法(试行)》中,制定了专门的反避税条款。其中《企业所得税法》中专设一章规范企业关联交易,显示了中国政府对反避税问题的重视。这些条款规定,对企业与其关联企业之间的业务往来不按照独立企业之间的业务往来收取或者支付价款、费用,而减少其应税收入或应纳税所得额的,主管税务机关应根据关联企业间业务往来的类型、性质以及审计的结果,并考虑相关因素,选用相应的调整方法。

(一)在有形财产购销业务转移价格方面

按下列顺序所确定的方法进行调整:

(1)按独立企业之间进行相同或类似业务活动的价格进行调整(又称可比非受控价

格法)。即将企业与其关联企业之间的业务往来价格,与其与非关联企业之间的业务往来价格进行分析、比较,从而确定公平成交价格。采用这种方法时,必须考虑选用的交易与关联企业之间的交易具有可比性因素。

①购销过程的可比性,包括交易的时间与地点、交货条件、交货手续、支付条件、交易数量、售后服务时间和地点等。

②购销环节的可比性,包括出厂环节、批发环节、零售环节、出口环节等。

③购销货物的可比性,包括品名、品牌、规格、型号、性能、结构、外形、包装等。

④购销环境的可比性,包括社会环境(民族风俗、消费者偏好等)、政治环境(政局稳定程度等)、经济环境(财政、税收、外汇政策等)。

(2)按再销售给无关联关系的第三者价格所应取得的利润水平进行调整(又称再销售价格法)。即对关联企业的买方将从关联企业的卖方购进的商品(产品)再销售给无关联关系的第三者时所取得的销售收入,减去关联企业中买方从非关联企业购进类似商品(产品)再销售给无关联关系的第三者时所发生的合理费用和按正常利润水平计算的利润后的余额,为关联企业中卖方的正常销售价格。

采用这种方法时,应限于再销售者未对商品(产品)进行实质性增值加工(如改变外形、性能、结构、更换商标等),仅是简单加工或单纯的购销业务,并且要合理地选择再销售者应取得的利润水平。

(3)按成本加合理费用和利润进行调整(又称成本加成法)。即将关联企业中卖方的商品(产品)成本加上正常的利润作为公平成交价格。

采用这种方法时,应注意成本费用的计算必须符合我国税法的有关规定,并且要合理地选择确定所适用的成本利润率。

(4)在完善转让定价税制中,《企业所得税法》还引入了“成本分摊原则”,规定企业与其关联方共同开发、受让无形资产或者共同提供、接受劳务发生的成本,在计算应纳税所得额时,应当按照独立交易原则进行分摊,从而为关联企业间发生共同成本费用的分摊提供了法律依据。

(5)其他合理方法。在上述四种调整方法均不能适用时,可采用其他合理的替代方法进行调整,如可比利润法、利润分配法、净利润法等。采用其他合理方法时,关键是要注意其可比性、合理性及方法的使用条件。

经企业申请,主管税务机关批准,也可对未来年度的关联企业间业务往来采用预约定价。对企业未能按期提供其与关联企业间业务往来价格、费用标准等资料的,或者提供虚假资料、不如实反映情况、拒绝提供有关资料的,主管税务机关可采用合理方法核定,调整其应纳税的收入或者所得额。

（二）在融资利息方面

对关联企业之间融通资金的利息参照正常利率水平进行调整。对关联企业之间融通资金所支付或者收取的利息，超过或者低于没有关联关系所能同意的数额，或者其利率超过或者低于同类业务正常利率的，当地税务机关可以参照正常利率进行调整。

调整时要注意企业与关联企业的借贷业务及与非关联企业之间的借贷业务，在融资的金额、币种、期限、担保、融资人的资信、还款方式、计息方法等方面的可比性。对债权人向他人借入资金后再转贷给债务人的融资业务，可按债权人实际支付的利息，加上所支出的成本或费用和合理的利润，作为正常利息。

（三）在劳务费用方面

对关联企业之间提供劳务，不按独立企业之间业务往来收取和支付劳务费用的，当地税务机关可以参照类似劳务活动的正常收费标准进行调整。

调整时要注意企业与关联企业之间提供的劳务与非关联企业之间提供的劳务在业务性质、技术要求、专业水准、承担责任、付款条件和方式、直接和间接成本等方面的可比性。

（四）在财产收益和所得方面

对关联企业之间转让财产、提供财产使用权等业务往来，不按独立企业之间业务往来作价或者收取、支付费用的，当地税务机关可以参照没有关联关系所能同意的数额进行调整。

（五）在转让无形财产方面

当地税务机关对关联企业之间转让无形财产的作价或收取的使用费可以参照没有关联关系所能同意的数额进行调整。调整时要注意考虑企业与其关联企业之间转让无形财产及与其非关联企业之间转让无形财产，在开发投资、转让条件、独占程度、受有关国家法律保护的程度及时间、给受让者带来的收益、受让者的投资和费用、可替代性等方面的可比性。另外，外商投资企业不得列支向其关联企业支付的管理费。

（六）在反资本弱化方面

1987年发布的《关于中外合资经营企业注册资本与投资总额比例的暂行规定》明确了合资企业注册资本与投资总额的比例，对资本弱化有所限制。其主要内容是：

（1）投资总额在300万美元以下的（含300万美元），注册资本至少应占投资总额的

7/10。

（2）投资总额在300万美元以上至1 000万美元（含1 000万美元）的，注册资本至少应占投资总额的1/2，其中投资总额在420万美元以下的，注册资本不得低于210万美元。

（3）投资总额在1 000万美元以上至3 000万美元（含3 000万美元）的，注册资本至少应占投资总额的2/5，其中投资总额在1 250万美元以下的，注册资本不得低于500万美元。

（4）投资总额在3 000万美元以上的，注册资本至少应占投资总额的1/3，其中投资总额在3 600万美元以下的，注册资本不得低于1 200万美元。

2018年修订的《企业所得税法》第四十六条规定："企业从其关联方接受的债权性投资与权益性投资的比例超过规定标准而发生的利息支出，不得在计算应纳税所得额时扣除。"这条规定将反资本弱化税制以法律的形式引入，这个比例，目前金融企业为5∶1，其他企业为2∶1。

第六节　中国企业境外投资的税务筹划

改革开放以来，中国自身经济实力不断增强，为中国企业的境外投资带来了机遇，"走出去"也日益成为中国企业的实际需求。在境外投资过程中，只有综合考虑中国国内税法、被投资国税法以及中国与被投资国（地区）签署的税收协定的影响，采取适当的投资架构，才能获取好的投资收益。

一、控股架构的税务筹划

企业对外投资从股权架构上分为直接投资和间接投资。直接投资是指在东道国通过新设或并购直接取得东道国公司一定的股份；而间接投资是指中国企业在第三国组建一个或几个中间控股公司，通过中间控股公司来新设或并购东道国公司。

一个成功的投资规划，需要综合考虑进入、营运和退出三个环节，相较而言，间接投资方式比直接投资方式灵活，有利于对上述三个环节进行统筹安排。在间接投资方式下，选择适当的中间控股公司进行投资，不仅可以有效降低集团的整体税负，还可以通过将利润暂时保留在中间控股公司，起到递延税负的效果。中国企业在境外设立子公司，是直接投资设立，还是通过中间控股公司间接投资设立，会对投资项目的现金流、整体税负和回报率产生重大影响。投资架构的选择需要考虑母国、东道国和第三国的税务规定、国际税收协定,以及外汇与商业运作等方面的因素。

(一)通过中间控股公司降低股息预提所得税

汇回股息是对外投资中经常遇到的问题,东道国公司汇回利润的税负直接关系集团整体的税后利润水平。

在直接投资方式下,东道国公司取得的利润汇往中国母公司通常要面临三道税收:一是东道国公司就税前利润缴纳的企业所得税;二是东道国公司将税后利润以股息形式向中国母公司进行分配时,需要在当地缴纳的预提所得税;三是股息从东道国公司汇回中国后,还要缴纳中国的企业所得税。尽管中国的《企业所得税法》规定了外国税收抵免的制度,但是如果在海外缴纳的税收不能够在中国全额进行抵免,则多出的部分势必会增加企业的税收负担。如果利用境外中间控股公司,减少或消除股息预提所得税,就可以获得一个较好的减负效果。

【例 9-13】假设欧洲公司当年获取税前利润 1 000 万元,欧洲公司所在地的企业所得税税率为 30%。

在中国母公司直接控股欧洲公司的架构下,按照双边税收协定的规定,欧洲公司向中国母公司分配股息需要在当地缴纳 10%的预提所得税,共计缴纳所得税 370 万元(见表 9-6),则欧洲公司取得的收入在汇回中国的过程中实际税负高达 37%。

表 9-6 直接控股架构下的股利整体税负 单位:万元

公 司	项 目	金 额
欧洲公司	A. 税前利润	1 000
	B. 税前利润应缴纳所得税(税率 30%)	300
	C. 税后利润	700
	D. 股利分配到中国公司应缴纳的预提所得税(税率 10%)	70
中国内地公司	K. 分回股利还原为境外税前所得	1 000
	L. 该境外所得在国内应缴纳的企业所得税	250
	M. 该境外所得在境外已缴税款	370
	N. 该境外所得分回中国补缴企业所得税	0
税款合计		370
税负		37%

通过比较欧洲各国税收政策以及中国与其他国家签订的税收协定,中国母公司考虑在适当的地区设立中间控股公司,用“中国内地—中国香港—卢森堡—欧洲”的投资架构间接持有欧洲公司的股份,以降低从欧洲公司汇回股息的实际税负。①

《欧盟母子公司指导意见》规定,如果母子公司分别为欧盟的成员国,在满足一定条件的情况下,母公司获得的从子公司分配的股息可免予缴纳预提所得税。另外,许多欧盟国家还对收到的来自其他欧盟国家子公司的股息和资本利得实行“参股免税”的税收优惠。该优惠政策原则上规定,如果母子公司分别为欧盟的成员国,则在满足一定条件的情况下,母公司获得的参股股息和通过参股实现的资本利得可以在母公司所在国减免所得税。卢森堡作为欧盟的成员国之一,实行《欧盟母子公司指导意见》和“参股免税”的税收优惠政策。

中国香港特别行政区与卢森堡签订的税收协定中规定,在满足一定条件的情况下,从卢森堡分配至中国香港特别行政区的股息的预提所得税适用零税率,而中国香港特别行政区对海外所得免征所得税,对分配给境外投资者的股息也不征收预提所得税。

如表9-7所示,通过上述模式,欧洲公司的股息经过卢森堡、中国香港特别行政区两个环节汇回中国内地,不仅可以减轻税负,还可以实现递延纳税的目的。

表9-7 间接控股架构下的股利整体税负 单位:万元

公司	项目	金额
欧洲公司	税前利润	1 000
	税前利润应缴纳所得税(税率30%)	300
	税后利润	700
	股利分配到卢森堡公司应缴纳的预提所得税(免税)	0
卢森堡公司	分回的股利	700
	股利所得在卢森堡应缴纳的所得税	0
	股利分配到卢森堡公司应缴纳的预提所得税(税率0%)	0
中国香港公司	分回的股利	700
	股利所得在中国香港应缴纳的所得税	0
	股利分配到中国内地公司应缴纳的预提所得税(税率0%)	0

① 孙菊菇,郝进军. 中国企业到欧洲投资要进行税务规划[N]. 中国税务报,2009-09-28.

续表

公　司	项　目	金　额
中国内地公司	分回股利还原为境外税前所得	1 000
	该境外所得在国内应缴纳的企业所得税	250
	该境外所得在境外已缴税款	300
	该境外所得分回中国内地应补缴企业所得税	0
税款合计		300
税负		30%

(二)通过中间控股公司降低资本利得预提所得税

转让被投资公司也是对外投资中经常遇到的问题,最终税负直接关系集团整体的税后利润水平。

在直接投资方式下,中国母公司转让东道国公司取得的资本利得,通常要面临两道税收:一是东道国可能会要求中国母公司在当地就资本利得缴纳企业所得税,除非东道国与中国的双边税收协定将征税权给予中国;二是中国母公司需要在转让被投资企业股权的当年就资本利得缴纳中国企业所得税。尽管中国《企业所得税法》规定了外国税收抵免的制度,但是如果在海外缴纳的税收不能够在中国全额进行抵免,则多出的部分势必增加企业的税收负担。如果利用境外中间控股公司,减少或消除资本利得的预提所得税,就可以获得一个较好的税负结果。

【例 9-14】接上例讨论的股权架构。在直接控股架构下,中国与该欧洲公司转让所得的优先征税权有可能在中国,也有可能在欧洲公司所在国。如果征税权在中国,则中国母公司需要就取得的资本利得缴纳 25%的中国企业所得税;如果征税权在欧洲公司所在国,该资本利得需要在欧洲国家缴纳预提所得税。转让欧洲公司股权已在境外缴纳的预提所得税可以用于抵免中国所得税。但在没有中间控股公司的情况下,中国企业获得的资本利得的税负难以得到递延。

在双层中间控股公司的投资架构下,可选择的退出方式有三种。仍然采用例 9-13“中国内地—中国香港特别行政区—卢森堡—欧洲”模式举例说明。

第一种退出方式是中国内地公司转让中国香港特别行政区的公司股权,从而间接转让欧洲公司股权。在这种方式下中国公司需要就股权转让所得在中国缴纳 25%的企业所得税。

第二种退出方式是中国香港特别行政区的公司出售卢森堡公司的股权达到间接转

让欧洲公司股权的目的。根据中国香港特别行政区与卢森堡的双边税收协定，卢森堡不对转让卢森堡中间控股公司的资本利得征收预提税，并且中国香港特别行政区对股权转让收益不征收所得税。因此，如果把出售卢森堡公司股权所得的收益保留在中国香港特别行政区的公司而不把利润最终汇回中国内地，则不需要缴纳中国内地所得税。

第三种退出方式是直接由卢森堡公司转让欧洲公司的股权。按照卢森堡税法规定的条件可能享受到"参股免税"的税收优惠，使得处置欧洲公司的资本利得在卢森堡免征所得税。根据中国香港特别行政区与卢森堡的税收协定以及中国香港特别行政区本地的法律，卢森堡公司以股息形式将资本利得分配给中国香港特别行政区的公司，在卢森堡免征预提所得税，而中国香港特别行政区的公司也不对收到的股息征收所得税。因此，只要不把利润最终汇回中国内地，就不需要缴纳所得税。即使将利润汇回中国内地，也可以通过层层的中间控股公司达到递延中国内地所得税的效果。

二、融资架构的税务筹划

在中国企业进行境外投资的过程中，设计科学合理的融资架构、选择税务最优的融资方式及确定适当的融资金额，可以加强境外投资项目的资金管理，提高资本运作效率和项目投资回报。境外投资目标企业的融资方式，通常包括股权融资和债权融资两种。在选择融资方式时，企业需考虑投资东道国对资本弱化、亏损弥补年限、利息费用资本化等方面的规定，对两种融资方式的税务成本进行综合平衡。

（一）债权融资与股权融资

各国对股利和利息通常有不同的税收政策：对企业支付的利息，往往允许其作为费用扣除，而对企业分配的股利则作为企业所得，不允许其扣除；对企业汇出的利息的预提所得税税率较低，而对企业汇出的股利的预提所得税税率则较高。在同样的投资和回报率的情况下，企业通过加大借款（债权性融资）而减少股份资本（权益性融资）比例的方式增加税前扣除，可以降低企业税负（从反避税角度也被称为资本弱化）。

【例 9-15】中国企业 B 在 A 国设立了子公司 A。A 公司有三种融资方案，如表 9-8 所示。

表 9-8　A 公司的三种融资方案对比　　单位：万元

	项　目	方案 A	方案 B	方案 C
A 公司	负债额	0	6 000	8 000
	权益资本额	12 000	6 000	4 000

续表

	项　目	方案 A	方案 B	方案 C
A 公司	负债比率	0	1∶1	2∶1
	年息税前利润	1 200	1 200	1 200
	减:负债利息成本	—	360	720
	年税前利润	1 200	840	480
	所得税率	40%	40%	40%
	应纳所得税	480	336	192
	年税后净利润	720	504	288
B 企业	利息收入需要在 A 国缴纳的预提所得税(税率 10%)	—	36	72
	利息收入需要在中国缴纳的所得税(考虑抵免在 A 国已缴税款以后)	—	54	108
	税后利息净收益	—	270	540
A 公司与 B 企业的税后利润合计		720	774	828

上面的示例清楚地说明了融资结构筹划在国际税务筹划中的意义。但是投资东道国通常会对公司的股权融资和债权融资比例进行限制。OECD 提倡采用两种方法应对:

1. 正常交易方法

在决定贷款或募股资金的特征时,要看关联方的贷款条件是否与非关联方的贷款条件相同,如果不同,则关联方的贷款超过正常利率的利息,不得税前扣除。

2. 固定比率方法

如果公司资本结构超过特定的债务-股份率,则超过的利息不允许税前扣除,可以将超过的利息视同股利征税。

目前发达国家税务机关在实践中采用的方法,与 OECD 提倡的这两种方法大多一致。中国也有类似的规定,前一种方法体现为"非金融企业向非金融企业借款的利息支出,不超过按照金融企业同期同类贷款利率计算的数额的部分",后一种方法体现为"企业从其关联方接受的债权性投资与权益性投资的比例超过规定标准而发生的利息支出,不得在计算应纳税所得额时扣除"。

债权融资与股权融资的选择还要考虑亏损弥补年限。境外被投资企业在运营初期往往会产生一定的亏损,而投资东道国的税法一般允许用以后年度的盈利来弥补亏损,但是会有一定的年度限制(例如,中国是 5 年)。因此,如果运营初期采用较大比例的债权融资，则可能存在利息费用造成的亏损无法在规定年限内用盈利弥补的风险。

另外，融资方式的选择也与利息费用能否资本化密切相关。如果筹建阶段的利息费用能够资本化，即该利息费用能够在以后年度逐年摊销，那么前期费用将有所降低，也能减少亏损无法用以后年度利润弥补的风险。反之，若前期利息费用不能资本化而只能在当期税前扣除，则容易导致相关的亏损在规定年限内无法完全弥补，从而导致企业整体税负上升。

（二）直接融资与间接融资的税务筹划

在直接融资模式下（见图9-6），中国母公司直接借款给境外被投资企业，按照市场公允利率向境外被投资企业收取利息。但是，投资东道国通常会对来源于本国的利息征收预提所得税。如果中国与投资东道国之间没有签订税收协定，或者签订的税收协定没有将利息的预提所得税的税率限制在一个较低的水平，则该借款利息就可能要在投资东道国缴纳较高的预提所得税。

另外，根据中国的税法，中国母公司收到利息，需缴纳25%的企业所得税（不过该利息在境外缴纳的预提所得税，通常可在一定限额内抵免中国企业所得税）。因此，直接融资方式涉及的境内外税负有可能较高。

在间接融资模式下（见图9-7），中国母公司通过第三国（地）的子公司（融资公司），间接借款给境外被投资企业，可以在一定程度上节税，并提高资金运作的灵活性。

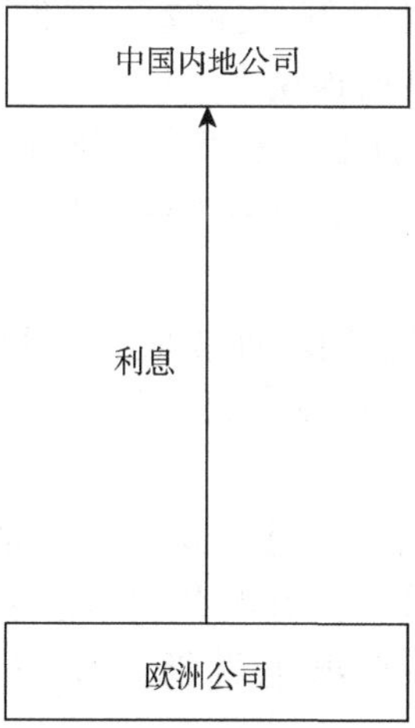

图9-6 直接融资模式

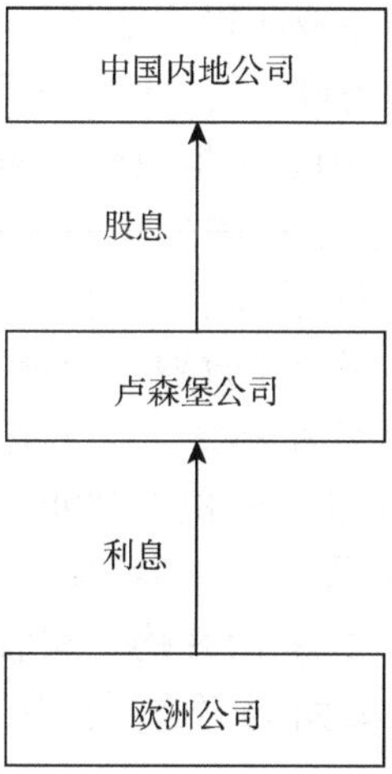

图9-7 间接融资模式

在间接融资模式下，一般会在第三国(地)设立融资公司。融资公司取得的利息收入，通常要在当地缴纳所得税，而该利息收入在以股利或利息的形式，从融资公司所在地汇出至中国母公司时，可能还要缴纳当地预提所得税。因此，融资公司的设立地点，一般所得税税率较低，与东道国签订有税收协定，可以适用较低的利息预提所得税税率。

【例 9-16】某中国公司投资设立的欧洲子公司，出于经营需要，计划向其中国母公司借入一笔款项。根据东道国与中国的避免双重征税协定，如果该利息直接支付给中国的公司，预提所得税税率可降低到 10%。但是，如果该中国公司在卢森堡等地投资设立一家子公司，专门为欧洲子公司提供融资，则根据《欧盟母子公司指导意见》规定，该欧洲子公司支付给卢森堡公司的利息，在一定条件下可以免缴东道国的预提所得税。尽管卢森堡公司可能会就取得的利息收入和向中国公司付出的利息成本之差，缴纳一定的当地所得税，但卢森堡不对利息征收预提所得税。中国公司在最终取得该利息收入(如卢森堡公司将该利息收入以股利的形式汇回中国)时，可能也要按 25%的税率补缴中国企业所得税，但在该笔收入汇回中国之前，可以用来满足其他项目的资金需求，在一定程度上降低或递延了整体税负。

(三)债务下推

债务下推是投资者的一种投资策略，即投资者为收购而融资所产生的利息能用来抵减目标公司的利润，从而达到节税的目的。债务下推特别适用于东道国的税务法规允许集团合并缴纳企业所得税的情形，在这种情形下，投资者可以使得负担债务的公司同时也是目标公司的母公司，两个公司合并缴纳所得税。

【例 9-17】某中国公司拟收购一家外国公司(目标公司)。该外国公司的每年息税前利润为 100 万美元。中国公司付出的总的收购款项为 1 000 万美元。并购借款 700 万美元，利率 5%，每年需支付利息 35 万美元。

东道国允许集团合并缴纳企业所得税。东道国不征收股息和利息的预提所得税。东道国的所得税税率为 25%。在无债务下推(见图 9-8)的情况下，利息支出由中国公司负担，无法在目标公司的税前利润中扣除。

在债务下推(见图 9-9)的情况下，中国公司在东道国设立一家并购公司，然后将并购资金转借给并购公司，由并购公司收购目标公司。并购公司承担了利息支出，由于东道国的税法允许集团合并纳税，因此，利息支出也就抵减了目标公司的税前利润(见表 9-9)。

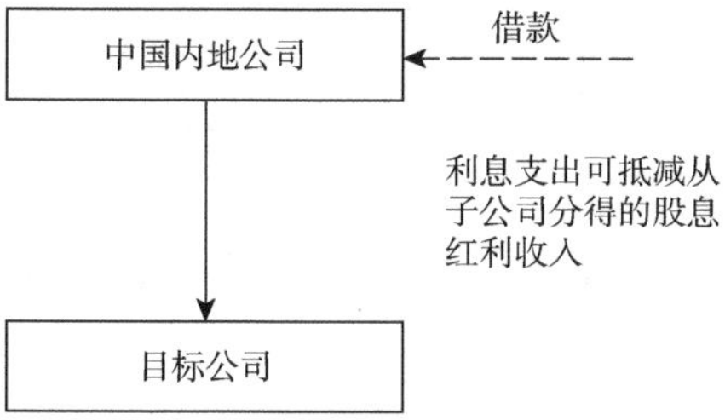

图 9-8 无债务下推的情况

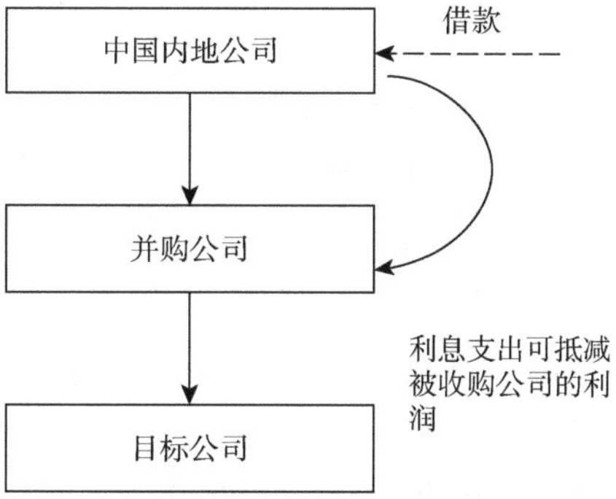

图 9-9 存在债务下推的情况

表 9-9 无债务下推与债务下推的比较 单位:万美元

项 目	无债务下推	债务下推
目标公司所在国税负	—	—
息税前利润	100	100
利息费用(支付给中国投资者)	0	35
税前利润	100	65
所得税	25	16.25
税后利润	75	48.75
向中国投资者支付股息	75	48.75
向中国投资者支付利息	0	35
中国税负	—	—
收入(利息加股息)	75	83.75
境外已缴所得税	25	16.25
向第三方支付利息	35	35
税前净收益	65	65
应付所得税(未抵免境外所得税)	16.25	16.25
应付所得税(抵免境外所得税后)	0	0

续表

项　目	无债务下推	债务下推
税款合计	25	16.25
实际税率	25%	16.25%
税后所得	40	48.75

债务下推的有效性因国而异，由于税收法规的不同，在一国有效的债务下推策略在另一国未必适用。

三、中间控股公司的设立

中间控股公司的设立往往是商业判断和税收考虑相结合的结果，特别是如果企业在未来有上市或资本方面的考虑。此外，往往还要结合对资本市场及规则的理解和认识来进行。一般而言，选择设立境外中间控股公司的地点需要考虑以下因素：

(1)一般为无税或低税率国家，或者虽然税率较高但对离岸控股公司有特殊税收优惠政策的国家。

(2)无外汇管制。

(3)具有明确且实施有效的法律制度。

(4)设立公司的手续简便。

(5)尽可能是与母国没有双边信息交换协议且有保护企业信息私密性的法定制度的国家和地区。

(6)与其他国家有广泛的双边税收协定网络。

具体到税务角度，企业可以考虑从以下两方面着手：

首先，对于特定的目标投资国(地区)，是否通过某特定国家/地区进行投资更有税收上的优势？从税务角度来说，决定因素包括：分回股息的多少和由其产生的税负，以及处置投资时产生的资本利得和其产生的税负。例如，想进入中国台湾地区投资并分回大量股息的投资者，一般会考虑将荷兰或马来西亚作为中间控股公司所在地，原因在于荷兰、马来西亚与中国台湾地区税收协定下，股息预提所得税税率较低。

其次，是否存在某一个国家或地区，适合作为海外投资的中间控股所在地？对于中国内地公司来说，有几个常用的海外中间控股公司所在地可供考虑，如中国香港特别行政区、新加坡、卢森堡和荷兰。当然，根据具体投资情况，其他的一些海外中间控股公司的所在地也可以考虑。

四、设立中间控股公司的税务风险控制

很多时候，设立并运营中间控股公司会产生相关成本，而为满足相关税收管理的需要，相应的营运成本也会上升。此外，中国境外税收抵免的相关规定只允许中国母公司以下五层之内的境外关联公司才能享受抵免权。因此，增加中间控股公司可能会影响中国母公司享受境外税收抵免的能力。由此可见，中国母公司必须系统分析并权衡设立中间控股公司所带来的收益和成本，做出最有利的选择。

近年来，国际税收管理的趋势是各个国家和地区都在加强对税务筹划的监管。作为被投资国（地区），许多国家或地区引入了更为严格的反避税规则，从而加大了利用海外控股架构进行筹划的监管。而跨国公司的母国也引进了受控外国公司的概念，对本国企业境外投资加强了税收监管力度。因此，投资架构的"商业实质"和相应的经营安排日益重要。

（一）居民企业

居民企业是指依法在中国境内成立，或者依照外国（地区）法律成立但实际管理机构在中国境内的企业。从事境外投资的中国母公司就属于中国"居民企业"，需要就全球收入（包括境外投资取得的股利和资本利得）缴纳25%的企业所得税。

在前面的分析中，国际税务筹划的一个要点是寻找到适用税率较低的中间控股公司。但是，如果中间控股公司或者东道国的被投资企业构成了中国的税务居民，税务筹划方案在一定程度上就失去了意义。

《关于境外注册中资控股企业依据实际管理机构标准认定为居民企业有关问题的通知》（国税发〔2009〕82号）对境外注册中资控股企业（以下简称"境外中资企业"）实际管理机构的判定标准、判定为税务居民后的税务处理和居民身份的确认程序等事项做出了较为具体的规定。

该法规的第二条规定，境外中资企业同时符合以下条件的，应判定其为实际管理机构在中国境内的居民企业（以下简称非境内注册居民企业），并就其来源于中国境内、境外的所得征收企业所得税：

（1）企业负责实施日常生产经营管理运作的高层管理人员及其高层管理部门履行职责的场所主要位于中国境内。

（2）企业的财务决策（如借款、放款、融资、财务风险管理等）和人事决策（如任命、解聘和薪酬等）由位于中国境内的机构或人员决定，或需要得到位于中国境内的机构或人员批准。

（3）企业的主要财产、会计账簿、公司印章、董事会和股东会议纪要档案等位于或存

放于中国境内。

(4)企业1/2(含1/2)以上有投票权的董事或高层管理人员经常居住于中国。

从法规的字面上理解,企业必须满足上述所有四项认定标准,才会被认定为中国居民企业。但该法规也规定,对于实际管理机构的判断,应当遵循实质重于形式的原则。

中国企业可以参考该法规制定和实施境外公司的管理和控制方案。例如,中国企业应向境外公司派驻人员进行管理,将其高层管理中心设在中国境外;在境外制定关键性决策和召开董事会;公司签章、会计记录及账簿也应在中国境外保管等。

(二)一般反避税原则

境外投资架构的设计,还需要注意《企业所得税法》中一般反避税条款的规定:企业实施其他不具有合理商业目的安排而减少其应纳税收入或者所得额的,税务机关有权按照合理方法调整。不具有合理商业目的,是指以减少、免除或者推迟缴纳税款为主要目的。很多国家(地区)也有类似规定,很多国际税收协定也对中间控股公司的"商业实质"提出了要求,没有实际商业存在的"纸上公司",往往无法享受相应的税收协定优惠税率。一般而言,若出现滥用税收优惠、滥用税收协定、滥用组织机构、与避税地公司频繁业务往来以及不具有合理商业目的的其他商业安排等相关情形,将会成为一般反避税的调查对象。在安排境外投资架构时,应从合理的商务需要出发,并且能够在实际运作中满足商务需要。

(三)受控外国公司

根据《企业所得税法》的规定,由中国居民企业单独控制的,或与中国居民共同控制的、设立在实际税率低于12.5%的国家(地区)的企业,并非由于合理的经营需要而对利润不做分配或者减少分配的,上述利润中应归属于该中国居民企业的部分,应当计入该居民企业的当期收入,缴纳企业所得税。

《企业所得税法实施条例》对上述规定中的"控制"加以明确,即居民企业或者中国居民直接或间接单一持有外国企业10%以上有表决权股份,且由其共同持有该外国企业50%以上股份,或者居民企业和中国居民持股比例虽然没有达到上述标准,但在股份、资金、经营、购销等方面对该外国企业构成实质控制。

因此,境外投资架构的设计还需要考虑中国企业设立的境外企业(尤其是中间控股公司)所在地的实际税负是否低于12.5%,以及将利润(如股利和资本利得)保留在该公司的做法是否具有"合理的经营需要"。

一般而言,那些提供普遍的税收优惠供跨国公司用于经常性避税活动的国家(地区),包括巴哈马、百慕大、开曼、英属维尔京(BVI)等传统的避税港,容易被认为是实际税率低于12.5%的国家(地区)。如果中国企业在上述国家或地区设立公司,将存在较大的“受控外国公司”风险。

中国企业在境外低税率地区设立中间控股公司时,需要从商务角度做好定位,如定位为某一地区的投资平台,将其取得的投资收益用于该区域其他项目的投资,以降低被认定为受控外国公司的税务风险。

思考题

1. 国际税务筹划与国内税务筹划有何联系与区别?
2. 在国际税务筹划中,如何利用税收优惠和低税点进行税务筹划?
3. 何谓套用税收协定?套用税收协定进行税务筹划有哪些方式?
4. 与国内税务筹划相比,为什么转移价格税务筹划方法在国际税务筹划中更重要?
5. 何谓预约定价制?从跨国公司经营的角度出发,预约定价制的优点是什么?
6. 中国吸引外资的税收优惠政策是否一定能降低在中国投资的跨国公司的总体税收负担?为什么?
7. 中国企业对境外投资时,可以利用中间控股公司取得哪些税收利益?

第十章

综合税务筹划案例

本章要点

本书前面内容是从不同税种的角度介绍税务筹划方法，但在企业的实际经营管理中会涉及多个税种。因此，我们需要把税务筹划的思路由局部拓宽到整体，着眼于企业整体税收负担。本章通过分析两个综合筹划案例，让读者更深入地了解税务筹划的效果。

本书从第三章开始，根据税种分别进行了税务筹划的分析，但是在实务中往往要综合考虑税务筹划效果。例如，通过筹划降低了流转税税负，但可能增加企业所得税税负，这就要对税后收益进行比较；再如企业并购、跨国投资经营等，会涉及若干税种，甚至是不同税境。本章选取了两个综合筹划的案例，对不同的筹划方案进行分析比较，综合考虑税务筹划的效果。

第一节 长江电力并购川云公司税收筹划案例

一、案例背景

（一）长江电力并购案交易概况①

长江电力股份有限公司（以下简称“长江电力”）采用发行股份及支付现金购买资产的方式，向中国长江三峡集团公司（以下简称“三峡集团”）、四川省能源投资集团有限责任公司（以下简称川能投）、云南省能源投资集团有限公司（以下简称“云能投”）购买其合计持有的三峡金沙江川云水电开发有限公司（以下简称“川云公司”）100%股权。以 2015 年6 月30 日为评估基准日，标的资产川云公司 100%股权的评估值为 7 973 515. 89 万元。经交易各方协商确定，川云公司 100%股权的交易价格为 7 973 515. 89万元。长江电力拟向三峡集团、川能投、云能投以 12. 08 元/股的价格发行股份 35 亿股及支付现金3 745 515. 89万元购买川云公司 100%股权，如表 10-1 所示。

表 10-1 长江电力重组交易方式和金额 单位：万元

重组交易方式	对应金额
发行股份	4 228 000. 00
支付现金	3 745 515. 89
合计	7 973 515. 89

① 长江电力发行股份及支付现金购买资产并募集配套资金暨关联交易报告书的修订稿。

同时,长江电力采用锁价发行的方式向平安资管、阳光人寿、中国人寿、广州发展、太平洋资管、GIC 和重阳战略投资 7 名投资者非公开发行股票 20 亿股,募集 241.60 亿元的配套资金,用于支付本次重组的部分现金对价。具体情况如表 10-2 所示。

表 10-2 长江电力非公开发行股份募集资金情况

序号	投资者名称	发行数量(万股)	募集金额(万元)
1	平安资管	80 000	966 400
2	阳光人寿	80 000	966 400
3	中国人寿	16 500	199 320
4	广州发展	10 000	120 800
5	太平洋资管	6 000	72 480
6	GIC	4 000	48 320
7	重阳战略投资	3 500	42 280
合计		200 000	2 416 000

(二)交易细节

长江电力以发行股份及支付现金相结合的方式支付标的资产对价,即以 12.08 元/股的价格,向三峡集团发行 17.4 亿股并支付现金 347.95 亿元,向川能投发行 8.8 亿股并支付现金 13.30 亿元,向云能投发行 8.8 亿股并支付现金 13.30 亿元。川能投、云能投的现金支付对价金额由公司在交割日起 3 个工作日内一次性全额支付;三峡集团的现金支付对价金额由公司在交割日起 3 个工作日内支付 210 亿元,余下部分现金支付对价由公司在交割日起 30 日内支付完毕,如图 10-1 所示。

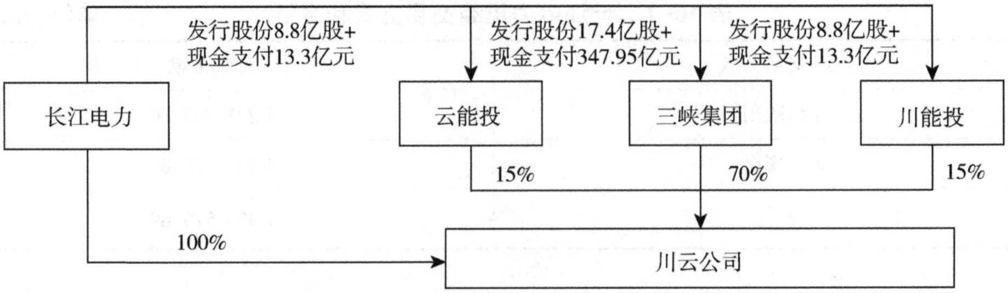

图 10-1 长江电力收购川云公司交易

二、案例分析

（一）公司并购的税收动因分析

长江电力自2003年上市以来，先后进行了多次收购，经营效益获得了显著提高。截至2014年，长江电力下属三峡电站、葛洲坝电站梯级枢纽完成发电量1 166.14亿千瓦时，实现收入总额268.98亿元，利润总额154.07亿元，归属于母公司所有者的净利润118.30亿元，每股收益0.72元/股，是行业内的龙头标杆企业。

2013年下半年以来，由三峡集团控股的川云公司负责开发建设的金沙江下游溪洛渡、向家坝两座大型水电站相继投产发电，电站效益开始全面发挥，梯级联合优化调度的综合效益进一步显现。并且，基于长江电力2009年重大资产购买暨关联交易报告书所载的三峡集团避免同业竞争的措施，为了进一步避免长江电力与三峡集团的潜在同业竞争，同时顺应国务院关于深化国有企业改革的监管精神，优化管控模式，发挥长江电力大型水电站的运营管理经验，提升电站运营效率，发挥电站梯级联合调度效益，长江电力拟向三峡集团、川能投、云能投收购其所持有的川云公司100%股权，进一步提高长江电力的业务规模和盈利能力，增强市场竞争力，做强做大。长江电力此次并购的主要目的在于：

1. 进一步提高长江电力核心竞争力，保障广大投资者的利益

溪洛渡电站和向家坝电站装机规模大，资产质量优良，是“西电东送”的骨干电源。本次交易将使长江电力形成对葛洲坝、向家坝等四座大型水电站的梯级联合调度，大幅提升其盈利能力，并可以提高其大型水电生产运营和市场营销能力，进一步提高核心竞争力，保障广大投资者的利益。

2. 进一步理顺管控模式，提升公司治理水平

长江电力具备大型水电站的运行、管理经验，目前金沙江溪洛渡电站枢纽工程、向家坝电站枢纽工程均委托长江电力运行、管理。通过本次交易，将解决目前溪洛渡、向家坝电站产权与运行管理分开的问题，理顺长江电力与三峡集团成熟水电资产的管控模式，避免长江电力与三峡集团在水电业务领域的潜在同业竞争，消除委托运营的关联交易。同时，通过本次重大资产重组并对外发行股份配套融资，有利于进一步优化公司股权结构，提升公司法人治理水平，促进公司规范运作。

3. 履行资产注入承诺，践行国有企业改革监管政策

根据长江电力2009年重大资产购买暨关联交易报告书所载的三峡集团避免同业竞争的措施，即：金沙江下游梯级电站建设项目建设工期长、投资大，在本次交易中暂不出售给长江电力，其未来交易时间和交易方式由双方根据国家有关政策规定另行约定。因此，本次交易系三峡集团对上述承诺的切实履行，符合中国证监会监管精神。

4. 隐性的税收动因

通过对被收购企业川云公司的进一步研究发现:川云公司主要负责开发建设溪洛渡和向家坝两座大型水电站。由于这两座发电站属于国家重点扶持的公共基础设施项目和大型水电企业,可以享受一些税收优惠政策,如表 10-3所示。

表 10-3 国家重点扶持的公共基础设施项目税收优惠政策概览

序 号	主要内容	文件号
1	对居民企业经有关部门批准,从事符合《公共基础设施项目企业所得税优惠目录》规定范围、条件和标准的公共基础设施项目的投资经营所得,自该项目取得第一笔生产经营收入所属纳税年度起,第一年至第三年免征企业所得税,第四年至第六年减半征收企业所得税	国税发〔2009〕80 号
2	装机容量超过 100 万千瓦的水力发电站(含抽水蓄能电站)销售自产电力产品,自 2013 年 1 月 1 日至 2015 年 12 月 31 日,对其增值税实际税负超过 8%的部分实行即征即退政策;自 2016 年 1 月 1 日至 2017 年 12 月 31 日,对其增值税实际税负超过 12%的部分实行即征即退政策	财税〔2014〕10 号

从表 10-3 可知,所得税优惠方面,2013—2015 年,川云公司可享受所得税的“三免”政策;2016—2018 年,可享受所得税“三减半”政策。增值税优惠方面,2013—2015 年,川云公司可享受增值税“超过 8%的部分实行即征即退”政策;2016 年、2017 年,增值税享受“超过 12%的部分实行即征即退”政策。另外,从长江电力近三年的财务报告中发现,2015 年发生并购交易事项后,由于将子公司川云公司纳入合并财务报表范围,川云公司的税收优惠反映到合并财务报表中的所得税费用项目,长江电力的企业所得税当年显著降低(见图 10-2)。

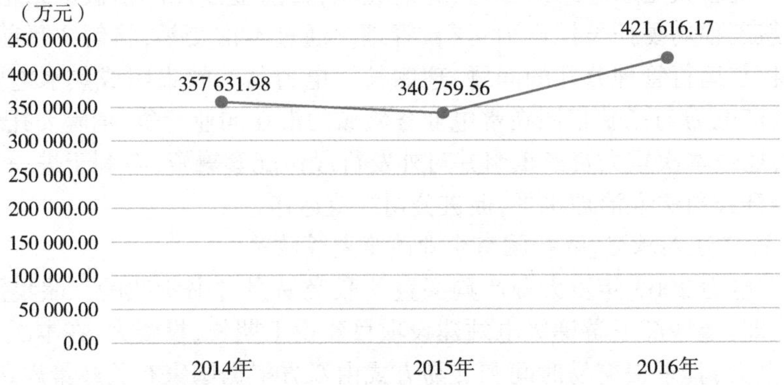

图 10-2 合并财报中长江电力 2014—2016 年企业所得税变动情况

而从母公司报表中（见图 10-3）可以更加清楚地看出，长江电力在并购川云公司后税负下降较大。

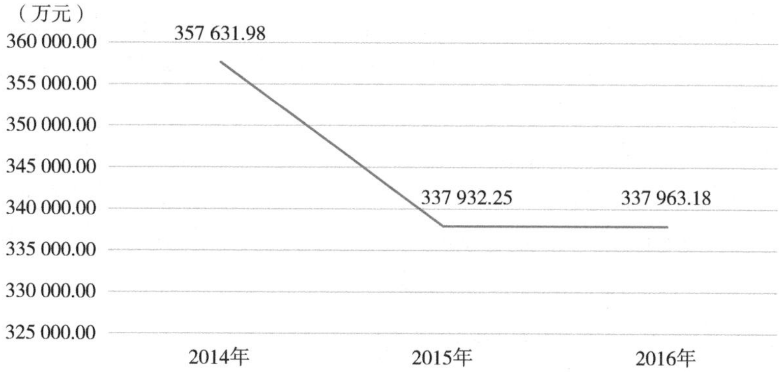

图 10-3　母公司报表中长江电力 2014—2016 年企业所得税变动情况

由此可见，尽管长江电力在并购公告中没有阐释税收方面的并购动因，但仍可从其财务报告中看出明显的税负下降趋势。因此，公司并购中存在隐性的税收动因。

（二）公司并购的税收规模和定价效应分析

在公司并购的税收规模方面，由于以单样本为例无法研究规模效应，加之长江电力该次并购发生在 2015 年，而我国在 2014 年发布《关于促进企业重组有关企业所得税处理问题的通知》（财税〔2014〕109 号）后就没有出台新的并购重组税收政策，所以研究税制变化对并购交易量的影响在本例中也不适用。本案例主要研究公司并购的税收定价效应。

长江电力在确定收购价格时分别采用了资产基础法和收益法对川云公司的资产进行评估。

1. 资产基础法评估结果

川云公司在评估基准日总资产账面价值为 16 660 297.90 万元，评估价值为 20 947 115.57万元，增值额为 4 286 817.66 万元，增值率为 25.73%；总负债账面价值为 12 973 599.68 万元，评估价值为 12 973 599.68 万元，评估无增减值；净资产账面价值为 3 686 698.22 万元，评估价值为 7 973 515.89 万元，增值额为 4 286 817.67 万元，增值率为 116.28%。

2. 收益法评估结果

川云公司在评估基准日总资产账面价值为 16 660 297.90 万元，总负债账面价值为

12 973 599.68 万元,净资产账面价值为 3 686 698.22 万元。收益法评估的股东全部权益价值为 7 941 614.73 万元,增值额为 4 254 916.51 万元,增值率为 115.41%。

由于川云公司发电量受到金沙江流域来水影响,发电量难以估计,电能消纳受到送电省份当地经济环境的直接影响;同时,上网电价由国家审批,而非市场化价格,随着电力市场改革,具有较大的不确定性。所以,本次交易选取资产基础法的评估结果作为作价依据。本次交易标的资产作价 7 973 515.89 万元。

溪洛渡和向家坝电站属于国家重点扶持的公共基础设施项目,在企业所得税和增值税方面都有较大的税收优惠。但长江电力在考虑并购资产的定价时,主要是以市场评估价值作为标的价值,并没有考虑收购后获得的税收优惠而提高收购价格。因此,在本例中,公司并购的税收定价效应并不明显。

(三)公司并购的税收结构效应分析

1. 选择股权收购还是资产收购

根据财税〔2009〕59 号文,股权收购是指一家企业(收购企业)购买另一家企业(被收购企业)的股权,以实现对被收购企业控制的交易。资产收购是指一家企业(受让企业)购买另一家企业(转让企业)实质经营性资产的交易。[①] 本次交易中,长江电力收购川云公司 100%股权,达到对川云公司的控制,属于股权收购。

2. 选择现金支付还是股份支付

受让企业支付对价的形式包括股权支付、非股权支付或两者的组合。股权支付是指企业重组中购买、换取资产的一方支付的对价中,以本企业或其控股企业的股权、股份作为支付的形式;非股权支付是指以本企业的现金、银行存款、应收款项、本企业或其控股企业股权和股份以外的有价证券、存货、固定资产、其他资产以及承担债务等作为支付的形式。[②] 本例中,长江电力通过向川云公司的股东三峡集团、川能投、云能投发行本公司股份 35 亿股和现金支付 374.55 亿元的方式收购了川云公司 100%的股权,属于现金支付和股份支付相结合的方式。

3. 选择的并购融资方式

长江电力此次并购主要通过非公开发行方式向平安资管、阳光人寿、中国人寿、广州发展、太平洋资管、GIC 和重阳战略投资 7 名投资者发行股票,募集配套资金 241.60 亿元支付本次重组的部分现金对价,剩余部分将以自有资金或通过贷款等债务性融资方式解决。根据重组后长江电力的负债结构数据(见表 10-4),截至 2015 年 9 月 30 日,

① 《财政部、税务总局关于企业重组业务企业所得税处理若干问题的通知》(财税〔2009〕59 号)。

② 《财政部、税务总局关于企业重组业务企业所得税处理若干问题的通知》(财税〔2009〕59 号)。

长江电力总负债规模提高 251.20%，流动负债及非流动负债比例基本维持稳定，流动负债规模增加 243.42%，非流动负债规模增加 255.71%。

表 10-4　长江电力的负债结构（截至 2015 年 9 月 30 日）　　单位：万元

项　目	实际数据	变动额	变化率
流动负债合计	2 029 889.86	4 941 257.99	243.42%
非流动负债合计	3 499 853.55	8 949 591.42	255.71%
负债合计	5 529 743.41	13 890 849.42	251.20%

由于企业借款的利息是企业的财务费用，企业合理的财务费用可以全额在企业所得税前扣除，因而负债是公司节税的重要手段。通过此次融资活动，长江电力负债总规模提高了两倍多，企业所得税的节税效应可见一斑。

4. 选择应税并购还是免税并购

国外的应税并购或免税并购，对应于我国一般性税务处理或特殊性税务处理的规定。根据财税〔2014〕109 号文，企业重组的税务处理区分不同条件分别适用一般性税务处理规定和特殊性税务处理规定。企业重组适用特殊性税务处理规定的条件如表 10-5所示。

表 10-5　企业重组适用特殊性税务处理的条件①

序　号	条　件
1	具有合理的商业目的且不以减少、免除或者推迟缴纳税款为主要目的
2	被收购、合并或分立部分的资产或股权比例不低于 85%
3	企业重组后的连续 12 个月内不改变重组资产原来的实质性经营活动
4	重组交易对价中涉及股权支付金额不低于 50%
5	企业重组中取得股权支付的原主要股东，在重组后连续 12 个月内，不得转让所取得的股权

对于股权收购的特殊性税务处理，收购企业购买的股权不低于被收购企业全部股权的 85%且收购企业在该股权收购发生时的股权支付金额不低于其交易支付总额的 50%，可以选择按以下规定处理：被收购企业的股东取得收购企业股权的计税基础，以

① 《财政部、税务总局关于促进企业重组有关企业所得税处理问题的通知》（财税〔2014〕109 号）。

被收购股权的原有计税基础确定；收购企业取得被收购企业股权的计税基础，以被收购股权的原有计税基础确定；收购企业、被收购企业的原有各项资产和负债的计税基础和其他相关所得税事项保持不变。

此次交易中：

(1)长江电力拟向三峡集团、川能投、云能投以12.08元/股的价格发行股份35亿股及支付现金3 745 515.89万元，以购买川云公司100%股权，符合财税〔2009〕59号文所定义的股权收购。

(2)长江电力的收购具有合理商业目的，不以减少、免除或者推迟缴纳税款为主要目的。

(3)重组后，川云公司仍继续经营，并不改变经营实质。

(4)重组交易对价中涉及股权支付金额所占比例为12.08元/股×35亿股÷7 973 515.89万元=53.03%，超过了50%的规定比例。

(5)本次重组的交易对方三峡集团承诺，通过本次交易取得的对价股份自股份上市之日起36个月内不转让；本次重组的交易对方川能投、云能投承诺，通过本次交易取得的对价股份自股份上市之日起12个月内不转让。

因此，可以认定此次重组交易可以适用特殊性税务处理。重组交易各方的税务处理如表10-6所示。

表10-6　长江电力并购中交易各方的税务处理

长江电力	三峡集团	川能投	云能投	川云公司
取得川云公司100%股权的计税基础以原有计税基础确定，原有各项资产和负债的计税基础和其他相关所得税事项保持不变	取得长江电力7.91%的股权计税基础以原有计税基础确定。收到的现金对价347.95亿元在交易当期确认相应的资产转让所得或损失	取得长江电力4%的股权计税基础以原有计税基础确定。收到的现金对价13.3亿元在交易当期确认相应的资产转让所得或损失	取得长江电力4%的股权计税基础以原有计税基础确定。收到的现金对价13.3亿元在交易当期确认相应的资产转让所得或损失	原有各项资产和负债的计税基础和其他相关所得税事项保持不变
规定对交易中股权支付暂不确认有关资产的转让所得或损失的，其非股权支付仍应在交易当期确认相应的资产转让所得或损失，并调整相应资产的计税基础				

经计算，转让方三峡集团、川能投、云能投需就收到的现金对价计算资产转让所得并缴纳企业所得税，具体情况如表10-7所示。

表 10-7　转让方确认所得及税负情况　　单位:亿元

项　目	三峡集团	川能投	云能投
资产转让所得=(被转让资产的公允价值-被转让资产的计税基础)×(非股权支付金额÷被转让资产的公允价值)	428.68×70%×347.95÷(794.16×70%)=187.82	428.68×15%×13.3÷(794.16×15%)=7.18	428.68×15%×13.3÷(794.16×15%)=7.18
应纳企业所得税	187.82×25%=46.96	7.18×25%=1.79	7.18×25%=1.79

分析发现,长江电力收购川云公司100%股权中,股权支付的部分占比53.03%,正好超过50%的"免税并购线",可以明显看出此次并购交易的税收利益考量。如果长江电力的股权支付金额没有达到该比例,则只能适用于一般性税务处理,三峡集团、川能投、云能投应确认股权、资产转让所得或损失,即三峡集团、川能投、云能投的资产转让所得应缴纳企业所得税合计为428.68×25%=107.17(亿元),比采用特殊性税务处理当期多纳税56.63亿元(107.17-46.96-1.79×2),即特殊性税务处理的递延纳税效果大大减轻了转让方当期的现金流压力。

三、案例结论

本案例是2015年国内并购事件中举足轻重的长江电力收购川云公司案。长江电力作为我国水电行业的龙头企业,是大型央企成功改制上市并多次完成并购的典型,在我国公司并购税收运作方面具有一定的代表性。

通过研究发现,首先,在公司并购的税收动因效应方面,在本案例中,长江电力的并购行为的发生主要考虑提高自身的整体实力,提高资源的利用效率,巩固其在行业内的龙头企业地位。其在选择并购标的时,主要考虑被收购企业的优质资产,以及践行国有企业改革的承诺。可见,税收因素不是公司并购的主要动机,却是公司并购的"隐性动因"。未来可进一步量化公司并购的税收动因和非税收动因,并做更深入探讨。

其次,在公司并购税收规模和定价效应方面,标的企业适用的税收优惠会对并购方的税负产生影响,但并购方在并购定价时仍主要以市场评估价值作为标的价值,在评估市场价值时主要考虑标的的净资产价值,并购方在并购后的税收获益对并购定价的影响不明显。在公司并购的税收规模效应方面,需要选择更多的样本做进一步研究。

最后,公司并购的税收结构效应最为明显,税收因素对公司并购选择应税还是免税、选择股权支付还是现金支付、选择何种融资方式等都产生了较大的影响。通常情况下，公司并购偏好于事前进行股权支付和现金支付比例的筹划，以期在并购中实现免税重组。公司在选择融资方式时，偏好于选择债务融资，通常通过非公开发行股份募集现金，增加公司的税前扣除项，获得最大的税收利益。

第二节　星巴克国际税务筹划案例分析

一、案例背景

在全球的咖啡产业中，存在着一家历史悠久、遍及全球的企业——星巴克。星巴克(Starbucks)是美国一家连锁咖啡公司，不仅在特种咖啡零售界处于世界领先地位，也是全球著名的咖啡连锁店。2016 年 5 月，福布斯公布 2016 年度全球最具价值品牌排行榜，星巴克位列第 45 位。2016 年 10 月 7 日，国际品牌咨询公司 Interbrand 发布了《2016 年全球最佳品牌》(2016 Best Global Brands Report)报告，星巴克排名第 64 位。这样一家在全球范围内都享负盛名的跨国企业，每年都从世界各地的消费者手中赚取丰厚的利润。然而它的税收问题却频频出现在媒体的报道中。利用自己跨国经营的优势，星巴克在国际税收筹划方面正不断探索适合自己的模式，以享受各国税制差异带来的税收便利。

(一)发展历程

星巴克于 1971 年在美国华盛顿州西雅图市成立第一家店；1982 年舒尔茨先生加入星巴克并于 1987 年收购星巴克，开出第一家销售滴滤咖啡和浓缩咖啡饮料的门店；1992 年，星巴克在纽约纳斯达克成功上市，从此进入一个新的发展阶段；1996 年星巴克在东京开了第一家海外咖啡店，标志着其正式迈入国际市场。目前，星巴克遍布亚洲、美洲、欧洲、中东及太平洋地区，在全球 70 个国家(地区)拥有超过 24 000 间门店，238 000名员工。

(二)经营范围

星巴克最初经营产品包括顶级的咖啡豆、手工制作的浓缩咖啡及一些冷热咖啡饮料，但从 2011 年开始，星巴克实施多元化发展战略，对与咖啡相匹配的食物产品进行收购。2011 年 11 月，星巴克收购了一家果汁公司 Evolution Fresh，;2012 年 6 月，星巴克以

1亿美元收购了一家面包店 Bay Bread 和它的咖啡店 La Boulange；2012年11月14日，星巴克以6.2亿美元收购了茶业零售商 Teavana。目前，在星巴克店内，除了销售经典的咖啡，还有各种三明治、蛋糕、面包、茶饮料以及马克杯等产品在销售。

（三）营销策略

星巴克能够拥有全球众多消费者、成为备受追捧的咖啡品牌，是因为其严格的品质要求和精准的市场定位。星巴克对咖啡原材料的选购十分挑剔和仔细，对供应商的挑选、评估也有一套严格的程序。星巴克使用的咖啡豆来自世界主要咖啡豆产地，包括印度尼西亚、肯尼亚、危地马拉等，并在西雅图烘焙。从采购、运输、烘焙、调制到最后的配料、销售，都要符合严格的标准。星巴克精准的市场定位也为其带来了一批忠实的消费者。星巴克主要市场为“都市白领”，该消费群体收入水平高、注重生活品质。因此，星巴克一般选址在商业区、金融中心或高档写字楼附近，通过精心选择地理位置和周边环境来稳定客户群，同时培养潜在客户，提升品牌影响力。

星巴克推崇体验式的营销方式，注重为顾客营造“第三空间”。星巴克认为，他们出售的不仅仅是优质咖啡，更重要的是顾客对咖啡的体验文化。星巴克希望能够为顾客营造一种有别于办公室和家的“第三空间”。在这一空间中，给消费者营造一种浪漫、时尚、高贵的文化氛围，使顾客可以把喝咖啡当作一种生活体验，享受休闲时光。星巴克并不会刻意通过广告进行品牌宣传，而是希望通过口碑营销来推动目标顾客群的增长。

（四）全球布局

星巴克在全球范围内投资设立子公司，并根据各地的不同特点采取不同的商业组织结构。例如，在英国、泰国，星巴克持有子公司100%的股权进行独资经营；而对于与日本等地的合作，星巴克只占股权的50%；在中国的香港、上海等地则采用许可协议的方式，占股份较少，大约5%；在菲律宾、新加坡、马来西亚以及北京的市场，星巴克实行授权经营，不占任何股份。星巴克在全球范围内有着复杂的控股关系：星巴克集团控制着位于美国华盛顿州的一家有限责任公司 Starbucks Coffee International，该公司控股位于英国的一家有限合伙企业 Alki，英国合伙企业与荷兰的 Starbucks Coffee BV 存在控股关系，而荷兰 Starbucks Coffee BV 同时控制瑞士一家星巴克公司和荷兰的 Starbucks Manufacturing BV。

星巴克咖啡的门店也分布广泛，在全球70个国家（地区）中设有分店。图10-4显示的是星巴克门店在全球部分国家（地区）和城市的分布状况，从中可以看出，美国的星巴克门店在全世界最为密集，纽约曼哈顿几乎每一处都有星巴克；加拿大是星巴克门店数量第二多的国家；首尔是星巴克分布最多的城市。近年来，星巴克在中国和亚太其他地区的销售增长快于任何地方，星巴克也将亚洲市场的发展，尤其是在中国的发展放在未来全球市场拓展计划的重要位置。星巴克在欧洲各国的发展情况参差不齐，如在英国的店铺分布比较密集，而在法国、意大利等则相对较为稀疏。

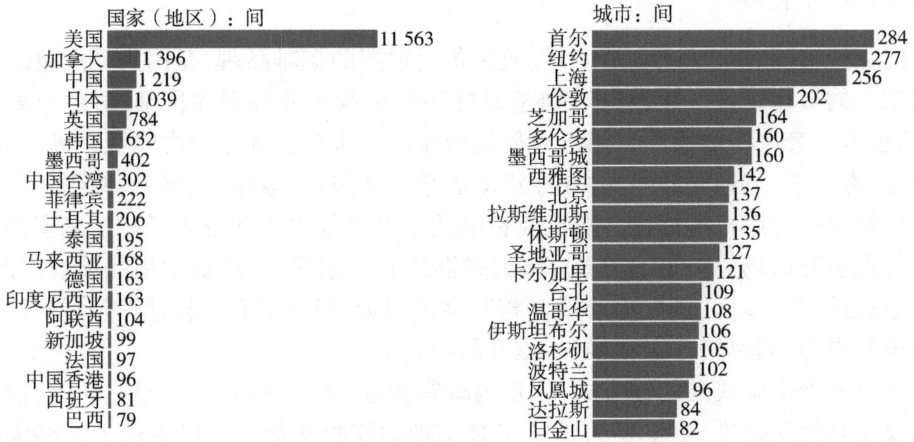

图 10-4 星巴克门店在全球部分国家（地区）和城市的分布状况

（五）纳税状况及争议

从星巴克 2015 年财务报告中可知，剔除 2013 年的诉讼费因素，星巴克近年的经营状况良好，总收益稳步上升，分别约为 25 亿、31 亿、39 亿美元；随之而来的企业所得税额也平稳增长，2014 年和 2015 年约缴纳 10 亿和 11 亿美元。除此之外，星巴克在美国所缴纳的税收占据了星巴克整体税负的八九成，如 2015 年约有 9.5 亿美元税款在美国缴纳。相比之下，在海外的税负极少，近 3 年每年也只有一成左右。

1. 星巴克在美国的纳税状况

忽略 2013 年诉讼费用的影响，星巴克近 3 年来的实际税率分别为 32.6%、34.6%、29.3%，在 30%上下略有波动，低于美国 35%的法定税率。

星巴克在其财务报告中分析，因为美国对留存海外的利润暂不征税，企业可在这部分利润汇回美国后再缴纳所得税，因此星巴克利用了这一延期纳税制度，留在海外的未分配利润帮助其减少了总体税负水平。例如，2015 年外国子公司和股权投资公司累计未分配收益约 28 亿美元，这些收入不构成美国的收入，也未带来外国预提税支出。

作为一家美国企业，星巴克在尽可能履行好自己纳税义务的同时，也积极利用了本国对跨国企业的优惠政策。同时,星巴克也在努力游说政府,试图为自己谋求更多的利益。星巴克曾表示,愿意考虑放弃一部分美国税收优惠,包括国内制造扣减和商业投资加速折旧,以此来换取较低的美国公司税率。此外,目前延期缴税适用于不相关特许经营者的国际特许权使用费,而不适用于与星巴克有关联的经营方,因此,星巴克提出针对特许权使用费收入的税收应延至资金汇回美国之后缴纳。

美国国会税收立法和企业之间良好的互动,一方面促成了有利于星巴克的税收政策,另一方面也促使星巴克履行纳税义务。然而在国外,星巴克的税收争议不断,代表性的有 2012 年在英国的纳税公关危机、2015 年欧盟裁定荷兰对其采取非法国家援助。

2. 星巴克在英国的纳税争议

2012 年在英国,星巴克曾因纳税问题引发了公关危机。路透社和一家名为“税务研究”的英国独立调研机构共同进行的为期 4 年的调查显示,星巴克从 1998 年进入英国以来的 14 年间,占据了英国市场 1/3 的份额,总销售额累计超过 30 亿英镑,但其缴纳的企业所得税累计只有 860 万英镑,占其销售额的比重不到 0.5%。2011 年,星巴克在英国实现销售额 3.98 亿英镑,但其以“亏损”为由,未向英国政府缴纳一分钱的税收。该消息在英国引起轩然大波,英国民众在英国反避税组织的推动下于 2012 年 12 月在各大城市的星巴克门店外举行抗议活动,抵制星巴克。

星巴克首席财务官特洛伊 · 阿尔斯泰德声称,星巴克在英国的一切经营都是合法的,他们有着非常严格的会计核算方法,之所以在英国的利润微薄、纳税过低,应归咎于英国经济萎靡、行业竞争激烈、原料成本上涨和门店业绩不佳等原因。不过,阿尔斯泰德也表示,星巴克确实存在以向其荷兰的欧洲总部支付特许权使用费的方式抵免英国税收。

英国当局和税务专家认为,星巴克利用转让定价、资本弱化、收取特许权使用费等手段将英国子公司的利润进行转移,使得英国公司的应税利润很少甚至没有,造成英国的税收流失。另据英国《卫报》报道,星巴克通过英国和其他地区的分公司向荷兰和瑞士的公司付款,瑞士公司高价销售咖啡豆给英国子公司,同时在英国开展业务每年需支付商标使用费,这使得在英国的经营经常出现亏损。

迫于舆论压力,星巴克最终妥协,在 2012 年承诺会在未来 2 年向英国政府缴纳 2 000万英镑的企业所得税。

3. 星巴克在荷兰的纳税争议

由于跨国公司国际避税愈演愈烈,欧盟近年来加大了对国际避税的打击力度,并掀起了对跨国公司及避税地调查的高潮。星巴克也成为欧盟进行反避税调查的跨国公司之一。由于欧盟无权干预成员国的税收制度,因此欧盟仅对星巴克与荷兰之间私下签订的协议是否违反了欧盟内部市场公平竞争原则,是否构成了非法提供国家补助进行调查评估。但是,星巴克和荷兰对欧盟做出的税务调查拒绝发表任何评论。

2015 年 10 月,欧盟委员会判决荷兰政府与星巴克之间签订的预约定价协议不正当地减少了星巴克在荷兰的税负,构成了荷兰对星巴克的非法国家补助。为减轻由此引发的不公平竞争,欧盟委员会责令星巴克向荷兰当局补缴 2 000 万至 3 000 万欧元的税款。

2016 年 8 月,美国财政部批评欧盟对于美国星巴克、苹果等公司的避税调查存在片面和越权问题。其在白皮书中表示,欧盟对其成员国给予跨国公司的特别税收优惠进行税务调查是一种"超国家税务机关"的存在,会对国际税务体系造成威胁。然而欧盟认为,如果成员国私下向跨国企业提供特别税收优惠,吸引全球大公司把业务转移至其本国境内,将会造成欧盟内部的不公平竞争,因此要加大对这类避税行为的打击力度。2016 年 4 月,欧盟再次加强监管力度,出台了一系列旨在打击大企业避税的制度新规。

二、星巴克避税框架设计与操作

星巴克的避税基本结构如图 10-5 所示。

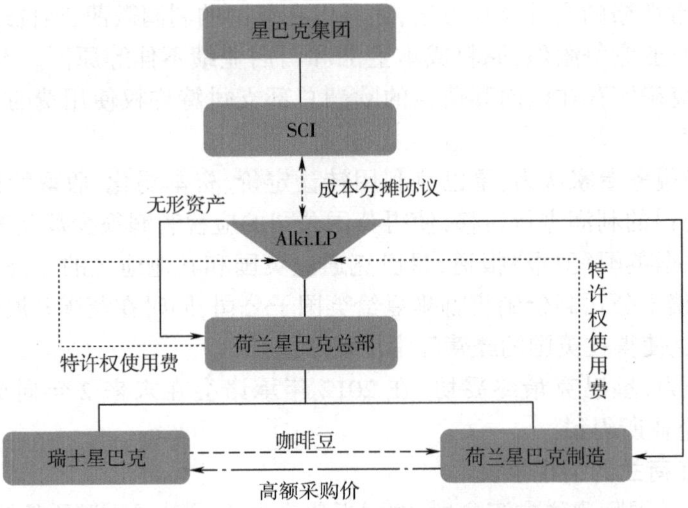

图 10-5 星巴克避税的基本结构

星巴克集团控制下的 Starbucks Coffee International(SCI)是一家成立于美国华盛顿

州的有限责任公司，其通过美国集团内部一系列复杂的控股关系，最终控制着位于英国的有限合伙企业 Alki（Alki.LP），这家有限合伙企业控股 Starbucks Coffee BV（荷兰星巴克总部），荷兰星巴克总部控股 Starbucks Coffee Trading Company SARL（瑞士星巴克）和 Starbucks Manufacturing BV（荷兰星巴克制造）。

星巴克相关企业整体的最终目的是把海外利润集中到英国和瑞士，原因如下：第一，瑞士是避税天堂，企业所得税税率只有 20%，远远低于美国的 35%，也低于欧美多数国家，利润囤积在瑞士可以大大降低星巴克的税负；第二，英国的企业是一个合伙制企业，按照英国税法的规定，合伙企业不承担纳税义务，由合伙人缴纳个人所得税，而它的合伙人位于美国的华盛顿州，因此不用在英国纳税，所得分回美国后，在华盛顿州不需要缴纳州税，避税效果明显。

下面梳理一下这几个组织在星巴克避税设计中的作用。

（一）英国有限合伙企业

Alki.LP 和 SCI 一起负责产品研发，签订有成本分摊协议。英国的这一有限合伙企业拥有星巴克的无形资产所有权，包括星巴克商标、咖啡配方、咖啡豆烘焙技术等，它把星巴克咖啡豆烘焙技术的使用权授予荷兰星巴克制造，其他无形资产的使用权授予荷兰星巴克总部，因此，这两家公司需要向英国的有限合伙企业支付特许权使用费。英国的这家有限合伙企业并没有太多实质性的经营活动，它签订了星巴克无形资产的成本分摊协议，负责一小部分产品研发，主要起着授予无形资产所有权的作用，除此之外不负责其他生产经营工作。详见图 10-6。

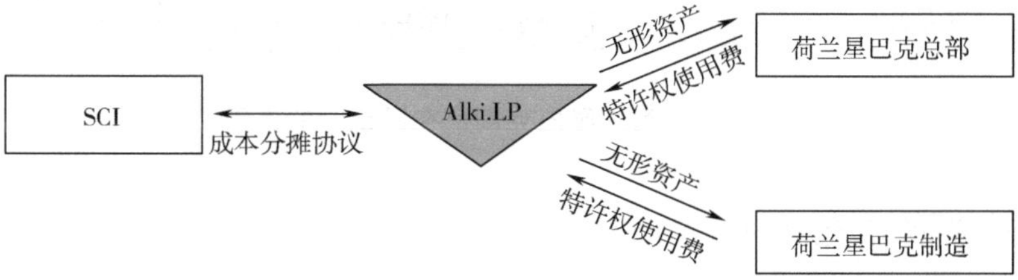

图 10-6　英国有限合伙企业在避税中的作用

（二）瑞士星巴克

瑞士星巴克负责星巴克全球范围内的生咖啡豆采购工作，之后再把咖啡豆销售给世界各地的星巴克制造公司，其中就包括荷兰星巴克制造。为了利用瑞士税率较低的优势，把利润汇集在瑞士，瑞士星巴克用较高的价格把生咖啡豆卖给荷兰星巴克制造。

荷兰星巴克制造被定义为一家来料加工企业，因此采购价格根据成本加成法，按照20%的利润率，在瑞士星巴克购进生咖啡豆的成本上计算确定。资料表明，其他生咖啡豆加工制造企业的利润率一般为4.9%~13.1%，由此看来，20%的利润率超过其他企业最高利润率且超出较多。因此，瑞士星巴克和荷兰星巴克制造的交易价格偏高，存在转移定价的嫌疑。详见图10-7。

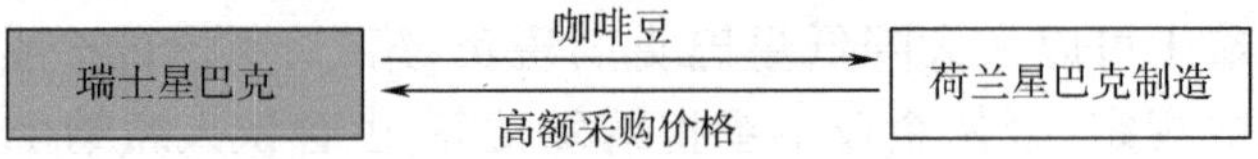

图10-7　瑞士星巴克在避税中的作用

(三)荷兰星巴克制造

荷兰星巴克制造负责欧洲、非洲等地区的咖啡豆供应，从瑞士星巴克采购生咖啡豆之后，负责烘焙和包装咖啡豆，之后再分销给世界各地的门店。荷兰星巴克的利润一部分流入英国，一部分流入瑞士，这造成最后的应纳税所得额大幅度减少。一方面，由于荷兰星巴克制造在咖啡豆生产过程中，利用了英国Alki.LP授权的咖啡豆烘焙等技术，因此其收入的一部分通过特许权使用费的形式转移给了英国的有限合伙企业。另一方面，如上文所述，荷兰星巴克制造通过转让定价的方式，在采购咖啡豆的过程中，支付瑞士星巴克较高的价格，把这部分利润转到了瑞士。详见图10-8。

图10-8　荷兰星巴克制造在避税中的作用

(四)荷兰星巴克总部

荷兰星巴克总部负责和各门店谈判各项产品的具体销售协议，同时提供星巴克商标等无形资产的使用权，向各门店收取特许权使用费。虽然荷兰星巴克总部每年从各门店获得大量的特许权使用费，但是由于这一使用权是从英国有限合伙企业Alki. LP授权而来，因此还需要再向英国的Alki.LP支付高额的特许权使用费，由此减少利润，把大量的利润转移给了英国的Alki.LP。详见图10-9。

图 10-9 荷兰星巴克总部在避税中的作用

三、星巴克避税模式与方法

(一)利用税收管辖权

税收管辖权是一国在征税方面的主权,税收管辖权主要有地域管辖权、居民管辖权、公民管辖权。在实施居民管辖权的国家,是否为一国居民决定了该国是否有征税权。因此,利用各个国家居民判断标准的差异,可以避免成为一国居民而规避这个国家的税收,或成为一国居民而享受这个国家的税收优惠政策。纳税企业可以利用这一差异,避免双重征税,甚至出现双重不征税的情况,尽量享受到不同国家给予的税收优惠。

从表 10-8 我们可以看出,目前美国按照登记注册地标准来判定纳税人身份,而其他三个国家同时使用登记注册地标准和实际控制中心标准。首先,星巴克在英国、荷兰、瑞士建立的这些企业中,虽然某些企业只是一个空壳公司,实际管理控制中心在美国,但是美国采用单一的登记注册地标准,因而不用缴纳美国的所得税。其次,英国、荷兰和瑞士的企业所得税税率相较美国偏低,荷兰还有较为优惠的税收政策。在这几个国家建立企业,成为该地居民纳税人,就可以享受较低的税率和优惠的政策。

表 10-8 星巴克相关国家纳税人身份判定标准

国家	纳税人身份判定标准
美国	登记注册地标准
英国	登记注册地标准或实际管理与控制中心所在地标准
荷兰	登记注册地标准或实际管理与控制中心所在地标准
瑞士	登记注册地标准或实际管理与控制中心所在地标准

(二)特殊税收政策

1.美国:延期纳税

美国有着延期纳税的制度,这里所指的延期纳税并非推迟确认收入或者提前确认费用而获得货币的时间价值;它是指延期缴纳境外所得的税款,即跨国公司从境外获得的所得，一直延期到所得从境外汇回美国时才缴纳企业所得税，当所得留存在境外的时候不用纳税。尽管美国给予纳税人境外税收抵免，但若跨国公司在低税率的国家开展经营活动，当纳税人把境外利润汇回的时候，纳税人就要按照两国税法分别计算的税款差额在美国纳税，这样，企业税负还是达到了35%。因此，利用延期纳税规则，星巴克把大量所得留存在境外的瑞士、英国等国家，这部分所得只按照国外较低税率征收所得税，当星巴克需要资金时，直接从境外支付，那么盈利从获得到支付出去都避免了美国的税收。

2.荷兰：不征预提税

一个集团内部通常会涉及跨国的资金支付，一般来说，支付资金的国家会对这笔来源于本国的所得征收预提税，因此，这样的公司最好设在协定多甚至对支付的股息、利息等不征税的国家。荷兰有特殊的企业所得税政策，即对从荷兰向境外支付的股息、利息和特许权使用费不征预提税。星巴克在荷兰设立了两家公司，都使用了英国合伙企业提供的特许权，须支付特许权使用费，所以星巴克无须支付任何税收，轻松地完成了利润由荷兰到英国的转移设计。

(三)转让定价

转让定价是指有共同利益又处于同一控制下的相关企业之间，在转移商品、技术、劳务等的过程中，违背市场交易规则而制定了特殊价格政策，以达到整体利益的最大化。由转让定价而避税的一般模式是将利润由高税国转移至低税国，高税国企业按照较低价格向低税国企业销售相关商品，而低税国企业按照较高价格向高税国企业销售相关商品。

随着企业对无形资产的日益重视和无形资产的不断增加，其在企业发展过程中起到越来越重要的作用。又由于无形资产的特殊性，其价值不易可靠评估，所以无形资产的转让定价被越来越多的跨国企业利用。目前很多大型跨国企业转让定价都是通过授予知识产权和支付特许权使用费的方式进行的。星巴克就是利用了无形资产的转让定价，其拥有的商标权、咖啡生产技术等无形资产，由注册在英国的有限合伙企业拥有，然后由它授予荷兰星巴克总部和荷兰星巴克制造公司特许使用权。这样一来，两家公司需要向英国的有限合伙支付大量的特许权使用费，从而转移了利润，降低了在荷兰的税负。

(四)成本分摊协议

成本分摊协议是企业之间签订的一项协议，用来规定在研发、生产或获得资产、劳务和权利等的过程中，各方承担的风险和成本，以及享有的权利和利益范围。成本分摊协议签订后,签订协议的相关各方既可拥有开发后的无形资产,也可以扣除无形资产开发过程中产生的费用。

美国星巴克公司和英国的 Alki.LP 签订了成本分摊协议,共同开发无形资产,共同享有无形资产的使用权。事实上,星巴克大量的无形资产都是在美国产生的,而英国有限合伙企业和美国公司签订成本分摊协议后,无形资产也自动地被视为英国有限合伙企业所有。假设没有成本分摊协议,美国公司在授予英国有限合伙企业知识产权的过程中会获得一笔特许权使用费,这笔特许权使用费没有改变整个集团的收益,却因需要在美国缴纳税收,从而导致利益损失。此举还可以规避美国的一项法律,即受控外国公司在取得美国公司授予的无形资产后,不进行进一步开发就直接对外销售的,这是受控外国公司实现的销售收入,不管是否汇回美国都要并入美国公司征税。签订成本分摊协议后,表明英国有限合伙企业同样履行开发无形资产的义务,这样其获得的特许权使用费可以留在英国不用缴税。

(五)企业组织形式

不同的企业组织形式的法人地位不同,就会造成在不同国家纳税义务的区别。常见的企业组织形式有股份有限公司、有限责任公司、普通合伙企业、有限合伙企业、个人独资企业、个体工商户等。前两类公司一般是法人,而对于合伙企业和独资企业来说,其人合性比较强,能否视为独立的法人并附有纳税义务,不同国家的规定是不同的。

在英国,合伙企业不视为一个纳税主体,其取得的所得分配到各个合伙人,由合伙人来缴纳税收。在英国设立的星巴克合伙企业取得的所得不以合伙企业的名义纳税,这笔所得直接分配给在美国华盛顿的合伙人,而美国华盛顿州是不征收个人所得税的州,由此,这笔收入就获得了双重节税的效益。

(六)政府协议

如果跨国公司在某个国家设立了机构场所,必然会给该国带来一定的收益和就业岗位,能够促进当地经济的发展。为了吸引海外的投资设厂,世界上的很多国家都会调整本国的税制设计,甚至和跨国企业签订特殊协议,让跨国企业获得一些节税效益。在西方的政治体制下,政府往往会和企业达成妥协。例如,荷兰的税务机关和荷兰星巴克协商,荷兰星巴克在计算应纳税所得额时,其整体利润率不得小于 5%,如果荷兰星巴克的利润率小于 5%,税务局会调增应纳税额,反之则不会干预。如此一来,相当于只要荷兰星巴克给当地政府留下相当于 5%利润率的应纳税所得额,剩余利润的转移不受荷兰税务机关的限制。荷兰和瑞士等国家有税收裁定,纳税人可以利用税收裁定与税务机关谈判裁定的条款,税务机关一般都会给予这些纳税人比法定税率更低的税率。其实,政府和企业达成协议来避税的案例屡见不鲜,这样的协定在某种程度上实现了当地政府和企业的“双赢”。但是,站在国际税收的大背景下,这样做扰乱了平衡的国际秩序,侵蚀了其他国家的税收利益。

四、星巴克税务筹划问题的研究意义

对星巴克这种跨国公司税务筹划的研究,其理论意义是可以探寻跨国企业可能存在的纳税筹划空间,并指导我国跨国公司以及即将“走出去”拓展海外市场的企业实现降低税负和增强企业竞争力的目标。通过研究星巴克公司跨国经营的案例,可以丰富我国跨国企业税收筹划的相关理论,并为我国跨国经营企业进行税收筹划提供借鉴。

参考文献

[1]盖地．税务筹划[M].7版.北京:高等教育出版社,2019.

[2]蔡昌．并购重组的税收筹划[J].财会学习,2013(3).

[3]黄凤羽．税收筹划:理论与实践[M].北京:中国财政经济出版社,2003.

[4]王国华,张美中．纳税筹划理论与实务[M].北京:中国税务出版社,2004.

[5]盖地．企业税务筹划理论与实务[M].6版.大连:东北财经大学出版社,2019.

[6]杨志清,庄粉荣．税收筹划案例分析[M].北京:中国人民大学出版社,2005.

[7]卢剑灵．税收筹划原理与实务[M].北京:中国财政经济出版社,2005.

[8]北京注册会计师协会．税收筹划[M].北京:中国财政经济出版社,2005.

[9]计金标．税收筹划[M].2版.北京:中国人民大学出版社,2006.

[10]黄凤羽．税收筹划策略、方法与案例[M].大连:东北财经大学出版社,2007.

[11]宋霞．税收筹划[M].上海:立信会计出版社,2007.

[12]唐睿明．企业合并业务的所得税筹划[J].商业会计,2007(11).

[13]孙瑞标,缪慧频,刘丽坚．《中华人民共和国企业所得税法实施条例》操作指南[M].北京:中国商业出版社,2007.

[14]《中华人民共和国企业所得税法实施条例》立法起草小组．《中华人民共和国企业所得税法实施条例》释义及适用指南[M].北京:中国财政经济出版社,2007.

[15]徐信艳．税收实务与税收筹划[M].上海:上海交通大学出版社,2010.

[16]张源．试论化妆品加工方式的消费税纳税筹划[J].财务与会计(理财版),2011(1):46-47.

[17]申艳艳,苏明．卷烟加工的消费税纳税筹划研究[J].内蒙古科技与经济,2011(16):31-32.

[18]匡亮花．M出口企业集团税务筹划研究[D].长沙:湖南大学,2012.

[19]余幸．有色金属企业Z进出口公司税务筹划研究[D].湘潭:湘潭大学,2015.

[20]蔡昌．税务筹划理论、实务与案例[M].北京:中国人民大学出版社,2016.

[21]姚春芸,刘娟．新编税法教程[M].上海:上海交通大学出版社,2016.

[22]孙佳珍．浅谈卷烟消费税的纳税筹划[J].中国乡镇企业会计,2016(4):71-72.

[23]梁俊娇．税收筹划[M].5版.北京:中国人民大学出版社,2016.

[24]应小陆,赵军红．税务筹划[M].3版.上海:复旦大学出版社,2018.

[25]翟继光,张晓冬．企业纳税筹划实用技巧与典型案例分析[M].上海:立信会计出版社,2018.

[26]黄河．A公司“营改增”下建筑业的纳税筹划研究[D]．泉州:华侨大学,2018.

[27]秦丽云．房地产开发企业“营改增”后增值税税务筹划[D]．开封:河南大学,2018.

[28]王贝．Y白酒公司纳税筹划研究[D]．西安:西安石油大学,2018.

[29]中国注册会计师协会．税法[M].北京:经济科学出版社,2018.

[30]刘颖．税法[M].北京:北京科学技术出版社,2018.

[31]吴舒婷．基于新个税法下的高校个税税务筹划[J]．纳税,2018,12(31):41-42.

[32]李瑞．新个税下年终奖“纳税盲区”的筹划及实务操作:以高校教师为例[J].纳税,2018,12(32):27.

[33]王芳．关于新个人所得税法下工资薪酬结构的思考[J]．湖南工业职业技术学院学报,2018,18(5):69-72.

[34]白彦锋．按照综合与分类相结合的原则来认识新个税[J]．财政监督,2018(19):29-32.

[35]陈淑贞．新个人所得税法实施意义探讨[J]．财会学习,2018(32):152,154.

[36]朱明,俞淑婷．浅议新个税+社保筹划与诚信缴纳[J]．时代经贸,2018(34):98-100.

[37]胡志华．工薪收入个人所得税纳税筹划[J]．会计之友,2018(10).

[38]罗蓓,罗勇翔．国际税务．北京:对外经济贸易大学出版社,2003:176.

[39]朱洪仁．国际税务筹划[M].上海:上海财经大学出版社,2000:184.